STADT IN DER GESCHICHTE

Band 12

Stadt in der Geschichte

Veröffentlichungen
des Südwestdeutschen Arbeitskreises
für Stadtgeschichtsforschung

Band 12

Begründet von
Erich Maschke und Jürgen Sydow

Jan Thorbecke Verlag Sigmaringen
1987

Stadt und wirtschaftliche Selbstverwaltung

22. Arbeitstagung in Pforzheim
11.–13. November 1983

Herausgegeben von
Bernhard Kirchgässner und Eberhard Naujoks

Jan Thorbecke Verlag Sigmaringen
1987

CIP-Kurztitelaufnahme der Deutschen Bibliothek

Stadt und wirtschaftliche Selbstverwaltung: in Pforzheim, 11.–13. November 1983 / hrsg. von Bernhard Kirchgässner u. Eberhard Naujoks. – Sigmaringen: Thorbecke, 1987
(... Arbeitstagung / Südwestdeutscher Arbeitskreis für Stadtgeschichtsforschung; 22) (Stadt in der Geschichte; Bd. 12)
ISBN 3-7995-6412-8

NE: Kirchgässner, Bernhard [Hrsg.]; Südwestdeutscher Arbeitskreis für Stadtgeschichtsforschung: ... Arbeitstagung; 2. GT

Gesamtherstellung: M. Liehners Hofbuchdruckerei GmbH & Co., Sigmaringen
Printed in Germany · ISBN 3-7995-6412-8

Inhaltsübersicht

Vorwort 7

Volker Press
Reichsstadt und Revolution 9

Ludwig Remling
Formen und Ausmaß gewerblicher Autonomie in nordwestdeutschen Städten (14.–16. Jahrhundert) 60

Georg Schmidt
»Frühkapitalismus« und Zunftwesen. Monopolbestrebungen und Selbstverwaltung in der frühneuzeitlichen Wirtschaft 77

Gerd Wunder
Die Stadt als Spar- und Darlehenskasse am Beispiel der Reichsstadt Hall im 16. und 17. Jahrhundert 115

Alexander Schmihing
Aufgaben und Bedeutung der heutigen Industrie- und Handelskammer am Beispiel Ulms 121

Hans-Peter Becht
Wirtschaft und wirtschaftliche Selbstverwaltung in Pforzheim von den Anfängen bis 1878/79. Ein Versuch 132

Diskussionsbeiträge zu den einzelnen Referaten 153

Zusammenfassung (Eberhard Naujoks) und Schlußdiskussion 170

Verzeichnis der Verfasser und Diskussionsteilnehmer 180

Orts- und Personennamen 181

Vorwort

Es steht einem Arbeitskreis für Stadtgeschichtsforschung wohl an, in einer Zeit ständig zunehmender Zentralisation denjenigen Kräften eine Tagung zu widmen, die bürgerliches Selbstverständnis wie auch städtisches Alltagsleben so entscheidend mitgeprägt haben: Neben dem Kampf um die kommunale Selbstverwaltung, der den Schwerpunkt unserer Mannheimer Tagung 1981 gebildet hatte, haben die Probleme wirtschaftlicher Selbstverwaltung der Gesellschaftsstruktur wie auch dem politischen Aktionsrahmen unserer Städte seit dem Mittelalter ihren Stempel aufgedrückt. So lag es nahe, der freundlichen Einladung der Stadt Pforzheim zu folgen und als Thema dieser Tagung Aspekte wirtschaftlicher Selbstverwaltung aufzugreifen. Die Behandlung dieses Themas empfahl sich besonders in einer Stadt, die im letzten Weltkrieg so schwer getroffen wurde und sich ihren Wiederaufstieg hart genug hat erringen müssen, zumal da ihre Wirtschaft ja in erheblichem Umfang exportorientiert ist.

Dieser Stadt, ihren Institutionen und ihren Bürgern, die uns in Vorbereitung und Gestaltung der Tagung hilfreich zur Seite standen, gilt deshalb auch zuerst unser Dank. Herr Bürgermeister Wurster hat seine schützende Hand von Anfang an über dem wagemutigen Beginnen gehalten und vor allem die notwendigen Beschlüsse in den städtischen Entscheidungsgremien zur Bewilligung eines Zuschusses für unsere Tagung herbeigeführt. Herr Dr. Hübner hat uns als Leiter des Kulturamtes stets seine bereitwillige Hilfe zur Verfügung gestellt; der wissenschaftliche Leiter des Stadtarchivs, Herr Dr. Hans-Peter Becht, dessen erster Initiative diese Tagung überhaupt zu verdanken ist, konnte aus intimer Kenntnis der örtlichen Verhältnisse uns immer wieder mit Rat und Tat zur Seite stehen. Ihnen allen sowie den Ämtern und Gremien Pforzheims sei hierfür aufrichtig gedankt. Dank schulden wir auch dem Württembergischen Sparkassen- und Giroverband, insbesondere seinem Präsidenten, Herrn Rühl, für die Hilfe bei unserer Arbeit.

Die Drucklegung des Bandes, um den sich der Thorbecke-Verlag wiederum durch sorgsame Betreuung verdient gemacht hat, wäre ohne die bereitwillig gewährte Unterstützung durch das Ministerium für Wissenschaft und Kunst des Bundeslandes Baden-Württemberg nicht möglich gewesen. In Zeiten spärlich fließender Haushaltsmittel ist es nicht selbstverständlich, bei der obersten Landesbehörde stets aufgeschlossene Bereitschaft für unser Anliegen zu finden. Für alle Hilfe und die Gewährung des erheblichen Druckkostenzuschusses sind wir insbesondere Herrn Ministerialrat Rummer wie auch seinem Nachfolger, Herrn Ministerialrat Dr. Knorr, zu großem Dank verpflichtet. Dank gebührt schließlich auch der Arbeitsgemeinschaft historischer Kommissionen und landesgeschichtlicher Institute, die unter ihrem Vorsitzenden, Prof. Dr. Stoob/Münster, unsere Arbeit mit ständiger Anteilnahme begleitet. Daß unser Projekt auch von dieser Seite durch einen namhaften Zuschuß Unterstützung erfuhr, soll hier dankbar vermerkt werden.

Die Straffung des Tagungsprogramms hat die Diskussion wieder lebendiger werden lassen, als dies in früheren Zeiten gelegentlich der Fall war. All denen, die sich hier mit großem persönlichem Engagement beteiligt haben, sind Vorstand und Beirat für ihren Einsatz sehr verbunden. Für die Referenten, die sich für diese Tagung und dieses Thema viel Mühe gemacht haben, mag die ausgedehnte Diskussion der beste Dank sein und zugleich auch die Tatsache, daß ihre Referate ein lebhaftes Echo hervorgerufen haben. Die Diskussion zu dem Vortrag, den Herr Ltd. Staatsarchivdirektor Dr. Zier in Pforzheim hielt, aber aus gesundheitlichen Gründen nicht mehr ausarbeiten konnte, wurde gerade aus den eben angedeuteten Gründen in diesen Band mit aufgenommen. Unser aller besonderen Dank verdient, daß Herr Dr. Becht, der trotz starker persönlicher Belastung einen Beitrag zur Geschichte des Tagungsortes beigesteuert hat, hier in die Bresche gesprungen ist.

Für die technische Vorbereitung und die Verhandlung mit staatlichen und städtischen Dienststellen war der Vorsitzende zuständig; die Redaktion dieses Bandes mit all ihrer mühevollen Arbeit lag in den Händen von Herrn Professor Dr. Naujoks/Tübingen, der in unermüdlicher Anstrengung sich um das Zustandekommen dieses Bandes sorgte; das Register erstellte Herr Professor Dr. Wunder/Schwäbisch Hall. Wer selbst wiederholt Registerarbeit geleistet hat, weiß, wie viel entsagungsvolle Arbeit die Erstellung eines guten Registers verlangt, ist doch das Register der beste Weg, all das zu erschließen und auszuwerten, was die Referenten ihrerseits an persönlichem Einsatz geleistet haben. Der Arbeitskreis ist all denen, die – oft genug unter Hintanstellung persönlicher Wünsche – am Zustandekommen dieses Bandes mitgewirkt haben, zu Dank verbunden. Einschließen möchte ich die Mühe meiner Mitarbeiter, die den ersten Protokollentwurf der Diskussion erstellten, ein immer zeitraubendes Unterfangen. So mag dieser Band den Referenten und allen Teilnehmern dieser Tagung, insbesondere aber den uns unterstützenden Stellen, zugleich Dank wie Rechtfertigung für ihre Hilfe sein.

Mannheim, im Frühjahr 1986 *Bernhard Kirchgässner*

Reichsstadt und Revolution

VON VOLKER PRESS

Für Eberhard Naujoks[1]

Die Truppen der französischen Republik marschierten 1797 gegen Lucca, Sitz einer alten Stadtrepublik, die den römisch-deutschen Kaisern traditionell besonders eng verbunden gewesen und vielleicht wie keine andere italienische Stadt bis zum Ende des Ancien Régime einer Reichsstadt vergleichbar war[2]. Dieser Vergleich trifft auf mancherlei Ebenen – und er sollte einmal genauer durchgeführt werden –, vor allem galt er jedoch für die Verfestigung einer städtischen Oligarchie. Aber die Luccheser Oligarchen – von den Florentinern, die Lucca nicht hatten annektieren können, *governo dei pidocchi*, Regime der Läuse, genannt – vermochten sich gut zu behaupten: Sie ließen die Franzosen durch eine Delegation begrüßen – die ältere republikanische Schwester heiße die Vertreter der jüngeren Republik herzlich willkommen. Lucca freilich konnte seine Selbständigkeit nur noch kurz verteidigen, denn die schlauen pidocchi waren vor dem welthistorischen Umbruch tatsächlich am Ende ihrer Weisheit – aber die Geschichte beleuchtet sehr gut den begrifflichen Wirrwarr, der damals die Vorstellungen durchzog, auch als die französische Republik endgültig ihre Dynamik entfaltet hatte. So mag sie am Anfang dieser Überlegungen zum Verhältnis von Reichsstadt und Revolution stehen.

Freilich, dieses Bild ist reichlich diffus. Heinrich Scheel[3], Walter Grab[4] oder Axel Kuhn[5] haben mit unterschiedlichen Akzentsetzungen neuerdings auf die Bedeutung radikaler jakobinischer Bewegungen innerhalb der reichsstädtischen Auseinandersetzungen hingewiesen[6] – andererseits wird die Eigentümlichkeit und altständische Veran-

1 Ich widme diese Studie meinem Kollegen Eberhard Naujoks (Tübingen) zum 70. Geburtstag. Viele Anregungen verdanke ich der Mitarbeit an einem Gießener Forschungsprojekt der Stiftung Volkswagenwerk unter Leitung von Prof. Helmut Berding. Für ihre Hilfe habe ich Karin Köhl, Eva-Maria Seng und Jürgen Richter (alle Tübingen) zu danken.

2 Zum Hintergrund: Augusto MANCINI, Storia di Lucca, Firenze 1950.

3 Heinrich SCHEEL, Süddeutsche Jakobiner. Klassenkämpfe und republikanische Bestrebungen im deutschen Süden Ende des 18. Jahrhunderts, Berlin ³1980.

4 Walter GRAB, Demokratische Strömungen in Hamburg und Schleswig-Holstein zur Zeit der Ersten Französischen Republik, Hamburg 1966; DERS., Leben und Werke norddeutscher Jakobiner, Stuttgart 1973; DERS., Norddeutsche Jakobiner. Demokratische Bestrebungen zur Zeit der Französischen Revolution, Frankfurt 1967; DERS., Ein Volk muß seine Freiheit selbst erobern. Zur Geschichte der deutschen Jakobiner, Frankfurt/M. 1984.

5 Axel KUHN, Jakobiner im Rheinland. Der Kölner konstitutionelle Zirkel von 1798, Stuttgart 1976.

6 Die Frage des Jakobinismus ist kontrovers. Umstritten: Helmut REINALTER (Hg.), Jakobiner in Mitteleuropa, Innsbruck 1977; DERS., Der Jakobinismus in Mitteleuropa, Stuttgart 1981. Vgl. auch: Nicolao MERKER, An den Ursprüngen der deutschen Ideologie. Revolution und Utopie im

kerung auch der späten innerstädtischen Auseinandersetzungen betont. Eine scharfsichtige Analyse wie die von Klaus Müller[7] läßt vermuten, daß hier die beiden Seiten derselben Medaille beleuchtet werden und daß die Schlachten der Historiker auch um des eigenen Kontinuitätsbewußtseins willen geschlagen wurden, unter konservativen, liberalen, demokratischen, marxistischen, nationalen und frankophilen Vorzeichen. Es ist sicher kein schlechter Indikator für das demokratische Bewußtsein der Deutschen, wenn man heute gern allenthalben projakobinische Bestrebungen sieht – selbst in kleineren Auseinandersetzungen, auch wenn der Begriff »Jakobiner« eigentlich nur Name der radikalsten, relativ kurzfristig regierenden Partei der Französischen Revolution war.

Es kann hier nicht unternommen werden, dieses diffuse, von diversen ideologischen Nebeln überlagerte Schlachtfeld aufzuhellen und neu zu beleuchten; es soll der weit bescheidenere Versuch gemacht werden, Ansätze einer Einordnung vorzulegen. Dabei sollen zunächst einige Bemerkungen über die späte Reichsstadt gemacht werden, denen wenige Sätze über die Problematik der Wirkungsgeschichte der Französischen Revolution auf Deutschland im allgemeinen und über die politische Situation im Reich im besonderen folgen sollen. Daran schließt sich ein größerer Abschnitt an, der sich mit den reichsstädtischen Entwicklungen während der Revolutionsjahre befaßt, wobei auch jene Städte nicht aus dem Blick verloren werden sollen, die ruhig blieben. In einem vierten Abschnitt schließlich sollen die Bewegungen bewertet werden.

I.

Es mutet heute schon fast trivial an, über Vernachlässigung und Vorurteile gegenüber der Reichsstadt des 18. Jahrhunderts zu sprechen. In letzter Zeit ist für diese Welt neues Verständnis erwacht, ja es scheint sogar eine Tendenz zu geben, ihre Positionen überzubewerten. Ohne Frage haben einzelne Reichsstädte auch noch im späten 18. Jahrhundert wichtige Mittelpunktfunktionen gehabt, als Geld- oder Warenmärkte, als Produktionsstätten, als Zentren des Umlandes, als Orte für Kreisorganisationen oder, bescheidener, für Versammlungen regionaler Kräfte, adeliger Korporationen und nicht zuletzt als kulturelle Mittelpunkte[8].

Jakobinismus, Berlin-Ost 1984. Zur Kritik: Elisabeth FEHRENBACH, Vom Ancien Régime zum Wiener Kongreß, München–Wien 1981, S. 58–65.

7 Klaus MÜLLER, Studien zum Übergang vom Ancien Régime zur Revolution im Rheinland. Bürgerkämpfe und Patriotenbewegungen in Aachen und Köln, in: Rhein. Vierteljahresbl. 46, 1982, S. 102–189. Vgl. auch: Kyösti JULKU, Die revolutionäre Bewegung im Rheinland am Ende des 18. Jahrhunderts, 2 Bde., Helsinki 1965/69. Dazu: Hansgeorg MOLITOR, Bewegungen im deutsch-französischen Rheinland um 1800, in: Jahrbuch für westd. Landesgesch. 6, 1980, S. 200.

8 Vgl. Georg Ludwig v. MAURER, Geschichte der Städteverfassung in Deutschland, 4 Bde., Erlangen 1869/71; Karl Otmar Freiherr v. ARETIN, Heiliges Römisches Reich 1776–1806, Reichsverfassung und Staatssouveränität, Bd. 1, Wiesbaden 1967, S. 90–94; Karl Siegfried BADER, Die Reichsstädte des Schwäbischen Kreises am Ende des Alten Reiches, in: Ulm und Oberschwaben 32, 1951, S. 47–70; DERS., Reichsadel und Reichsstädte in Schwaben am Ende des Alten Reiches, in: Festschrift zum 70. Geburtstag von Theodor Mayer, Bd. 1, Lindau–Konstanz 1954, S. 247–263; DERS., Über Sinn und Ziel reichsstädtischer Geschichte, in: Esslinger Studien 1, 1956, S. 9–14; DERS., Die oberdeutsche Reichsstadt im Alten Reich, in: Esslinger Studien 11, 1965,

Und doch wird man die Reichsstadt des 18. Jahrhunderts nicht gerade auf der Höhe der allgemeinen Entwicklungen sehen dürfen. Den spektakulären Hinweis darauf geben die zahlreichen Konflikte zwischen Rat und Bürgerschaft, die nach Johann Jacob Moser 1772 30 von 55 verbliebenen Reichsstädten erfaßt hatten – Auseinandersetzungen, die in der Regel um Überoligarchisierung und um finanzielle Mißwirtschaft gingen, Auseinandersetzungen, die sich oft in tumultuarischen Forderungen, aber dennoch in einem sehr traditionellen Ritual vollzogen und recht häufig mit der Durchsetzung eines Bürgerausschusses oder einer Bürgerdeputation gegen die erstarrende Ratsoligarchie endeten; die obersten Reichsgerichte sahen diese Möglichkeiten bereits zu Beginn des 18. Jahrhunderts als erfolgreiches Kompromißmittel an[9]. Es zeigte sich aber auch, daß die gegen die Vetterleswirtschaft der Ratsfamilien gebildeten Bürgerausschüsse auf der anderen Seite ihre eigenen Tendenzen der Oligarchisierung ausbildeten, wenn sie lange genug bestanden. Eine klare Linie der obersten Reichsgerichte läßt sich nicht beobachten – mit den Prozessen war zumeist der Reichshofrat befaßt. Daß solche Auseinandersetzungen zu den Reichsstädten gehörten, liegt zwar auch in einer Kontinuität vom späten Mittelalter her – der Kampf um die Macht in der Stadt hatte seine gleichbleibenden Gesetzmäßigkeiten und gerann immer wieder zu normenstiftenden Verfassungsordnungen[10]. Das gab es ebenso im Ringen zwischen Fürsten und Ständen, Bischöfen oder Prälaten und Stiftskapiteln – aber der Vergleich macht recht rasch deutlich, daß die Reichsstädte weit weniger elastisch reagieren konnten als jene.

S. 23–42; Otto Borst, Esslinger Bürgertum in der Spätzeit der Reichsstadt, in: Esslinger Studien 4, 1958, S. 61–89; Ders., Zur Verfassung und Staatlichkeit oberdeutscher Reichsstädte am Ende des Alten Reiches, Esslinger Studien 10, 1964, S. 106–194; neuerdings: Ders., Babel oder Jerusalem. Sechs Kapitel Stadtgeschichte, Stuttgart 1984; Klaus Gerteis, Repräsentation und Zunftverfassung. Handwerkerunruhen und Verfassungskonflikte in südwestdeutschen Städten vor der Französischen Revolution, in: ZGO 122, 1974, S. 275–287; Ders., Frühneuzeitliche Stadtrevolten im sozialen und institutionellen Bedingungsrahmen, in: W. Rausch (Hg.), Die Städte Mitteleuropas im 17. und 18. Jahrhundert, Linz 1981, S. 43–58; Eugen Guglia, Zur Geschichte einiger Reichsstädte in der letzten Zeit des Alten Reiches, Programm Wien 1893; Reinhard Hildebrandt, Rat contra Bürgerschaft. Die Verfassungskonflikte in den Reichsstädten des 17. und 18. Jahrhunderts, in: Zeitschr. für Stadtgeschichte, Stadtsoziologie und Denkmalpflege 1, 1974, S. 221–241; Ders., Zur Frage reichsstädtischer Finanzen und Haushaltspolitik seit dem Westfälischen Frieden, in: Erich Maschke, Jürgen Sydow (Hgg.), Städtisches Haushalts- und Rechnungswesen, Sigmaringen 1977, S. 91–107; Eberhard Naujoks, Stadt und Stadtregiment der Reichsstädte, in: Von der Ständeversammlung zum demokratischen Parlament. Die Geschichte der Volksvertretung in Baden-Württemberg, Stuttgart 1982, S. 103–119; Jean-François Noël, Der Reichshofrat und das Verfassungsleben der Reichsstädte zur Zeit Josefs II., in: Esslinger Studien 16, 1970, S. 121–131. Gut die Literatur zusammenfassend: Axel Gotthard, Von Herren und Bürgern. Auseinandersetzungen in der Reichsstadt Überlingen 1791–1796, Friedrichshafen 1984.

9 Johann Jacob Moser, Von der ReichsStättischen Regimentsverfassung, Neues teutsches Staatsrecht, Bd. 18, Frankfurt und Leipzig 1772; Ders., Reichsstättisches Handbuch, 2 Teile, Tübingen 1732/33; Ders., Reichsstättisches Magazin oder Sammlung ungedruckter und rarer, die Kayserliche freye Reichsstätte betreffender Aufsätze, Urkunden, Reichsgerichtliche Erkenntnisse, 2 Teile, Frankfurt u. Leipzig 1774/75. Vgl. auch: Karl Siegfried Bader, Johann Jacob Moser und die Reichsstädte, in: Esslinger Studien 4, 1958, S. 43–60; Reinhard Rürup, Johann Jacob Moser. Pietismus und Reform, Wiesbaden 1965.

10 Hildebrandt, Rat; Ders., Zur Frage; Volker Press, Die Reichsstadt in der altstädtischen Gesellschaft, demnächst in: Johannes Kunisch (Hg.), Forschungsprobleme des Alten Reiches.

Zunächst also zu den äußeren Gründen der auch im 18. Jahrhundert anhaltenden Konflikte. Die Stadt war eine überschaubare Einheit: politische, soziale, wirtschaftliche, auch kirchliche Positionen der Bürger und ihrer Korporationen, etwa ihrer Zünfte, waren genau fixiert, die Spielregeln in den städtischen Ordnungen festgeschrieben, die ja oft genug Resultat einer Regulierung eines früheren Konfliktfalles waren, dessen Erinnerung somit durch die Stadtverfassung wachgehalten wurde. Die äußere Verfassung der Städte erstarrte vielerorts in doppelter Hinsicht. Formal wirkte der Verrechtlichungsprozeß des Reiches – seine Gründe sind an dieser Stelle im einzelnen nicht zu erörtern – unabgefedert in die Städte hinein, da diese auf das Funktionieren von Reich und Reichsrecht unabdingbar angewiesen waren; anders konnten sie sich der Machtgier und den Arrondierungstendenzen der fürstlichen Nachbarn nicht erwehren. Dieser Verrechtlichungsprozeß nahm nach 1648, nach den Erfahrungen eines katastrophalen Krieges und unter dem Eindruck einer ausführlichen, auf den rechtlichen Krieg abzielenden Friedensordnung, rapide zu[11].

Für die Reichsstädte bedeutete dies alles die prinzipielle Garantie des Status quo. Was altes Recht war, hatte grundsätzlich den besseren Anspruch auf Schutz durch das Reich und die Reichsorgane. Damit aber hatten die herrschenden Gruppen in den Städten einen relativ hohen Grad von Sicherheit vor Änderungswünschen gewonnen, die sie geneigt machte, Druck von unten relativ unbesehen abzuwehren. Diese Tendenz wurde noch untermauert durch das Bestreben der städtischen Räte, im Ausbau ihrer obrigkeitlichen Stellung die Entwicklungen der Territorialstaaten nachzumachen, d.h. Superioritätsrechte in Anspruch zu nehmen[12]. Nun war, trotz einer derzeitig verbreiteten Tendenz in der Interpretation der reichsstädtischen Reformationsgeschichte, zumindest in der Neuzeit die obrigkeitliche Komponente im reichsstädtischen Regiment stets stärker; die praktischen Notwendigkeiten der Geschäftsführung, der Zwang zu organisierten Entscheidungen, die bessere Abkömmlichkeit der Oberschichten, ständisches Ordnungsdenken auch bei den Bürgern haben dies begünstigt und bei zunehmender Komplizierung der städtischen Geschäfte verstärkt. Andererseits war eine städtische Obrigkeit von Haus aus gar nicht disponiert, eine despotische Obrigkeit zu werden.

Woher auch hätte sie die Machtmittel nehmen sollen, einen solchen Despotismus durchzusetzen? Sie war vielfach Spitze eines labilen Gebildes, das gleichsam eines Korsetts, eines geordneten politischen Systems, des Reichsverbandes also, bedurfte, um sich zu halten. Eine innere Krise mußte nicht bloß die wohlwollend ordnende Hand des

11 Hans-Erich FEINE, Zur Verfassungsentwicklung des Heil. Röm. Reiches seit dem Westfälischen Frieden, in: Zeitschr. für Rechtsgesch., Germ. Abt. 52, 1932, S. 65–133; Emilio BUSSI, Il diritto publico del Sacro Romano Impero alla fine del XVIII secolo, 2 Bde., Milano 1959/1970; ARETIN, Heiliges Römisches Reich (wie Anm. 8); Anton SCHINDLING, Der Westfälische Friede und der Reichstag, in: Hermann WEBER (Hg.), Politische Ordnungen und soziale Kräfte im Alten Reich, Wiesbaden 1980, S. 113–153; Volker PRESS, Die kaiserliche Stellung nach 1648 – Versuch einer Neubewertung, in: Sammelband des Deutsch-amerikanischen Kolloquiums am Institut für Europäische Geschichte Mainz, September 1986.

12 Otto BRUNNER, Souveränitätsproblem und Sozialstruktur in den deutschen Reichsstädten der frühen Neuzeit, in: DERS., Neue Wege der Verfassungs- und Sozialgeschichte, Göttingen [3]1980, S. 294–321.

Kaisers auf sich ziehen, sondern konnte auch den gefährlichen fürstlichen Nachbarn auf den Plan rufen und zum innerstädtischen Schiedsrichter machen. Hier wiederum bot sich ein Ansatzpunkt für die innerstädtische Opposition, d. h. für opponierende Kräfte in der Bürgerschaft. Sie konnte sich auf die korporativen Traditionen der Stadt, auf die Beteiligung der Bürgerschaft am städtischen Regiment, auf das republikanische Selbstverständnis des Gemeinwesens berufen, das sich gerne als *senatus populusque* apostrophierte, bis hin zu so bescheidenen Gemeinwesen wie Weil der Stadt, Bopfingen oder Buchau. Von der geronnenen Tradition älterer Konflikte in den Stadtverfassungen, die den Opponenten ein ewiges memento waren, war schon die Rede.

Das 18. Jahrhundert brachte diesen Auseinandersetzungen eine neue Qualität. Die Stabilität der Reichsverfassung hatte sich aufs erste bewährt, die stärksten Ansätze von absolutistischen Umformungen der Stadtverfassungen waren auf den entschiedenen Widerstand des Wiener Reichshofrats gestoßen, der immer mehr bei der Entscheidung von Verfassungsfragen im Reich vor dem Reichskammergericht die Führung übernahm[13]. Dies ermutigte die bürgerlichen Opponenten zu immer neuen Vorstößen gegen das Regiment der Räte in vielen Städten. Dabei haben vor allem drei Faktoren eine entscheidende Rolle gespielt:

1. Die fortschreitende Oligarchisierung
2. Die wirtschaftliche Krisensituation
3. Die städtischen Finanzkrisen

1. Das spätere 17. Jahrhundert leitete nach den Turbulenzen des Dreißigjährigen Krieges eine neue Phase der Oligarchisierung ein, die sich in den Reichsstädten in der Regel schärfer ausgeprägt zu haben scheint als selbst im Landadel. Der gemeinhin geschlossene Kreis der bevorzugten Familien, sei es echtes »Patriziat«[14] wie in Frankfurt, Ulm oder Nürnberg, sei es eine wie immer bevorzugte Gruppe der Vornehmeren, schloß sich verstärkt nach unten ab – das führte zu einer immer kräftigeren Versippung der Herrschenden in der Stadt und setzte sehr bald alle Kontrollmechanismen endgültig außer Kraft. Zugleich aber verschwand auch die Bereitschaft zu einem verantwortungsvollen Regieren. Gestützt durch die altständische, durch den Westfälischen Frieden bestätigte Mentalität, wußte sich die Oligarchie ja auch in einer scheinbar unangreifbaren Position – die anderen Traditionen von Opposition, Umsturz und Kontrolle waren

13 Oswald v. GSCHLIESSER, Der Reichshofrat. Bedeutung und Verfassung, Schicksal und Besetzung einer obersten Reichsbehörde von 1559 bis 1806, Wien 1942, Neudr. Nendeln 1970; Wolfgang SELLERT, Über die Zuständigkeitsabgrenzung von Reichshofrat und Reichskammergericht, Aalen 1965. Vgl. auch: Volker PRESS, Das römisch-deutsche Reich – ein politisches System in verfassungs- und sozialgeschichtlicher Fragestellung, in: Grete KLINGENSTEIN und Heinrich LUTZ (Hgg.), Spezialforschung und »Gesamtgeschichte«. Beispiele und Methodenfragen zur Geschichte der frühen Neuzeit, München 1982, S. 221–242.

14 Hellmuth RÖSSLER (Hg.), Deutsches Patriziat 1430–1740, Limburg/Lahn 1972; Erwin RIEDENAUER, Kaiser und Patriziat. Struktur und Funktion des deutschen Patriziats im Blickpunkt kaiserlicher Adelspolitik von Karl V. bis Karl VI., in: Zeitschr. für bayer. Landesgesch. 30, 1967, S. 526–653; Ingrid BÁTORI, Das Patriziat der deutschen Städte, in: Zeitschr. für Stadtgeschichte, Stadtsoziologie und Denkmalpflege 2, 1975, S. 1–30; Carl Hans HAUPTMEYER, Probleme des Patriziats oberdeutscher Städte vom 14. bis zum 19. Jahrhundert, in: Zeitschr. für bayer. Landesgesch. 40, 1977, S. 39–58.

ihrem Bewußtsein ferngerückt, es schien den Regierenden oft überraschend, daß diese Waffen in den Händen der städtischen Opposition noch nicht stumpf geworden waren.

2. Die Mehrzahl der Reichsstädte befand sich im 18. Jahrhundert in einer wirtschaftlichen Krisensituation; selbst bei florierenden Städten gab es meist Gruppen, die auf der Schattenseite lebten – wie es andererseits auch in den darniederliegenden Reichsstädten Gruppierungen gab, die durchaus gut zu leben wußten. Eine Reichsstadt war keineswegs eine amorphe graue Masse[15]. Die Krisensituation der Reichsstädte scheint nicht wie die Finanzkrise des deutschen hohen und niederen Adels ein aus der Agrardepression des 17. Jahrhunderts weitergewälztes Problem gewesen zu sein, also gleichsam die ins 18. verlängerte Krise des 17. Jahrhunderts[16]. Vielmehr war ohne Frage ein Großteil der Reichsstädte, vor allem die kleinen, unter den Druck der territorialen Flächenstaaten geraten, die sie umgaben – diese konnten die großen Wirtschaftsräume, das agrarische Umland, auch Zoll- und Monopolmaßnahmen einsetzen, die nur durch die Reichsjustiz immer wieder gebremst wurden. Aber auch dies hatte seine Grenzen[17]. Die überlegenen Techniken des landesfürstlichen Flächenstaates im Zeichen von Merkantilismus und Kameralismus fügten den Reichsstädten oft schweren Schaden zu. Landesfürstliche Städte, bewußt favorisiert, liefen ihnen in nächster Nachbarschaft den Rang ab – sie demonstrierten aber auch zugleich oft die Möglichkeiten einer moderneren Wirtschaftspolitik. Der Landesherr mußte sich als Dirigent einer Territorialwirtschaft weniger als der relativ schwache und vom städtischen Sozialgefüge abhängige Magistrat um die überkommenen zünftischen Traditionen kümmern.

Sehr häufig bildeten sich auch durch wirtschaftliche Entwicklungen sekundäre Führungsgruppen, oft aus den Kreisen der Handels- und Geldleute, wie in Frankfurt oder Nürnberg, die die wirtschaftlich müde gewordene alte Oberschicht teilweise ersetzten, aber außerhalb des hergebrachten und in der Stadtverfassung festgeschriebenen Sozialgefüges standen. Sie formierten neben Rat und zünftischer Bürgerschaft, ebenso wie die Unverbürgerten, oft eine Sondergruppe in der Stadt, die die Koalitionsmöglichkeiten innerhalb der Mauern erweiterte und komplizierte. Diese Zwischenschichten wurden in ihrer Entwicklung durch den kompromißlerischen Charakter der Interventionspolitik begünstigt, wie sie der Kaiser bzw. sein Reichshofrat oder – seltener – das Kammergericht praktizierten. Die Situation verschärfte sich für die Städte durch die Reichshandwerkerordnung von 1731, die ergänzt wurde durch Reichsgesetze von 1771 und 1782[18]. Hier suchte der Reichstag dem erstarrenden Zunftwesen ebenso

15 Zum wirtschaftsgeschichtlichen Hintergrund: Wilhelm ABEL, Agrarkrisen und Agrarkonjunktur, Hamburg ³1978; DERS., Massenarmut und Hungerkrisen im vorindustriellen Deutschland, Göttingen 1972; DERS., Massenarmut und Hungerkrisen im vorindustriellen Europa, Hamburg 1974.

16 Dazu vorläufig: Volker PRESS, Die aufgeschobene Mediatisierung. Finanzkrise der Kleinstaaten und kaiserliche Stabilisierungspolitik, in: 32. Versammlung deutscher Historiker in Hamburg. Beiheft zu Geschichte in Wissenschaft und Unterricht, 1979, S. 139–141.

17 Volker PRESS, Der Merkantilismus und die Städte, in: DERS. (Hg.), Städtewesen und Merkantilismus in Mitteleuropa, Köln, Wien 1983, S. 1–14.

18 Adolf BRUDER, Die Behandlung der Handwerkercorporationen durch die Juristen des 17. und 18. Jahrhunderts, in: Zeitschr. f. die ges. Staatswissenschaft 36, 1880, S. 484–503; Rudolf WISSELL, Des alten Handwerks Recht und Gewohnheit, 3 Bde., Berlin ²1971; Hans PROESLER, Das

beizukommen wie der kritischen Situation der Gesellen; an sich ein Instrument, das auf den ersten Blick durchaus einer Modernisierung der städtischen Verhältnisse hätte dienen können. Aber nur wenige Städte haben offenbar direkt reagiert, weil die zünftischen Positionen in den Stadtverfassungen eine Anpassung hinderten. Andererseits wurden die territorialen Wirtschaftsentwicklungen durch die neuen Ordnungen begünstigt und damit der Druck auf viele Reichsstädte verschärft. Unter diesen Bedingungen wurde vor allem in der zweiten Hälfte des 18. Jahrhunderts gemäß alten Traditionen eine neue Welle von Verträgen zwischen Reichsstädten und naheliegenden Territorialherren abgeschlossen, in denen sich eine eklatante Drucksituation und die Schwäche der Reichsstädte spiegelten[19]. Selbst gegenüber einem relativ schwachen Nachbarn wie dem Fürstabt von Kempten mußte die Reichsstadt nun erhebliche vertragliche Konzessionen machen. Durch all diese Entwicklungen wurden aber der territorialfürstliche Nachbar und seine Beamten verstärkt zu Mitspielern in den innerstädtischen Auseinandersetzungen. Der Würgegriff des Landesstaates hatte sich offenkundig vielfach verstärkt[20].

Dies erklärt nicht nur die oft erstaunlich geringen Unterschiede zwischen reichsstädtischen und landesstädtischen Entwicklungen, auch im Zeitalter der Revolution – die Interdependenzen erwiesen sich als relativ stark, etwa im württembergischen Raum. Die zunehmende Fortentwicklung der Territorialwirtschaft und das Zurückbleiben der Städte begünstigten in deren Mauern überdies Stimmungen, die auf einen Anschluß an ein benachbartes Großterritorium drängten, Stimmungen, die vielfach in der Revolutionszeit wieder hochkamen.

3. Die städtische Finanzkrise des 18. Jahrhunderts spiegelte diese Situation deutlich. Zwar hat Walter Bernhardt jüngst ihre ältere Wurzel hervorgehoben[21]; virulent wurde sie jedoch in zahlreichen Städten erst im 17. Jahrhundert. Sie verdeutlichte, wie schwach die städtische Finanzwirtschaft geworden war, nachdem einst vielfach städtische Darlehen eine so zentrale und politisch wirksame Rolle gespielt hatten. Vetterleswirtschaft und Korruption, nachlassende wirtschaftliche Konkurrenzfähigkeit, der Druck der territorialen Wirtschaft kamen hier gleichermaßen zum Tragen. Langfristige Strukturkrisen wie in Nürnberg, Weißenburg, Windsheim, Nördlingen, Rottweil, Speyer, Worms, Friedberg, Nordhausen oder Mühlhausen konnten ebenso zur Wirkung kommen wie ein rasches Absacken des städtischen Kredits wie in Ulm oder Augsburg

gesamtdeutsche Handwerk im Spiegel der Rechtsprechung von 1530–1806, Nürnberg 1954; Wolfram Fischer, Handwerksrecht und Handwerkswirtschaft um 1800. Studien zur Sozial- und Wirtschaftsverfassung vor der industriellen Revolution, Berlin 1957; Andreas Grießinger, Das symbolische Kapital der Ehre. Streikbewegung und kollektives Bewußtsein deutscher Handwerksgesellen im 18. Jahrhundert, Frankfurt 1981; Ders., Handwerkerstreiks in Deutschland während des 18. Jahrhunderts. Begriff – Organisation – Ursachenkonstellationen, in: Ulrich Engelhardt (Hg.), Handwerker in der Industrialisierung. Lage, Kultur und Politik vom späten 18. bis ins frühe 20. Jahrhundert, Stuttgart 1984, S. 407–434; Wilfried Reininghaus, Die Gesellenvereinigungen am Ende des Alten Reiches. Die Bilanz von dreihundert Jahren Sozialdisziplinierung, in: ebd., S. 219–241.

19 Diese Entwicklungen sind ein weitgehend unerforschtes Thema geblieben.

20 Press, Merkantilismus (wie Anm. 17).

21 Walter Bernhardt, Was die »Lutherei« die Stadt Esslingen gekostet hat, in: Esslinger Studien 20, 1981, S. 91–101.

am Ende des Jahrhunderts[22]. Zu betonen ist jedoch, daß wirtschaftlicher Wohlstand mancher Bürger oder des städtischen Geldgewerbes nicht immer eine Krise der öffentlichen Finanzen vermieden hat, wie die Beispiele von Frankfurt und Köln hinreichend deutlich machten.

Durch die öffentlichen Finanzkrisen wurden die innerstädtischen Probleme virulent: sie lösten den bürgerlichen Protest gegen das Finanzgebaren der Magistrate aus, der von der Gemeinde oder von den Zünften vorgetragen wurde. Die Forderungen der städtischen Opponenten gipfelten in der Kontrolle der Oligarchen und in der Herstellung oder Wiederherstellung eines breiteren Einflusses der Bürgerschaft auf Ämtervergabe und Finanzpolitik.

Die Lösungsmodelle der Konflikte zeigten im 18. Jahrhundert stärkere Veränderungen als die Grundstruktur. Der Reichshofrat blieb sich insofern treu, als es ihm vor allem um die Verteidigung der ständischen Gesellschaftsordnung ging, auf die ihn ja auch das konservierende System des Westfälischen Friedens verpflichtete. Dennoch rang sich der Reichshofrat zudem zu Neuansätzen durch. Einmal versuchte er möglichst globale Regelungen, die die Probleme auflisteten und zu lösen trachteten; dies stand in der Kontinuität städtischer Grundverträge, die schon älter waren. Sie unterlagen im 18. Jahrhundert einem deutlichen Rationalisierungs- und Systematisierungsprozeß. Dokumente dieser Entwicklung waren die Verträge von Frankfurt 1613[23], Augsburg 1719[24] und Hamburg 1712[25]. Man konnte sich allerdings auf weit ältere Dokumente berufen wie in Köln auf die Verträge der Jahre 1394 und 1513[26].

Die Versuche einer globalen Regelung unterlagen natürlich dem jeweiligen Zeitgeist. Dies bedeutete, daß sich in der Formulierung im Zeichen der Aufklärung zunehmende Rationalisierung und Systematisierung zeigten; der gleiche Geist der Aufklärung wurde spürbar im Denken der gelehrten Reichshofräte Josefs II., die manche Impulse der herrschenden Ideen aufgriffen[27]. Aber auch das Kammergericht geriet in diesen Sog; sichtbarer Ausdruck war die in Wetzlar sehr einflußreiche

22 Vgl. dazu die Anmerkungen zu den einzelnen Kommunen.

23 Der Vertrag von 1613 wurde ergänzt durch die Rezesse von 1716, 1725 und 1732. Matthias MEYN, Die Reichsstadt Frankfurt vor dem Bürgeraufstand von 1612 bis 1614, Struktur und Krise, Frankfurt/M. 1980; Gerald L. SOLIDAY, A Community in Conflict. Frankfurt Society in the 17th and the Early 18th Century, Hanover 1974; Paul HOHENEMSER, Der Frankfurter Verfassungskonflikt 1705 bis 1732 und die kaiserlichen Kommissionen, Frankfurt/M. 1920; Rainer KOCH, Grundlagen bürgerlicher Herrschaft. Verfassungs- und sozialgeschichtliche Studien zur bürgerlichen Gesellschaft in Frankfurt am Main (1612–1866), Wiesbaden 1983. Allgemein: Friedrich BOTHE, Geschichte der Stadt Frankfurt am Main, Frankfurt a. M. ³1977.

24 BÁTORI, Augsburg (wie Anm. 74).

25 N(ikolaus) A(dolf) WESTPHALEN, Geschichte der Hauptgrundsetze der Hamburgischen Verfassung, 3 Bde., Hamburg 1844/46; Heinrich HÜBBE, Die Kaiserlichen Kommissionen in Hamburg, Hamburg 1856

26 Friedrich LAU, Entwicklung der kommunalen Verfassung und Verwaltung der Stadt Köln bis zum Jahre 1396, Bonn 1898; Caroline BRESSLAU, Die Stellung des Kölner Rats zu den Zünften im 15. und 16. Jahrhundert, Köln 1936. Ferner: Leonhard ENNEN, Frankreich und der Niederrhein oder Geschichte von Stadt und Kurstaat Köln seit dem 30jährigen Kriege bis zur französischen Occupation, Köln, Neuss 1855/56.

27 Vgl. Peter LEYERS, Reichshofratsgutachten an Kaiser Joseph II., Diss. jur. Bonn 1976; NOËL, Reichshofrat (wie Anm. 8).

Freimaurerloge, der eine ganze Reihe von Assessoren angehörte. Hier erhielt das Gericht offenbar einen bislang unerforschten Impuls für seine aufklärerische Rechtsprechung. Die Entwicklungen in Wien und Wetzlar wirkten sich im Vorfeld der Revolution sichtbar in Richtung auf eine – wenn auch bescheidene – Annäherung der Grundverträge an modernere Verfassungstexte aus[28].

Sogleich nahm auch die Bereitschaft zu einer institutionalisierten Beteiligung der Bürger am Stadtregiment, an der Vergabe der Ämter und an der Kontrolle der Finanzen zu. Die rechtliche Vertretung der Bürgerschaften in Form von Ausschüssen erhielt nun eine neue, ausgebaute Form. Zugleich erklärte man sich bereit, den Bürgervertretungen im Prozeß eine Möglichkeit zum Handeln zu geben, mittels des Syndikatsprozesses – wahrscheinlich, um unkontrollierbare Eruptionen zu vermeiden[29]. Die Bildung eines Syndikats bedeutete, daß eine Mehrheit von zwei Dritteln innerhalb der Bürgerschaft, notariell beglaubigt, eventuell sogar durch die kaiserliche Kommission selbst überprüft, eine Prozeßvollmacht vorlegen konnte, die die opponierende Bürgerschaft juridisch und politisch handlungsfähig machte. Dadurch wurden der Obrigkeitsanspruch der Magistrate erheblich relativiert, der dualistische Charakter der Reichsstädte reaktiviert, den Bürgergemeinden und Zünften ein neuer Freiraum eröffnet, der Willkür des Magistrats enge Grenzen gesetzt. In der Regel wurde in den Grundverträgen des 18. Jahrhunderts auch gleich die Mitwirkung der Bürgergemeinden fixiert; man kann weiter feststellen, daß hier eine Regelung die nächste gleichsam nach sich zog.

Natürlich hatten diese Formen der Konfliktregelung auch erhebliche Nachteile. Kaiserliche Kommissionen, in der Regel von benachbarten Fürsten oder Städten durchgeführt, waren sehr kostspielig – dies nutzten auch gelegentlich die Kommissarien aus, den Nachbarn wurde ein unerwünschtes Mitspracherecht im Innern der Stadt eröffnet, bis hin zur Einlegung von Garnisonen[30]. Diese Aussichten, die Gefahren für die städtischen Kassen und für den städtischen Kredit, waren bekannt und daher auch durchaus abschreckend. Bezeichnend, daß Städte, die unter dem besonderen Druck ihrer nächsten Nachbarn standen, bis zum Ende nach Möglichkeit solche Konflikte zu vermeiden suchten, wie etwa Speyer[31] oder Kempten[32]. Aber in der Regel erwiesen sich

28 Dazu plane ich eine eigene Untersuchung.

29 Hildebrandt, Rat, S. 232; Volker Press, Der Hohenzollern-Hechingische Landesvergleich von 1798. Reichsrecht und Untertanenvertretung im Zeichen der Französischen Revolution, in: Zeitschr. für Hohenzollerische Geschichte 14, 1978, S. 77–108, hier: S. 81; Wolfgang Trossbach, Bauernbewegungen in deutschen Kleinterritorien zwischen 1648 und 1789, in: Winfried Schulze (Hg.), Aufstände, Revolten, Prozesse. Beiträge zu bäuerlichen Widerstandsbewegungen im frühneuzeitlichen Europa, Stuttgart 1983, S. 233–260, hier: S. 250.

30 Vgl. Volker Press, Wetzlar – Reichsstadt und Reich im Spätmittelalter und in der frühen Neuzeit, in: Mitt. des Wetzlarer Geschichtsver. 31, 1985, S. 87.

31 Die Stadt Speyer stand wegen der verbleibenden Rechte des Bischofs in der Domfreiheit besonders stark unter dem Druck des ehemaligen Stadtherrn. Vgl. Hartwich, Speyer (wie Anm. 136).

32 Die Fürstäbte von Kempten suchten die Reichsstadt förmlich zu strangulieren; es kam sogar 1719 zur Gründung einer eigenen Stiftsstadt vor den Mauern der Reichsstadt, die deutliche Konkurrenzfunktionen übernehmen sollte. Vgl. Johann Baptist Haggenmüller, Geschichte der Stadt und gefürsteten Grafschaft Kempten, 2 Bde., Kempten 1840/47; Josef Rottenkolber, Geschichte des hochfürstlichen Stifts Kempten, München 1933.

die innerstädtischen Spannungen, angestaut wie in einem Kessel, auch stark genug, die Krise zum Ausdruck zu bringen und virulent zu machen – darauf weist die eingangs zitierte Zahl der kaiserlichen Kommissionen nachdrücklich hin.

Allerdings wird man den Erfolg der Krisenregelung auch nicht unterschätzen dürfen – in einer ganzen Reihe von Städten, die ihre Auseinandersetzungen und dann deren Bereinigung von Reichs wegen erlebt hatten, blieb es ruhig. Hier ist an erster Stelle Frankfurt zu nennen; an der Zahl seiner am Reichshofrat anhängigen Prozesse gemessen – sie dürften, vorsichtig geschätzt, mehr als die Hälfte der reichsstädtischen Verfahren ausgemacht haben – war Frankfurt die unfriedlichste Stadt des Reiches[33]. Dies war freilich bedingt durch vielfältige Faktoren in der Stadt, die das Gemeinwesen selbst nicht mehr ausbalancieren konnte. Aber die Konfliktregelungen aus der ersten Hälfte des Jahrhunderts hielten auch im Zeitalter der Revolution; deren Ideen konnten in der Reichsstadt nicht Fuß fassen, nichts in Bewegung setzen – dies wird für eine ganze Reihe weiterer Reichsstädte festzustellen sein. Es läßt sich also schon jetzt festhalten, daß offenbar die Hausmittel aus der ehrwürdigen Apotheke des Alten Reiches auch noch in der Revolutionszeit wirksam waren und an vielen Stellen durchaus das Aufflackern langfristiger Konflikte zu verhindern vermochten – sie waren jedenfalls revolutionären Bestrebungen nicht günstig.

II.

Die Einwirkung der Revolution auf die Reichsstädte zu studieren, ist freilich auch deshalb schwierig, weil der schwerfällige Körper »Reich« mit einer seit 1789 rasch eskalierenden Entwicklung in Frankreich konfrontiert war[34]. Diese begann in klassisch-ständischer Form. Eine Kreditkrise erforderte die Einberufung der General-

33 Vgl. die in den Anm. 23 und 128 zitierte Literatur.

34 ARETIN, Heiliges Römisches Reich (wie Anm. 8), S. 251–372; Sidney Seymour BIRO, The German Policy of Revolutionary France 1792–1797, 2 Bde., Cambridge, Mass. 1957; Timothy BLANNING, The French Revolution in the Rhineland, 1792–1802, Oxford 1983; Alexander CONRADY, Die Rheinlande in der Franzosenzeit (1750–1815), o. O. o. J.; François Georges DREYFUS, Sociétés et mentalités à Mayence dans la seconde moitié du XVIIIe siècle, Paris 1968; Jacques DROZ, L'Allemagne et la Révolution française, Paris 1949; DERS., Deutschland und die Französische Revolution, Wiesbaden 1955; Elisabeth FEHRENBACH, Deutschland und die Französische Revolution, in: Geschichte und Gesellschaft, Sonderheft 2: 200 Jahre amerikanische Revolution und moderne Revolutionsforschung, 1976, S. 232–253; DIES., Vom Ancien Régime (wie Anm. 6), S. 38–50; Hans Heinrich GERTH, Die sozialgeschichtliche Lage der bürgerlichen Intelligenz um die Wende des 18. Jahrhunderts, Diss. Frankfurt 1933. Neudruck unter dem Titel: Bürgerliche Intelligenz um 1800. Zur Soziologie des deutschen Frühliberalismus, Göttingen 1976; George Peabody GOOCH, Germany and the French Revolution, London [2]1927; Walter GRAB, Eroberung oder Befreiung? Deutsche Jakobiner und die Franzosenherrschaft im Rheinland 1792–1799, Trier 1971; Joseph HANSEN, Das linke Rheinufer und die Französische Revolution 1789–1801, in: Mitt. der deutschen Akademie 12, 1927, S. 421–455; Justus HASHAGEN, Das Rheinland und die französische Herrschaft. Beiträge zur Charakteristik ihres Gegensatzes, Bonn 1908; Hansgeorg MOLITOR, Vom Untertan zum Administré. Studien zur französischen Herrschaft und zum Verhalten der Bevölkerung im Rhein-Mosel-Raum von den Revolutionskriegen bis zum Ende der napoleonischen Zeit, Wiesbaden 1980; Franz Xaver REMLING, Die Rheinpfalz in der Revolutionszeit von 1792 bis 1798, 2 Bde., Speyer 1865/66; Alfred STERN, Der Einfluß der

stände, in denen sich rasch das Bürgertum durchsetzte und als Nationalversammlung konstituierte, begleitet von Agrarrevolten zur Beseitigung der feudalen Zustände, von der Demütigung des königlichen Absolutismus unter dem Sog aufklärerischer Ideen. Diese erste Phase wurde in Deutschland weithin positiv bewertet, bis hin zum alterfahrenen Staatskanzler Fürst Kaunitz in Wien, bis hin zu Kaiser Leopold II., die beide vor einem allzu unbedachten Vorgehen warnten.

Während aber einerseits aufklärerisches Denken gemäß den Entwicklungen in der Nationalversammlung vielfach Reformen in Deutschland forderte, radikalisierte sich die Bewegung in Frankreich immer mehr, wurde dort die innere Verfassung umgestürzt, fielen die Vorrechte des Adels. Die 1791 zusammentretende Legislative drängte den König und andere traditionelle Kräfte weiter zurück. Unter den Bedingungen des Krieges und der drohenden Konterrevolution kam es zur sogenannten Schreckensherrschaft, 1792 zum Nationalkonvent und der Republik, schon am 21. Januar 1793 zur Hinrichtung des Königs. Es folgten die Diktatur des Wohlfahrtsausschusses nach der Verdrängung der Girondisten durch die Jakobiner mit Hilfe der revolutionären Kommune von Paris und die Kulmination der Radikalisierung – administrative Härte und eskalierender Terror hielten das von innen und außen bedrohte revolutionäre Frankreich zusammen. Aber schon im Juli 1794 kam der Sturz Robespierres, im November 1794 die Schließung des Jakobinerklubs. Das Pendel schlug wieder zur gemäßigten Seite zurück; im Oktober 1795 folgte dann das großbürgerliche Direktorium mit zwei Kammern des Parlaments – eine Verfassung, die schon im Zeichen einer Beruhigung stand. Bereits nach zwei Jahren verdrängte die Mehrheit der Direktoren eine Minderheit, und am 18. Brumaire, am 9. November 1799, wurde das Direktorium durch den Staatsstreich des Generals Napoleon Bonaparte gestürzt.

Nur wenige zentrale Vorgänge der Weltgeschichte waren von solcher Dramatik und von so rasch wechselnden Konstellationen gekennzeichnet. Die französische Revolution vollzog sich vor den Augen der Welt als eine geschwinde Abfolge verschiedener politischer Modelle, die bis heute die Historiker fasziniert haben, ein komplexer, schwer durchschaubarer Vorgang, der die Schlachtenbummler anzog, bis hin zum alten Herzog Karl Eugen von Württemberg[35]. Daß die Wirkung solcher Entwicklungen auf das Reich kompliziert sein mußte, ist klar. Dort war man es nicht gewohnt, daß sich die Dinge so rasch, gleichsam in Windeseile, änderten wie in den sechs Jahren zwischen Generalständen und Direktorium oder in den neun vom Nationalkonvent bis zum Staatsstreich Napoleons. Veränderungen von weit geringerer Tragweite vollzogen sich in Deutschland in Jahrzehnten, ja in Jahrhunderten. Das bedeutet, daß jenseits des Rheins ein diffuses Bild von Vorgängen, Ideen und Konzeptionen der Revolution entstand, auch wenn sich in Deutschland allgemeine Grundzüge von Hochachtung bis Respekt vor den Anfängen bis zur Abwendung und Abscheu vor dem Terror feststellen lassen.

Französischen Revolution auf das Deutsche Geistesleben, Stuttgart/Berlin 1928; Jürgen Voss (Hg.), Deutschland und die französische Revolution, München 1983.

35 Herzog Carl Eugen von Württemberg, Tagebücher seiner Rayßen, hg. v. Robert Uhland, Tübingen 1968, S. 379–391; Karl Hammer, Deutsche Revolutionsreisende, in: Voss (Hg.), Deutschland (wie Anm. 34), S. 26–42.

Was problematisch war: Man konnte sich vieles, auch Widersprüchliches aus den unterschiedlichen Phasen der Revolution, heraussuchen – so sollte es in Deutschland schließlich viele und ganz unterschiedliche Erben der Revolution geben. Mit Recht haben Valjavec und Epstein auf die Anstöße zur Parteienbildung hingewiesen, wobei vor allem die Sammlung der konservativen Kräfte bezeichnend ist. Es kann nicht überraschen, daß die überdrehende Dynamik der Revolution als Katalysator viele Kräfte, die bei ihrem Anbeginn ungemein modern wirkten und der Aufklärung verbunden waren, ja anfänglich mit der Revolution sympathisierten, schließlich ins konservative Lager wies[36]. So ist es kein Glück für die Forschung, daß heute nahezu alles, was mit der Revolution sympathisierte, vielfach unter dem Namen »Jakobiner« subsumiert wird, denn solche gab es außerhalb der französischen Besatzungsgebiete in Deutschland kaum[37]. Andererseits fehlte es nicht an republikanischen und demokratischen Kräften: Man wird auch sagen können, für die Radikalität wirklichen jakobinischen Denkens gab es in Deutschland kaum einen Ansatz – das soll jedoch nicht heißen, daß die revolutionären Geschehnisse nicht auch die deutsche Situation gründlich verändert hätten. Sehr früh zeichnete sich ab, daß angesichts dieser Entwicklungen nichts mehr so sein würde, wie es war.

Man wird allerdings noch zweierlei in Rechnung stellen müssen. Die Wirkungsgeschichte der Großen Revolution auf Deutschland mußte selbstverständlich sehr komplex sein. Dies verstärkte sich dadurch, daß 1792 Frankreich, noch die Monarchie, an Österreich den Krieg erklärte, in den auch Preußen hineingezogen wurde[38]. Nach anfänglichem Mißgeschick waren die französischen Waffen seit 1792 im Vordringen; so nahm General Custine Trier, Mainz, Speyer und Worms ein und bedrohte das Reichskammergericht in Wetzlar[39]. Nachdem die ersten Erfolge sich vielfach als temporär erwiesen und die kaiserlichen Armeen wieder vordrangen, kam es nach dem französischen Sieg bei Fleurus am 26. Juni 1794 zur Eroberung des ganzen linken Rheinufers, wo sich Frankreich nun auf Dauer behaupten konnte und seine revolutionären Institutionen durchsetzte. Damals wurden die linksrheinischen Reichsstädte

36 Fritz VALJAVEC, Die Entstehung der politischen Strömungen in Deutschland, München 1951, ND Kronberg 1978 (mit einem Nachwort von Klaus Garber); Klaus EPSTEIN, Die Ursprünge des Konservativismus in Deutschland. Der Ausgangspunkt: Die Herausforderung durch die Französische Revolution 1770–1806, Berlin 1973.

37 Vgl. die in den Anm. 3–7 zitierte Literatur.

38 ARETIN, Reich (wie Anm. 8), S. 262–274; Timothy C. W. BLANNING, The Origins of the French Revolutionary Wars, London/New York 1986, S. 69–131; Kurt HEIDRICH, Preußen im Kampfe gegen die Französische Revolution bis zur zweiten Teilung Polens, Stuttgart u. Berlin 1908; Karl Theodor VON HEIGEL, Deutsche Geschichte vom Tode Friedrichs d. Gr. bis zur Auflösung des Alten Reiches, Bd. 1, Stuttgart 1899, S. 449–574; vgl. auch Johannes SCHICK, Der Reichstag zu Regensburg im Zeitalter des Baseler Friedens 1792–1795, Diss. Bonn 1931; Hans GLAGAU, Die französische Legislative und der Ursprung der Revolutionskriege, Berlin 1896, ND Vaduz 1965; Horst MÖLLER, Primat der Außenpolitik. Preußen und die Französische Revolution 1789–1795, in: Voss, Deutschland (wie Anm. 34), S. 65–81.

39 HEIGEL, Geschichte 2 (wie Anm. 38), S. 50–74; BIRO, German Policy 1 (wie Anm. 34), S. 93–144.

Köln und Aachen, bald auch Worms und Speyer – diese zunächst nur zeitweise – französisch[40].

Dadurch bekam man den gesellschaftlich-politischen Umsturz gleichsam ad oculos demonstriert, der weit über all das hinausging, was man bisher in reichsstädtischen Konflikten beobachtet hatte – die Beseitigung der alten Gesellschaft wurde in den rheinischen Reichsstädten nachhaltig deutlich gemacht. Aber der Kriegszustand verschob noch weitere Perspektiven. Revolutionäre Propaganda wurde fortan auch subversives Mittel der Kriegführung; deren Notwendigkeit und Zwänge überwucherten andererseits auch den Willen, die Revolution zu exportieren. Schließlich: Als französische Truppen das rechtsrheinische Rheingebiet betraten, regierte in Paris längst das Direktorium, also der mehr gemäßigte Flügel der französischen Republikaner. Die Zeit der radikalen Revolution blieb weitgehend ohne direkte Einwirkung auf die deutschen Verhältnisse.

Versucht man, an dieser Stelle eine Zwischenbilanz zu ziehen, so ist festzuhalten, daß eine unmittelbare Einwirkung der französischen Entwicklungen nur die bereits nach Frankreich eingegliederten elsässischen Städte einschließlich Landau erfuhren, die bereits dem Reich entzogen waren[41]. Einer relativ direkten Wirkung der Revolution waren die linksrheinischen Reichsstädte ausgesetzt. Der Rest geriet in ein diffuses Feld der Beeinflussungen, überlagert durch den raschen Wandel der Ereignisse und durch die kriegerischen Handlungen. Wirksam blieben freilich trotz allem der republikanische Geist und die Verneinung altständischer Obrigkeiten, die sich sehr wohl als Waffe für die innerstädtischen Konflikte eigneten. Aber man wird auf der anderen Seite auch die Situation im Reich nicht vergessen dürfen. Hier hatte sich ebenfalls eine bemerkenswerte Verschiebung ergeben. 1785 hatte die Reichspolitik Kaiser Josefs II. mit dem Fürstenbund Friedrichs des Großen ihre Katastrophe erlebt[42] – der Preußenkönig hatte es vermocht, das Reich gegen den Kaiser zu mobilisieren, mit allen Konsequenzen für die üblichen kaiserlichen Interventionen in den Reichsstädten. Preußen war zu einer aktiven Gegenkraft geworden, die stets als Schützerin der Reichsverfassung auftrat und dadurch aufgeklärte Ideen zu mobilisieren wußte. 1790, dies hat Horst Carl in seiner Tübinger Magisterarbeit über die Aachener Mäkeleien wiederentdeckt, wurde in der Wahlkapitulation Kaiser Leopolds II. dem Reichshofrat förmlich verboten, reichsstädtische Verfassungen zu verändern oder gar neue zu introduzieren – im Zeichen einer radikalen revolutionären Bewegung wurde damit ein möglicher gemäßigt reformeri-

40 Joseph Hansen, Quellen zur Geschichte des Rheinlandes im Zeitalter der Französischen Revolution 1780–1801, 4 Bde., Bonn 1931/38; Ders., Das linke Rheinufer und die Französische Revolution 1789–1801, München 1927; Clemens Theodor Perthes, Politische Zustände und Personen in Deutschland zur Zeit der französischen Herrschaft. Das südliche und westliche Deutschland, Gotha ²1862, S. 1–228.

41 Biro, German Policy 1, S. 539–550; Molitor, Vom Untertan (wie Anm. 34), Perthes, Zustände (wie Anm. 40), S. 228–264; Hashagen, Rheinlande (wie Anm. 34), Alfred Rambaud, La domination française en Allemagne, Bd. 1: Les Français sur le Rhin (1792–1804), Paris 1873; Philippe Sagnac, Le Rhin français pendant la Révolution et l'Empire, Paris 1917.

42 Aretin, Reich (wie Anm. 34), S. 164–240. Vgl. auch: Volker Press, Friedrich der Große als Reichspolitiker, in: Heinz Duchhardt (Hg.), Friedrich der Große, Franken und das Reich, Köln–Wien 1986, S. 25–56.

scher Impuls, den Wien bisher gegeben hatte, gebrochen und verzögert, die möglichen Antworten auf die Herausforderung der Revolution in den Reichsstädten erheblich erschwert[43].

Dieser Vorgang erklärt auch die neuerlich aufsteigende Bedeutung des Reichskammergerichts, das nun sehr stark aufklärerisch-reformerischen Tendenzen unterlag, soweit sie nicht an der Substanz des Bestehenden rüttelten – der schon zitierten aufklärerisch gestimmten Wetzlarer Freimaurerloge sagte man künftig immer wieder Querverbindungen zu den opponierenden Kräften in den Reichsstädten nach. Gemäßigt aufklärerische Kräfte wirkten freilich auch im Reichshofrat, wo der alte josefinische Geist durchaus noch weiterlebte, obgleich die Wiener Regierung selbst, zumal nach 1792 unter Kaiser Franz II., unter dem starken Einfluß der Französischen Revolution auf eine konservative Linie zurückschwenkte[44]. Dieser gegenüber erschien, trotz gemeinsamer Gegnerschaft zur französischen Republik, die preußische Politik freier. Solche allgemeinen Tendenzen verstärkten sehr schnell die restaurative Komponente der Gegenbewegungen im Reich nach 1790, an deren Spitze mehr und mehr Österreich und damit der Kaiser trat. Unter dem konservativeren Franz II., dessen Revolutionsfurcht ihn deutlich hinter die reformerischen Impulse des Vaters Leopold II. und des Oheims Josef II. zurücktreten ließ, wurde dies vollends deutlich.

Preußen zog sich allerdings 1795 aus dem Reichskrieg zurück[45], nicht ohne einzelne Reichsstände und Städte weiterhin zu bedrängen – vor allem, seit 1791, im Besitz der fränkischen Markgraftümer, Nürnberg[46]. Das im Krieg verbleibende Österreich, mit einer erschöpften und erstarrten süddeutschen Klientel alleingelassen, kontrollierte den Süden des Reiches militärisch und begann, immer mißtrauischer auf die Bewegungen und die einsickernden Revolutionsideen zu achten. Der verstärkt konservative Kurs Wiens wurde gleichsam von den militärischen Notwendigkeiten überlagert – hier wurde der Feldzeugmeister Baron Staader[47] mit Hauptquartier auf dem Lechfeld zwischen Augsburg und München, Sohn eines königseggischen Beamten, 1798/99 als Kommandeur der rückwärtigen Truppen des Kaisers mit seinen Kontrollorganen ein wichtiger Zensor und Berichterstatter über die Entwicklungen, teilweise auch in den

43 Horst CARL, Die Aachener Mäkelei 1786–1792. Konfliktregelungsmechanismen im Alten Reich, in: Zeitschr. des Aachener Geschichtsvereins 92, 1985, S. 177–199.

44 Eine moderne Biographie fehlt. Sehr zeitgebunden: Viktor BIBL, Kaiser Franz. Der letzte römisch-deutsche Kaiser, Leipzig u. Wien 1938.

45 Walter TRUMMEL, Der preußische Schutz der Demarkationslinie nach dem Frieden von Basel, Diss. Münster 1913; Willy REAL, Von Potsdam nach Basel. Studien zur Geschichte der Beziehungen Preußens zu den europäischen Mächten vom Regierungsantritt Friedrich Wilhelms II. bis zum Abschluß des Friedens von Basel – 1786–1795, Basel u. Stuttgart 1958; Anton ERNSTBERGER, Österreich und Preußen von Basel bis Campo Formio 1795–1797, Prag 1932; ARETIN, Reich (wie Anm. 34), S. 318–332. MÖLLER, Primat (wie Anm. 38).

46 Karl SÜSSHEIM, Preußens Politik in Ansbach-Bayreuth 1791–1806, Berlin 1902.

47 Josef Freiherr Staader von Adelstein (1738–1808), K. K. Feldzeugmeister, stammte aus Königseggwald und begann seine Karriere beim Regiment Königsegg-Rothenfels. Er galt als Draufgänger und war Komtur des Maria-Theresien-Ordens. 1798 befehligte er die Kontingentsarmee auf dem Lechfeld, nachdem er sich als Unterführer ausgezeichnet hatte. Der Schwabe kannte die süddeutschen Verhältnisse bestens. Vgl. Constant v. WURZBACH, Biographisches Lexikon des Kaiserthums Oesterreich, Bd. 36, Wien 1878, S. 304–306.

Reichsstädten. Die Militärs sahen durch Defätismus, eine oft übertriebene Revolutionsfurcht, die Front bedroht, ein nicht zu unterschätzender Faktor für die Beurteilung »aufrührerischer« Entwicklungen in den Reichsstädten des Südwestens. Über Staader stand der Reichsfeldmarschall Erzherzog Karl, der durchaus bereit war, von der Revolution zu lernen[48]. Reichsstädtische Obrigkeiten begriffen jedoch bald, daß es günstig war, städtische Opponenten als revolutionsfreundlich zu denunzieren, um gegen sie das Wohlwollen des Wiener Hofes und der kaiserlichen Armee zu gewinnen – der nachfolgende Befund wird diese Eindrücke überraschend stark bestätigen[49].

III.

Der Ostberliner Historiker Heinrich Scheel hat 1967 in seinem bemerkenswerten und anregenden Buch über die »Süddeutschen Jakobiner« eine Aufstellung revolutionsfreundlicher Äußerungen in Reichsstädten gemacht, die sich durchaus ergänzen läßt[50], obgleich Scheel die altständischen Komponenten der Entwicklungen erheblich unterschätzt haben dürfte. Ich versuche hier im Anschluß an Scheel, auch gestützt auf eigene Forschungen, einen vorläufigen Überblick zu geben, der jedoch noch keine Vollständigkeit beansprucht[51]. Am stärksten waren natürlich die von Frankreich direkt okkupierten Städte von den revolutionären Bewegungen erfaßt, nämlich Köln[52] und Aachen[53], aber auch Worms[54], wo die alten ständischen Verfassungskonflikte unmittelbar in die Zeit der französischen Herrschaft mündeten – anders dagegen Speyer[55], das offenbar wegen des bischöflichen Drucks im Inneren Ruhe hielt, aber am Ende doch unter französischer Herrschaft einer revolutionären Umformung unterlag. Auch auf diese Städte wird noch zurückzukommen sein.

48 Heinrich v. ZEISSBERG, Erzherzog Carl von Österreich, 2 Bde., Wien und Leipzig 1895; Oskar CRISTE, Erzherzog Carl von Österreich, ein Lebensbild, Wien, Leipzig 1912; NDB 11, S. 242f.

49 Dazu ist derzeit in Tübingen eine Dissertation in Arbeit.

50 SCHEEL, Jakobiner (wie Anm. 3), S. 58–80 und passim (über Nürnberg einschließlich Lauf und Altdorf, Ulm, Augsburg, Regensburg, Frankfurt, Rothenburg ob der Tauber, Nördlingen und Schweinfurt).

51 Der folgende, Scheel ergänzende Überblick stützt sich im wesentlichen auf die Wiener Reichshofratsakten des Haus-, Hof- und Staatsarchivs (künftig HHStAW), vor allem auf die zusammenfassenden Voten und Relationen. Andere, ausführlichere Akten wurden nur gelegentlich herangezogen. Es fragt sich, ob das Bild aus den Reichshofratsprozessen nicht einseitig ist, ob nicht die Reichskammergerichtsprozesse, Ergebnis der konkurrierenden Gerichtsbarkeit zum Reichshofrat, das Resultat stark relativieren könnten. Stichproben für Süddeutschland, d.h. im Allgemeinen Staatsarchiv München, im Hauptstaatsarchiv Stuttgart, im Generallandesarchiv Karlsruhe und im Staatsarchiv Darmstadt, haben ergeben, daß die Reichskammergerichtsprozesse für die innerstädtischen Auseinandersetzungen vernachlässigt werden können. Die Arbeit von Horst CARL (wie Anm. 43) hat freilich signalisiert, daß dieses Urteil womöglich für Nord- und Westdeutschland nicht zutreffen könnte – dort dürfte das stärker ständisch bestimmte Reichskammergericht wichtiger gewesen sein. Die Reichshofratsakten wurden zur Korrektur und Ergänzung der Literatur herangezogen.

52 Dazu die Literatur in Anm. 26 und 134.

53 Dazu: CARL, Mäkelei (wie Anm. 132).

54 Dazu die Literatur in Anm. 136.

55 HARTWICH, Speyer (wie Anm. 137).

Insgesamt ist zu konstatieren, daß die reichsstädtischen Unruhen nach 1789 scheinbar auf breitester Front aufflammten[56]: Ältere Konflikte gingen weiter oder eskalierten, neue wurden ausgelöst, radikalisierten sich, erhielten ein neues ideologisches Fundament. Auf der anderen Seite wirkten die radikalsten Äußerungen der Französischen Revolution als ein denkbares Drohpotential und signalisierten, wie es eventuell den eigenen Obrigkeiten einmal ergehen könnte. Begünstigt wurden diese Entwicklungen durch die Paralysierung der kaiserlichen Gestaltungsmöglichkeiten nach 1790 und durch die aufkommende preußische Konkurrenz, die man nicht gering veranschlagen darf. Auf der anderen Seite wurde bislang das erhebliche Potential unbeachtet gelassen, das der Kaiser durch den militärischen Aufmarsch mobilisieren konnte, ebenso die verstärkte konservative Tendenz nach 1790/92, die auf die unmittelbare Klientel Österreichs, d.h. einen großen Teil der oberschwäbischen Reichsstädte[57], nicht ohne Einfluß bleiben konnte. All dies wird man bei der folgenden Bestandsaufnahme mit in Anschlag bringen müssen.

Mit am spektakulärsten waren die Entwicklungen im hochverschuldeten Nürnberg, das seit dem 17. Jahrhundert in einem starken wirtschaftlichen Niedergang begriffen und daher auch ständigen inneren Konflikten ausgesetzt war, die zur wiederholten Anrufung des Reichshofrats führten[58]. Der Rat, vom Patriziat gestellt, litt infolgedessen unter erheblichem Autoritätsverlust; er versuchte, dem sich abzeichnenden Druck durch die Ökonomieverbesserungsdeputationen von 1791 bzw. 1793 beizukommen. Es gab zwar durchaus industrielle Ansätze, aber die Stadtwirtschaft unterlag einer ausgeprägten Strangulierungspolitik der Nachbarn Pfalzbayern und vor allem Preußen, dem Herrn von Ansbach-Bayreuth. Seit 1792 regten sich in einer Reihe von anonymen

56 So zuletzt: Scheel, Jakobiner (wie Anm. 3).

57 Volker Press, Schwaben zwischen Bayern, Österreich und dem Reich 1486–1805, in: Pankraz Fried (Hg.), Probleme der Integration Ostschwabens in den bayerischen Staat. Bayern und Wittelsbach in Ostschwaben, Sigmaringen 1982, S. 17–78.

58 HHStAW, Reichshofrat, Voten 41, Relationen 126. Emil Reicke, Geschichte der Reichsstadt Nürnberg, Nürnberg 1896; Franz Buhl, Der Niedergang der reichsständischen Finanzwirtschaft und die kaiserliche Subdelegationskommission von 1797–1806, in: Mitt. des Vereins für Gesch. der Stadt Nürnberg 26, 1926, S. 111–278; Eugen Franz, Nürnberg, Kaiser und Reich. Studien zur städtischen Außenpolitik, München 1930; Wilhelm Gebhard, Organisation der Reichsstadt Nürnberg in den letzten Jahrzehnten ihrer Selbständigkeit bis zu ihrer Einverleibung nach Bayern, Diss. jur. Erlangen 1910; Gerhard Hirschmann, Beiträge zur Geschichte des Nürnberger Patriziats am Ende der Reichsstadtzeit, in: Mitt. des Ver. f. Gesch. der Stadt Nürnberg 52, 1963/64, S. 269–286; Wilhelm Schwemmer, Die Schulden der Reichsstadt Nürnberg und ihre Übernahme durch den bayerischen Staat, Nürnberg 1967; Erwin Riedenauer, Reichsverfassung und Revolution, in: Zeitschr. für bayer. Landesgesch. 31, 1968, S. 124–196, 501–574; Hanns Hubert Hofmann, Kampf um Selbstbehauptung und Agonie der Reichsstadt, in: Gerhard Pfeiffer (Hg.), Nürnberg. Geschichte einer europäischen Stadt, München 1971, S. 303–315; Anton Ernstberger, Nürnberg im Widerschein der Französischen Revolution 1789–1796, in: Zeitschr. für bayer. Landesgesch. 21, 1958, S. 409–471; Kurt Schall, Die Genannten in Nürnberg, Nürnberg 1971; Rudolf Endres, Die Rolle der Kaufmannschaft im Nürnberger Verfassungsstreit, in: Jahrb. für fränk. Landesforsch. 45, 1985, S. 125–167. Zum Problem der Gesellenunruhen: Andreas Griessinger/Reinhold Reith, Obrigkeitliche Ordnungskonzeptionen und handwerkliches Konfliktverhalten im 18. Jahrhundert: Nürnburg und Würzburg im Vergleich, in: Rainer S. Elkar, Deutsches Handwerk im Spätmittelalter und in der Frühen Neuzeit, Göttingen 1983, S. 117–180.

Flugschriften scheinbar jakobinische Ideen – eine lokale Zeitung hatte die französischen Bewegungen bekanntgemacht und mit Sympathie begleitet. Die Symbole der Revolution wurden beschworen. 1794/95 kam es zu Handwerkerunruhen, die auch das große Nürnberger Landgebiet zu erfassen drohten. Aber die konkreten Erfahrungen mit den 1796 einmarschierenden Franzosen waren ernüchternd, so daß sich die Mehrheit der Bevölkerung lieber Preußen unterwarf. Doch dessen Okkupation, die der Statthalter in Ansbach, Hardenberg, bereitwillig vollzog, war nur eine kurze Zeit beschieden.

Die jakobinischen Züge der Nürnberger Entwicklungen waren jedoch eher aufgesetzt. Sie standen unter der ständigen Einwirkung des Reichshofratsprozesses, eines weiteren in einer langen Kette. Das komplizierte soziale Feld der Stadt, in der neben den Patriziern und den Zünften auch die Unverbürgerten, die Gesellen und die Genannten, also die in Handel und Produktion wichtigen Aufsteiger, eine Rolle spielten, ließ einfache Frontbildungen nicht zu und führte zu unterschiedlichen Koalitionen. Immerhin kam 1794 der städtische Grundvertrag zustande, der die Stadtverfassung modernisierte, allerdings nicht unbedingt ihre Effektivität erhöhte und schon gar nicht die Schulden reduzierte – die Genannten erhielten jedoch einen verbesserten Anteil am Regiment. Auf dieser Grundlage, wohlwollend und indirekt toleriert vom Reichshofrat, der ja seit 1790 nicht mehr unmittelbar eingreifen konnte, versuchte der Nürnberger Rat, eine Reihe von vorsichtigen Neuerungen durchzusetzen, ohne die Kernpunkte des Problems, nämlich die Patrizierherrschaft und die katastrophale Finanzsituation, lösen zu können. Von ernstlichen revolutionären Tendenzen war niemals die Rede, Magistrat und Fränkischer Kreis hatten bei aller Revolutionsfurcht das Heft nie aus der Hand gegeben.

Der Rat hatte freilich eine ernste Legitimationskrise durchzumachen, bedingt durch den Rückzug des früher handelstreibenden Patriziats aus seinen wirtschaftlichen Funktionen in die Existenz begüterter Rentenbezieher und Landherren. Auch die Gesellenunruhen, die die Konflikte begleiteten, gehörten noch zum altständischen Typ der Auseinandersetzungen – sie fanden sich auch an anderen Orten. Typisch war allerdings der Anteil von Partizipationsforderungen am Begehren der Opposition; die Tendenz, die Kompromisse systematisch festzuschreiben, verwies sie schon in das Vorfeld von Verfassungsforderungen. Der Reichshofrat als mitwirkende Kraft wiederum verhinderte jegliche allzu starke Radikalisierung, denn eine solche hätte demjenigen, der sie betrieb, jede Chance eines legalen Erfolgs vor den Wiener Gerichten genommen.

Mit ganz anderen Fronten verliefen die bescheideneren Auseinandersetzungen im Landgebiet der Reichsstadt. Scheel hat auf die Unruhen in Altdorf und Lauf verwiesen[59]. Aus Altdorf gelangte der Konflikt an den Reichshofrat. Die kleine Universitätsstadt hatte im 18. Jahrhundert einen deutlichen wirtschaftlichen Niedergang erfahren. Das reichsstädtische Landpflegamt warf dem Rat Protektionspolitik und Mißwirtschaft vor; das ermutigte eine Bewegung der Bürger, die einen Ausschuß bildeten und ein Syndikat anstrebten. Es ging vor allem um die Sanierung der Stadtfinanzen und – zu diesem Zwecke – um die Teilung der Gemeinheiten. Der Nürnberger Konsulent Dr. Friedrich Popp entwarf ein Vergleichsprotokoll, aber ein Teil der Bürger unter Füh-

59 HHStAW, Reichshofrat, Relationen 1.

rung des Ausschußmitglieds Johann Wolfgang Recknagel widersprach ihm; bei einer Ratstagung im »Goldenen Löwen« kam es zu einem Auftritt von 60 bis 70 Bürgern. Am 30. Juli 1794 klagten 70 Altdorfer gegen den Rat; die Nürnberger Obrigkeit, selbst in Bedrängnis, hielt hier einerseits Verbesserungen für unumgänglich, andererseits aber auch die Bewegungen für gefährlich – als sie zugunsten der Deputation eingriff, beschwerte sich der Altdorfer Rat in Wien.

Die Nürnberger Ereignisse beeinflußten auch andere fränkische Reichsstädte. Weißenburg[60] war während des ganzen 18. Jahrhunderts von Konflikten zwischen Rat und Bürgerschaft zerrissen, die nach 1789 erneut aufbrachen. Die schwere finanzielle Last der Kriegskontributionen heizte die Situation an, die Viertel wurden zur Basis oppositioneller Aktivitäten. Dabei spielten zwei Viertelmeister, der Weber Leonhard Winkelmayer und der Tuchmacher Karl Schützinger, eine führende Rolle. 1801 kam es zum Aufbegehren der Bäckerzunft wegen zahlenmäßiger Übersetzung, als ihr der ängstliche Rat einen preußischen Untertan zur Aufnahme aufgezwungen hatte. Im Stil altständischer Opposition wurde eine Bürgerdeputation gebildet. Der Rat gab zunächst nach, bestritt aber die Legitimität der Deputation, die die gesamte Bürgerschaft verhetze und die Staatsverfassung ändern wolle. Diese Technik der Denunziation wird noch öfter begegnen; der Rat erreichte im antirevolutionären Wien ein Conclusum, das die Obrigkeit stützte – diese wiederum suchte den Erfolg auch auszunützen.

Auch in Windsheim[61], dem anderen Nürnberger Satelliten, wo es seit der Jahrhundertmitte ruhig geblieben war, geriet unter dem Einfluß der Nürnberger Geschehnisse die Bürgerschaft in Bewegung, auch hier in Stoßrichtung gegen die Oligarchisierung. Die Erklärung von 1731 zum »Laudum Noricum« von 1525 hatte die Verbote der Verwandtschaft in den Gremien aufgelockert. Der letzte Konflikt zwischen Rat und Gemeinde 1800 wurde durch die katastrophale Finanzsituation Windsheims ausgelöst; die Kriegskontributionen hatten immense Schuldenlasten aufgetürmt, preußische Truppen standen im Landgebiet, der Fränkische Kreis drohte wegen Steuerrückstand mit einer Exekution. Damit stellte sich vor Ende der reichsstädtischen Zeit die Frage der Stadtfinanzen noch einmal in aller Schärfe.

In Schweinfurt[62] setzten sich die seit den dreißiger Jahren des 18. Jahrhunderts

60 Weißenburg blickte auf eine lange Tradition von Konflikten zurück, die nach 1730 begannen und sich dann durch das ganze 18. Jahrhundert fortsetzten. HHStAW, Relationen 200, Ob.Regist. 1821, Denegata rec. 1502. Gustav Mödl, »Weißenburg kontra Weißenburg«. Ein Beitrag zum Verhältnis zwischen Rat und Bürgerschaft, in: Uuizzinburg, Weißenburg 867–1967. Beiträge zur Stadtgeschichte, Weißenburg i. Bayern 1967, S. 105–110; Mack Walker, German Home Towns. Community, State and General Estate 1648–1871, Ithaca und London 1971, S. 217–247.

61 In Windsheim erwiesen sich die Kriegskosten gegen die Französische Revolution ebenfalls als kritischer Punkt. HHStAW, Reichshofrat, Relationen 206, Ob.Regist. 1911. Helmuth Rössler, Die Reichsstadt Windsheim von der Reformation bis zum Übergang an Bayern, in: Zeitschr. für bayer. Landesgesch. 19, 1956, S. 236–248.

62 In Schweinfurt waren die Konflikte nach der Mitte des Jahrhunderts heftig aufgeflammt. Gegen Ende der 1790er Jahre gab es noch eine Bürgerbewegung gegen die Jagdhoheit des Magistrats. HHStAW, Reichshofrat, Relationen 172, Ob. Regist. 1468. Friedrich Stein, Geschichte der Freien Reichsstadt Schweinfurt, 2 Bde., Schweinfurt 1900; Friedrich Leonhard Enderlein, Die Reichsstadt Schweinfurt während des letzten Jahrzehnts ihrer Reichsunmittelbarkeit mit vergleichenden Blicken auf die Gegenwart, 2 Bde., Schweinfurt 1862/63; Claus Dittmar,

schwelenden Konflikte fort. Die Predigt eines Geistlichen über »Die schuldige Achtung der höheren Stände gegen die Niederen« löste die Bildung einer Bürgerdeputation aus, obgleich der Rat 1794 eine eigene Kommission zur Verhinderung revolutionärer Bewegungen begründet hatte. Die Opposition hatte vor allem den Familienklüngel der Oligarchen aufs Korn genommen. Sehr bewußt hatte man sich an die alten Unruhen erinnert.

Ein erstaunlicher Fall war Rothenburg ob der Tauber[63], bis dahin eine notorisch ruhige Reichsstadt, die die Konflikte hatte kanalisieren können. Offenbar haben auch hier die Nürnberger Vorgänge gezündet; sowohl die radikalen Äußerungen der Bürgerschaft wie die Verfassungsforderungen unter Führung des Arztes Geßner stellten das überkommene städtische Gefüge in Frage. Geßner suchte die herkömmlichen komplizierten, auf Sicherung der Oligarchie ausgerichteten Verfassungsformen durch eine durchsichtige, von aufklärerischem Geiste geprägte Repräsentation zu ersetzen. Es kam zum Absingen polemischer Lieder, zu Tumulten und zu Steuerverweigerungen, aber der Rat hielt die Entwicklung unter Kontrolle. Das galt auch für die Unruhen des Jahres 1795, als die Bürgerschaft gegen die Praktiken des Rats mit seinen Vorratsmagazinen opponierte; unter Führung des Bäckermeisters Klein forderte man wohlfeiles Brot. »Die Stadt habe eine republicanische Verfassung, dann hätten sie als Bürger ein Wort dazu zu reden.« Der Rat suchte die Situation durch Nachgeben zu entschärfen, aber unter Führung des Tuchmachers Geiselhardt ging die Opposition weiter, vor allem im Zeichen von Forderungen nach mehr Partizipation. Die Konflikte dauerten im Jahre 1796 an. Äußerungen wie die des Ölmüllers Berg aus dem Rothenburger Dorf Tauberscheckenbach illustrierten die Situation. »Eine Obrigkeit, welche die Untertanen als Leibeigene behandelt, soll das Donnerwetter erschlagen. Wann man in Rotenburg auf Viehaccis beharret, so werden die Auftritte vorgehen wie in Paris.« Es kam zu Verhaftungen; die Betroffenen aber fanden die Sympathien der Bürgerschaft. Mit Rückendeckung von Kaiser und Reichskreis gewann jedoch der Rat die Kontrolle wieder zurück. Ein Conclusum vom 11. April 1797 untersagte alle Bürgerversammlungen – man solle sich an den Rat um Abhilfe wenden. Der Rat dankte ausdrücklich in Wien für die Hilfe in einer Zeit, in der der Geist der Unruhe und des Umsturzes bei einem Teil der Bürgerschaft Eingang gefunden habe. Eine Ratswahl sollte der Bewegung die Spitze abbrechen. Sie wurde vom Rat benützt, alle Neuerungen abzuschaffen und Ruhe und Ordnung wiederherzustellen.

Die Einnahmerechnungen der Freien Reichsstadt Schweinfurt, Diss. Nürnberg 1959, Schweinfurt 1961; Udo KÜNZEL, Die Schweinfurter Stadtschreiber und Ratsadvokaten von 1337–1803, Diss. jur. Würzburg 1974.

63 Auch bei Rothenburg hatte der Druck der hohenzollerischen Markgrafschaften, dann Preußens, die Solidarität der Bürger gesteigert. HHStAW, Reichshofrat, Ob.Regist. 1221. Heinrich Wilhelm BENSEN, Historische Untersuchung über die ehemalige Reichsstadt Rothenburg ob der Tauber, Nürnberg 1837; Rudolf Walter v. BESOLD, Die Verfassung und Verwaltung der Reichsstadt Rothenburg o.d. Tauber (1172–1803), Diss. Würzburg 1915.

Die Stadt Nördlingen[64], wo der radikale Reformer Wekhrlin[65] gelebt hatte, war seit der Mitte des 18. Jahrhunderts in Bewegung gekommen – Wahlpraktiken und Ökonomie der Stadt waren seit 1786 verstärkt ins Kreuzfeuer geraten. Auch hier spielten Schlagworte und Symbole der Revolution eine Rolle. 1796 kam es zu tumultuarischem Aufruhr, dessen Kern die Leinenweber waren, da sie sich über einen Lohnweber erregt hatten, der in ihren Bereich übergegriffen hatte. Der Protest richtete sich jedoch vor allem gegen die politisch und wirtschaftlich beherrschende Rolle des Bürgermeisters und Unternehmers Georg Christian Tröltsch, der eine Bleiche besaß und den Garnhandel monopolisierte. Man bezeichnete ihn als »untreuen, eigennützigen Verwalter des Staates« und warf ihm Günstlingswirtschaft vor. Die Bürger kritisierten, daß die gleichen Leute, die ihre Nahrung einengten, zugleich ihre Obrigkeit seien. Einen Augenblick schien es, als könnten sie dem Rat eine Kapitulationsurkunde aufzwingen. Als den Hauptwortführer der Opposition nannte Tröltsch ein Magistratsmitglied, den Apotheker Döllel (Tüllel) (1797); der Vorwurf, Döllel wolle die Stadtverfassung verändern, war bezeichnend: Es gehe ihm darum, häufige Generalversammlungen, einen Ausschuß und eine eigene Kasse einzuführen. Er wolle sogar eine Bürgermiliz schaffen, um mit ihrer Hilfe seine Neuerungsbestrebungen durchzusetzen. Tröltsch wollte den Braten gerochen und die Genehmigung versagt haben. Die Denunziation, es handele sich um einen politischen Club, sollte die Opposition in die Nähe der Französischen Revolution rücken. Anläßlich einer kurzfristigen französischen Besatzung kam es freilich nicht zu Bewegungen. Am 23. Juli 1801 wies der Reichshofrat die Klage gegen Tröltsch ab. – Dinkelsbühl[66] hatte in der zweiten Hälfte des 18. Jahrhunderts seine schwersten Konflikte erlebt. Der die paritätische Reichsstadt kennzeichnende Grundgegensatz zwischen Protestanten und Katholiken schwelte zwar weiter – er ließ sich wohl mit altständischen Konflikten, schwerlich aber mit revolutionären Ideen verbinden.

Die Auseinandersetzungen in Franken standen im Zeichen einer gewissen territorialen Labilität; nicht erst seit 1791, dem Jahr der Erwerbung der Markgraftümer Ansbach und Bayreuth, war Preußen als zusätzlicher Machtfaktor eingerückt und trat in Konkurrenz zur bislang wirksamen kaiserlichen Autorität[67]. Dies zeigte sich vor allem nach 1795, als Preußen aus dem Reichskrieg gegen Frankreich ausscherte: Es vermochte in der kurzen Zeit das Reichsoberhaupt aus den Städten nicht zu verdrängen, aber die

64 HHStAW, Reichshofrat, Ob.Regist. 821, 823. Vgl. auch: Wilhelm Friedrich LETTENMEYER, Der Niedergang der reichsstädtischen Finanzwirtschaft Nördlingens und die Tätigkeiten der kaiserlichen Subdelegationskommission (18. Jh.), Diss. München 1937; Heinz DANNENBAUER, Das Leinenweberhandwerk in der Reichsstadt Nördlingen, in: Zeitschr. f. bayer. Landesgesch. 3, 1930, S. 267–316.

65 Friedrich Wilhelm EBELING, Wilhelm Ludwig Wekhrlin, Leben und Auswahl seiner Schriften. Zur Kulturgeschichte des 18. Jahrhunderts, Berlin 1869.

66 Die früheren Konflikte hatten sich stets mit den konfessionellen Spannungen verbunden; die heftigen Auseinandersetzungen um 1750 waren Folgen einer kaiserlichen Kommission. HHStAW, Reichshofrat, Relationen 28, Ob.Regist. 213/2,3, 214, 216, 217.

67 Dazu Erwin RIEDENAUER, Reichsverfassung und Revolution. Zur Persönlichkeit und Politik des fränkischen Kreisgesandten Friedrich Adolph von Zwanziger, in: Zeitschr. für bayer. Landesgesch. 31, 1968, S. 124–196, 501–574.

rabiat verfolgten territorialen Ziele bedeuteten eine unmittelbare Bedrohung der reichsstädtischen Freiheit. Dennoch gab es in allen fränkischen Reichsstädten, auch im benachbarten, zum Schwäbischen Kreis gehörigen Nördlingen, Bewegungen der Stadtgemeinden. Es zeigten sich da und dort, vor allem in Nürnberg, Parolen, die an die Französische Revolution anklangen – nicht selten zur Untermalung von Partizipationsforderungen, aber sie begleiteten dennoch altständische Bewegungen; diese wurden dadurch neu akzentuiert und unterstützt. Es läßt sich schon jetzt sagen, daß die revolutionären Einwirkungen auf Franken vor allem katalysatorischen Charakter hatten, weniger grundlegende Bewegungen hervorriefen. Insgesamt waren die fränkischen Städte jedoch unruhiger als die schwäbischen.

Doch zuvor sei der Blick auf die einzige Reichsstadt des bayerischen Kreises, auf Regensburg[68], gerichtet. Sie gewinnt deshalb eine erhöhte Bedeutung, weil sich die dortigen Ereignisse gleichsam unter den Augen des Immerwährenden Reichstages abspielten, wo sich die großen Reichsstände versammelt hatten[69]. Hier gab es auch Kanäle, über die revolutionäre Propaganda in die Stadt einzog; die Anwesenheit des Reichstags schwächte aber zugleich die Wirkung dieser Propaganda ab. Die überschuldete Reichsstadt mußte 1794 beim Reichshofrat ein Schuldenmoratorium beantragen; dieser Vorgang löste eine Krise der Ratsverfassung aus. Als deren Kern hatten sich die »Geheimen Herren« etabliert, die sich in einem allmählichen Prozeß aus einem Ausschuß des Inneren Rates entwickelt hatten. Die Kritik richtete sich gegen die Administration der Finanzen und gegen die Handhabung der Wahlgeschäfte, vor allem aber gegen das Regiment des starken Mannes der Stadt, des etwa 70jährigen Ratsherrn Sigmund Georg Bößner, der seit 1774 das Regensburger Regiment dominiert hatte. Als wichtigstes Herrschaftsinstrument hatte sich Bößner ein »Generaluntersuchungsamt« geschaffen; dieses legte sich zentrale Kompetenzen zu und machte Bößner, wie seine Feinde sagten, zu einer Art Diktator Regensburgs. Gegen ihn machten nun Äußerer Rat und Bürgerschaft gemeinsam Front. Nüchterne politische Beobachter verkannten

68 Regensburg war unter dem Druck der kurbayerischen Territorialwirtschaft in die Krise geraten – so sehr die Stadt vom Immerwährenden Reichstag profitierte, so litt sie auch unter dessen unterschiedlichen Privilegierungen. Angesichts der Schuldensituation hatte die Bürgerschaft 1791 ihre Rechte eingefordert. Die Auseinandersetzungen richteten sich auch gegen das Juristenmonopol und führten schließlich zum Einzug von Leuten aus der Wirtschaft. HHStAW, Reichshofrat, Relationen 146, Ob.Regist. 1034–1036. Christian Gottlieb Gumpelzhaimer, Geschichte der Streitigkeiten zwischen Magistrat und Bürgerschaft der Reichsstadt Regensburg, Regensburg 1795; Roland Schönfeld, Studien zur Wirtschaftsgeschichte der Reichsstadt Regensburg im 18. Jahrhundert, in: Verh. des Hist. Ver. f. Oberpfalz 100, 1959, S. 5–248; Walter Fürnrohr, Das Patriziat der Freien Reichsstadt Regensburg zur Zeit des Immerwährenden Reichstags. Eine sozialgeschichtliche Studie über das Bürgertum der Barockzeit, in: ebd. 93, 1952, S. 153–308; Edmund Neubauer, Das geistig-kulturelle Leben der Reichsstadt Regensburg (1750–1806), München 1979.

69 Aretin, Reich (wie Anm. 8), S. 51–67; Anton Schindling, Die Anfänge des Immerwährenden Reichstags zu Regensburg. Ständevertretung und Staatskunst im barocken Reich, 2 Teile, Habil. masch. Würzburg 1982; Volker Press, Der Reichstag in der deutschen Geschichte der frühen Neuzeit, demnächst in: Histor. Zeitschr.; Rudolf Freytag, Vom Sterben des Immerwährenden Reichstags, in: Verh. des Hist. Ver. f. Oberpfalz 84, 1934, S. 185–235 (S. 222–224 über die Regensburger Soldatenmeuterei); Walter Fürnrohr, Der Immerwährende Reichstag zu Regensburg. Das Parlament des Alten Reiches, Regensburg, Kallmünz 1963 (Lit.).

nicht das Engagement Bößners, das sich durchaus stabilisierend auf die Stadtverfassung ausgewirkt habe. 1794 suchte der Kaiser mit einer Verordnung die Sanierung der städtischen Kassen einzuleiten, aber die Oligarchen verschleppten die Entscheidung. Die Folge war ein rascher Autoritätsverfall des Stadtregiments. Er kulminierte 1796 in einem tumultuarischen Auftritt der Stadtgarnison gegen ihren Hauptmann Bößner, den Bruder des Kämmerers. Der Rat ahndete ihn nicht, obgleich er von offener Meuterei, Verlassen des Postens und Verwundung des Hauptmanns sprach. Die Meuterei griff auf die Zünfte über. Der kaiserliche Kommissar am Reichstag, Baron Fahnenberg[70], schaltete sich nun ein und erließ ein Friedensgebot, zumal da er wissen wollte, daß Kurpfalzbayern, durch seine Regensburger Gesandtschaft alarmiert, bereits eine Schwadron Reiter und 300 Mann zu Fuß im benachbarten Stadtamhof aufmarschieren hatte lassen. Der drohende Zugriff Bayerns alarmierte Wien, wo man feststellte, daß ein beträchtlicher Teil der Bürgergemeinde Anteil am Aufruhr hatte.

Durch seine Reichstagsgesandtschaft war Wien ausnahmsweise sehr gut informiert – die Abwahl des 70jährigen Bößner und des 83jährigen Ratsherrn Wild, eines ehemaligen Syndikus, wurde toleriert, ein Antrag Bößners zur Aufhebung des Beschlusses abgelehnt. Man drängte auf eine Öffnung zur Gemeinde. Deren Verlangen richtete sich gegen die Arkanpolitik des Rates, auf Kenntnis der lange geheimgehaltenen Verfassung, auf bessere Besetzung der städtischen Ämter, auf verstärkte Kontrolle. Diese Forderungen gingen dem Reichshofrat insgesamt zu weit; der Rat war mit den üblichen Schlagworten von Neuerungssucht und Umsturz sogleich bei der Hand. Aus geheimen Zusammenkünften der Opposition, die man sogar zu einem »Geheimbund« emporstilisiert hatte, seien die Anstöße zur Krise gekommen[71]. Nun ließ sich nicht leugnen, daß eine Formierung der Opposition ohne geheime Gespräche nicht denkbar gewesen war – ein Phänomen, das alle Oppositionsbewegungen im städtischen und agrarischen Bereich des Alten Reiches kennzeichnete. Günstig für die Opposition war, daß der kaiserliche Konkommissar Fahnenberg ganz entschieden die Partei von äußerem Rat und Gemeinde ergriffen hatte. 1796 sprach er von einer »Archontenregierung« der sechs Mitglieder des inneren Rates, die auf einen Mißbrauch der Regensburger Ratsordnung von 1530 und ihrer Notstandsregelungen zurückführte. Fahnenberg begrüßte die Bemühungen des Reichshofrats, die Regensburger Situation zu beruhigen – dieser stieß dabei allerdings auf die Grenzen der Wahlkapitulation von 1790. Die Anwesenheit des Reichstags hatte zwar in Regensburg durchaus Ideen der französischen Revolution verbreiten helfen, aber andererseits auch stabilisierend auf die innerstädtische Situation gewirkt – durch die Berichte Fahnenbergs war der Reichshofrat ungewöhnlich gut informiert. Andererseits sollte der Sohn des Kämmerers Bößner nach 1803 unter der kurerzkanzlerischen, nach 1810 unter der bayerischen Herrschaft erneut eine zentrale Rolle für die Geschicke Regensburgs spielen.

Eskalierende Auseinandersetzungen erlebten im Schwäbischen Kreis allein Augs-

70 Aegid Joseph Karl Freiherr von Fahnenberg (1749–1827). WURZBACH, Biograph. Lexikon 4 (wie Anm. 47), S. 133.

71 Peter Christian LUDZ (Hg.), Geheime Gesellschaften, Heidelberg 1979; Manfred AGETHEN, Geheimbund und Utopie. Illuminaten, Freimaurer und deutsche Spätaufklärung, München 1984 (Lit.).

burg und Ulm, Esslingen und Reutlingen, also die wichtigeren Städte – die letzteren standen unter dem unverkennbaren Einfluß der gleichzeitigen Ständebewegung in Württemberg. Die Abläufe sind bekannt; sie sollen daher hier nur kurz skizziert werden. In Ulm[72] war die Krise der städtischen Finanzen das hauptsächliche Moment, das zur Auslösung der Verfassungskonflikte führte; diese hatten schon nach dem Dreißigjährigen Krieg eingesetzt. 1778 war der Konflikt mit der Formierung eines bürgerlichen Ausschusses emporgeflammt und hatte 1787 mit einem die Probleme nicht lösenden Vergleich geendet, da die Position der Oligarchie in keiner Weise angetastet worden war. Deshalb steigerten sich 1794 die Auseinandersetzungen erneut durch die »Kanonenaffäre«, die eigentlich auf einem Mißverständnis beruhte, zu einer allgemeinen Verfassungskrise der Stadt. Die Opponenten fanden in einem früheren Studenten, der seine Studien abgebrochen hatte, dem Säcklermeister Kaspar Feßlen, einen Wortführer – er war offensichtlich aufklärerischem Denken verpflichtet und strebte nach einer Erneuerung der Stadtverfassung. Es wurde die Bildung eines bürgerlichen Ausschusses mit dem Ratskonsulenten Holl als Syndikus erreicht. Dabei standen die Forderungen nach besserer Finanzverwaltung und Erneuerung des Wahlverfahrens im Vordergrund, doch der Reichshofrat trat hier eindeutig auf die Seite der Obrigkeit.

Durch eine überraschende Koalition mit dem Juristenkollegium[73] erhielten die Forderungen der Gemeinde jedoch neuen Auftrieb. Sie setzte schließlich die Anerkennung des neuformierten Bürgerausschusses durch, als die Truppen des revolutionären Frankreich 1796 vor den Toren der Stadt standen. Das »Patriziat« verteidigte jedoch zäh seine überkommenen Positionen; nach dem Muster der württembergischen Landstände suchten demgegenüber die bürgerlichen Deputierten, auf eigene Faust ihre Forderungen durch Verhandlungen mit Frankreich außenpolitisch abzusichern. Sie waren weit weniger erfolgreich als der Rat mit seiner Verschleppungstaktik, der die Modernisierung der Verfassung so lange behinderte, bis Ulm 1802/03 bayerisch wurde. Heftige innere Diskussionen und ein lebhaftes publizistisches Echo, auch aus Straßburg, begleiteten die Konflikte, bei denen freilich auch der Druck der in Süddeutschland aufmarschierten kaiserlichen Armee und die Präsenz des Schwäbischen Kreises – Ulm war sein Tagungsort – bremsend wirkten.

Selbst Augsburg[74], Handels- und Geldplatz, heimliche Hauptstadt des österreichischen Schwaben, war in eine Krise geraten: die Versuche, aus eigener Kraft zu einer Erneuerung zu gelangen, waren hier sehr stark auf den wirtschaftlichen Bereich

72 HHStAW, Reichshofrat, Relationen 192. Nicht herangezogen: Ob.Regist. 1717–1721, 1723, 1724, Denegata recentiora 1414. Hans Eugen Specker, Ulm, Stadtgeschichte, Ulm 1977 (Sonderdruck aus: Der Stadtkreis Ulm, Amtl. Kreisbeschreibung, S. 34–324); Bernhard Zittel, Die staatsrechtlichen Verhältnisse der Reichsstadt Ulm beim Übergang an Bayern im Jahre 1802/3, in: Ulm und Oberschwaben 34, 1955, S. 120–144; Konrad Lübke, Die Verfassung der Freien Reichsstadt Ulm am Ende des alten Reiches, Diss. jur. masch. Tübingen 1955.

73 Gerhard Gänsslen, Die Ratsadvokaten und Ratskonsulenten der Freien Reichsstadt Ulm, insbesondere ihr Wirken in den Bürgerprozessen am Ende des 18. Jahrhunderts, Köln, Berlin 1966.

74 HHStAW, Reichshofrat, Relationen 6. Nicht herangezogen: Ob.Regist. 58, 60, Denegata recentiora 104. Ingrid Bátori, Die Reichsstadt Augsburg im 18. Jahrhundert. Verfassung, Finanzen und Reformversuche, Göttingen 1969 (Lit.).

konzentriert, wie Ingrid Bátori gezeigt hat. Man setzte auf die wechselseitige Kontrolle der beiden Religionsparteien. Aber die Ansätze zur Verbesserung der Ökonomie scheiterten endgültig 1789. Schlagartig wurden damals die Stadtschulden und die Kreditkrise sichtbar. Der Gedanke einer Wirtschaftsreform sollte bis zur Mediatisierung lebendig bleiben und die innerstädtische Diskussion beleben. Aber erst seit Ende der 1780er Jahre wurde die Krisensituation offenbar. Aus dem Antagonismus zwischen erstarrender Zunftverfassung und Gesellenproblemen einerseits sowie moderneren Wirtschaftsformen andererseits kam es zum Weberaufstand von 1794, der sich gegen die Augsburger Kattunfabrik richtete – der Rat erwies sich als überraschend nachgiebig, wobei sich ein ernster Autoritätsverlust zeigte. Er gab ohne Druck sogar eine Beteiligung der Bürgerschaft an der Regierung zu – ein Verstoß gegen die etablierte Stadtverfassung, den der kaiserliche Gesandte Graf Königsegg[75] sogleich weitermeldete. Das Nachgeben des Rates führte aber zunächst nicht zum Umsturz, sondern zur Beruhigung – Modell einer gemäßigten Konfliktregelung und Reformpolitik, die offenbar Schlimmeres verhüten sollte; de facto wurden die neuen wirtschaftlichen Oberschichten der Stadt am Regiment beteiligt, wie später auch in Nürnberg.

Der Reichshofrat hielt jedoch an der überkommenen Verfassung fest und hob die gebildete Deputation auf – er rügte die Nachgiebigkeit des Rates. Dieser suchte weiterhin eine maßvolle Haltung einzunehmen, geriet aber durch den Einmarsch schwäbischer Kreistruppen unter Druck. Mit einer erstaunlich flexiblen Politik bemühte sich der Rat weiterhin, die ökonomische Situation zu verbessern, um damit allerdings den wachsenden Druck in Richtung auf eine Verfassungsreform abzufangen. Denn zunehmend standen nun die Probleme von Oligarchisierung, Patronat und lässiger Verwaltung im Feuer – hier war der Rat nur schwer für eine Reform zu gewinnen. Er konnte sich dabei auf die konservierenden Tendenzen im Reichshofrat stützen. Es kam zu keiner Entscheidung, aber bis zum Ende des Alten Reichs strebte die Bürgerschaft unter Führung der Kaufleute eine Verbesserung der Situation und eine Reform der Stadtverfassung an. In Augsburg läßt sich eine reformerische Entwicklung darstellen, die den Einflüssen der Aufklärung vieles verdankte – tiefergreifende Spuren der Französischen Revolution sucht man jedoch vergebens.

Dies gilt auch für die Entwicklung in Esslingen und Reutlingen, wo eine starke Einwirkung der Verfassungsdiskussionen im benachbarten Württemberg festzustellen ist. Schmolz hat für Esslingen[76] zwar mit Recht die Einwirkung revolutionärer Propaganda und Ideen festgestellt. Untersucht man aber den konkreten Ablauf der Esslinger Entwicklungen, so erweisen sich der revolutionäre Geist und die Ideen des Illuminatenordens als Katalysatoren einer konkreten Auseinandersetzung im altständischen

75 Ernst Graf von Königsegg-Aulendorf (1755–1803), kaiserlicher Landvogt in Ober- und Niederschwaben.

76 HHStAW, Reichshofrat, Voten 12. Nicht herangezogen: Ob.Regist. 251, 253, 254, 255/1. Helmut SCHMOLZ, Die Reichsstadt Esslingen am Ende des Alten Reiches. Ein Beitrag zur schwäbischen Rechtsgeschichte und zur Geschichte der Stadt, Diss. phil. Tübingen 1953; Otto BORST, Esslinger Bürgertum in der Spätzeit der Reichsstadt, Esslinger Studien 4, 1958, S. 61–89; DERS., Die geistigen und politischen Traditionen Esslingens am Ende des Alten Reiches, in: ebd., 1, 1956, S. 43–55; DERS., Geschichte der Stadt Esslingen am Neckar, Esslingen [3]1977.

Sinne. Auch hier ging es seit 1742 um eine Krise der Stadtfinanzen und der Oligarchie – die Ereignisse in Frankreich eskalierten auch in Esslingen die Konflikte. Es kam 1790 zur Errichtung eines zwanzigköpfigen Ausschusses und eines Syndikats, aber trotz mancher auch als Druckmittel eingesetzter revolutionärer Parolen ging es um Mitregierung, um eine systemimmanente Reform. Die revolutionären Parolen freilich brachten den Reichshofrat gegen die Esslinger auf; der Einmarsch französischer Truppen ernüchterte diese vollends. So blieben nur noch Reformtendenzen bis hin zur Angliederung an das städtereiche und ständisch verfaßte Württemberg, eine Bestrebung, die schon weitaus ältere Wurzeln hatte und sogar eine Anhängerschaft im Magistrat besaß. Die Oligarchie aber vermochte schließlich doch die antirevolutionären Grundströmungen am Kaiserhof auszunützen und schließlich die Opposition zu diskreditieren.

Eine gewisse Parallele zu den Esslinger Entwicklungen zeigte sich in Reutlingen[77], das ebenfalls durch eine ökonomische Krise sowie durch den katastrophalen Stadtbrand von 1726 belastet war und seit 1727 sichtbar unruhig wurde: die Bürgerschaft kritisierte die Finanzpolitik und die Oligarchie. Diese Bewegungen ebbten 1785 ab. Erst unter dem Eindruck der Ereignisse in Württemberg[78] und in Esslingen kam es unter der Führung des Lizentiaten Johann Jakob Fetzer[79] 1797 zu heftigen Verfassungskämpfen, die der Rat sogleich in Wien als »revolutionäre Ruhestörung und der Verfassung geltende Auftritte« denunzierte. Immerhin setzten die Bürger einen von den Zünften gestellten Zwölferausschuß ein, der sogar schnell in Positionen im Magistrat eindrang; Fetzer wurde schließlich sogar Amtsbürgermeister. Er und seine Freunde aber scheiterten letzten Endes an der konservativen Haltung des Wiener Hofs.

Zieht man eine Zwischenbilanz, so erweisen sich insgesamt die stets stark hervorgehobenen revolutionären Parolen nur als Begleitmusik zu Erneuerungsbestrebungen, die durchaus in traditionellen Bahnen ansetzten, freilich aber auch neue Dimensionen erreichten. Selbst Orte wie Nürnberg, Ulm, Augsburg, Esslingen und Reutlingen, denen traditionell eine sehr starke Einwirkung des revolutionären Geistes zugeschrieben wurde, sind somit eher unter der Perspektive verstärkter Reformbestrebungen zu bewerten, für die das französische Gedankengut katalysatorisch wirkte.

Schon eine Stufe unterhalb dieses Niveaus lagen die Konflikte in Schwäbisch

77 HHStAW, Reichshofrat. Nicht herangezogen: Ob.Regist. 1188, 1189 (stark beschädigt). Gerhard FISCHER, Die Freie Reichsstadt Reutlingen. Die Verfassung ab 1500 und das Strafrecht, Diss. jur. masch. Tübingen 1959; Rudolf WITTMANN, Die Entwicklung der wirtschaftlichen Verhältnisse der Freien Reichsstadt Reutlingen 1648–1803, Reutlingen (1927); Klaus Peter LÜTCKE, Das Haushalts- und Rechnungswesen der Reichsstadt Reutlingen im 18. Jahrhundert, 2 Bde., Diss. wirtsch. Tübingen 1980; Sybille STÄHLE, Verfassung und Verwaltung der Reichsstadt Reutlingen zwischen 1740 und 1770. Aspekte reichsstädtischer Geschichte im 18. Jahrhundert, in: Reutlinger Geschichtsbl. NF 23, 1984, S. 7–207.

78 Erwin HÖLZLE, Das Alte Reich und die Revolution. Eine politische Geschichte Württembergs in der Revolutionszeit 1789–1805, München, Berlin 1931; Walter GRUBE, Der Stuttgarter Landtag 1457–1957. Von den Landständen zum demokratischen Parlament, Stuttgart 1957, S. 450–486; Volker PRESS, Der württembergische Landtag im Zeitalter des Umbruchs 1770–1830, in: Zeitschr. für württemberg. Landesgesch. 42, 1983, S. 255–281.

79 Johann Jacob FETZER, Meine Lebensumstände, bearb. v. Paul SCHWARZ, Reutlingen 1968.

Gmünd, Überlingen und Weil der Stadt. In Schwäbisch Gmünd[80] setzten sich ältere Auseinandersetzungen zwischen Rat und Stadtgemeinde fort. Sie erhielten ihren besonderen Akzent durch die Opposition des Landgebietes, welche in neuartiger Weise Partizipationsforderungen gegen die Vorherrschaft des Gmünder Rats geltend machte. In der Stadt selbst waren »Nepotismus und Insuffizienz der Verwaltung« (Laurentzsch) der Konfliktgrund; schon im Vereinigungsrezeß von 1753/58 hatte die Bürgerschaft verstärkte Kontrollmöglichkeiten errungen. Diese Mitspracherechte dürften die Auseinandersetzung gedämpft haben, auch wenn angesichts der horrenden Kriegslasten der Druck des bürgerlichen Kollegiums stärker wurde. Wenn trotz mancher Furcht des Rats vor schweren Konflikten es doch zu keiner Eskalation kam, so lag dies wohl an den schärfer werdenden Differenzen mit der Landschaft. Innerhalb der Stadt war man sich dieser gegenüber einig – der Rat hatte finanzielle Belastungen und Rekrutenstellungen in hohem Maße auf das Landgebiet abgewälzt. Die Landschaft, vertreten durch ihre Syndici, mußte zwar eine Exekution des Schwäbischen Kreises hinnehmen, da sich die Rekrutenverweigerungen gegen die Beschlüsse des Kreises gerichtet hatte. Hans Jürgen Jüngling zeigte indessen, daß der Landschaft gegen Ende des 18. Jahrhunderts im Konflikt mit der Stadt erhöhte Chancen zugewachsen waren, ohne daß sie die Situation grundsätzlich verändern konnte. Auch in Schwäbisch Gmünd war deutlich, daß der Krieg gegen die französische Republik die finanziellen Kräfte einer Reichsstadt immer mehr zu überfordern begann.

Die 1790er Jahre sahen auch in Überlingen[81] heftige Auseinandersetzungen, die jedoch vor 1790 begonnen hatten und ganz in der Kontinuität älterer Konflikte standen: es ging um Stadtverfassung, Wahlverfahren, Organisationsprobleme, Verfügungen über die städtischen Nutzungen. Die Studie von Axel Gotthard hat deutlich gemacht, wie es dem ungewöhnlichen taktischen Geschick des Bürgermeisters Conrad Freiherrn von Lenz gelang, die Fronten zu verwirren, bevor er sich 1793 zurückzog. Die Folge war eine heftige Auseinandersetzung innerhalb der Oligarchie – eine Komponente, die auch in ihrer letzten Phase bei vielen Stadtkonflikten nicht gefehlt haben dürfte. Zugleich aber wurde die Bürgerschaft gespalten. Partizipationsprobleme standen im Vordergrund, auch wenn es an vereinzelten radikalen und revolutionären Tönen nicht fehlte. Gotthard hat auf den schwerlich zu überschätzenden Einfluß des Reichshofrats auf die Konflikttaktiken hingewiesen, nachdem dieser 1772 eine Grundsatzentscheidung für die Familienherrschaft gefällt hatte – man konnte somit in Überlingen mit Erfolg auf die konservative Linie Wiens setzen. Auch hier spielte die Rücksicht auf das Landgebiet, das man nicht in Bewegung bringen wollte, offensichtlich eine Rolle. Der Rat fürchtete die Etablierung eines Bürgerausschusses; die tumultuarischen Aktionen der Zünfte identifizierte er

80 HHStAW, Reichshofrat, Relationen 47. Dazu: Hans Jürgen JÜNGLING, Der Konflikt der Reichsstadt Schwäbisch Gmünd mit ihrem Landgebiet (1774/75–1792), Magisterarbeit Tübingen 1985. Ferner: Peter PAYER, Die Reichsstadt Schwäbisch Gmünd zu Ende des 18. Jahrhunderts und ihr Übergang an Württemberg. Ein Beitrag zur schwäbischen Rechtsgeschichte und zur Geschichte der Stadt, Diss. phil. masch. Tübingen 1957; Michael GRIMM, Geschichte der ehemaligen Reichsstadt Gmünd von Anbeginn bis auf den heutigen Tag, Schwäbisch Gmünd 1867; Ursula LAURENTZSCH, Der Anfang vom Ende. Politische Strukturen der Reichsstadt im 18. Jahrhundert, in: Geschichte der Stadt Schwäbisch Gmünd, Stuttgart 1984, S. 293–306.

81 HHStAW, Reichshofrat, Relationen 191. Axel GOTTHARD, Von Herren und Bürgern. Auseinandersetzungen in der Reichsstadt Überlingen 1791–1796, Friedrichshafen 1984 (Lit.).

sogleich als Neuerungssucht. Aber das Konfliktpotential war bald erschöpft, das Ringen auf Positionskämpfe gegenüber dem Reichshofrat reduziert. Wien lehnte im Conclusum vom 7. November 1796 die Partizipationsforderung der Bürgerschaft bei geringfügigen Konzessionen weitgehend ab; diese konnte nur in der Mitsprache in Finanzfragen einige Erfolge erzielen – ein weiterer deutlicher Hinweis auf den altständischen Charakter auch dieser Auseinandersetzungen. Der steigende Außendruck und der Einzug des Condéschen Emigrantenkorps 1797 forderten dann die verstärkte Solidarität der Stadt.

In der kleinen Reichsstadt Buchau[82] kam es 1791 zur Amtsenthebung des zweiten Bürgermeisters, Dröscher, durch den Magistrat wegen Mißhelligkeiten. Dröscher erreichte jedoch in Wien seine Restitution. 1752 hatte der Kaiser eine neue Ordnung über die städtischen Wahlen erlassen; daraus entstand ein heftiges Durcheinander, aber auch eine Gruppe von Mißvergnügten, was in Wien freilich eher Heiterkeit auslöste. Der Referent meinte, ihm scheine der »ganze Grund dieser famosen Staatsrevolution« in der Bevorzugung des Bürgers Sorg bei der städtischen Fleischbeschau zu liegen. Man hielt es allerdings in Wien für bedenklich, daß der Buchauer Magistrat bei einer solchen Bagatellsache sogleich die oberstrichterliche Hilfe beanspruchte. Der altständische Charakter des Konflikts wurde deutlich – das milde kaiserliche Conclusum hatte eher beruhigenden Charakter.

In Kaufbeuren[83] ging es vor allem um die immense Steuerbelastung der wirtschaftlich bedrängten Stadt wegen der französischen Revolutionskriege, die für zahlreiche Kommunen zu einer existenzbedrohenden Bedeutung anwuchs. Dank der Berufung des Magistrats auf den Reichsschluß von 1670, der es den Landesherren erlaubte, unter bestimmten Bedingungen Steuern nach seinem Gefallen einzuziehen, erhielt die Frage eine grundsätzliche Bedeutung: hier präsentierte sich der Magistrat als Obrigkeit, doch die Opposition sprach dem Rat dieses Recht ab. Sie argumentierte zwar im Analogieschluß, wenn der innere Rat der Landesherr sei, so stellten der äußere und die Bürgerschaft die Landstände dar. In der Praxis aber ging es vor allem darum, daß durch die hohen Aufschläge auf Wein und Bier die Brauer und Gastwirte Kaufbeurens gegenüber der Konkurrenz aus der Umgebung ins Hintertreffen gekommen waren. Ebenfalls einen altständischen Charakter hatten die Auseinandersetzungen um die Zulassung zur Weberzunft, bei denen in der bikonfessionellen Stadt starke konfessionelle Untertöne festzustellen waren.

Einen besonders bemerkenswerten Sonderfall stellte das kleine Weil der Stadt[84] dar.

82 Schon in den 1770er und 1780er Jahren waren die innerstädtischen Konflikte sehr heftig gewesen. HHStAW, Reichshofrat, Ob.Regist. 150/8,9. Johann Evangelist Schöttle, Geschichte von Stadt und Stift Buchau samt dem stiftischen Dorfe Kappel, Waldsee 1884, ND Bad Buchau 1977; Gehring, Buchau (wie Anm. 88).

83 HHStAW, Reichshofrat, Relationen 75, 76. Fritz Junginger, Geschichte der Reichsstadt Kaufbeuren im 17. und 18. Jahrhundert, Diss. phil. München 1965 (dort auch über den wirtschaftlichen Niedergang und die konfesssionellen Konflikte Kaufbeurens); Richard Ledermann, Die Mediatisierung der Reichsstadt Kaufbeuren im Jahre 1802, Kaufbeuren 1902.

84 HHStAW, Reichshofrat, Voten 65, Ob.Regist. 1799/5, 1801/4. Siegfried Schütz, Die neue Stadt Weil der Stadt. Ein synoptischer Überblick über ihre gemeinsame Geschichte, Weil der Stadt 1975, hier S. 90 (dort über die geringen Kompetenzen des Bürgerausschusses im Religionsschutz, der Rechnungskontrolle, Kauf oder Verkauf von städtischem Eigentum oder Einquartierungsfol-

Die dort stattfindenden Auseinandersetzungen gingen ebenfalls auf die vorrevolutionäre Zeit zurück. Seit 1787 waren Konflikte um die Ratsbesetzung wieder aufgeflammt, die Oligarchisierung des städtischen Magistrats bildete das alte und neue Thema – die verwandtschaftlichen Beziehungen waren bei dieser winzigen Reichsstadt (306 Bürger und 6 Witwen) kaum vermeidbar. Daß diese ganz katholisch war und kaum Heiratsbeziehungen zum lutherischen Umfeld bestanden, die das enge Geflecht der Verwandtschaften aufgelockert hätten, verschärfte das Problem noch weiter. Die französischen Ereignisse wirkten sichtlich aufreizend. Schon im Sommer 1789 fürchtete der Rat angesichts »der dermaligen Gesinnung« »aufrührerische Auftritte«. Er erreichte auch ein Conclusum gegen die Opponenten, die sich schon 1788 unter Führung des Rotgerbers Thomas Wolf formiert hatten, dem später der Chirurg Nikolaus Eble zur Seite trat. Im Visier hatten sie den mit den Oligarchen eng verflochtenen erstarrten Bürgerausschuß – gegen dessen Präses Josef Eble hatte Wolf die Bürgerschaft mit Erfolg mobilisiert. Josef Eble stürzte, auch die Entlassung des Syndikus und Stadtschreibers Franz Karl von Brandt wurde mit Erfolg betrieben. Wolf suchte ein Syndikat zu errichten; gegen eine Geldstrafe, die der Rat verhängt hatte, rief Wolf das Reichskammergericht an. Aber in einem Conclusum von 1790 wirkte der Reichshofrat auf eine Stärkung der Stellung des Rates hin und drohte Thomas Wolf und Nikolaus Eble mit einer Bestrafung wegen Aufruhr. Der Reichshofrat verfuhr ganz formal – der ratshörige Ausschuß wurde bestätigt und das Syndikat abgelehnt; immerhin suchte Wien die zu engen Verwandtschaftsbeziehungen künftig zu unterbinden.

Die Auseinandersetzungen fanden freilich bei der geringen Zahl der Weiler Bürger gleichsam im Familienkreise statt. So war es möglich, daß die Sache eine Wende erhielt; eine gemeinsame Reformbereitschaft wurde durch die kaiserliche Kommission angeregt, die durch den Syndikus und Konsulenten des Ritterviertels Kocher, Johann Peter Feuerbach, ausgeführt wurde. Nun zielte man auf eine erneuerte, der Zeit angepaßte Regimentsform, denn die Unhandlichkeit der bisherigen Statuten hatte bei den Auseinandersetzungen eine beträchtliche Rolle gespielt. Die neuen Statuten waren 1795 vom Rottweiler Bürgermeister und Hofgerichtsassessor Johann Baptist von Hofer verfaßt worden. Das Beispiel einer altständisch konzipierten, aber mit den neuen Gedanken vermittelten und erfolgreichen Reformpolitik in Rottweil hatte offensichtlich auf das kleine, gleichfalls katholische Weil gewirkt. Deutlich war der Wille, neue Wege zu beschreiten; aber hier verweigerte sich trotz einer breiten Bereitschaft zur Reform innerhalb der Reichsstadt der Reichshofrat, der die nötigen Veränderungen der Stadtverfassung ablehnte. Dies war durchaus eine Folge der in der Wahlkapitulation von 1790 festgelegten Verpflichtungen, aber zugleich zeigte sich, daß die traditionellen Regulationsmechanismen der Reichsverfassung auch für die Reichsstädte am Ausgang des 18. Jahrhunderts an ihre Grenzen gestoßen waren – man sah sich nicht mehr in der Lage, eine von einer Stadt gemeinsam getragene Reformbereitschaft zu kanalisieren. Hier wurde deutlich, daß das Verfassungssystem des Alten Reiches ein Endstadium erreicht hatte.

Bevor der Blick auf die rheinischen Städte zu richten ist, erscheint auch eine

gen); Beschreibung des Oberamts Leonberg, Stuttgart 1852, S. 244–263; Viktor Ernst, Weil der Stadt, in: Beschreibung des Oberamts Leonberg, 2. Beschreibung, Bd. 1, Stuttgart 1930, S. 1023–1117, bes. S. 1050.

Bestandsaufnahme jener schwäbischen Städte wichtig, in denen die Situation ruhig blieb. Auffällig ist, daß es im Kreis der oberschwäbischen Reichsstädte weitgehend keine Auseinandersetzungen gab. Darunter befanden sich notorische Unruheherde wie die paritätischen Reichsstädte Biberach[85] und Ravensburg[86]. Anscheinend war der revolutionäre Geist kein Stimulans für konfessionell bewegte Konflikte. Im evangelischen Kempten lassen sich – wie in Kaufbeuren – allein Auseinandersetzungen des Rates mit den Bierbrauern wegen der Steuerauflagen nachweisen[87]. Ruhig blieben Städte wie Wangen[88], Isny[89], Leutkirch[90], Memmingen[91], Buchhorn[92], Pfullendorf[93], dazu Offen-

85 HHStAW, Reichshofrat, Relationen 11. Es gab nur bescheidene Konflikte. Dazu trug freilich offenbar die günstige wirtschaftliche Lage bei; die Biberacher hatten marktmäßig von der Zerstückelung Oberschwabens erheblich profitiert. Beschreibung des Oberamts Biberach, Stuttgart 1837, S. 88–102; Albert Weichhardt, Die Entwicklung der wirtschaftlichen Verhältnisse der Freien Reichsstadt Biberach im 18. Jahrhundert. Ein Beitrag zur Wirtschaftsgeschichte des oberschwäbischen Raumes, Diss. wirtsch. Frankfurt/M. 1931.

86 Ravensburg kannte weiterhin konfessionelle Spannungen, die jedoch nicht eskalierten. HHStAW, Reichshofrat, Relationen 143. Beschreibung des Oberamts Ravensburg, Stuttgart und Tübingen 1836, S. 98–136; Susanne Nussbaumer, Das Finanzwesen der Reichsstadt Ravensburg im 18. Jahrhundert, Diss. jur. masch. Tübingen 1950; Oliva Mayer, Die Reichsstadt Ravensburg unter der Krone Bayerns (1802–1810), Diss. masch. Tübingen 1952; Alfons Dreher, Geschichte der Reichsstadt Ravensburg und ihrer Landschaft. Von den Anfängen bis zur Mediatisierung 1802, Bd. 2, Weißenhorn 1972.

87 HHStAW, Reichshofrat, Relationen 78. Vgl. die in Anm. 32 zitierte Literatur.

88 In Wangen fanden die letzten Auseinandersetzungen am Ende des 17. Jahrhunderts statt – danach blieb die Stadt offenbar ruhig. Beschreibung des Oberamts Wangen, Stuttgart und Tübingen 1841, S. 116–141; Heinz Gehring, Buchau a. F., Leutkirch und Wangen am Ende des Alten Reiches, Diss. phil. masch. Tübingen 1954, S. 61; Michael Grimm, Geschichte der ehemaligen Reichsstadt Wangen im Allgäu von Anbeginn bis auf den heutigen Tag, Wangen 1868; Albert Scheurle, Wangen im Allgäu. Das Werden und Wachsen der Stadt, Wangen [2]1966.

89 Hermann Speth, Die Reichsstadt Isny am Ende des Alten Reichs (1775–1806). Untersuchungen über Verfassungs-, Finanz-, Wirtschafts- und Sozialgeschichte der Stadt im Vergleich mit Wangen i. A. und Leutkirch, Stuttgart 1973; Carl-Hans Hauptmeyer, Verfassung und Herrschaft in Isny. Untersuchungen zur reichsstädtischen Rechts-, Verfassungs- und Sozialgeschichte, vornehmlich in der Frühen Neuzeit, Göppingen 1976 (über den 1790 beendeten Verfassungskonflikt: S. 310–327). Ferner: Beschreibung des Oberamts Wangen, Stuttgart und Tübingen 1841, S. 185–212.

90 Leutkirch blieb nach mehreren Konflikten im 18. Jahrhundert ruhig. Gehring, Buchau (wie Anm. 88), S. 61; Rudolph Roth, Geschichte der ehemaligen Reichsstadt Leutkirch und der Leutkircher Heide, Bd. 2, Leutkirch 1872; Beschreibung des Oberamts Leutkirch, Stuttgart und Tübingen 1843, S. 115–141.

91 Memmingen hatte offenbar im 18. Jahrhundert eine glückliche wirtschaftliche Situation. Jakob Friedrich Unold, Geschichte der Stadt Memmingen, Memmingen 1826.

92 In Buchhorn gelangen nach schweren Krisensituationen durch den Bayerischen Salzvertrag von 1755, der Bayern wirtschaftlichen Einfluß einräumte, eine Beruhigung der Situation und eine wirtschaftliche Sanierung. Es war jedoch typisch, daß man in Buchhorn den Einmarsch der bayerischen Truppen und das Ende der alten Reichsstadt begrüßte. Beschreibung des Oberamts Tettnang, 2. Bearbeitung, Stuttgart 1915, S. 721–768.

93 Erwin Schell, Die Reichsstädte beim Übergang an Baden, Heidelberg 1929, S. 130–132; Peter Hommers, Die Stadt Pfullendorf im Linzgau am Bodensee, Pfullendorf 1970; Johann Schupp, Denkwürdigkeiten der Stadt Pfullendorf, Karlsruhe 1967. Auch hier war eine starke Belastung durch Kriegssteuern zu verzeichnen.

burg[94], Zell am Harmersbach[95] und Gengenbach[96], aus der Gruppe der alten Ulmer Satelliten Giengen[97] und Aalen[98]. Bopfingen[99] war wie andere Reichsstädte erheblich verschuldet und hatte schwere Kreditkrisen erlebt. Die Auseinandersetzungen der 1790er Jahre gingen um die Kosten eines Reichshofratsprozesses und um die Rückzahlung von Geldern an die Bürger. Auch hier warf der Rat den klagenden Bürgern vor, sie wollten »mit dem Magistrat die französische Farse im Kleinen spielen«. Der Prozeß hatte sich 1763/67 an einem gescheiterten Sanierungsversuch entzündet und reichte in seinen Ausläufern noch in die württembergische Zeit. Die Reichsstadt Lindau[100] erlebte freilich einen Prozeß ihres Landgebiets gegen den städtischen Rat, ohne daß in der Folge Spannungen in der Bürgerschaft wie in Schwäbisch Gmünd eingetreten waren. In einem Großteil der genannten Städte hatte es im 18. Jahrhundert erhebliche Auseinandersetzungen gegeben, die bis an die Schwelle der Revolte gingen. Wenn Orte wie Heilbronn[101]

94 HHStAW, Reichshofrat, Relationen 133. SCHELL, Reichsstädte (wie Anm. 93), S. 60; Otto KÄHNI, Offenburg und die Ortenau. Die Geschichte einer Stadt und ihrer Landschaft, Offenburg 1976, S. 173–186; Hans MAUERSBERG, Die Wirtschaftsstruktur und Sozialgliederung der Stadt sowie der Bürgerschaft Offenburgs vom Ausgang des 17. bis zum Beginn des 19. Jahrhunderts, in: Die Stadt in der europäischen Geschichte, Festschr. Edith Ennen, Bonn 1972, S. 687–700.

95 In Zell hatte es 1760 schwere Auseinandersetzungen gegeben. SCHELL, Reichsstädte (wie Anm. 93), S. 6–8; Franz DISCH, Chronik der Stadt Zell am Harmersbach, Lahr 1937; Heinrich VEIT, Geschichte der Verfassung und Verwaltung der Reichsstadt Zell am Harmersbach, Diss. phil. masch. Freiburg 1923.

96 Die Stadt erlitt 1789 einen katastrophalen Brand. SCHELL, Reichsstädte (wie Anm. 93), S. 6; Peter SCHAAF (Hg.), Gengenbach. Vergangenheit und Gegenwart, Konstanz 1960; Max KUNER, Die Verfassung und Verwaltung der Reichsstadt Gengenbach I: Äußere Geschichte der Stadt, Offenburg 1922.

97 Die Stadt hatte eine relativ gute ökonomische Entwicklung, hinzu kam eine sehr günstige finanzielle Lage. Man hat die letzten Auseinandersetzungen um die Mitte des 18. Jahrhunderts ausgefochten. Beschreibung des Oberamts Heidenheim, Stuttgart und Tübingen 1844, S. 183–206.

98 HHStAW, Reichshofrat, Relationen 1, Ob.Regist. 22/11. Hermann BAUER, Geschichte und Beschreibung der ehemaligen Freien Reichsstadt Aalen, Aalen ^{2}1884; Beschreibung des Oberamts Aalen, Stuttgart 1854, S. 186–196; Herbert PLICKERT, Aalen, eine Stadt des Reichs, in: Aalen einst und heute, Aalen 1960, S. 18–32.

99 Beschreibung des Oberamts Neresheim, Stuttgart 1872, S. 212–248; Helmut ENSSLIN, Bopfingen. Freie Reichsstadt – Mittelpunkt des württembergischen Rieses, Stuttgart und Aalen 1971, S. 145–157.

100 In Lindau prozessierten die Untertanen der äußeren Gerichte – »landschaftliche Schultheißen und Ausschüsse« – gegen die Reichsstadt (1800). Leider ist dieser Vorgang nur noch in den Reichshofratsrepertorien verzeichnet – die Akten selbst fehlen. Es handelt sich hier um den Hinweis der Existenz einer bäuerlichen Landschaft. Karl WOLFART, Geschichte der Stadt Lindau im Bodensee, Bd. 1.2, Lindau 1909; Alfred Otto STOLZE, Der Sünfzen zu Lindau. Das Patriziat einer schwäbischen Reichsstadt, hg. v. Bernhard ZELLER, Lindau und Konstanz 1956; vgl. auch Siegmund KELLER, Patriziat und Geschlechterherrschaft in der Reichsstadt Lindau, Heidelberg 1907.

101 HHStAW, Reichshofrat, Relationen 56. Beschreibung des Oberamts Heilbronn, Stuttgart 1865, bes. S. 237–326; DÜRR, Geschichte der Stadt Heilbronn, in: Beschreibung des Oberamts Heilbronn, 2. Bearb., Heilbronn 1901, S. 3–251; Johann Friedrich DÜRR, Heilbronner Chronik, Heilbronn ^{2}1926; Moriz v. RAUCH, Heilbronn in der zweiten Hälfte des 18. Jahrhunderts, in: Bericht des Hist. Vereins Heilbronn 9, 1909, S. 32–73; Harald HOFFMANN, Die Verfassung und Verwaltung der Reichsstadt Heilbronn am Ende des Alten Reiches, in: Jahrb. für schwäb.-fränk. Gesch. 26, 1969, S. 143–155. Allgemein werden die Prosperität der Stadt und die Qualität ihrer

und Schwäbisch Hall[102] ruhig blieben, so mag das an ihrem Reichtum gelegen haben, vor allem im Falle Halls, das ja über seine Saline verfügte. Aber auch eine kleine Stadt wie Wimpfen[103], das in den Jahren zuvor von heftigen Konflikten geschüttelt worden war, sah keine Erneuerung der städtischen Unruhen unter dem Vorzeichen der Französischen Revolution. Andererseits handelte es sich zum großen Teil um kleinere Orte agrarischen Charakters, die nicht unter der ungeheueren Spannung zwischen der überkommenen, in der Stadtverfassung fest verankerten Zunftorganisation und ökonomischen Modernisierungsbestrebungen, aber auch nicht unter der Belastung von Gesellenkonflikten standen. Schließlich waren offenbar auch hier die Konfliktregelungen durch den Kaiser und den Reichskreis erfolgreich.

Aber diese Erklärungen allein reichen nicht aus. Die größere Ruhe im Vergleich zu Franken fällt auf. Es scheint, daß offensichtlich in dieser altständischen Welt die stürmischen Entwicklungen in Frankreich nicht beflügelten, sondern abschreckend gewirkt haben – obgleich dafür noch genauere Belege zu suchen sind. Jedenfalls gab es hier weder sprengende Kräfte noch hinreichende intellektuelle Kanäle, die revolutionäres Gedankengut importieren konnten. Man wird jedoch noch einen Schritt weitergehen müssen. Offenkundig wirkte auch die Umwelt kalmierend. Das alte System der habsburgischen Klientel in Schwaben hatte die Existenz dieser Städte konserviert. Schließlich nahm man, indem man ruhig blieb, auch Rücksicht auf den Kaiser, ja es scheint da und dort, daß man geradezu darauf aus war, im Zeichen der Revolution Konflikte abzubrechen. Dies mag sehr deutlich am Druck der nach 1790, vor allem aber nach 1792 eindeutig konservativ werdenden habsburgischen Macht gelegen haben, die über die vielen vorderösterreichischen Beamten[104] und auch über die aufmarschierende kaiserliche Armee[105] außerordentlich präsent war. Hinzu kam die deutlich konservative

inneren Verfassung festgehalten – erst durch die französischen Revolutionskriege kam auch hier eine unerträgliche finanzielle Belastung. In dauernden Auseinandersetzungen stand die Stadt vor allem mit der Gemeinde Neckargartach, einem der vier Dörfer ihres Landgebiets.

102 Beschreibung des Oberamts Hall, Stuttgart und Tübingen 1847, S. 117–180; Gerd WUNDER, Die Bürger von Hall. Sozialgeschichte einer Reichsstadt 1216–1802, Sigmaringen 1980; Raimund J. WEBER, Die Schwäbisch Haller Siedenserbleihen, 2 Bde., Sigmaringen 1979/80; Walter DÖRING, Die Mediatisierung der ehemaligen Reichsstadt Hall durch Württemberg 1802/3, Diss. phil. Tübingen 1981.

103 Wimpfen wurde fast während des ganzen 18. Jahrhunderts von Konflikten erschüttert, obgleich es auch unter dem Druck der Nachbarn, besonders des Reichsstifts St. Peter in der Nähe der Stadt, stand. HHStAW, Reichshofrat, Relationen 206, Ob.Regist. 1897–1902; Ludwig FROHNHÄUSER, Geschichte der Reichsstadt Wimpfen, Darmstadt 1870, S. 366–419.

104 Franz QUARTHAL, Georg WIELAND u. Brigitte DÜRR, Die Behördenorganisation Vorderösterreichs von 1753–1805 und die Beamten in Verwaltung, Justiz und Unterrichtswesen, Baden-Baden 1977; Franz QUARTHAL, Absolutismus und Provinz. Verwaltungsreform und Herrschaftsintensivierung in den österreichischen Vorlanden zur Zeit des Absolutismus, Habil.-Schrift Tübingen 1981.

105 Otto HEINL, Heereswesen und Volksbewaffnung in Vorderösterreich im Zeitalter Josephs II. und der Revolutionskriege, Freiburg 1941; Alfred Graf KAGENECK, Das Ende der vorderösterreichischen Herrschaft im Breisgau. Der Breisgau von 1740–1815, Freiburg 1981; Heinrich ZEISSBERG (Hg.), Quellen zur Geschichte der Politik Österreichs während des französischen Revolutionskrieges, 5 Bde., Wien 1882/92.

Haltung des Schwäbischen Kreises[106]. Das heißt: Traditionalismus, Einbindung in eine konservative Umwelt, Druck der kaiserlichen Macht wirkten zusammen – dies erhellt umgekehrt, wie wichtig die württembergischen Bewegungen der 1790er Jahre als Stütze der Entwicklungen in Esslingen und Reutlingen waren. Insgesamt war jedoch der systemprägende Einfluß des Wiener Hofes im Schwäbischen Kreis so stark, daß er die Konflikte weitgehend bändigte. Hier liegt ein Hauptunterschied zu Franken.

Daß es andererseits unter dem Schirm dieses Systems sogar zu ausgeprägten Reformbewegungen kommen konnte, zeigte das Rottweil des späten 18. Jahrhunderts[107]: Schauplatz politischer und kultureller Reformen, die sich mit den Namen der katholischen Aufklärer Johann Baptist von Hofer und Johann Baptist Bernhard von Camerer verbanden und der Stadt einige Impulse für das 19. Jahrhundert vor allem im Bereich von Schule und Erziehung gaben. Sie wurden auch von der Bürgerschaft akzeptiert und wirkten konfliktbändigend. Aber das Hauptproblem, die wirtschaftliche Erstarrung und die starke Ausbeutung des Landgebiets – die Rottweiler Bauern äußerten, sie wollten lieber unter dem Türken als unter den gnädigen Herren von Rottweil leben[108] –, war nicht zu lösen. Man wirkte auf der Basis der älteren Vergleiche weiter, aber die Reformimpulse waren trotz der ungelösten Probleme stark genug, der Stadt ein erhebliches Selbstbewußtsein zu geben, so daß sie sogar die längst erstarrten Beziehungen zur Eidgenossenschaft 1795 und 1797 zu mobilisieren suchte, um ihr politisches Überleben zu sichern[109]. Nicht umsonst ließ das mediatisierende Württemberg ein besonders großes Kontingent in Rottweil einmarschieren – Rottweil hatte ein neues Selbstbewußtsein erlangt, durch eine konservative, nichtrevolutionäre Reformbewegung[110]. Daß sie ausstrahlen konnte, zeigte das Beispiel der Reichsstadt Weil der Stadt, die sich den Rottweiler »Reformexperten« Hofer holte, um ihrerseits eine Erneuerung in die Wege zu leiten.

In Norddeutschland spielte der Einfluß Preußens eine beträchtliche Rolle; es war dort unter Friedrich dem Großen zur eindeutigen Hegemonialmacht geworden. 1795 scherte Preußen aus dem Reichskrieg gegen Frankreich aus und errichtete die norddeutsche Neutralitätszone; der Baseler Kompromiß mit dem revolutionären Frankreich klinkte den Norden Deutschlands gleichsam aus einem Großteil der Verpflichtungen gegenüber Kaiser und Reich aus, ohne daß die traditionellen Strukturen verschwanden[111]. Dennoch ist das Gegenbild zu dem vom Kaiser kontrollierten Schwäbischen

106 Heinz-Günther Borck, Der Schwäbische Kreis im Zeitalter der französischen Revolutionskriege (1792–1806), Stuttgart 1970.

107 Beschreibung des Oberamts Rottweil, Stuttgart 1875, S. 168–340; Heinrich Ruckgaber, Geschichte der Frei- und Reichsstadt Rottweil, 2 Bde., Rottweil 1835/38; Adolf Laufs, Die Verfassung und Verwaltung der Stadt Rottweil 1650–1806, Stuttgart 1963 (Lit.!); Ders., Die Verfassung der Reichsstadt Rottweil im Zeitalter der Mediatisierung, in: Erich Maschke, Jürgen Sydow (Hg.), Verwaltung und Gesellschaft in der südwestdeutschen Stadt des 17. und 18. Jahrhunderts, Stuttgart 1969, S. 84–102.

108 Bader (wie Anm. 8), Vom Sinn und Ziel, S. 12; Ders., Reichsadel (wie Anm. 8), S. 257.

109 Karl Siegfried Bader, Rottweil und die Eidgenossenschaft 1796, in: Zeitschr. für schweizerische Gesch. 30, 1950, S. 439–444; Winfried Hecht, Eine Freundschaft durch die Jahrhunderte. Die Schweizer Eidgenossenschaft und Rottweil, Rottweil ³1979, S. 52 f.

110 Döring Mediatisierung (wie Anm. 102), S. 128–130.

111 Real, Von Potsdam (wie Anm. 45).

Kreis unverkennbar. Preußen besaß jedoch nicht die legalen Interventionsmöglichkeiten des Kaisers; es hütete sich daher, allzu weit vorzugehen, obgleich es andererseits nicht an die Bedingungen der Wahlkapitulation von 1790 gebunden war, die es selbst an erster Stelle dem Kaiser aufgenötigt hatte. Dennoch zeigten sich auch im Norden ähnliche Phänomene wie im Süden. Die Nähe Preußens dürfte genauso stabilisierend gewirkt haben wie die Österreichs.

Das thüringische Mühlhausen[112] hatte seit den Zeiten des Bauernkriegs seine Konflikttraditionen bewahrt – auch im 18. Jahrhundert war die Stadt von Auseinandersetzungen zwischen Rat und Bürgerschaft erschüttert, denen die üblichen Probleme einer von Krisen erfaßten Reichsstadt zugrunde lagen. Im Rezeß von 1757 wurde eine veränderte Wahlordnung festgelegt, die die »Gelehrten« *(litterati)* bevorzugte. In den 1790er Jahren trat jedoch bei den Handwerkern *(mechanici)* das Gefühl der Benachteiligung deutlich hervor. Die Erinnerung an die früher stärkere Position des »Collegium mechanicorum« speiste den Konflikt mit dem »Collegium litteratorum«. Die ersteren versuchten die Position zu behaupten; die Handwerker dagegen erklärten, daß ihre Vorgänger das Unrecht gedeckt hätten, weil sie bei seinem Offenbarwerden Haß und Rache befürchtet hätten. Die Kritik des äußeren Rates an der Art der Verpachtung der Stadtgüter an Johann August Bötticher beinhaltete deutlich den Vorwurf des Nepotismus. Der äußere Rat wies darauf hin, daß er aus dem bürgerlichen Ausschuß entstanden sei; wenn der Rat auf sein Recht poche, so poche er auf seinen Besitzstand. Doch auch in Mühlhausen stellte sich der Reichshofrat auf die Seite des inneren Rates und machte dies in einem Conclusum vom 24. Januar 1797 deutlich.

Erneute Auseinandersetzungen entzündeten sich 1796 an der Besetzung einer Superintendentenstelle. Auch in Mühlhausen warf der innere Rat dem äußeren nicht nur eine querulierende Politik vor, sondern auch französische Neigungen. Er bemühte sich um Rückhalt in der Bürgerschaft; der Reichshofrat stellte sich 1797 abermals auf seine Seite. 1798 brachte der Bürgermeister Christian Gottfried Lutterot in einer Beschwerde an den Reichshofrat zahlreiche Verstöße des Rates gegen die Stadtverfassung vor, vor allem Selbstherrlichkeit und Mißwirtschaft. Es konnte nicht geklärt werden, ob Lutterot mit dem gleichnamigen preußischen Interessenvertreter in Mühlhausen zusammenhing. Immerhin mußte sich der Magistrat gegen die offensichtlich nicht unberechtigten Vorwürfe wehren, denn der Reichshofrat verlangte am 11. Juni 1796 einen Bericht der Stadt. Lutterot gab sich nicht zufrieden: »Verwirrung und Ohnmacht der Gesetze sieht man in allen Teilen des Stattregiments. Am allernachteiligsten und am allersichtbarsten sind solche Mängel bey Verwaltung der Oekonomieaemter und der übrigen oeffentlichen Einnahmen«. Auch wenn sich mit Lutterot ein Angehöriger der Oligarchenfamilien auf die Seite der Bürgerschaft gestellt hatte, so kam sie auch diesmal nicht zum Erfolg – Wien scheint sich erneut auf die Seite der Regierenden gestellt zu haben.

112 HHStAW, Reichshofrat, Voten 39, Ob.Regist. 727, 728/2A. Hans Patze (Hg.), Geschichte Thüringens, Bd. 5, Köln–Wien, S. 589–597, 782f.; Gerhard Günther, Mühlhausen in Thüringen. 1200 Jahre Geschichte der Thomas-Müntzer-Stadt, Berlin (DDR) 1975; Reinhard Jordan, Zur Verfassungsgeschichte der Stadt Mühlhausen i. T. im 18. Jahrhundert, in: Mühlhäuser Geschichtsblätter 4, 1903/4, S. 28–36.

Auch Nordhausen[113] hatte während des 18. Jahrhunderts innerstädtische Auseinandersetzungen erlebt. In Nordhausen war es 1791 zu einer Veränderung der Wahlordnung gekommen, die einer breiteren Partizipation diente. Dagegen ergriff der Bürger und Advokat Georg August Vogel die Initiative und kritisierte die allgemeine Situation, in der sich die Stadt befand; er warnte vor der Konfusion, die die Veränderung der Wahlordnung bringen konnte, und vor Tumulten der Bürgerschaft. Es ging um das Regiment des mächtigen Bürgermeisters Wilde – 1794 kam es zu einem erneuten Vorstoß in Richtung auf eine Erweiterung der Wahlfähigkeit, ohne daß die Stadtverfassung verändert wurde.

Das exponiertere Goslar[114] war noch im 18. Jahrhundert von Bürgerkämpfen geschüttelt worden. Aber hier nahm die Entwicklung einen bemerkenswerten Verlauf und mündete wie bei Rottweil in eine ausgeprägte Reformpolitik. Die Stadtverfassung war durch den Rezeß von 1682 festgelegt worden, zeigte aber bald Tendenzen der Erstarrung – es gab eine kompliziert verschlungene Konstruktion, die formal dem Bürgerausschuß, dem »Achterkollegium«, Anteile am Regiment gab, aber der engere Rat, der eigentlich die Geschäfte führte, wurde doch von den Familien kontrolliert. 1770–1785 war es zu einer langandauernden Krise des städtischen Regiments gekommen, da die Gilden in extensiver Auslegung ihrer Privilegien behaupteten, nur dem Kaiser verantwortlich zu sein. Daraus resultierte der übliche Reichshofratsprozeß um das Amtsgebaren des Regiments und um die städtischen Finanzprobleme; hier setzte sich weitgehend der Rat durch. In dieser Phase hatte sich der Goslarer Bürgersohn Joachim Georg Siemens auf die Seite des Rates gestellt und wurde 1785 »Gemeiner Worthalter«. Da dieser dem »Gemeinen Rat« und dem »Achterkollegium« präsidierte und zugleich Mitglied des »Engeren Rates« war, konnte er eine Schlüsselrolle in der Stadtverfassung spielen. In der Folge führte Siemens einen zähen Machtkampf mit dem Syndikus Dr. Johann Gottlieb Sieber, den er 1793 aus dem Amt verdrängen konnte. Siemens trat nun mit dem Programm einer Erneuerung der Stadtverfassung an – dagegen strengte Sieber in Wien einen Prozeß an und konnte den Reichsfiskal zu einem Verfahren gegen Siemens bewegen, der der Sympathien für die Französische Revolution bezichtigt wurde.

In Goslar war freilich von Revolutionsgeist wenig zu spüren. Siemens erklärte, er habe die Tollerei der Franzosen und die verbrecherischen Grundsätze der Jakobiner nie geteilt, vielmehr die Bevölkerung zum Gehorsam aufgefordert. Vom Amt des Gemeinen Worthalters wurde er jedoch 1794 suspendiert – dennoch kehrte er 1796 wieder in diese Stellung zurück. Damit aber hatte er faktisch die Macht in der Stadt gewonnen; nun konnte er die Reformpolitik einleiten, die ihm seit 1793 vorgeschwebt hatte. Siemens propagierte ein neues Ethos in der Verwaltungspraxis und eine offenere

113 Nordhausen blickte ebenfalls auf eine langjährige Konflikttradition zurück. HHStAW, Kais.Privilegien 144. PATZE (Hg.), Geschichte Thüringens 5 (wie Anm. 112), S. 597–603, 771 f.; Hans OELZE, Das Wirtschaftsleben der Stadt Nordhausen in den letzten zwei Jahrhunderten ihrer Unabhängigkeit, Diss. phil. Leipzig 1933.

114 HHStAW, Reichshofrat, Relationen 48. Wolfram WERNER, Goslar am Ende seiner reichsstädtischen Freiheit unter besonderer Berücksichtigung der Reformen von J. G. Siemens, Goslar 1967.

Informationspolitik des Rates. Er reduzierte die Stadtschulden, ließ die Wachtpflicht der Bürger entfallen und die Befestigungen schleifen, um sie in Gärten oder Anlagen umzuwandeln. Die wirtschaftliche Lage suchte er durch Ansiedlung von Manufakturen und Fabriken zu verbessern; er wollte neue Wirtschaftszweige in die Stadt holen – zugleich setzte er sich im Geiste des Adam Smith für den freien Handel ein. Es war eine gemäßigte Reformpolitik, die Siemens propagierte und die auch nicht mit den Bestimmungen der Stadtverfassung kollidierte. Die Politik trug Früchte und brachte Siemens eine unangefochtene Machtstellung ein, wenn auch seine Position nicht unkritisiert blieb, zumal da Siemens mit seinen Gegnern recht robust umging. 1799 wurde er Bürgermeister – insgesamt hat Siemens Goslar in stürmischer Zeit ein paar ruhige Jahre beschert. Er scheint freilich die Grenzen der Reichsfreiheit sehr deutlich gesehen zu haben, denn am Anschluß Goslars an Preußen 1802 wirkte er aktiv mit. Der preußische Kommissar Dohm[115] war ein vorzüglicher Kenner reichstädtischer Traditionen, wie er bereits in Aachen bewiesen hatte. In Übereinstimmung mit Rottweil zeigte das Experiment Siemens' in Goslar, was eine gemäßigte, durchaus altständische Reform bewirken konnte. Siemens begriff jedoch auch, anders als Hofer und Camerer in Rottweil, daß die Stunde der Reichsstädte geschlagen hatte.

Die westfälische Reichsstadt Dortmund[116] hatte seit dem Spätmittelalter eine relativ demokratische Verfassung; der Erbsassenstand bestand aus Gelehrten, Kaufleuten und anderen wohlhabenden Bürgern, der Vierundzwanziger-Stand setzte sich aus den Vertretern der sechs Gilden zusammen. Das 18. Jahrhundert sah Konflikte und Prozesse, aber 1787, 1789 und 1791 wurden jeweils Reformpläne diskutiert. Ein Angriff der Schmiede auf die Politik des Bürgermeisters Schäffer hatte Vergünstigungen zum Anlaß, die dem Juden Josefssohn beim Verkauf englischer Waren entgegen den Zunftprivilegien gewährt worden waren. Die Kritik dehnte sich auf die Verwandtschaften im Rat aus, formulierte Vorwürfe der Bereicherung und der Anmaßung. Die Auseinandersetzungen hatten jedoch auch hier deutlich altständische Züge. Zu einem Sturz des Stadtregiments kam es offensichtlich nicht.

Im Vergleich mit den anderen Reichsstädten war die außergewöhnliche Situation der verbliebenen drei Hansestädte auffällig[117]. Zwar war der einst mächtige Städtebund erheblich geschrumpft, aber Handelspolitik und Seelage ermöglichten den drei verbliebenen Städten eine autonome Politik, die sich auf viele Bereiche erstreckte. Die umliegenden Mächte Preußen, Dänemark und England-Hannover waren zwar durchaus wirksam, aber sie konnten nur einen relativen Einfluß ausüben. Nur Lübeck war eine alte Reichsstadt, die Reichsfreiheit der beiden anderen wurde dagegen erst relativ spät anerkannt: Hamburg 1618, Bremen 1640; noch später erkannten die Dänen diese

115 Vgl. Anm. 133.
116 HHStAW, Reichshofrat, Ob.Regist. 222/3, Relationen 27. In Dortmund war es nach Auseinandersetzungen um die Mitte des Jahrhunderts offenbar einige Jahre ruhig geblieben. Stephanie Reckers, Beiträge zur statistischen Darstellung der gewerblichen Wirtschaft in der Reichsstadt Dortmund um 1800, in: Beitr. zur Geschichte Dortmunds und der Grafschaft Marte 67, 1971, S. 141–164; Heinrich Uhlenküken, Das Schuldenwesen der freien Reichsstadt Dortmund im achtzehnten Jahrhundert, in: Ebd., 36, 1928, S. 7–283.
117 Dazu im einzelnen die Literatur zu den drei Hansestädten.

Entwicklung an. Aber gerade die spät erkämpfte Reichsfreiheit demonstrierte, wie wirtschaftliche in politische Potenz umgesetzt werden konnte. Lübeck fiel allerdings gegen die beiden Nordseehafenstädte ein wenig zurück. Es war in seiner überkommenen Sozialverfassung, in seinen altertümlichen Verfassungsstrukturen den Reichsstädten im Landesinnern offensichtlich näher und orientierte sich auch stärker auf das Reichsoberhaupt in Wien, als dies Hamburg und Bremen taten.

Die Probleme dieser »moderner« wirkenden Städte – Lübeck bildete gewissermaßen eine Zwischenstufe – lagen vielfach anders als die der übrigen Reichsstädte. Die Problematik der erhaltenen Zunftstrukturen trat in schweren Gesellenunruhen zutage, die auch dort die Revolutionsjahre begleiteten; sie konnten aber von den Obrigkeiten immer wieder gebändigt werden. Hinzu kam, daß die Stadtverfassungen Partizipationsmodelle verwirklichten, die offensichtlich stark genug waren, einen Bruch abzufangen. Sie waren zweifellos auch hier konstruiert, um die Herrschaft der Räte zu stabilisieren, aber sie federten doch den Druck von unten ab. Dabei dürfte die außerordentlich günstige wirtschaftliche Konjunktur vor allem in Hamburg und Bremen ebenfalls konfliktdämpfend gewirkt haben, da sie die Verteidigung der Reichsfreiheit in allen drei Reichsstädten begehrenswert machte. Dies dürfte wiederum die innerstädtische Solidarität erheblich gefördert haben, so daß sich keine dramatischen Verfassungskämpfe entwickelten. In die gleiche Richtung wies der Druck von unten, der in den Gesellenkonflikten zum Ausdruck kam; hier hatten die Begünstigten auch unter den Handwerksmeistern ein Interesse, ihre Position zu behaupten, was wiederum stabilisierend auf die Stadtverfassung wirkte.

Damit erhielten die senatorischen Obrigkeiten vor allem Hamburgs und Bremens einen beträchtlichen Spielraum, den jene anderer Reichsstädte nicht hatten – der kaiserliche Einfluß war hier nicht so stark und ging auch in Lübeck nach 1795 spürbar zurück. Die Räte vermochten in den großen Umwälzungen ein so erfolgreiches Spiel zu spielen, daß sie die Selbständigkeit ihrer Städte durchsetzen konnten. Daß schließlich sechs Reichsstädte den Reichsdeputationshauptschluß von 1803 überlebten, war in keinem geringen Maße ihren Aktivitäten zu danken. Begünstigt durch ihre Lage, konnten sie sogar während der Reichskriege gegen Frankreich ein leidliches, Bremen sogar ein relativ freundschaftliches Verhältnis zu der jungen Republik behaupten[118].

Im Umgang mit dem republikanischen Frankreich hatten die republikanischen Traditionen der Städte nicht nur deklamatorischen Charakter wie in der eingangs beschriebenen Luccheser Situation; der gebürtige Schwabe Karl Friedrich Reinhard[119] fand sich als Resident des revolutionären Frankreich sehr schnell in der hansestädtischen Atmosphäre zurecht. Kaum irgendwo sonst hatte man denn auch die Republik so

118 Herbert SCHNEPEL, Die Reichsstadt Bremen und Frankreich von 1789–1813, Bremen 1935; Hans WIEDEMANN, Die Außenpolitik Bremens im Zeitalter der Französischen Revolution 1794–1803, Bremen 1960.

119 Karl Friedrich Reinhard (1761–1837), 1808 Baron, 1818 Graf, hatte sich als junger Theologe aus Begeisterung den Girondisten angenähert und war von 1795 bis 1797 Resident in Hamburg. Später stieg er unter Napoleon und den Bourbonenkönigen zum Baron und Grafen auf. Wilhelm LANG, Graf Reinhard 1761–1837, Bamberg 1896.

begrüßt wie in Hamburg; selbst ein Patrizier wie Georg Heinrich Sieveking[120] hat den Sieg aufklärerischer Ideen in Frankreich gefeiert – und sich dann abgewandt, als sich die Revolution radikalisierte. Gleichwohl hatte er nicht mit den Idealen der Anfänge gebrochen. Hamburg war unter diesen Bedingungen zusammen mit dem benachbarten dänischen Altona eine der wichtigsten Stätten jakobinischer und profranzösischer Publizistik. Die milde Zensur gestattete auch hier radikaleren Republikanern eine Publikationsmöglichkeit, auch wenn es immer wieder zu Gegenaktionen der Vertreter Österreichs und Preußens kam. Hier verglomm im Zeichen der napoleonischen Diktatur um 1800 das letzte schwache Licht deutschen republikanischen Freiheitsgeistes[121].

Dennoch wurde die Hamburger Stadtverfassung[122] mit ihrer altständischen Situation nicht in Frage gestellt. Die Vertragsregelungen des Hauptrezesses von 1712 blieben in Kraft, obgleich der dort gefundene Kompromiß zwischen Rat und Bürgerschaft nur einer relativ geringen Zahl von Bürgern Partizipationsmöglichkeiten eröffnete. 37 gewählte Deputationen dienten der Stadtregierung des Rats; dies hatte längst zu einer neuen, wenn auch veränderten Form der Oligarchisierung geführt – eventuelle Gegenkräfte wurden paralysiert. Zugleich aber wurden reformerische Ansätze möglich, die dennoch ernstere Erschütterungen vermieden; sie verbanden sich mit dem Namen Sieveking. Die Hamburger Gesellschaft erlebte auf der anderen Seite den Druck der Handwerksgesellen, der sich auch hier in einer Abfolge schwerer Konflikte äußerte[123]. Diese Bedrohung dürfte das Spannungsfeld zwischen Senat und Bürgerschaft eingeebnet haben.

Offensichtlich noch größer war das Problem der Handwerkerunruhen in der

120 Heinrich SIEVEKING, Georg Heinrich Sieveking. Lebensbild eines hansischen Kaufmanns aus dem Zeitalter der Französischen Revolution, Berlin 1913.

121 Die Aufhellung und Untersuchung dieser Vorgänge ist vor allem das Verdienst von Walter Grab; vgl. seine in Anm. 4 zitierten Studien. Zu den Voraussetzungen: Franklin KOPITZSCH, Grundzüge einer Sozialgeschichte der Aufklärung in Hamburg und Altona, Hamburg 1982.

122 HHStAW, Reichshofrat, Relationen 54. Jürgen BOLLAND, Senat und Bürgerschaft. Über das Verhältnis zwischen Bürger und Stadtregiment im alten Hamburg, Hamburg [2]1978; DERS., Die Hamburgische Bürgerschaft in alter und neuer Zeit, Hamburg 1959; Franklin KOPITZSCH, Zwischen Hauptrezeß und Franzosenzeit 1712–1806, in: Hans-Dieter LOOSE (Hg.), Hamburg, Geschichte der Stadt und ihrer Bewohner, Bd. 1, I: Von den Anfängen bis zur Reichsgründung Hamburg 1982; S. 351–414; Heinrich LAUFENBERG, Hamburg und die Französische Revolution, Hamburg 1913; Hans MAUERSBERG, Wirtschafts- und Sozialgeschichte zentraleuropäischer Städte in neuerer Zeit. Dargestellt an den Beispielen von Basel, Frankfurt a. M., Hamburg, Hannover und München, Göttingen 1960; Carl MÖNCKEBERG, Geschichte der Freien und Hansestadt Hamburg, Hamburg 1885; Geert SEELIG, Die geschichtliche Entwicklung der Hamburgischen Bürgerschaft und die hamburgische Notabeln, Hamburg 1900, S. 97–103; Adolf WOHLWILL, Neuere Geschichte der Freien und Hansestadt Hamburg, insbesondere von 1789–1815, Gotha 1914.

123 Heinrich LAUFENBERG, Hamburg und sein Proletariat im 18. Jahrhundert. Eine wirtschaftshistorische Vorstudie zur Geschichte der modernen Arbeiterbewegung im niederelbischen Städtegebiet, 2 Bde., Hamburg 1910; Antje KRAUS, Die Unterschichten Hamburgs in der ersten Hälfte des 19. Jahrhunderts. Entstehung, Struktur und Lebensverhältnisse, Stuttgart 1965; Arno HERZIG, Organisationsformen und Bewußtseinsprozeß Hamburger Handwerker und Arbeiter in der Zeit 1790–1848, in: DERS., Dieter LANGEWIESCHE, Arnold SYWOTTEK (Hgg.), Arbeiter in Hamburg, Hamburg 1983, S. 95–108.

Hansestadt Bremen[124] – sie erreichten in den Jahren zwischen 1791 und 1802 ihren Höhepunkt. Dabei wirkten die französischen Ereignisse nicht als Ursache, wohl aber als Katalysator. Nach dramatischen Ereignissen in der Nacht vom 23. zum 24. Juni 1791 drohten gewalttätige Unruhen, aber der Rat behielt die Fäden in der Hand. Freilich blieb der Vorwurf der Bürgerschaft gegenüber dem Senat, Militär eingesetzt zu haben, doch auch der Rat bemühte sich, gegen die Opposition Stimmung zu machen. Zugleich konnte er sich, wie auch die Senate von Hamburg und Lübeck, auf den Niedersächsischen Kreis stützen[125].

Die Bürgerschaft hatte bereits 1789 einen Reformvorstoß unternommen mit dem schon bekannten Anspruch auf verstärkte Partizipation – Träger der Bewegung waren die Bremer Kirchspiele, das auslösende Moment die Frage des städtischen Defizits. Als der Rat regulierende Beschlüsse der Bürgerschaft forderte, bildete diese eigenmächtig eine Deputation zur Untersuchung der Angelegenheit und zur Prüfung der Rechnungsbücher. Der Rat lehnte unter Berufung auf den Entscheid von 1534 ab, der Versammlungen nur mit obrigkeitlicher Erlaubnis vorsah. Die Bürgerschaft faßte den Geist der Stunde in einem bemerkenswerten Satz zusammen: »Alles ist in der Welt zum ersten Mal geschehen, und daß es zum ersten Mal ist, kann nicht mit Grund wider dasselbe angeführt werden.« Damit aber hatten die Bremer das Grundproblem reichsstädtischer Verfassungsreformen formuliert – der Satz hätte in Wien geradezu revolutionär geklungen. Der Bremer Rat vermied aber eine Anrufung des Reichshofrats und konnte die Forderungen durch einen Kompromiß abfangen. Am 11. Dezember 1792 formierte er eine Deputation von Rat und Bürgerschaft, am 8. August 1794 eine Sicherheitskommission. Damit beruhigte sich das angespannte Verhältnis zwischen Rat und Bürgerschaft. Das gemeinsame außenpolitische Interesse, die Selbständigkeit der Hansestadt zu erhalten, führte die begünstigten Gruppen in der Stadt zusammen – mit der reichsstädtischen Freiheit war auch die wirtschaftliche Prosperität zu verteidigen. Aber der Rat vermochte nicht nur mit außenpolitischen Erfolgen die Bürger zu gewinnen, sondern er konnte auch die Stimmung durch kleinere innerstädtische Reformen entschärfen. Hinzu kam auch hier die Furcht der Berechtigten vor den Handwerkerunruhen. 1796 gärte es im Militär, das die Sympathien der Unterschichten hatte; 1798 gab es Bewegungen in der Landbevölkerung des bremischen Hollerlandes[126]. All dies hatte die Gräben zwischen Rat und Bürgerschaft zugeschüttet – sie hatten genügend gemeinsame Interessen, um die Stadt in Ruhe zu halten. Sicher war das Verhältnis zwischen den Reichen und der Masse der Bevölkerung von erheblichen Spannungen belastet – dem Rat war

124 Wilhelm v. BIPPEN, Geschichte der Stadt Bremen, Bd. 3, Bremen 1904; Ernst DÜNZELMANN, Aus Bremens Zopfzeit. Stilleben in einer Reichs- und Hansestadt, Bremen 1894: Alfred KÜHTMANN, Bremen und die Französische Revolution, in: Bremer Jahrbuch 15, 1889, S. 200–228; Karl MÜLLER, Die staats- und verfassungsrechtliche Entwicklung in Bremen bis zum Jahre 1848. Die Zeit der reichsstädtischen Ratsverfassung unter Berücksichtigung von Hamburg und Lübeck, Bremen 1931; Herbert SCHWARZWÄLDER, Geschichte der Freien Hansestadt Bremen, Bd. 1: Von den Anfängen bis zur Franzosenzeit (1810), Bremen 1975; Karl H. SCHWEBEL, Bremens Beziehungen zu Kaiser und Reich, vornehmlich im 18. Jahrhundert, Bremen 1937.

125 Klaus SCHWARZ, Die Lage der Handwerksgesellen in Bremen während des 18. Jahrhunderts, Bremen 1975.

126 WIEDEMANN (wie Anm. 118), Außenpolitik, S. 26.

deren Sprengkraft auch durchaus bewußt, aber er konnte die Situation unter Kontrolle halten.

Sehr viel ruhiger war die Entwicklung in Lübeck[127]; die Verfassung hatte deutlichere altständische Züge als jene der beiden Schwesterstädte. Der Senat hatte im 17. Jahrhundert unter dem Druck der Bürgerschaft Konzessionen machen müssen; ihm blieben die hohe Politik und die Kriegssachen vorbehalten. Ansonsten hatte er den Konsens der drei bürgerlichen Kollegien einzuholen, die aber Kaufmannskollegien waren. Trotz der offenkundigen Verschlingung der Interessen blieb die Verfassung stabil. Zwar sah auch Lübeck Gesellenkonflikte; sie dürften jedoch eher eine Solidarität der Begünstigten bewirkt haben. Die Teuerung von 1795/96 führte zur Kritik an der Obrigkeit und zur Forderung nach Respektierung der Rechte der Bürgerschaft, aber die gleichzeitige Meuterei einiger Stadtsoldaten wegen Kürzung der Brotration blieb isoliert. 16 Soldaten wurden zur Abschreckung verurteilt, von drei Todesurteilen zwei vollstreckt – ein Soldat hatte sich sein Leben erwürfeln können. Insgesamt wurde deutlich, wie sehr Lübeck im Schatten von Hamburg und Bremen stand.

Vor der Folie der Entwicklung in den Hansestädten werden die Probleme der Reichsstädte sehr deutlich. Hamburg und Bremen, in einem geringerem Maße Lübeck waren selbstbewußte, an ihrer Freiheit interessierte Kommunen, die sich auf wirtschaftlichen Wohlstand stützen konnten. Den regulierenden Mechanismen der Reichsverfassung waren sie ferner – die relativ große Autonomie konnte man mit einer starken Selbststeuerung kombinieren. So war es kein Zufall, daß die Hansestädte 1803 den Reichsdeputationshauptschluß überlebten und daß sie sogar 1806 nach dem Ende des Alten Reiches und der Mediatisierung von Frankfurt, Augsburg und Nürnberg die volle Souveränität erringen konnten, bis Napoleon sie 1810 in sein Grand Empire eingliederte. Im Unterschied zu den anderen Reichsstädten haben sie ihr Schicksal selbst in die Hand genommen. Daß freilich die geschickten Konfliktregulationen des späten 18. Jahrhunderts noch keine Garantie für die Zukunft boten, zeigten die Probleme, die das 19. Jahrhundert für die rasch veraltenden Verfassungen der Hansestädte brachte.

Auch in Frankfurt[128] hielt die im 18. Jahrhundert stabilisierte Stadtverfassung die

127 Fritz ENDRES, Geschichte der Freien und Hansestadt Lübeck, Lübeck 1926; Max HOFFMANN, Geschichte der freien und Hansestadt Lübeck, Teil 2, Lübeck 1892; GRAB, Strömungen (wie Anm. 1), S. 157–159.

128 Die Frankfurter Auseinandersetzungen beschäftigten auch nach 1789 den Reichshofrat, sie bewegten sich aber völlig in den alten Bahnen. HHStAW, Reichshofrat, Voten 14, 15. Dazu die in Anm. 23 zitierte Literatur. Ferner: Helmut BÖHME, Frankfurt und Hamburg. Des deutschen Reiches Silber- und Goldloch und die allerenglischste Stadt des Kontinents, Frankfurt/Main 1968; Wilfried FORSTMANN, Simon Moritz von Bethmann 1768–1826. Bankier, Diplomat und politischer Beobachter, Frankfurt/Main 1973; Isidor KRACAUER, Frankfurt am Main und die französische Republik 1795–1797, in: Archiv für Frankfurts Geschichte und Politik, 3. Folge, Bd. 3, 1896, 5, 1896, 6, 1899, 9, 1907; DERS., Die letzten Jahre der reichsstädtischen Zeit Frankfurts (1803–1866), in: Ebd., 3. Folge, Bd. 7, 1901; MAUERSBERG, Wirtschafts- und Sozialgeschichte (wie Anm. 122); Gottlieb SCHNAPPER-ARNDT, Studien zur Geschichte der Haushaltung in Frankfurt a. M. während des 17. und 18. Jahrhunderts, hg. K. BRÄUER, 2 Bde., Frankfurt/M. 1915; Otto SPEYER, Eine unblutige Revolution. Der Frankfurter Verfassungskampf im 18. Jahrhundert, Frankfurt/M. (1897).

Krisensituation der Revolutionsjahre aus. Dies mag paradoxerweise mit der Tatsache zusammenhängen, daß der Reichshofrat in ungewöhnlicher Weise in die Frankfurter Stadtpolitik hineinregierte, da die Stadt kaum mehr in der Lage war, ihre eigenen Probleme selbst zu lösen – sie lebte damit nicht schlecht, war sie doch ein wichtiger Bank- und Wirtschaftsmittelpunkt. Privater Reichtum kontrastierte sozusagen mit öffentlicher Armut. Allerdings hatte die gleichsam ständige Präsenz Wiens im Frankfurter Geschehen, das einen Großteil der Frankfurter Probleme lösen mußte, die Neigung zu gewalttätigen und rechtswidrigen Aktionen unterbunden – sie mußte in Frankfurt in besonderem Maße sofort die Position des Übertreters verschlechtern. Auch hier gingen die Debatten um die Stadtverfassung, um die Regulierung einzelner Probleme weiter, ohne daß sie auf die Bevölkerung übergriffen. Ein Unterschied zu den vorhergehenden Jahren ist nicht festzustellen. Hinzu kam ein reichspatriotisch bestimmter Antagonismus gegen Frankreich, der wohl ebenso gegen die revolutionären Ideen wirkte wie das Interesse der Berechtigten einschließlich der Zünfte am Status quo. Die Gesellenunruhen haben sicherlich die Ängste vor einem revolutionären Umsturz nur vermehrt.

Im benachbarten kleinen Friedberg[129] standen die Auseinandersetzungen immer wieder im Zeichen des Spannungsfeldes zwischen Reichsburg und Reichsstadt. Die Burg hatte sich 1792 über Behauptungen des reichsstädtischen Physikus beklagt, dem französischen Revolutionsgeneral Custine läge nichts mehr am Herzen, als Leiden des Volkes zu vermeiden. Zugleich dichte er der Burg eine republikanische Verfassung an und gebe sich selbst als Repräsentanten des Friedberger Volkes aus. Darin ließen sich »bedenkliche französische freiheits- und gleichheits-schwindlerische Ausdrücke« nicht verkennen. Da aber diese Äußerungen im Kontext der französischen Besetzung Friedbergs durch General Custine gefallen waren, bei der auch der Sohn des Direktors der Burgkanzlei verschleppt worden war, ließ der Reichshofrat die Sache auf sich beruhen. Ernster war, daß sich in der Reichsstadt eine Oppositionsbewegung bildete, die in dem streitbaren und extrovertierten Gastwirt Johann Philippi seit 1798 einen offenbar populären Führer fand. Der Rat hielt Philippi sogleich seine jahrelange Prozeßsucht vor. Der offene Konflikt brach aus, als die Bürgerschaft in der Frage der Rechnungskontrollen Deputierte vorschlug und sich dann weigerte, das verfassungsmäßige Auswahlrecht des Rates anzuerkennen. Hierbei spielte Philippi, der nach den Wiener Akten auch Chausseedeputierter der Stadt war, eine führende Rolle. Der Rat bezichtigte ihn, er habe »einige ohnehin ganz von Revolutionssätzen angesteckte und mit der Stadtverfassung noch nicht bekannte neue Bürger und Fremdlinge« mit seinen Ideen aufgewiegelt. Im Gegenzug forderte Philippi eine Untersuchung der Stadtprozesse. 1796 habe er öffentlich gesagt, »wie sehr er ein Freund und Anhänger der revolutionären Grundsätze sei«. Philippi hielt den Magistrat mit wiederholten Beschwerden unter Druck, er erschien 1798 mit seinen Anhängern in einer Ratssitzung und stellte ein Ultimatum an die Stadtväter wegen der Judenbeiträge. Die fortgesetzten Kriegslasten und Kontribu-

129 HHStAW, Reichshofrat, Relationen 41/1, Denegata recentiora 170. Christian WAAS, Krakehler und Krawaller in Alt-Friedberg, in: Friedberger Geschichtsbl. 14, 1939/42, S. 100–120. Demnächst: Volker PRESS, Reichsstadt und Reichsburg Friedberg im Reich des späten Mittelalters und der frühen Neuzeit, in: Wetterauer Geschichtsblätter 130, 1987.

tionsleistungen gaben ihm einen Anhaltspunkt, um Mitbestimmung für die Bürgerdeputierten zu fordern. Die militärische Verfassung der Stadt eröffnete Philippi schließlich die Möglichkeit, sich an die Spitze der Bürgerschaft zu setzen – die Stadt war in Rotten unterteilt, die Philippi zu Ende des Jahrhunderts zu ihrem »Generaldeputierten und Bevollmächtigten« gemacht hatten. 1800 rief Philippi sogar in einem Konflikt die Burg an, die unter Berufung auf das Privileg Albrechts I. ihre Ansprüche auf die Leitung der Stadt geltend machte. Schließlich inszenierte Philippi einen Reichshofratsprozeß gegen den Rat; da aber die Gutachter in dem Friedberger Gastwirt einen »Querulanten« sahen, war sein Begehren aussichtslos. Im Falle Philippi zeigte sich, wie schmal der Grat zwischen programmatischen revolutionären Forderungen und traditionellen tumultuarischen Bewegungen war, die von dem streitbaren Temperament Philippis nicht zu trennen waren. Die Versuche Philippis, nach seiner innerstädtischen Niederlage Kontakt zur mediatisierenden hessen-darmstädtischen Regierung anzuknüpfen, mißlangen. Die Darmstädter Administratoren verdrängten Philippi aus seiner Position im städtischen Herrschaftsgefüge – er starb 1824 völlig vereinsamt.

Die Stadt Wetzlar[130] war mehr und mehr zu einer Reichskammergerichtsstadt geworden, seit dieses oberste Reichsgericht[131] von Speyer 1689 an die Lahn verlegt worden war. Dahinter stand geradezu der Charakter der Reichsstadt zurück, denn das Kammergericht hatte das städtische Verfassungsleben in hohem Maße verändert; dabei wirkte es ohne Zweifel dämpfend und verrechtlichend auf die Konflikte. Wetzlar war zwar schon im früheren 18. Jahrhundert von schweren Unruhen erschüttert worden, nun aber blieb alles ruhig. Offensichtlich fürchtete man besonders das durch tumultuarische Aktionen stets drohende Gespenst des endgültigen Ruins der verarmten Stadt, nämlich den Abzug des Reichskammergerichts. Dies war durch den Vorstoß des französischen Revolutionsgenerals Custine gegen die Wetterau 1792 virulent geworden, obgleich der General der Reichsjustiz ihre Sicherheit garantiert hatte. Die Anwesenheit des Reichskammergerichts und die bereits geschilderten aufklärerischen Kräfte in seinem Umkreis dürften dann auch die Gemüter beruhigt haben, als um 1800 Auseinandersetzungen um das städtische Schulwesen einsetzten, die gewiß nicht unbedeutend waren – die Bürgerschaft befürchtete, daß eine Reform der städtischen »Freischule« Schaden für die Ärmeren mit sich bringen könnte. In Wien spottete man über die Vorgänge; dabei mag allerdings die Rivalität des Reichshofrats mit dem Reichskammergericht Pate gestanden haben. Der Reichshofrat bezweifelte die Legitimation der Zünfte und ihres Syndikats – sie fühlten sich wohl als die *Syndici perpetui* der Bürgerschaft! In Wetzlar war der Reichshofrat – gleichsam unter den Augen des Reichskammergerichts – in besonderem Maße an die Spielregeln der Reichsverfassung gebunden; zudem hatte sich im Schulstreit die einflußreiche Freimaurerloge für die Reformer engagiert. Insge-

130 HHStAW, Reichshofrat, Relationen 203. Friedrich BILL, Die Reichsstadt Wetzlar vom Beginn des Siebenjährigen Krieges bis zum Reichsdeputationshauptschluß (1756–1803), Diss. phil. masch. Gießen 1938 (Ms. im Stadtarchiv Wetzlar); Heinrich GLOËL, Goethes Wetzlarer Zeit. Bilder aus der Reichskammergerichts- und Wertherstadt, Berlin 1911; Volker PRESS, Wetzlar – Reichsstadt und Reich im Spätmittelalter und in der frühen Neuzeit, in: Mitteilungen des Wetzlarer Geschichtsver. 31, 1985, S. 57–101.
131 Rudolf SMEND, Das Reichskammergericht, Weimar 1911.

samt hatte die zünftische Opposition einen eher altständischen Charakter. An einen Umsturz der Stadtverfassung war nicht zu denken.

Es erweist sich also auch hier, daß das Risiko, etwas zu verlieren, ein konservatives Umland, die agrarische Struktur einer Stadt deutlich einem Übergreifen revolutionären Denkens entgegenstanden. So sei abschließend ein Blick auf jene Städte geworfen, die unter französische Herrschaft gerieten. Dabei nahmen Aachen und Köln eine Sonderstellung ein. Hier, vor allem in Aachen, machten sich schon früher deutliche Einflüsse bemerkbar, die in die Niederlande wiesen. Schließlich lagen diese Städte im Schnittpunkt habsburgischer, hohenzollerischer und wittelsbachischer Interessen.

Auch in Aachen[132] entsprach die politisch-gesellschaftliche Verfassung nicht mehr den sozialen Realitäten. Trotz Beteiligung der Zünfte, der Gaffeln, am Rat gab es starke Verfilzungen – die Rats- und Bürgermeisterwahlen pflegten in den sogenannten Mäkeleien mit Lockungen und Druck manipuliert zu werden. Einer Verarmung der Zunfthandwerkerschaft stand der Aufstieg der Verlegerkaufleute gegenüber, die den Rat beherrschten. Die Spannungen resultierten also aus einer Sprengung der überkommenen Wirtschaftsordnung – aber die Konflikte zwischen Zünften und Verlegern blieben den Auseinandersetzungen innerhalb der Oberschicht untergeordnet. Die Mäkelei von 1786 eskalierte zu schweren Gewalttätigkeiten, nachdem die Kritik am Stadtregiment heftig zugenommen hatte – man forderte eine Bürgerdeputation, die nicht aus den Gaffeln, sondern aus der Mitte der Gemeinde gebildet werden sollte. Damit aber war ein neues Element in die überkommenen Auseinandersetzungen zwischen Rat und Bürgerschaft hineingetragen worden. Deutlich liefen die Spannungen auch weiterhin durch die Oberschicht, aber der gewaltsame Umsturz zugunsten der reformerischen »Neuen Partei« und die Einsetzung einer Bürgerdeputation, die durch bewaffnete Knüppelmänner erzwungen worden waren, lösten eine Krise aus, die reichsweit Wellen schlug und in der sich die beiden Reichsgerichte, Österreich, Preußen und die Kurpfalz gegenüberstanden – ein getreues Spiegelbild sowohl der reichspolitischen Kräftefelder wie der Aachener Konflikte.

Die Aachener Auseinandersetzungen waren vor allem durch eine lebhafte, an den konstitutionellen Theoremen orientierte Verfassungsdiskussion gekennzeichnet, die auf der Höhe der philosophischen Literatur stand. Der preußische Kreiskommissar Christian Wilhelm von Dohm[133] schlug eine ganz moderne, gleichsam ins 19. Jahrhundert weisende Konstitution vor, in der sich die Gleichheit der Bürger andeutete. Aber er fand nur wenige Anhänger in intellektuellen Zirkeln, vor allem bei der Aachener Freimaurerloge – bezeichnenderweise lehnten die Aachener Zünfte in altständischem Geist nicht nur den Dohmschen, sondern auch den weit konservativeren Verfassungsentwurf des Reichskammergerichts in Wetzlar ab. Das heißt: es bestand zwar formal

132 Horst Carl, Die Aachener Mäkelei 1786–1792. Konfliktregelungsmechanismen im alten Reich, in: Zeitschr. d. Aachener Geschichtsver. 92, 1985, S. 103–187 (mit weiterer Literatur).

133 Max Braubach, Christian Wilhelm von Dohm, in: Ders., Diplomatie und geistiges Leben im 17. und 18. Jahrhundert. Gesammelte Abhandlungen, Bonn 1969, S. 695–709; Ilsegret Dambacher, Christian Wilhelm v. Dohm. Ein Beitrag zur Geschichte des preußischen aufgeklärten Beamtentums und seiner Reformversuche am Ausgang des 18. Jahrhunderts, Bern/Frankfurt/M. 1974.

ein Konsens über eine neue Verfassung, aber ein Kompromiß gelang nicht, da die Kräfte zu widerstrebend waren. Die Zünfte erwiesen sich als völlig dem altständischen Denken verhaftet.

Sehr ähnlich, wenn auch weniger aufregend, waren die Kölner Entwicklungen – auch hier stritten Familienverbände, in denen das moderne Wirtschaftsbürgertum vertreten war, auch hier opponierten die Zünfte gegen Manufakturen und Verlagswesen[134]. Seit dem 17. Jahrhundert hatte es finanzielle Probleme gegeben – aber mit den großen Unruhen des 17. Jahrhunderts war die Stadtverfassung formal demokratisiert worden. Der Bannerrat, die Vertretung der Bürgerschaft, übte gegenüber dem Rat eine Kontrolle aus, aber seine Möglichkeiten waren begrenzt. Seit den 1770er Jahren waren die Konflikte erneut eskaliert, die Bürgerschaft legte ihre Gravamina gegen das Regiment des Rats vor; 1778 beauftragte der Reichshofrat den kaiserlichen Residenten, in Köln ein öffentliches Organ der Zünfte zu bilden, das ihre Beschwerden artikulieren konnte – eine »Deputatschaft« wurde gebildet. 1787 verschärfte sich der Konflikt wegen der aufklärerischen Forderungen nach begrenzter Toleranz für die Protestanten. Der Rat suchte seinerseits, durch eine Mischung von begrenztem Entgegenkommen und Verschleppung die Krise zu entschärfen. Doch unter dem unmittelbaren Eindruck der Französischen Revolution eskalierten die Konflikte; die Zünfte machten sich radikale Forderungen zu eigen und desavouierten damit die Deputatschaft, was den Reichshofrat sogleich veranlaßte, sie aufzulösen. Damit vermochte er die Kölner Bewegung zu zerschlagen. Die Einwirkungen der Französischen Revolution blieben auch hier begrenzt.

Nach den französischen Okkupationen 1792/93 und 1794 ergab sich für die beiden Städte ein im einzelnen abweichendes, im grundsätzlichen jedoch übereinstimmendes Bild[135]. 1792/93 verweigerte sich in Aachen wie in Köln die überwältigende Mehrzahl der alten Bürgerschaft dem revolutionären Geist und hielt sich zurück – in Aachen führte erst der Sturz Robespierres zur Bereitschaft der alten Reformer von 1786, der Mitglieder der »Neuen Partei«, sich an der französischen Munizipalität zu beteiligen. Es zeigte sich, daß die entgegenkommenden Maßnahmen des Direktoriums, vor allem die Einschränkung der Zünfte, die das Wirtschaftsbürgertum begünstigten, bei diesem Sympathien gewannen. Nach anfänglichem Zögern trug es zu Teilen die neue Munizipalitätspolitik mit – die Republik arrangierte sich mit den Notabeln, nicht mit den Handwerkern der Zünfte. Hier gelang ihr der Einbruch, nachdem die Stadt der Revolution lange reserviert gegenübergestanden hatte. In Köln, wo der alte Magistrat weit länger als in Aachen im Amt belassen worden war, gestaltete sich die Entwicklung ähnlich. Es war nicht die radikale Republik, vor allem nicht die Parole von der

134 HHStAW, Reichshofrat, Voten 9. Vgl. die in Anm. 26 zitierte Literatur. Ferner: Ernst Heinen, Der Kölner Toleranzstreit (1787–1789), in: Jahrb. des Kölnischen Geschichtsver. 44, 1973, S. 67–86; Kuhn, Jakobiner (wie Anm. 5); Georg Weingärtner, Zur Geschichte der Kölner Zunftunruhen am Ende des 18. Jahrhunderts. Geschichte der bürgerlichen Deputatschaft, Diss. Münster 1913; L. Ennen (wie Anm. 26), Frankreich und der Niederrhein 2, S. 464–485.

135 Josef Bayer, Die Franzosen in Köln. Bilder aus den Jahren 1794–1814, Köln 1925; Molitor, Vom Untertan; Klaus Müller, Studien; Aloys Schulte, Köln und das linke Rheinufer, Stuttgart/Berlin ²1918.

Gleichheit, sondern der Vorteil gemäßigter Modernisierungen, der die Oberschichten Aachens und Kölns gewann – sie erlebten zwar Verschiebungen, blieben aber doch am Ruder. So hat die Revolution in Aachen und Köln die schon vorhandenen ausgeprägten wirtschaftsbügerlichen Kräfte freigesetzt, nicht aber die Gesellschaft revolutioniert. Nicht sehr viel anders sind dann die deutschen Rheinbundstaaten gegenüber den mediatisierten Städten vorgegangen.

Die Sonderstellung der Städte Aachen und Köln wird noch deutlicher anhand der Entwicklung in Worms[136], das seit seiner Zerstörung 1689 unter dem Druck schwerer Geldnöte und wirtschaftlicher Schwierigkeiten stand. So durchzogen Finanzkrisen und Debitkommissionen das 18. Jahrhundert – im letzten Drittel scheint es einen kleinen Aufschwung gegeben zu haben. Zugleich aber eskalierten die städtischen Konflikte zwischen den oligarchischen »Dreizehnern« und dem »wechselnden Rat«, dessen Anliegen Zünfte und Bürgerschaft rasch aufgriffen. Sie suchten die Rechtsgrundlage der »Dreizehner« in Frage zu stellen; die üblichen reichsstädtischen Probleme wie Oligarchisierung, Kooptationen und Mißwirtschaft wurden diskutiert. 1783 erreichte der »wechselnde Rat« tatsächlich eine stärkere Beteiligung an der Regierung, aber die Bürgerschaft akzeptierte den Kompromiß nicht. Gegen ihre Deputierten gingen nun die »Dreizehner« relativ hart vor, gedeckt vom Reichshofrat, der jedoch auch riet, Mißstände abzustellen. Hier zeigte sich noch einmal ein typischer altständischer Konflikt.

Er erhielt neue Akzente, als 1792/93 der Revolutionsgeneral Custine Worms besetzt hatte; nun bildete sich ein konstitutioneller Klub, der eine Frankreich entsprechende Verfassung wollte. Die Mehrzahl der Bevölkerung hielt jedoch, auch angesichts der ungeklärten Lage, an der überkommenen Stadtverfassung fest – sie beschworen, ähnlich wie in Lucca oder wie in den Hansestädten, die republikanischen Traditionen der Stadt. Die städtische Opposition plädierte durchaus für Neuerungen in der Stadtverfassung, sie griff durchaus moderne aufklärerische Partizipationsvorstellungen auf, doch wollte sie den Boden der reichsrechtlichen Legalität nicht verlassen. Damit trat deutlich zutage, daß die Grundströmung der Opposition einen mittleren Weg zwischen den Verfechtern des Überkommenen und den Revolutionsanhängern einschlug, aber immer noch auf der Basis des Reichsrechts verharrte.

Nun griff allerdings Custine ein und errichtete wie in Mainz und Speyer am 14. November 1792 eine provisorische Verwaltung nach französischem Muster, am 17. Dezember folgte die Munizipalitätsverfassung, die durchaus persönliche Kontinuitäten zu wahren suchte – aber sie stieß auf den Widerstand der Betroffenen, auch in den Zünften. Unter dem französischen Druck zogen dann alle Magistratspersonen aus und warteten jenseits des Rheins, vor allem in Mannheim, die weitere Entwicklung ab. Die angesetzte Urversammlung kam erst im zweiten Anlauf zum Erfolg.

Schon am 30. März 1793 räumten indes die Franzosen Worms. Die alte Stadtverfas-

136 HHStAW, Reichshofrat, Ob.Regist. 1944–1948. Wilhelm Müller, Die Verfassung der Freien Reichsstadt Worms am Ende des 18. Jahrhunderts mit besonderer Berücksichtigung der Zeit unter französischer Besetzung bis zum Frieden von Lunéville (1801), Worms 1977; Helmut Mathy, Anton Joseph Dorsch (1758–1819). Leben und Werk eines rheinischen Jakobiners, in: Mainzer Zeitschr. 62, 1967, S. 1–55.

sung wurde wieder hergestellt, wobei der Reichshofrat sich entschieden gegen die »sogenannte französische Freiheit« stellte. Der Rat hatte eine kaiserliche Untersuchungskommission beantragt und ging gegen die Anhänger und Mitläufer der französischen Munizipalität hart vor – dies führte zu Auseinandersetzungen auch mit den Verfechtern einer mittleren Linie. Die nur noch aus elf Köpfen bestehenden »Dreizehner« führten eine geradezu gespenstische Rückkehr zur reichsstädtischen Verfassung durch. Als im Januar 1794 die Franzosen zurückkehrten, verließ der Rat erneut die Stadt, seinen Mitbürgern diesmal einen großeren Spielraum hinterlassend, es kam abermals zur Bildung einer Munizipalität. Als jedoch am 11. November 1795 wiederum kaiserliche Truppen einrückten, lag die Stadt im Kriegsgebiet – der erneut zurückgekehrte Magistrat hatte nichts anderes zu tun, als die Notlage zu verwalten. Dennoch gingen die politischen Auseinandersetzungen weiter; es folgte sogar eine Reduktion der »Dreizehner«. 1797 wurde Worms endgültig in die französische Republik eingegliedert; gleichwohl plädierten elf von zwölf Zünften dafür, die alte Verfassung beizubehalten. Daraufhin erklärten die französischen Behörden die Zunftverfassung für abgeschafft. Die Kraft des Faktischen begann sich durchzusetzen gegenüber dem Gefühl der Vorläufigkeit aller Entwicklungen, das bei den Wormsern durch ihre jahrhundertelange Gewöhnung an die Kontinuität der Reichsstadtverfassung sehr ausgeprägt gewesen zu sein scheint.

Was das Verhalten gegenüber den einmarschierenden Franzosen anbelangt, ist für die Reichsstadt Speyer[137] der Befund ähnlich wie in Worms; auch dort vermieden die meisten, sich zu exponieren. Worms und Speyer machen erneut deutlich, wie notwendig es ist, die Vorgänge zu differenzieren – anders als in Köln und Aachen gab es hier kein dynamisches Wirtschaftsbürgertum. Auch die Präsenz französischer Armeen vermochte nur sehr begrenzt Kräfte für das Neue freizusetzen. Die altständisch geprägten Reichsstädte Worms und Speyer wurden in ihrem Engagement für die Revolution von den benachbarten Landstädten Mainz, Koblenz, Boppard und Bingen deutlich übertroffen. Das Festhalten am Alten war in Worms wie in Speyer ungemein stark, die bisherige reichsstädtische Opposition ging hier noch weniger als in Aachen und Köln mit fliegenden Fahnen zur Revolution über.

IV.

Der Befund ist überraschend. Die Revolution war unmittelbar nur in einigen wenigen, freilich wichtigen Reichsstädten spürbar – in der Regel jedoch bloß als Katalysator. Allerdings sind die allgemeine Wirkung revolutionärer Strömungen, ein gewisser spontaner Enthusiasmus, eine Sympathie vor allem für die Anfänge nicht zu unterschätzen. Demgegenüber scheint die Wirkung deutlich prorevolutionärer, radikaler Intellektueller zunächst gering gewesen zu sein, geringer, als die Franzosen hofften und die konservativen Kräfte befürchteten. Die Reichsstädte blieben auch im Zeitalter des Umbruchs eine altständische Welt – sie stießen in der Regel die radikale Veränderung ab.

137 Wolfgang HARTWICH, Speyer im Dreißigjährigen Krieg bis zum Ende der napoleonischen Zeit (1620–1814), in: Wolfgang EGER, Geschichte der Stadt Speyer, Bd. 2, Stuttgart [2]1983, S. 1–113.

Und dennoch waren die Jahre zwischen 1789 und 1803 ein spannendes Kapitel reichsstädtischer Geschichte. Schon die Belastungen des Reichskrieges gegen Frankreich haben, wie bei vielen anderen kleineren Reichsständen, die Finanzkrise noch einmal dramatisch verschlimmert und schließlich in den meisten Fällen in eine ausweglose Situation geführt – die Wirkungsgeschichte der Reichskriegskosten für den Kampf gegen das revolutionäre Frankreich ist ebenso bedeutend wie unerforscht. Sie haben jedoch ganz offensichtlich die schon im 18. Jahrhundert angespannte Finanzsituation noch einmal dramatisch verschärft und die strukturelle Krisensituation der Reichsstädte offengelegt. Vielleicht liegt hier sogar die wichtigste Konsequenz des revolutionären Geschehens. Die unmittelbare Einwirkung dürfte weitaus differenzierter zu betrachten sein. Man wird das Menetekel für die Herrschenden, auch für die Oligarchen in den Reichsstädten, nicht unterschätzen dürfen – es rüttelte auf, eskalierte ältere Strömungen, kanalisierte sie in modernere Bahnen, lieferte griffige Schlagworte. Das galt vor allem für die konstitutionelle, von gemäßigt aufklärerischem Denken geprägte Phase der Revolution – mag auch in zahlreichen Zirkeln, Pasquillen und Wirtshausgesprächen immer wieder von Jakobinertum, Tyrannenmord und aufgespießten Köpfen die Rede gewesen sein. Die jakobinischen Elemente blieben, selbst wenn man den Begriff relativ weit auslegt, offensichtlich Randerscheinungen. Republikanische Töne klangen in den Städten durchaus an. Noch öfter aber wurden sie von den städtischen Obrigkeiten zur Denunziation der Oppositionsbewegungen verwendet – hierdurch entstand bereits in den 1790er Jahren jenes begriffliche Durcheinander, das bis heute nachwirkt.

Sicher ist, daß die Erfahrungen der Revolution die alten Forderungen, die Oligarchien zu modernisieren und Mißwirtschaft und Finanzkrisen zu beseitigen, schärfer und deutlicher hervortreten ließen; es wurde den Opponenten leichter, sie auf den Begriff zu bringen. Vor allem die ältere Tradition der bürgerlichen Partizipation erhielt gewaltigen Auftrieb; sie scheint durch die zeitgenössischen Erfahrungen noch stärker in den Mittelpunkt der Forderungen gerückt zu sein. Dabei stand sie allerdings voll in der Kontinuität von Traditionen, die im 18. Jahrhundert beträchtlich verstärkt worden waren – es ist hinzuweisen auf die Aufwertung der Bürgerausschüsse und, damit eng verbunden, die Herstellung juristischer Handlungsfähigkeit städtischer Opposition im Syndikatsprozeß. Daß die juristische Formierung auch eine politische bedeutete, war durchaus eine ältere Erfahrung. Das Egalitäre der Aufklärung wurde durch die französischen Entwicklungen jedoch schärfer akzentuiert – es wirkte auf eine Radikalisierung der Partizipationsforderungen zurück. Dadurch wurden Demokratisierung und Modernisierung der Verfassungen zu allgemeinen Forderungen. Es lag im Geiste der Zeit, daß dabei auch vor- und frühkonstitutionelle Ideen in die innerstädtischen Diskussionen einflossen. Dieses Problem möchte ich noch eingehender untersuchen[138].

Sicher ist aber auch, daß man noch stärker an die großen Bürgerrezesse des 17. und früheren 18. Jahrhunderts anknüpfen konnte; sie akzentuierten die eigentliche Ausgangssituation und erhielten nun durch das Einsickern frühkonstitutioneller Gedanken die qualitative Modernisierung. Frühere Rezesse haben in Rothenburg ob der Tauber,

138 Dazu vorläufig: Volker Press, Landtage im Alten Reich und im Deutschen Bund, in: Zeitschr. f. Württ. Landesgesch. 39, 1980, S. 100–140.

Augsburg, Ulm, Esslingen, Reutlingen, in den Hansestädten und anderswo eine beträchtliche Rolle gespielt. Dabei erreichten die sehr modern wirkenden Verfassungsdiskussionen in Aachen einen gewissen Höhepunkt, das aufgeklärte Konzept von Dohm ist hier an erster Stelle zu nennen. Während aber in Aachen nichts zustande kam, gelangte der Nürnberger Grundvertrag von 1794 am weitesten ins Vorfeld des Konstitutionalismus – die späteren Verbesserungen berücksichtigt, die der Rat durchführte. Dennoch überwogen auch hier die altständischen Elemente, die auch seine grundsätzliche Gestalt bestimmten. Das Ende der Reichsstädte hat diesen Entwicklungsstrang weitgehend abgeschnitten – ob er freilich zu einer allgemeinen Modernisierung im Sinne konstitutionellen Geistes geführt hätte, erscheint äußerst fraglich angesichts der altständischen Verfassungsformen, in denen sich die 1813/15 restituierten Freien Städte Frankfurt, Lübeck, Hamburg und Bremen bewegten.

Unverkennbar ist jedoch ein starker Reformwille, der durch das revolutionäre Geschehen Auftrieb erhielt. Aber die Kennzeichnung dieser Tendenz muß sich auf eine allgemeine Formel beschränken. Die Reformbewegungen stießen auf die in der Reichsverfassung verankerten, rechtlich fixierten, überkommenen Strukturen der Städte – sie setzten auch einer Erneuerung Grenzen. Die Einschränkung der kaiserlichen Einwirkungsmöglichkeiten durch die Wahlkapitulation von 1790 fixierte gleichsam indirekt wieder die bestehenden Stadtverfassungen und engte Korrekturmöglichkeiten auf ein Minimum ein – sie hatten an der formalen Konstitution der jeweiligen Reichsstadt ihre Grenzen. Damit aber stießen die innerstädtischen Reformbewegungen auf eine unüberwindbare Barriere: die Ablehnung der Reformen in Weil der Stadt durch den Wiener Reichshofrat macht dies sehr deutlich. Die Reformbewegungen in Rottweil und Goslar konservierten das alte System, waren aber dennoch sehr populär.

Das Bild von der reichsstädtischen Entwicklung in der Revolutionszeit erhält einen weiteren Akzent durch die Tatsache, daß die Zünfte häufig stärkere Partizipation forderten, aber jedes Aufbrechen der altständischen Strukturen entschieden ablehnten. Sie wurden sogleich konservativ, wenn sie auf wirtschaftliche Innovationen stießen, die die eigenen Positionen zu bedrohen schienen. Auch die Zünfte waren somit Teil des überkommenen Systems – sie wußten, daß die Veränderungen, die in Frankreich stattfanden, nicht nur den Verlust einer Position im städtischen Machtgefüge bedeuteten, sondern auch den Weg in eine ungewisse wirtschaftliche Zukunft wiesen. Das Schicksal der Zunftbürger in den mediatisierten Reichsstädten nach 1803 ist weitgehend unerforscht, aber dieses scheint, zumal in kleineren Kommunen, nicht nur für die von den städtischen Pfründen nunmehr abgedrängte Oberschicht problematisch geworden zu sein.

Die vielerorts sichtbaren Gesellenunruhen zeigten eine oft irrational empfundene Bedrohung; nicht nur von einem modernen Unternehmertum gingen für die Handwerksmeister und Zünfte Gefahren aus, sondern auch »von unten«. Deshalb erhielten zünftische Partizipationsforderungen zumeist eine enge Grenze; der Druck von unten, den die Zünfte empfanden, ließ eine weit ausgreifende Koalition zur Durchsetzung innerstädtischer Reformen nicht zu. Schon daraus ergab sich eine erhebliche Einschränkung reichsstädtischer Reformmöglichkeiten; der Einfluß der Revolution trieb jedoch das überkommene System nicht nur an seine Grenzen, sondern leuchtete diese Grenzen auch grell aus. Die Mentalität reichsstädtischen Bürgertums zeigte eine geringe Risikobereitschaft; die Ausdehnung der Partizipationsmöglichkeiten über den Kreis der bislang Berechtigten widersprach nicht nur dem Eigentumsdenken der Zeit – in das 19. Jahrhundert wurde weitergegeben, daß allein die Steuerzahlenden die Geschicke des Staates mitbestimmen sollten. Eine solche Ausdehnung bedrohte auch die politischen und wirtschaftlichen Positionen der Berechtigten. Hieraus resultierte die Neigung zur Reform im überkommenen Rahmen – die freilich weitgehend eine Kur an den Symptomen blieb.

Daß die Grenzen reichsstädtischer Möglichkeiten auch erkannt wurden, zeigten die Tendenzen zum Anschluß an größere Territorien, die sich übrigens auch bei kleineren territorialen Herrschaften finden. Nachdem man so lange von dem überlegenen und expandierenden Landesstaat und seiner Territorialwirtschaft in die Enge getrieben worden war, man ihre besseren Innovationsmöglichkeiten hatte studieren können, hoffte man nun, davon zu profitieren – freilich gab es vielerorts schon ältere Versuche, die in diese Richtung gingen. In Ulm, vor allem in Esslingen und Reutlingen, sicher auch in den kleineren, Württemberg benachbarten Reichsstädten gab es Ansätze zur Unterwerfung unter das Herzogtum, dessen gerade sehr spektakulär hervortretender, von den Städten beherrschter Landtag durchaus eine beträchtliche Attraktion gehabt haben dürfte. In Nürnberg, wohl auch in Windsheim und Weißenburg, in Nordhausen und Mühlhausen stand der Anschluß an Preußen zur Diskussion. In Goslar machte ihn der Reformbürgermeister Siemens 1802 ohne Mühe mit. Eine ähnliche Rolle spielte Kurbayern wohl für Regensburg und für die ostschwäbischen Reichsstädte. Stets wirkte dabei die Hoffnung auf wirtschaftliche Impulse. Bezeichnenderweise hatte andererseits die günstige wirtschaftliche Situation der Hansestädte die Bereitschaft gesteigert, ihre Unabhängigkeit zu verteidigen und sich gegen den Appetit mächtiger Nachbarn zu wehren. Dies hatte auf die Konsolidierung der inneren Verhältnisse zurückgewirkt.

Insgesamt überwog zwar die reichsstädtische Beharrlichkeit, es zeigte sich allerdings auch, daß das System von Reich und Reichsstädten an seine Grenzen gestoßen war. Der fast stets vorzufindende Kult der reichsstädtischen Verfassung hatte seine Wurzeln in dem vom Westfälischen Frieden aufgerichteten Rechtssystem – in seinem Rahmen hatten sich auch zuvor schon die kaiserlichen Aktionen bewegen müssen. 1790 hatte vor allem Preußen gerade für die Reichsstädte den bescheidenen Handlungsspielraum von Kaiser und Reich weiter eingeschränkt – daß die Wahlkapitulation Leopolds II. die reichsstädtische Situation gerade in einem Moment festschrieb, als sie in einem besonderen Maße reformbedürftig war, bedeutete eine unentrinnbare Fessel für die ohnehin begrenzten Reformmöglichkeiten. So konnten die Obrigkeiten im Namen der überkommenen Verfassung die notwendig gewordenen Modernisierungen der Reichsstädte vollends verhindern. Im Kontext der Entwicklungen des späten 18. Jahrhunderts erwiesen sich die traditionellen Reichsverfassungsvorstellungen als Hindernis für jegliche Befreiung der Reichsstädte aus einer kritischen Situation, für wirtschaftliche Erneuerungen, für fortschrittlichere Verfassungsformen, andererseits als eine Art Rettungsanker für alle, die sich von den Wandlungen bedroht fühlten – und diese Mentalität ging in den Reichstädten weit über die führenden Familien hinaus.

Es ergab sich jedoch eine paradoxe Situation. Die Entwicklungen des 18. Jahrhunderts hatten den ehrwürdigen Stadtverfassungen geradezu konstitutionellen Rang verliehen, ohne daß sie konstitutionelle Inhalte gewonnen hätten. Die Stadtbürger waren dazu erzogen, sich strikt an die rechtlichen Normen zu halten – diese Erziehung stimmte auch mit der Rechtspraxis überein. Sie waren daher grundsätzlich jeder Veränderung gegenüber feindlich gesinnt. Überdies hatte das Rechtssystem des Reiches Gewalttätigkeiten stets besonders diskriminiert und Gewalttäter grundsätzlich ins Unrecht gesetzt. Dieses Rechtssystem des Reiches aber war noch von den aufgeklärten Publizisten und Juristen des späten 18. Jahrhunderts sehr gefeiert worden, wobei vor allem der friedenswahrende Charakter im Mittelpunkt stand. Die Respektierung konstitutioneller Formen entsprach außerdem auch aufklärerischen Überlegungen – damit gerieten die Reichsstädter jedoch in einen unlösbaren Widerspruch: der hohe Verfassungswert ihrer veralteten Rechtsprinzipien entsprach durchaus modernem Denken, stand aber jeder Neuerung entgegen. Es war einmalig, wenn die Bremer Opposition erklärte, alles müsse einmal neu anfangen – einen schlimmeren Verstoß gegen ein Credo der späten Reichsverfassung konnte es kaum geben.

Äußere Entwicklungen verstärkten zudem diese Tendenzen. 1790 hatte man dem Reichshofrat auch noch die bescheidenen Steuerungs- und Gestaltungsmöglichkeiten beschnitten. Die Durchsicht der Akten zeigt, daß es durchaus gemäßigte Reformer im Reichshofrat gab, die der Ära Josefs II. und Leopolds II., dem Geist der Aufklärung verpflichtet waren, die die Stagnation in den Reichsstädten durchaus mit gemischten Gefühlen sahen. Es gab überdies die Tradition einer Öffnungs- und Ventilpolitik, die den kaiserlichen Interventionen in erstarrenden deutschen Reichsstädten erst einen Sinn verlieh. Doch verbanden sich die hemmenden Vorschriften der Wahlkapitulation von 1790 mit einer zunehmend konservativen, ja ängstlichen Linie der Wiener Hofburg. Sie wurde vornehmlich von der allgemeinen Revolutionsfurcht beherrscht. Nicht nur in Augsburg, Köln und Aachen hat der Reichshofrat Bürgerdeputationen förmlich beseitigt, weil sie sich mit den bisherigen Stadtverfassungen nicht vertrugen, und damit erhebliche Chancen zu einer vorsichtigen Öffnung vertan. Die bescheidenen Modernisierungen in Nürnberg mußten ohne förmlichen Reichshofratsbeschluß, wenn auch mit kaiserlicher Duldung, vorgenommen werden. Das kleine Weil der Stadt war ein klassisches Beispiel für die Immobilität kaiserlicher Reichsstadtpolitik, die somit an einem Endpunkt angelangt war[139].

Die größere Beweglichkeit der Hansestädte und Goslars hing damit zusammen, daß sie außerhalb der unmittelbaren habsburgischen Einflußzonen lagen. Auch Preußen und das Reichskammergericht zeigten aufgeklärtere Grundstimmungen, die mit dem zunehmend konservativen Geist der kaiserlichen Politik, des Reichshofrats, aber auch

139 Ein Gutachten des österreichischen Staatsvizekanzlers Baron Thugut vom 21. Juli 1798 macht deutlich, welche Funktionen man in Wien den Reichsstädten beimaß. Thugut verwies auf die kaiserlichen Rechte speziell in den Städten. Da die Reichsstädte territoriale Ausdehnungsgelüste blockierten, komme dies der kaiserlichen Machtstellung zugute – deshalb sei ihre Autonomie zu verteidigen. Bemerkenswerterweise betonte er die Bedeutung für den freien Handel im Unterschied zur Territorialherrschaft, die ebenfalls für den Kaiser günstig sei. Aretin, Reich 2 (wie Anm. 8), S. 306 f.

des Fränkischen und vor allem des Schwäbischen Kreises kontrastierten, wenn man auch die Gegensätze nicht zu hoch bewerten darf. Der Schwäbische Kreis war durch seine Einbindung in das System der österreichischen Klientel besonders von den Wiener Entwicklungen abhängig; hier waren die kaiserlichen Einwirkungsmöglichkeiten auch am stärksten. Hinzu kam noch die erdrückende Präsenz der aufmarschierten kaiserlichen Armee in Süddeutschland nach 1792, die im Unterschied zum Norden den ganzen Krieg über anhielt. Dort hatte sich Preußen 1795 aus dem Reichskrieg zurückgezogen und die Neutralisierung seines Umfelds eingeleitet, die wiederum die kaiserlichen Einflußmöglichkeiten in Norddeutschland reduzierte, welches damit vollends zu einer preußischen Hegemonialzone wurde. Die kaiserliche Armee in Süddeutschland hatte naturgemäß kein Interesse an Unruhen; ihre Präsenz mußte drohender wirken als alles revolutionäre Geschehen jenseits des Rheins. Daß in den meisten Reichsstädten innerhalb der habsburgischen Klientel, d.h. in Schwaben, die internen Auseinandersetzungen nach 1790 keinesfalls eskalierten, sondern offensichtlich in zahlreichen Fällen abrupt abgebrochen wurden, spricht Bände – der militärische Druck dürfte sich mit der Furcht der immer noch privilegierten Reichsstädter vor dem Ende der Reichsstadtfreiheit, vor dem ganz großen Umsturz verbunden haben.

Unter diesen Umständen war es für die städtischen Obrigkeiten ein leichtes, die Bürgeroppositionen als »revolutionär« zu denunzieren, zu diskreditieren und mundtot zu machen; auf diese Weise konnten sie den Reichshofrat auf ihre Seite bringen. Dazu war dieser leicht geneigt – er hatte weitgehend die Fähigkeit zur Moderation der städtischen Zustände und damit zu einer auch nur minimalen systemimmanenten Reform verloren. Diese rechtsformal korrekte Verteidigung des Status quo in den Stadtverfassungen entsprach voll der mehr und mehr konservativen Position Wiens. Damit waren auch die letzten Reformchancen blockiert; selbst gemäßigte Öffnungen im Sinne der älteren Praktiken kamen nur gelegentlich zum Erfolg wie in Nürnberg, Augsburg, Aachen, Rottweil oder Goslar. Gewiß, es fehlte nicht an Reichshofräten, die bereit waren, weiter zu gehen. Aber hätte eine flexiblere Haltung Wiens ausgereicht?

Das Phänomen der Französischen Revolution hatte überdeutlich gemacht, daß eine Modernisierung der Reichsstädte unausweichlich war, wollten sie überleben – sie waren jedoch in eine unlösbare Spannung zwischen Reich und Revolution, zwischen einem erstarrenden Verfassungsdenken und weitertreibenden Reformvorstellungen geraten. Sehr rasch war sichtbar geworden, daß man die Probleme weder aus eigener Kraft – es sei denn auf einem sehr günstigen wirtschaftlichen und politischen Hintergrund wie bei den Hansestädten –, noch mit Hilfe von Kaiser und Reich mehr lösen konnte – aus eigener Kraft nicht, weil das in die städtischen Verfassungen eingepaßte Zunftbürgertum ebensowenig wie die oligarchischen Familien an einen Abschied von den altständischen Strukturen dachten. Bei der Restitution Frankfurts und der drei Hansestädte nach 1814 wurde diese Mentalität ad oculos demonstriert. Gerade bei den drei letzteren aber hatte es sich um Kommunen gehandelt, die ihre Selbständigkeit nach 1789 aus eigener Kraft zu verteidigen vermocht hatten.

Die letzten eineinhalb Jahrzehnte des Alten Reiches hatten also die Reichsstädte noch einmal in Bewegung gebracht. Zugleich aber wurde die Unmöglichkeit einer durchgreifenden Reform unter den alten Bedingungen deutlich, die Entwicklung der

Reichsstädte war an ihre Grenzen gestoßen. Das mag dazu beigetragen haben, daß in ihren Mauern auch immer wieder die Ausweglosigkeit der Situation klar erkannt und nach einer Mediatisierung unter einem mächtigen und florierenden Reichsstand gerufen wurde. Paradoxerweise war man sich vielfältig über die Notwendigkeit von Reformen einig – man zerstritt sich dann über deren Inhalt, aber man schreckte auch vor ihnen zurück, weil sie vor allem in wirtschaftlicher und sozialer Hinsicht einen Marsch ins Unbekannte bedeuteten. Nach 1803 bzw. 1806 haben dann, ebenso wie das revolutionäre Frankreich, die mediatisierenden Rheinbundstaaten – oft auf brutale und für das Selbstbewußtsein der Städte schmerzliche Weise – die Kommunen und ihre erstarrte Gesellschaft auf den Weg in die Moderne geführt, wobei sie sich nicht selten auf die alten Wortführer der Bürgeropposition stützten.

Das Alte Reich hatte jedoch – dies macht der Überblick über die Entwicklung in den einzelnen Reichsstädten sehr deutlich – in seiner bestehenden Gestalt diese Modernisierung nicht mehr leisten können. Die Konfrontation mit dem Geist des revolutionären Frankreich hat den Tatbestand überdeutlich gemacht. Vielleicht liegt hierin deren größere Wirkung auf die reichsstädtische Geschichte. Doch sie beschränkte sich keineswegs allein darauf. Das Beispiel der Reichsstädte hat gezeigt: auch im Hinblick auf seine durch Jahrhunderte entwickelten Steuerungsmechanismen war der Reichsverband am Ende. Einer echten Modernisierung waren weder er noch die Reichsstädte gewachsen. Der Wandel der Zeiten verlangte nach anderen Lösungen.

Formen und Ausmaß gewerblicher Autonomie in nordwestdeutschen Städten (14.–16. Jahrhundert)

VON LUDWIG REMLING

I. Thematische und methodische Vorüberlegungen

Die Bundesrepublik Deutschland kennt als wichtigste Selbstverwaltungsorgane des Handwerks die fachlich gegliederten Innungen und die Handwerkskammern[1]. Beide sind Körperschaften des öffentlichen Rechts und nehmen im Bereich des Handwerks diejenigen Ordnungsaufgaben wahr, die ihnen vom Staate übertragen sind. Die Mitgliedschaft in den Innungen ist heute freiwillig. Zu ihren wichtigsten Aufgaben gehört das Ausbildungswesen für die Lehrlinge. Die Handwerkskammern, bei denen Pflichtmitgliedschaft besteht, haben ihren Platz als Bindeglied zwischen dem lokalen Handwerk und den übergeordneten staatlichen Organen und dienen in gleicher Weise der Überwachung, Förderung und Interessenvertretung des Handwerks. Sie üben die Dienstaufsicht über die Innungen und Kreishandwerkerschaften aus. Die Handwerksrolle, die die Zugehörigkeit eines Gewerbebetriebes zum Handwerk dokumentiert, wird bei ihnen geführt. Durch seine Selbstverwaltungsorgane regelt also das Handwerk seine Angelegenheiten im Rahmen der bestehenden Gesetze, wirkt bei der Gesetzgebung beratend mit und nimmt im Auftrage des Staates in beschränktem Maße hoheitliche Aufgaben wahr.

Somit sind durch das Bundesgesetz zur Ordnung des Handwerks vom 17.9.1953, das die Einrichtung und die Aufgaben der verschiedenen Organe des Handwerks regelt und auch den obligatorischen Befähigungsnachweis (Meisterprüfung) für die selbständige Ausübung eines handwerklichen Gewerbes wieder einführte, die wichtigsten, wenn auch nicht alle Anliegen der deutschen Handwerkerbewegung des 19. und frühen 20. Jahrhunderts erfüllt. Keine Berücksichtigung fanden hingegen die Forderungen nach der Pflichtmitgliedschaft in den Innungen, nach einer gemeinsamen Preisgestaltung und der Bedürfnisprüfung.

Nicht alle Staaten haben ein Gewerberecht, das sich derart stark an berufsständischen Vorstellungen orientiert. Weder der öffentlich-rechtliche Charakter der Handwerksorgane noch der obligatorische Befähigungsnachweis sind selbstverständlich. In vielen Staaten wird außerdem die Ausbildung von Lehrwerkstätten sowie privaten und öffentlichen Fachschulen übernommen. Die Besonderheiten, die die deutsche Handwerksordnung im Vergleich zu anderen Staaten aufweist, haben letztlich ihre Wurzel in

1 Hans MEUSCH/Wilhelm WERNET, Art.: Handwerkskammern, in: Hwb. d. Sozw. 5. 1956, S. 50f. Egon TUCHTFELDT, Art.: Handwerkskammern, in: Staatslexikon 3. 1959, Sp. 1227–1230. Theodor WESSELS, Art.: Gewerbepolitik, in: Hwb. d. Sozw. 4. 1965, S. 507–523, spez. Abschnitt Handwerkspolitik, S. 514–520.

den alten Zunfttraditionen, die in der Handwerkerschaft auch nach der Einführung der Gewerbefreiheit weiterlebten und durch die Handwerkerbewegung zum politischen Programm erhoben wurden[2]. Die moderne deutsche Handwerkerbewegung entstand in der ersten Hälfte des 19. Jahrhunderts als Reaktion auf die »schrankenlose Willkür« der Gewerbefreiheit und die ersten Auswirkungen der beginnenden Industrialisierung. Sie forderte zum Schutz der Handwerker die Wiederbelebung bzw. Erhaltung einer berufsständischen Gemeinschaftsordnung von Meistern, Gesellen und Lehrlingen für das Handwerk nach dem Vorbild des Zunftwesens mit seiner vom Staate geschützten und privilegierten Autonomie. Eine Idealisierung und Verklärung der früheren Verhältnisse wurde dabei nicht immer vermieden. Angesichts der Auswirkungen der alten Zunfttraditionen bis auf die Handwerksgesetzgebung unserer Tage erscheint es deshalb trotz der umfangreichen Zunftliteratur des 19. Jahrhunderts angebracht, von der heutigen Ordnung im Handwerk auszugehen und nach der wirtschaftlichen Selbstverwaltung in den spätmittelalterlichen Städten, vor allem nach der gewerblichen Autonomie und Selbständigkeit der spätmittelalterlichen Zünfte zu fragen.

Selbstverwaltung[3] bedeutet ihrem Wesen nach Aktivierung der Beteiligten für ihre eigenen Angelegenheiten. Sie erfolgt im Rahmen der bestehenden Gesetze und umfaßt einen mehr oder weniger eng begrenzten Bereich von Zuständigkeiten. Ihr juristisches Erscheinungsbild ist die Körperschaft des öffentlichen Rechts, die vom Staate gesondert und ihm zugleich in eigentümlicher Weise zugeordnet ist. Selbstverwaltung im engeren Sinn entbehrt jeder Eigenständigkeit gegenüber dem Staat: Sie ist weder vor- noch außerstaatlich und kann deshalb nicht im Sinne der mittelalterlichen Städtefreiheit gedeutet werden. Indem die Selbstverwaltung in einer mehr und mehr bürokratisierten Gesellschaft Raum für Eigeninitiativen und Selbstverantwortung schafft und außerdem in vielen Fällen effektiver arbeitet als ein zentralisierter Verwaltungsapparat, bedarf sie in einem demokratischen Staatswesen keiner besonderen Legitimation. Durch Selbstverwaltung wird Selbstbestimmung verwirklicht. Zu diesem demokratischen Verständnis von Selbstverwaltung steht die traditionelle Vorstellung von Selbstverwaltung in einem gewissen Widerspruch. Im Rahmen der konstitutionellen Monarchie erhielt Selbstverwaltung einen besonderen Stellenwert im Rahmen der Verfassungspolitik, als es galt, einen Ausgleich zu finden zwischen den überkommenen Ordnungen des Militär- und Beamtenstaats und jenen gesellschaftlichen Gruppen, die ein Mitbestimmungsrecht forderten. Es entstand das Nebeneinander von staatlicher Beamtenverwaltung und bürgerlicher Selbstverwaltung und damit die Anerkennung in sich geschlossener Verwaltungsgebiete.

Eng verwandt mit dem traditionellen Verständnis von Selbstverwaltung ist der Begriff der Autonomie, wie er in der Jurisprudenz seit dem 17. Jahrhundert diskutiert wird[4]. Er beinhaltet die Möglichkeit freier Selbstbestimmung im Rahmen einer rechtlich vorgegebenen Ordnung. Der Begriff selbst wird erstmals während der konfes-

2 Hans Meusch/Wilhelm Wernet, Art.: Handwerkerbewegung, in: Hwb. d. Sozw. 5. 1956, S. 35–38.

3 Arnold Köttgen, Art.: Selbstverwaltung, in: Hwb. d. Sozw. 9. 1956, S. 220–225.

4 Rosemarie Pohlmann, Art.: Autonomie, in: Historisches Wörterbuch der Philosophie 1. 1979, Sp. 701–719.

sionellen Auseinandersetzungen des 16. Jahrhunderts gebraucht; die historischen Wurzeln der rechtlichen Autonomie im Sinne einer partikulären Selbstbestimmung reichen freilich bis ins hohe Mittelalter zurück. Die Begriffe Selbstverwaltung und Autonomie sind also relativ modern. Sie werden in ihrem Bedeutungsinhalt geprägt durch die moderne Staatlichkeit, die einen Vorrang des Staates vor der Korporation voraussetzt und zwischen privater Assoziation und öffentlich-rechtlicher Körperschaft unterscheidet. Diese erscheinen aus staatlicher Sicht als Privileg oder Zugeständnis, im demokratischen Staat werden sie zusätzlich durch ihre größere Effektivität und Bürgernähe legitimiert. Beide Begriffe sind deshalb für eine sachgerechte Beschreibung spätmittelalterlicher Phänomene nur bedingt geeignet, vor allem sind sie kaum brauchbar für die Erstellung eines Fragehorizonts, in dessen Rahmen das Problem der Selbständigkeit, Eigenständigkeit oder Unabhängigkeit gewerblicher Vereinigungen im Spätmittelalter behandelt werden kann. Sie setzen eine Staatlichkeit voraus, die es damals in dieser Weise noch nicht gab, und suggerieren einen öffentlich-rechtlichen Charakter für Lebensbereiche, in die die staatliche Verwaltung erst viel später ordnend und regulierend eingegriffen hat. Erst jüngst hatte Otto Gerhard Oexle darauf hingewiesen, welche Um- und Irrwege die Zunftdiskussion des 19. und beginnenden 20. Jahrhunderts machte, weil sie die Zeitbedingtheit ihrer vom modernen Staatsverständnis geprägten Begrifflichkeit nicht berücksichtigt hat[5]. Soll die Realität des spätmittelalterlichen Zunftwesens mit den Begriffen Selbstverwaltung oder Autonomie sachgerecht beschrieben und erfaßt werden, so sind beide Begriffe in die Staatlichkeit bzw. städtische Verfassung des 14.–16. Jahrhunderts zu transponieren.

Die spätmittelalterliche Staatlichkeit läßt sich am besten als gegenseitige Durchdringung von Herrschaft und Genossenschaft beschreiben[6]. Die beiden Pole Herrschaft und Genossenschaft stehen dabei in einem Verhältnis wechselseitiger Beziehungen zueinander, ohne daß bereits über die endgültige Vorherrschaft des einen über den anderen entschieden ist. In den Städten begegnet dieser Dualismus in der Gestalt des Verhältnisses von Stadtgemeinde und Magistrat, in das auch die Zünfte eingebunden sind. Die Zünfte werden im Anschluß an Otto Gierke definiert als freie Einungen, die den Menschen weder ausschließlich noch vorzugsweise um gewerblicher Zwecke willen umfassen. Sie sind als Friedens- und Rechtseinheit der Ort einer alle Genossen umfassenden Rechtssphäre. Die freie Einung schafft sich selbst ihr gewillkürtes Recht und beansprucht Gerichtsbarkeit zur Wahrung ihres Rechts nach innen und außen[7].

Vor diesem Hintergrund kann die Frage nach der gewerblichen Autonomie und Selbstverwaltung des spätmittelalterlichen Handwerks neu formuliert werden als Frage nach der genossenschaftlichen Autonomie der gewerblichen Vereinigungen im Rahmen der spätmittelalterlichen Stadtverfassung. Damit ergeben sich für das Thema eine Reihe von Gesichtspunkten und Frageansätzen. Einerseits ist die Zunft eine selbständige Genossenschaft mit einer eigenen Rechtssphäre, andererseits ist sie durch ihre Mitglie-

5 Otto Gerhard Oexle, Die mittelalterliche Zunft als Forschungsproblem. Ein Beitrag zur Wissenschaftsgeschichte der Moderne, in: Bl. f. deutsche LG 118. 1982, S. 1–44.

6 Otto v. Gierke, Rechtsgeschichte der deutschen Genossenschaft (Das deutsche Genossenschaftsrecht 1). 1868, Nachdruck 1954. Otto Brunner, Land und Herrschaft. 1965 (5. Aufl.).

7 Oexle (wie Anm. 5), S. 13.

der gleichzeitig Bestandteil der städtischen Rechtsgemeinschaft und damit vor allem in gewerblichen Angelegenheiten den das Marktrecht innehabenden Gewalten untergeordnet. Im Rahmen der spätmittelalterlichen Stadtverfassung wird also gewerbliche Autonomie oder zünftische Eigenständigkeit in mehrfachen Bezügen realisiert: im Nebeneinander der verschiedenen Zünfte, im Verhältnis von Zunft und Bürgergemeinde und in der Beziehung von Zunft und städtischer Obrigkeit. Schließlich gilt es zu bedenken, daß der gewerbliche Bereich nur ein Teilaspekt der Aktivitäten der Zünfte ausmacht. Man darf also davon ausgehen, daß bei Beschränkungen in diesem Bereich eine weitgehende Autonomie in anderen Gebieten, etwa den kirchlichen und sozialen Aktivitäten, vorhanden sein kann.

Die in gewerblichen Fragen vorhandene Autonomie der Zünfte wird man kaum pauschal als von der Obrigkeit delegierte Wahrnehmung öffentlicher Aufgaben betrachten können. Vielmehr wird man teilweise eher den umgekehrten Sachverhalt annehmen müssen: Die Obrigkeit schränkte die von den Zünften im Bereich des Handwerks eigenständig ausgeübte Ordnungsfunktion allmählich ein und beanspruchte für sich die alleinige Gesetzgebungsgewalt, allerdings nicht, weil es sich etwa ihrer Meinung nach um »öffentlich-rechtliche« Aufgaben handelte, sondern um die Zünfte innerhalb der Stadt als konkurrierende Rechtsinstanzen auszuschalten. Weitere Fragestellungen könnten mit dieser Konzeption auch in sozialgeschichtlicher Hinsicht gewonnen werden, etwa ob alle Zünfte das gleiche Maß an Eigenständigkeit und Autonomie haben oder ob allen oder nur einem Teil der Zünfte der Zugang zum städtischen Führungsorgan gelingt, durch den sie Einfluß auf die städtische Gesetzgebung gewinnen.

Die Frage nach der Autonomie der Zünfte im gewerblichen Bereich wurde in der Forschung bislang vor allem am Beispiel der oberdeutschen Städte behandelt[8]. Die zahlreichen Monographien und Quelleneditionen zum norddeutschen Zunftwesen blieben mit Ausnahme der niederrheinischen Städte meist unberücksichtigt. Ein wichtiger Grund dafür dürften neben der insgesamt besseren Quellenlage in den süddeutschen Städten vor allem der Sieg der dortigen Zünfte in den innerstädtischen Auseinandersetzungen und die mancherorts gelungene Errichtung der Zunftherrschaft gewesen sein. Maßstab bei etwaigen Vergleichen zwischen nord- und süddeutschen Städten waren die Verhältnisse im »handwerkerfeindlichen« Lübeck und Hamburg. Daß eine solche Vereinfachung nicht den spätmittelalterlichen Zuständen im Norden des Reiches entspricht, hat die neuere Stadtgeschichtsforschung zur Genüge nachgewiesen[9]. Die Zahl der Bürgerkämpfe ist in den norddeutschen Städten im Verhältnis nicht geringer

8 Erich Maschke, Verfassung und soziale Kräfte in der deutschen Stadt des späten Mittelalters, vornehmlich in Oberdeutschland, in: VSWG 46. 1959, S. 289–349, S. 433–476. Eberhard Naujoks, Obrigkeitsgedanke, Zunftverfassung und Reformation. Studien zur Verfassungsgeschichte von Ulm, Esslingen und Schwäbisch Gmünd. VeröffKommGeschlLdkdeBadWürtt B 3. 1958.

9 Karl Czok, Die Bürgerkämpfe in Süd- und Westdeutschland im 14. Jahrhundert, in: Carl Haase, Die Stadt des Mittelalters 3. 1973, S. 303–344. Ders., Städtische Volksbewegungen im deutschen Spätmittelalter. Ein Beitrag zu Bürgerkämpfen und innerstädtischen Bewegungen während der frühbürgerlichen Revolution. Phil. Habil. (masch.). Leipzig 1963. Wilfried Ehbrecht, Hanse und spätmittelalterliche Bürgerkämpfe in Niedersachsen und Westfalen, in: NiedersJbfLG 48 (1976), S. 77–105. Ders., Bürgertum und Obrigkeit in Hansischen Städten des

als in Süddeutschland. Obwohl sich eine ausgesprochene Zunftherrschaft nur selten nachweisen läßt, sind die Zünfte in ihrem Ringen um politische Beteiligung und Macht doch nicht so erfolglos geblieben, wie es in der Literatur oft dargestellt wird.

Als Beispiele für die Untersuchung der norddeutschen Zünfte wurden Städte aus dem wendischen, sächsischen und westfälischen Hansequartier herangezogen: Hamburg, Bremen, Lüneburg, Lübeck, Hildesheim, Braunschweig, Goslar, Magdeburg, Osnabrück, Münster, Soest und Dortmund. Unberücksichtigt blieben Köln und die Städte am Niederrhein sowie in Mitteldeutschland die altmärkischen Hansestädte. Für eventuelle Vergleiche mit den Verhältnissen in Süddeutschland ist allerdings zu bedenken, daß es sich durchweg um ziemlich große Städte handelt, die im Spätmittelalter bereits 10000 und mehr Einwohner zählten[10]. Die Eingrenzung auf das 14.–16. Jahrhundert ist sowohl von der Quellenlage wie auch vom Thema her naheliegend. Das Spätmittelalter ist durch die zahlreichen Auseinandersetzungen innerhalb der Bürgerschaft für die norddeutschen Städte von besonderer Bedeutung. Über die Zeit vor 1300 wurde bereits von anderer Seite eine Untersuchung vorgelegt[11].

II. Die Beteiligung der Zünfte am Stadtregiment

In der deutschen Handwerksordnung von 1953 sind nicht nur jene Bereiche festgelegt, in denen das Handwerk eigenständig seine Angelegenheiten regelt; genau umschrieben sind in ihr auch Art und Zahl der berufsständischen Organe und ihr Verhältnis zur staatlichen Verwaltung und zum Gesetzgeber. Die wirtschaftliche Selbstverwaltung im modernen Gewerberecht umfaßt also eine formale und eine inhaltliche Seite. In einem ersten Abschnitt soll deshalb zunächst die Stellung der Zünfte im Rahmen der städtischen Verfassungen und ihr Einfluß auf die Gesetzgebung untersucht werden[12].

Früher als in allen anderen norddeutschen Städten erhielten die Zünfte in der Reichsstadt Dortmund Einfluß auf die Stadtregierung. Nach der Ratswahlordnung von 1260 stellen die sogenannten Sechs Gilden bei der Ratswahl zwölf Wahlmänner und wählen aus der Reinoldigilde, der Vereinigung der Ratsgeschlechter, sechs weitere Wahlmänner. Dieses Wahlmännergremium, in dem die Handwerker die Mehrheit haben, wählt aus den alten Ratsfamilien die Ratsherren. Der Zugang zum Rat gelingt den Handwerkern zu Beginn des 15. Jahrhunderts. 1406 gibt König Ruprecht I. seinen Widerstand gegen die im Jahre 1400 beschworene »neue Eintracht« auf, die den Sechs

Spätmittelalters, in: Wilhelm RAUSCH (Hg.), Die Stadt am Ausgang des Mittelalters. 1974, S. 275–302.

10 Heinrich REINCKE, Bevölkerungsprobleme der Hansestädte, in: Carl HAASE, Die Stadt des Mittelalters 3. 1973, S. 256–302.

11 Wilfried EHBRECHT, Beiträge und Überlegungen zu Gilden im nordwestlichen Deutschland (vornehmlich im 13. Jahrhundert), in: Berent SCHWINEKÖPER (Hg.), Gilden und Zünfte. Kaufmännische und gewerbliche Genossenschaften im frühen und hohen Mittelalter (Vorträge und Forschungen 29). 1985, S. 413–450.

12 Bruno SCHLOTTEROSE, Die Ratswahl in den deutschen Städten des Mittelalters. Diss. masch. Münster 1953.

Gilden sechs der 18 Ratssitze sicherte[13]. – In Goslar sind Handwerker seit 1290 im Rat nachweisbar. Sie kommen aus den vier großen Gilden der Krämer, Bäcker, Fleischer und Schuhmacher, die seit 1298 ein Drittel der 21 Ratsherren stellen. Zu wichtigen Entscheidungen werden auch die nicht ratsfähigen Gilden der Schmiede, Kürschner sowie später der Schmiede und Schneider herangezogen. Um 1455 entsteht als Organ der Bürgergemeinde ein Gremium, das sich aus den Gildevorständen und den Hauptleuten der Gemeinde zusammensetzt[14].

Während die Gilden in Dortmund und Goslar gegenüber den Kaufleuten und Ratsgeschlechtern in der Minderheit bleiben, erringen sie in Nordhausen und Magdeburg die Mehrheit im Rat. In Nordhausen kommt es im Anschluß an die Braunschweiger Schicht von 1374 zu Unruhen. Die Ratswahlordnung von 1375 sieht je zwei Ratsherrn aus den neun ratsfähigen Zünften, je zwei aus den vier Vierteln und einen Ratsherrn aus der Neustadt vor[15]. In Magdeburg ist das Übergewicht der Zünfte noch deutlicher. Nach der Verfassung von 1330 stellen die fünf großen und die fünf kleinen Innungen jeweils fünf Ratsherren. Diese zehn Ratsherren ergänzen sich durch zwei weitere aus den gemeinen Bürgern[16].

Eine ausgewogenere Beteiligung der verschiedenen Bevölkerungsgruppen bietet die Besetzung der Ratsgremien in Hildesheim und Braunschweig. In Hildesheim sieht die von Rat, Zünften und »Gemeinheit« während des Krieges mit dem Stadtherrn beschworene Stadtverfassung von 1345 folgende Verteilung vor: zwölf Ratsherren aus dem alten Rat oder den Ratsgeschlechtern, zwölf aus den dem Bischof unterstehenden Ämtern (Schuhmacher und Gerber, Knochenhauer, Bäcker) und zwölf aus der »Gemeinheit«. Der Rat ergänzte sich allerdings nicht durch Delegation aus diesen drei Gruppen, sondern durch Kooptation. 1449 entschied man sich, wie bereits 1445 beschlossen, das bisherige Quotensystem aufzugeben, und setzte einen Rat von 24 Mitgliedern ein *van neynes partes wegene bisunderen sunder van der gemeynen stad wegene.* Als Kontrollorgan wurde dem Rat allerdings ein gleich großes Kollegium aus zwölf Vertretern der »Gemeinheit« sowie je sechs Vertretern der bischöflichen Ämter und der städtischen Gilden an die Seite gestellt, dem auch die Ratswahl oblag[17].

13 Ferdinand FRENSDORF, Dortmunder Statuten und Urteile. 1882, S. 192f. Luise VON WINTERFELD, Geschichte der freien Reichs- und Hansestadt Dortmund. 1977 (7. Aufl.), S. 44f., 93f.

14 Karl FRÖLICH, Zur Ratsverfassung von Goslar im Mittelalter, in: HGBl 21 (1915), S. 1–98, spez. 51f., 75–77, 82–85. DERS., Die Verfassungsentwicklung von Goslar im Mittelalter. ZRG Germ 47 (1917), S. 424–444. Herbert ENGEMANN, Die Gilden der Stadt Goslar im 15. und 16. Jahrhundert (BeitrzGeschdStadt Goslar 16). 1957, S. 79–84.

15 Walter MEHL, Die Braunschweiger Schicht von 1374 und ihre Nachwirkung in anderen Städten. 1909, S. 26–38. Hans SILBERBORTH, Geschichte der Freien Reichsstadt Nordhausen, in: Das tausendjährige Nordhausen 1. 1927, spez. S. 152–162.

16 Ernst ILGENSTEIN, Handels- und Gewerbegeschichte der Stadt Magdeburg im Mittelalter bis zum Beginn der Zunftherrschaft (1330), in: GeschBlf Stadt und Land Magdeburg 43 (1908), S. 1–77; 44 (1909), S. 48–83, spez. S. 78–81. Erika UITZ, Der Kampf um kommunale Autonomie in Magdeburg bis zur Stadtverfassung von 1330, in: Bernhard TÖPFER (Hg.), Stadt und Stadtbürgertum in der deutschen Geschichte des 13. Jahrhunderts. 1976, S. 288–323.

17 Brigide SCHWARZ, Der uplop van den penninghen in Hildesheim 1343, in: Wilfried EHBRECHT (Hg.), Städtische Führungsgruppen und Gemeinde in der werdenden Neuzeit. 1980, S. 99–113, spez. S. 109–113. Moritz HARTMANN, Geschichte der Handwerkerverbände der Stadt Hildesheim

In Braunschweig bringt der in ganz Norddeutschland aufsehenerregende Umsturz von 1374 den Zünften trotz des Eingreifens der Hanse Ratsfähigkeit und aktives Wahlrecht. Nach der Verfassung von 1386 entsenden die fünf kaufmännisch orientierten Gilden und die neun ratsfähigen Handwerkergilden entsprechend ihrer Stärke in den fünf Weichbilden Altstadt, Hagen, Neustadt, Altenwiek und Sack ihre Vertreter direkt in deren weitgehend autonome Ratsgremien. Die übrigen Plätze besetzen die Geschlechter als Vertreter der jeweiligen Gemeinde. Dies ergibt in den Handwerkervierteln Sack und Altenwiek ein deutliches Übergewicht für die Zünfte, während sie umgekehrt in Hagen und in der Altstadt entsprechend ihrem geringeren Bevölkerungsanteil in der Minderheit bleiben. Im Gesamtrat der Stadt Braunschweig, der aus den Ratsgremien der fünf Weichbilde gebildet wird, sind die Handwerker die stärkste Gruppe mit 47 Vertretern, haben aber nicht die absolute Mehrheit gegenüber den 25 Vertretern der Gemeinde, die von den Geschlechtern gestellt werden, und den ihnen nahestehenden 31 Mitgliedern der kaufmännisch orientierten Gilden. Dieser Zahlenschlüssel verschiebt sich weiter zugunsten der Handwerker, als sich die fünf Gemeinden entsprechend der Zahl der 14 Gilden in 14 Bauerschaften organisieren und im Jahre 1446 erreichen können, daß den Bauerschaftshauptleuten die Wahl der Gemeindevertreter für den Rat übertragen wird. Die Geschlechter-Ratsherrn, die sich bislang bei Bedarf selbst ergänzt hatten, mußten sich jetzt jährlich zur Wahl stellen. Der aus Proporzgründen auf 103 Mitglieder vergrößerte Gesamtrat beauftragte allerdings mit der Geschäftsführung den aus seiner Mitte genommenen Engen Rat oder Küchen-Rat von 25 Mitgliedern, die den ganzen Turnus über im Amt blieben. Die Bedeutung, die seit 1386 die 28 Gildemeister und seit 1446 die 28 Hauptleute als Mittelsmänner zwischen dem Rat und seinen Wahlkörperschaften gewinnen, findet ihren verfassungsrechtlichen Ausdruck schließlich darin, daß die Korporation der 56 »Gildemeister und Hauptleute« gleichsam offizielle Anerkennung erlangt und an allen Angelegenheiten von größerer Tragweite beteiligt wird[18].

Eine von den Zünften stark geprägte Bürgervertretung neben bereits bestehenden Ratsgremien findet sich auch in den westfälischen Städten Soest, Münster und Osnabrück, in denen Vertreter der Ämter oder Gilden erst relativ spät – und ohne daß dies in der Verfassung festgeschrieben wird – in den Rat gelangen. In Münster lassen sich seit der Mitte des 15. Jahrhunderts Ratsherren aus den Gilden feststellen, für Osnabrück fehlen genauere Untersuchungen, doch kommt es hier wie dort im 16. Jahrhundert zu einem Rückgang der alten Ratsgeschlechter, da diese aussterben oder sich von der städtischen Politik zurückziehen.

Seit der Mitte des 16. Jahrhunderts haben die Gilden in Münster die Mehrheit im Rat. Entscheidenden Einfluß erlangen sie aber bereits im 15. Jahrhundert durch den Zusammenschluß der 16 Gilden zu einer Gesamtgilde, der sich später auch die Wandschneider anschließen. Durch ihre zwei Alterleute sind die Gilden seit etwa 1430 an

im Mittelalter. 1905, S. 35–40. Walter TUCKERMANN, Das Gewerbe der Stadt Hildesheim bis zur Mitte des fünfzehnten Jahrhunderts. 1906, S. 74–80.

18 Werner SPIESS, Die Ratsherren der Hansestadt Braunschweig 1231–1671 (BraunschwWerkst 42). 1970 (2. verm. Aufl.), S. 24–57. Karl CZOK, Zum Braunschweiger Aufstand 1374–1386, in: Hansische Studien. Festschrift Heinrich Sproemberg. 1961, S. 34–55.

allen wichtigen Ratsbeschlüssen und auswärtigen politischen Verhandlungen beteiligt: Als Vertreter des Rates reisen sie mit zu den Hansetagen; seit Anfang des 16. Jahrhunderts erscheinen Alterleute und Gildevertreter mit dem Rat auf dem Landtag. Gilden und »Gemeinheit« sind in Münster nicht deutlich voneinander geschieden, wohl aber verstehen sich die Gilden als Sprecher und Anwälte der »Gemeinheit«, für die keine besondere Vertretung besteht[19]. – In Osnabrück sind es elf Ämter, die sich zu einer Gilde vereint haben. Zusammen mit den 16 Wehrgeschworenen, die als Vertreter der »Gemeinheit« fungieren, stehen sie dem Rat als Vertretung der Bürgerschaft gegenüber. Gesamtgilde und Wehr werden bei wichtigen Entscheidungen hinzugezogen, außerdem nehmen sie seit dem 15. Jahrhundert durch je zwei Vertreter an allen Ratssitzungen teil[20]. – In Soest wird den Bruderschaften der Handwerker 1260 erlaubt, auf ihren Versammlungen über die Angelegenheiten der Stadt zu beraten und ihre Vorschläge durch je zwei Abgeordnete vor den Rat zu bringen. Seit 1363 steht neben dem Rat das Zwölfherrenkollegium als gemeinsame Vertretung der Ämtereinung und der »Gemeinheit«. Beide entsenden je sechs Mitglieder[21].

Im Hinblick auf das politische Mitspracherecht muß man die Küstenstädte Lübeck, Hamburg und Bremen sowie Lüneburg als geradezu handwerkerfeindliche Orte im Vergleich zu den bisher genannten Beispielen bezeichnen[22]. Die in der zweiten Hälfte des 13. Jahrhunderts gefälschte Lübecker Ratswahlordnung Heinrichs des Löwen enthält die diskriminierende Bestimmung, daß nur der in den Rat gelangen kann, der sein Vermögen nicht als Handwerker gewonnen hat[23]. Das Bremer Ratswahlstatut von 1330 schließt die Ratsfähigkeit eines Handwerkers zwar nicht grundsätzlich aus, setzt jedoch ein entsprechendes Vermögen und standesgemäße Lebensführung voraus. Der

19 Karl-Heinz KIRCHHOFF, Die Unruhen in Münster/Westf. 1450–1457. Ein Beitrag zur Topographie und Prosopographie einer städtischen Protestbewegung, in: Wilfried EHBRECHT (Hg.), Städtische Führungsgruppen und Gemeinde in der werdenden Neuzeit. 1980, S. 153–312, spez. S. 157–187.

20 Hermann ROTHERT, Die Stadt Osnabrück im Mittelalter, in: HGBl 65/66 (1940/41), S. 56–78, spez. S. 65–67. DERS., Geschichte der Stadt Osnabrück im Mittelalter 2. 1938, S. 31–47.

21 Wolf-Herbert DEUS, Soester Recht 3, 1971, Die Chroniken der deutschen Städte 24 (Soest und Duisburg). 1895, Neudruck 1969. Einleitung S. 93–121. Wilfried EHBRECHT, Reformation, Sedition, Kommunikation, in: Gerhard KÖHN (Hg.), Soest. Stadt–Territorium–Reich. Festschrift 1981. 1981, S. 243–325, spez. S. 268–273.

22 Über die weitgehend ähnlichen Verhältnisse in den Ostsee-Hansestädten Stralsund, Rostock und Wismar vgl. Kurt LEPS, Das Zunftwesen der Stadt Rostock bis um die Mitte des 15. Jahrhunderts, in: HGBl 58 (1934), S. 122–156; 59 (1935), S. 177–242. Eva GUTZ, Zu den Stralsunder Bürgerkämpfen am Ende des 14. Jahrhunderts, in: Hansische Studien. Festschrift Heinrich Sproemberg. 1961, S. 90–102. Konrad FRITZE, Die wirtschaftliche und soziale Entwicklung Stralsunds im 13. und 14. Jahrhundert. Diss. masch. Greifswald 1956. DERS., Soziale und politische Auseinandersetzungen in den wendischen Hansestädten am Ende des 14. Jahrhunderts, in: Erika ENGELMANN, Städtische Volksbewegungen im 14. Jahrhundert. 1960, S. 147–156. Manfred HAMANN, Der Einfluß der verschiedenen Bevölkerungsklassen auf das mittelalterliche Stadtregiment. Gezeigt am Beispiel der wendischen Hansestädte im Gebiet der DDR. Diss. masch. Berlin 1953. Johannes SCHILDHAUER, Soziale, politische und religiöse Auseinandersetzungen in den Hansestädten Stralsund, Rostock und Wismar im ersten Drittel des 16. Jahrhunderts. 1959.

23 SCHLOTTEROSE (wie Anm. 12), S. 48–50. Chroniken der deutschen Städte 19 (Lübeck) 1884. Nachdruck 1967, S. 20f.

Ratsherr muß ein Pferd halten und, wenn er ein Handwerker ist, während seiner Ratszeit auf die Ausübung seines Handwerks verzichten. Bezeichnenderweise wird dieser Passus nach dem Aufstand von 1366 getilgt, um jede Erinnerung daran zu löschen, daß die Handwerker einmal nicht grundsätzlich von der Bekleidung eines Ratsamtes ausgeschlossen waren[24]. In Hamburg fehlt eine solche Bestimmung über die Ratsfähigkeit der Handwerker, doch besitzen sie weder dort noch im benachbarten Lüneburg das aktive oder passive Wahlrecht[25]. Auch die zahlreichen Unruhen und Aufstände, an denen die Handwerker beteiligt sind, ändern daran nichts, sie vergrößern vielmehr die Abhängigkeit von den am Handel und Grundbesitz orientierten Ratsherren.

Die Verhältnisse in den Küstenstädten stehen in krassem Gegensatz zur Zunftherrschaft in Magdeburg oder dem bestimmenden Einfluß der Gesamtgilde in Münster und Osnabrück. Sie sind weder für die Hansestädte noch für die nordwestdeutschen Städte insgesamt repräsentativ. Die Ursache für die einseitige Ausrichtung in dieser Region muß wohl in der besonderen wirtschaftlichen und gesellschaftlichen Situation dieser auf Fernhandel ausgerichteten Städte gesehen werden, außerdem mag auch die enge politische Bindung zwischen den wendischen Hansestädten einen Teil dazu beigetragen haben[26]. Charakteristisch für die nordwestdeutschen Städte sind die unterschiedlichen Formen und Abstufungen, in denen sich die Beteiligung der Zünfte am politischen Leben vollzieht. Im Unterschied zu den süddeutschen Städten fehlt die Zunftverfassung im Sinne einer korporativen Gliederung der Gesamtbürgerschaft. Sie scheint im Denken und Wollen der norddeutschen Zünfte keine Rolle zu spielen, denn auch bei den gescheiterten Umsturzversuchen finden sich keine Hinweise für sie. Auffällig ist vielmehr bei den politischen Aktionen der Gesamtbürgerschaft wie der Zünfte das starke Hervortreten der lokalen Gliederung der Städte (Kirchspiel, Weichbild, Hoven, Laischaften, Kluften)[27].

Eine gewisse Nähe zur Zunftverfassung läßt sich bei den Gilden- und Ämtereinungen beobachten. Im Unterschied zu den nach Berufen abgrenzenden und differenzierenden Ämtern der Küstenstädte haben die am Stadtregiment beteiligten Gilden des westfälischen und sächsischen Gebiets eine bündelnde und zusammenfassende Wirkung. Entweder schließen sich mehrere Handwerke zusammen, um ihre politische Bedeutung zu erhöhen, oder die inzwischen ausdifferenzierten Berufszweige bleiben auch weiterhin unter dem Dach der Gilde vereint. Dies ist sicher auch ein wichtiger

24 Herbert SCHWARZWÄLDER, Geschichte der Freien Hansestadt Bremen 1. Von den Anfängen bis zur Franzosenzeit (1810). 1975, S. 69f., 81f.

25 Ulrich SCHESCHKEWITZ, Das Zunftwesen der Stadt Lüneburg von den Anfängen bis zur Änderung der Stadtverfassung im Jahre 1639. 1966, S. 202f. Julian WELTER, Studien zur Geschichte des hamburgischen Zunftwesens im Mittelalter. 1895, S. 19–21. Harald STEFFAHN, Die Hamburger Bürgerschaft im fünfzehnten und sechzehnten Jahrhundert. Diss. masch. Hamburg 1958. Helga RAAPE, Der Hamburger Aufstand im Jahre 1483, in: Zschr. d. Ver. für Hamburger Geschichte 45 (1959), S. 1–64.

26 Ernst PITZ, Wirtschaftliche und soziale Probleme der gewerblichen Entwicklung im 15./16. Jahrhundert nach hansisch-niederdeutschen Quellen, in: Carl HAASE, Die Stadt des Mittelalters 3. 1973, S. 137–176.

27 SCHLOTTEROSE (wie Anm. 12), S. 124–130.

Grund dafür, warum die Gewerbeverzeichnisse der Küstenstädte ein differenzierteres Handwerk mit mehr Berufen aufweisen als die Binnenstädte[28]. Eine integrierende Wirkung haben die Gilden auch gegenüber den nicht zünftischen Kaufleuten und Honoratioren, da in fast allen Gilden zwischen der bloßen Gildemitgliedschaft (dem Gilde-gewinnen) und der Ausübung des Handwerks (dem Gilde-gebrauchen) unterschieden wird[29]. Bei den Braunschweiger Goldschmieden konnte die Gilde erworben werden *zu Grabe und zu Lage*[30]. Daß auf diese Weise über die Gildemitgliedschaft auch der Zugang zum Rat möglich war, läßt sich in Goslar, Münster und Braunschweig beobachten[31]. Andererseits konnte die Mitgliedschaft in einer Wandschneidergilde für einen Kaufmann auch aus wirtschaftlichen Motiven interessant sein, erwarb er doch dadurch zusätzlich das Recht zum Tuchkleinschnitt[32]. In Goslar läßt sich sogar Doppel-Gildschaft beobachten. Der Betreffende ist dabei lediglich gehalten, sich jährlich für die Ausübung eines der beiden Gewerbe zu entscheiden[33]. In Braunschweig treten im 16. Jahrhundert die zu den Krämern gehörenden Beutelmacher gerne in die Kürschnergilde ein, um an deren Privilegien bei der Lederzubereitung teilzuhaben[34].

Weiterhin ist für die nordwestdeutschen Städte die Differenzierung zwischen Großen und Kleinen Gilden, zwischen ratsfähigen Gilden und nicht ratsfähigen Ämtern bzw. Bruderschaften kennzeichnend. Häufig sind es nur die wirtschaftlich bedeutenderen Zünfte, die Anteil am Stadtregiment erhalten, während die übrigen ausgeschlossen bleiben. Wenn in Städten wie Magdeburg oder Nordhausen die Zünfte die Mehrheit gewinnen, so verdanken sie diesen Erfolg dem Bündnis von kaufmännischen und handwerklichen Ämtern. In Goslar und Braunschweig stehen die kaufmännischen Gilden den Geschlechtern näher. In Münster schließen sich die Gewandschneider 1492 der Gesamtgilde an und verstärken dadurch das kaufmännische Element in diesem Verband[35]. In sozialgeschichtlicher Hinsicht bestehen somit keine großen Unterschiede zwischen den nord- und süddeutschen Städten. In beiden Regionen sind es letztlich vor allem die »abkömmlichen«, kaufmännisch orientierten Handwerker, die am Stadtregiment teilhaben[36].

28 Vgl. die Listen bei REINCKE (wie Anm. 10), S. 284. Jakob HÖHLER, Die Anfänge des Handwerks in Lübeck, in: Archiv für Kulturgeschichte 1 (1903), S. 129–194, spez. S. 153 f. Ahasver VON BRANDT, Die Lübecker Knochenhaueraufstände von 1380/84 und ihre Voraussetzungen. Studien zur Sozialgeschichte Lübecks in der zweiten Hälfte des 14. Jahrhunderts, in: Lübeck, Hanse, Nordeuropa. Gedächtnisschrift für Ahasver von Brandt. 1979, S. 129–208, spez. S. 136–140.

29 Vgl. ENGEMANN (wie Anm. 14), S. 36–38.

30 Werner SPIESS, Die Goldschmiede, Gerber und Schuster in Braunschweig. Braunschweiger Werkstücke 22. 1958, S. 13.

31 ENGEMANN (wie Anm. 10), S. 94–114. KRUMBHOLTZ, Die Gewerbe der Stadt Münster bis zum Jahre 1661. Publikationen aus den preußischen Staatsarchiven 70. 1898, Neudruck 1965, S. 100* f. Werner SPIESS, Fernhändlerschicht und Handwerkermasse in Braunschweig, in: HGBl 63 (1938) S. 49–85.

32 SPIESS (wie Anm. 30), S. 11.

33 ENGEMANN (wie Anm. 10), S. 118.

34 Franz FUHSE, Handwerksaltertümer. Braunschweiger Werkstücke 7. 1935, S. 35, 104.

35 KRUMBHOLTZ (wie Anm. 31), S. 12*–14*.

36 MASCHKE (wie Anm. 8), S. 465.

Bei den vorgelegten Beispielen konnten beträchtliche Unterschiede hinsichtlich der Beteiligung der Handwerker am Stadtregiment sowohl zwischen den verschiedenen Städten wie auch innerhalb der Städte zwischen den verschiedenen Zünften festgestellt werden. Es ergibt sich daraus von selbst die Frage: »Inwieweit haben die beobachteten Unterschiede ihre Parallele in entsprechenden Abstufungen der gewerblichen Autonomie?« Diesem Problem soll in einem zweiten Abschnitt nachgegangen werden.

III. Organisatorische und gewerbliche Autonomie der Zünfte

Die Autonomie der Zünfte wird greifbar in ihren Beziehungen zu ihrer Umwelt: zum Rat, zu den Nachbarzünften und zur gesamten Bürgerschaft. Sie manifestiert sich in möglichen oder vorhandenen Freiheitsräumen und Abhängigkeiten, die freilich nicht alle von gleicher Bedeutung sind. Maßstab für eine Beurteilung der Autonomie sind vorrangig jene Elemente der Zunftorganisation, die ihren genossenschaftlichen Charakter ausmachen: Selbstverwaltung, Satzungsautonomie und Gerichtsbarkeit mit Zwangsgewalt. Neben solchen mehr formalen Kriterien sind auch Gesichtspunkte zu berücksichtigen, die sich aus den speziellen Zielen und Aufgaben der Zünfte im Bereich des jeweiligen Gewerbes oder Handwerks ergeben. Im folgenden sollen zunächst einige wichtige Indikatoren, an denen sich die Autonomie der Zünfte ablesen läßt, stichpunktartig und mit moderner Begrifflichkeit vorgestellt werden:

1. Genossenschaftliche Aspekte der Zunft.
   - Koalitionsfreiheit. Haben alle oder nur ein Teil der Handwerker das Recht, sich zusammenzuschließen? Bedarf es dazu einer ausdrücklichen Genehmigung, oder begnügt sich die Obrigkeit mit nachträglicher Bewilligung und Approbation? Sind die Zünfte in ihren Aktivitäten auf einzelne Teilbereiche eingegrenzt (Geselligkeit, Religion, berufliche Ausbildung), oder handelt es sich um umfassende Standesorganisationen? Haben die Zünfte das Recht, sich zu einem Gesamtverband zusammenzuschließen?
   - Versammlungsrecht. Sind die Zusammenkünfte der Handwerker beliebig oder nur mit Genehmigung oder vorheriger Benachrichtigung der Obrigkeit möglich? Kann über alle Angelegenheiten, auch Fragen der städtischen Politik, gesprochen werden?
   - Leitung der Zunft. Werden die Vorsteher von den Mitgliedern und aus den eigenen Reihen gewählt? Bedürfen die Gewählten einer Bestätigung durch den Rat, und müssen sie ihm einen Amtseid ablegen? Bestellt der Rat die Vorsteher und nimmt er diese aus den Zunftmitgliedern?
   - Aufnahme in die Zunft. Liegt sie ganz in den Händen der Zunft, oder ist die Zustimmung des Rates erforderlich? Wer kann über Aufnahmekriterien und Mitgliederzahl entscheiden? Verfügt der Rat die Aufnahme von Mitgliedern gegen den Willen der Zunft?
   - Satzungsautonomie und Rechtskraft der Statuten. Werden die Statuten vom Rat gegeben und erlassen, oder billigt er nachträglich die von den Mitgliedern ausgearbeitete und vorgelegte Ordnung? Durch wen erfolgen Änderungen? Sind bindende Beschlüsse der Zunft für alle Zunftangelegenheiten oder nur in Teilbereichen möglich?

- Gerichtsbarkeit. Welche Bereiche umfaßt sie? Wird sie unter obrigkeitlicher Aufsicht oder unabhängig ausgeübt? Kann sie umgangen werden? Muß sie auch von zunftfremden Personen respektiert werden? An wen fallen die Geldbußen?
- Vermögensfähigkeit und Finanzen. Kann die Zunft von ihren Mitgliedern Beiträge erheben? Wem muß sie über die Verwendung ihrer Einnahmen Rechenschaft ablegen? Besitzt sie Renteneinkünfte und Häuser?

2. Gewerbliche Aspekte der Zunft.
   - Ausbildungswesen und Zulassung zum Handwerk. Wer erläßt Bestimmungen über Dauer und Art der Ausbildung? Meisterprüfung durch Zunft? Kann die Zunft über fachliche, moralische, finanzielle oder familiäre Voraussetzungen für die Zulassung selbst entscheiden?
   - Ausübung des Handwerks. Wer erläßt Bestimmungen, in denen die Ausübung des Handwerks geregelt wird? Kann die Zunft bei Mißachtung der von ihr erlassenen arbeitsrechtlichen Bestimmungen (etwa Arbeitszeit, Betriebsgröße, Qualitätsmerkmale) selbständig gegen Zunftangehörige bzw. auch gegen Nichtmitglieder (Pfuscher und Bönhasen) vorgehen?
   - Besondere Auflagen für einzelne Gewerbe. Bestehen besondere Vorschriften im Interesse des Allgemeinwohls (ausreichende Versorgung der Bevölkerung, gesundheitspolizeiliche Bestimmungen) oder zugunsten wirtschaftlich führender Gruppen (etwa in Fernhandelsstädten)?

Es wäre müßig, anhand der vorgestellten Kriterien das Gewerberecht und die Zunftordnungen der nordwestdeutschen Städte zu durchmustern und festzustellen, welcher Punkt in welcher Stadt wie geregelt war. Ich möchte statt dessen einige Städte auswählen und dabei jeweils Einzelhinweise aus anderen Städten beifügen.

Als typisch für die wendischen Hansestädte darf die geringe Autonomie der Zünfte in Lüneburg gelten[37]. Die von den Handwerkern vorgeschlagenen Zunftordnungen erhielten ihre Rechtskraft erst durch die Bestätigung des Rates. Dieser respektierte die einmal erlassenen Ordnungen, behielt sich jedoch ausdrücklich den Widerruf und spätere Änderungen vor. Erweiterungen ohne Bestätigung der Obrigkeit waren wertlos. Als die Schwertfeger 1594 einem Meister wegen der vermuteten unehrlichen Herkunft seiner Frau die Annahme von Gesellen und Lehrlingen verbieten wollten und sich dabei auf eine ältere Vereinbarung ihres Handwerks in den wendischen Hansestädten beriefen, mußten sie auf Befehl des Rates ihr Verbot zurücknehmen, da sie für diese Bestimmung keine Bestätigung vorweisen konnten. Auch die Interpretation einzelner Bestimmungen behielt sich der Rat vor, wie eine Maßnahme gegen die Brauer-Alterleute im Jahre 1610 zeigt.

Bei der Zulassung der jungen Meister war der Rat die letzte Instanz. Als im 16. Jahrhundert die Abschließungstendenzen in den Zünften stärker wurden, erzwang der Rat mehrfach die Aufnahme junger Meister gegen den Willen der Amtsgenossen. Aus dieser Zeit stammen auch die ersten Hinweise auf die Zulassung von Freimeistern durch den Rat. Die Wahl der Alterleute erfolgte durch die Zunftmitglieder. Die neuen Amtsmeister bedurften jedoch der Bestätigung durch den Rat und konnten von diesem

37 Vgl. ausführlich SCHESCHKEWITZ (wie Anm. 25), S. 82–92, 201–219.

auch abgelehnt werden. Außerdem mußten sie sich gegenüber dem Rat eidlich verpflichten, was dessen Einfluß nur verstärkte. In Hamburg, wo dieser Eid wie in Bremen und Lübeck ebenfalls üblich war, gelang es den Handwerkern, die vom Rat beabsichtigte Wirkung dadurch zu vermindern, daß sie die halbjährliche Neuwahl der Amtsmeister einführten[38]. Bei allen Zunftversammlungen war die Anwesenheit der Morgensprachsherren vorgeschrieben; Beschlüsse, die ohne ihre Zustimmung gefällt wurden, waren ungültig. Insofern war auch die Gerichtsbarkeit der Zunft über Amtsinterna, Gewerbesachen und Beleidigungsklagen nur eine bedingte. Die Einsetzung der Morgensprachsherren, die der Rat aus seiner Mitte als Kontrollorgan bestellte, wurde wie in Lüneburg auch in Hamburg, Bremen oder Wismar im 14. Jahrhundert üblich[39]. In Lübeck übten die Wetteherren, ein vom Rat speziell für die Gerichtsbarkeit in den Ämtern bestellter Ausschuß, dieses Amt aus[40]. Die Zustimmung der Ratsbeisitzer war in Lüneburg nötig, wenn die Zunft gegen Amtsbeschädiger vorgehen wollte. Bei der Visitation verdächtiger Häuser mußten Vertreter der Obrigkeit hinzugezogen werden.

Auch bei rein wirtschaftlichen Maßnahmen wirkte sich die Aufsicht der Obrigkeit über die Gewerbe aus. Mehrfach erließ der Rat Lohn- und Preistaxen, vor allem für die Bäcker und Fleischer[41]. Den Knochenhauern wurde 1496 befohlen, das Fleisch nicht nur stück-, sondern auch pfundweise zu verkaufen, eine Regelung, die um diese Zeit in vielen Städten begegnet. Als die Salztonnen-Böttcher 1479 ihre Monopolstellung ausnützten und durch Produktionsbeschränkung den Preis künstlich in die Höhe trieben, hob der Rat für einige Zeit den Zunftzwang in diesem Handwerk auf.

Welche Möglichkeiten einer städtischen Obrigkeit zur Verfügung standen, die Abhängigkeit der Handwerker zu vergrößern oder zu vermindern, zeigt die Reaktion des Lübecker Rates im Verlauf der beiden Knochenhaueraufstände von 1380/84. Obwohl durch Viehhandel reich geworden, waren die Knochenhauer als Nahrungsgewerbe zusammen mit den Bäckern und Lohgerbern vom Rat stark abhängig und unterschieden sich dadurch von den übrigen Ämtern. Denn während diese ihre Verkaufsstellen entweder zu freiem Eigentum oder zur Miete von Privaten besaßen, bestand für die Knochenhauer noch der strenge Marktzwang; die Verkaufsstellen, mit denen die Meisterstellen verbunden waren, unterstanden als Eigentum der Stadt der Verfügungsgewalt des Rates. Das bedeutete Einschränkungen der Autonomie in mehr-

38 WELTER (wie Anm. 25), S. 39f. STEFFAHN (wie Anm. 25), S. 123. Carl Friedrich WEHRMANN (wie Anm. 25), Die alten Lübeckischen Zunftrollen. 1864, S. 68f.

39 SCHESCHKEWITZ (wie Anm. 25), S. 86. WELTER (wie Anm. 25), S. 33–65. Rolf ROSENBOHM, Der Hamburger Liber officiorum mechanicorum. Studien zur hamburgischen Zunftordnung, insbesondere zu Ausgang des 14. Jahrhunderts. Diss. masch. Hamburg 1956, S. 28. Elisabeth THIEKÖTTER, Die Zünfte Bremens im Mittelalter. 1930, S. 63. Elisabeth HÖFINGHOFF, Die bremischen Textilgewerbe vom 16. bis zur Mitte des 19. Jahrhunderts. 1933, S. 45–51. WEHRMANN (wie Anm. 38), S. 78f.

40 Ebd., S. 79–85. Georg FINK, Die Wette und die Entwicklung der Polizei in Lübeck, in: Zschr. des Vereins für Lübeckische Gesch. u. Altkde. 27 (1927), S. 209–237.

41 SCHESCHKEWITZ (wie Anm. 25), S. 210–219. Auch in den Städten mit größerer Autonomie der Zünfte unterliegen die Lebensmittelgewerbe weitgehenden Einschränkungen und Kontrollen; vgl. Anton EBERT, Die Lebensmittelpolitik der freien Reichsstadt Dortmund. 1917, S. 78–88. Karl ADER, Geschichte der Ämter und Gemeinheit in der Stadt Soest bis zum Ende des 17. Jahrhunderts. 1914, S. 93–98.

facher Weise. Die Knochenhauer mußten für den Erwerb einer Verkaufsstelle und damit für das Gewinnen des Amtes eine nicht unbeträchtliche Abgabe leisten. Das Amt konnte nicht über die Zahl der Meisterstellen und damit über die Größe des Amtes verfügen, da nicht mehr Meister- als Verkaufsstellen möglich waren. Es hatte keine Verfügung über die Verteilung der Verkaufsstellen, da diese jährlich unter der Aufsicht der Kämmereiherren verlost wurden, wobei jeder Meister wiederum eine Gebühr zu erlegen hatte. Außerdem konnte der Rat die personelle Zusammensetzung des Amtes beeinflussen, da die Neuvergabe der Verkaufsstellen in seinen Händen lag.

Obwohl der erste Knochenhaueraufstand von 1380 scheiterte, erreichte das Amt folgende Verbesserung: Wenn eine Verkaufsstelle frei wurde, konnten die Knochenhauer unter Beiziehung ihrer Ratsbeisitzer dem Rat zwei Kandidaten vorschlagen, aus denen dieser dann einen auswählte. Außerdem sollte niemand wieder ins Amt aufgenommen werden, den die Knochenhauer aus dem Amt gewiesen hatten. Damit wurde das bislang gültige, allerdings nur bei den Knochenhauern übliche alleinige Ausweisungsrecht des Rates durchbrochen[42]. Die Regelung von 1380 beruhte auf einem Kompromiß und befriedigte die Hoffnungen des Gewerbes nur zum Teil. Bereits 1384 erhoben sich die Knochenhauer aufs neue, um diesmal jedoch völlig zu scheitern. Nach der Niederlage wurde das Knochenhaueramt zunächst für einige Monate ganz aufgehoben. Die neue Amtsrolle von 1385 zeigt, daß es der Rat verstand, die in Lübeck ohnedies vorhandene Abhängigkeit der Ämter bei den Knochenhauern noch zu steigern. Die Zahl der Amtsmeister wurde von bisher rund 100 auf 50 herabgesetzt. Das Amt durfte seine Alterleute nicht selbst wählen, sondern sie wurden vom Rat eingesetzt. Wenn eine Verkaufsstelle frei war, so konnte der Rat diese vergeben, wann und wem er wollte. Gastereien und Zusammenkünfte jeder Art waren ohne Zustimmung des Rates verboten. Verwandte ersten Grades durften nicht gleichzeitig Meister im Amt sein. Die jährliche Miete für die Verkaufsstellen wurde verdreifacht. Den Bürgern stand auf dem Rinder- und Schweinemarkt in der Stadt ein Einstandsrecht gegenüber den Knochenhauern zu, die Knochenhauer mußten also auf Wunsch der Bürger diesen den Kauf überlassen[43].

Die starken Einschränkungen der zünftischen Autonomie, wie sie uns in den wendischen Hansestädten begegnen, haben in den sächsischen und westfälischen Städten keine Parallele. Zwar sind auch hier nicht alle Zünfte zu einem vollen Maß an Autonomie gelangt, jedoch sind die in den Küstenstädten typischen Einschränkungen wie Morgensprachsherren- und Alterleute-Eid seltener anzutreffen. In Hildesheim genießen die bischöflichen Ämter eine weitgehende Autonomie. Ihre Alterleute werden von ihnen selbst gewählt und bedürfen weder einer Bestätigung durch den Rat noch durch den Bischof. Die Morgensprachen werden ohne eine obrigkeitliche Aufsicht gehalten. Die Autonomie der jüngeren, dem Rat unterstehenden Gilden ist hingegen stark eingeschränkt. Die Alterleute werden entweder vom Rat ernannt, oder sie bedürfen seiner Bestätigung. Der Amtseid muß vor dem Rat abgelegt werden. Für den Eintritt in die Zunft sind besondere Eintrittsgelder an den Rat und teilweise auch seine

42 von Brandt (wie Anm. 28), S. 191–196.
43 Ebd., S. 199f.

Zustimmung erforderlich. Die Hälfte oder ein Drittel der in den Gilden verhängten Bußen muß an die Stadtkämmerei abgeführt werden, die Morgensprachen finden jedoch ohne Beteiligung von Ratsvertretern statt[44].

In Braunschweig, dessen Gilden sehr weit in die ältere Zeit zurückreichen, sind es nur Einzelaspekte, an denen sich eine Abhängigkeit vom Rat beobachten läßt. Ein Teil der älteren Gilden ist verpflichtet, jährliche Abgaben und einen Teil der Strafgelder an den Rat zu entrichten, was wohl auf die frühere Abhängigkeit vom stadtherrlichen Vogt zurückzuführen ist. Der Rat ist Schiedsrichter bei Streitigkeiten zwischen den Gilden und Appellationsinstanz für das Gildegericht. Außerdem beansprucht er ein Einspruchsrecht bei Gildebeschlüssen, die gegen das Wohl der Stadt und des Landes verstoßen. Bei der Wahl der Gildevorsteher, der Aufnahme neuer Mitglieder und bei den Morgensprachen bestehen keinerlei Einschränkungen. Das Zunftgericht darf von den Gildebrüdern nicht umgangen werden. Seine Kompetenzen umfassen nicht nur die Gewerbegerichtsbarkeit, sondern fast sämtliche Vergehen der Mitglieder, soweit es sich um *causae minores* handelt. Gewerbeaufsicht und Marktpolizei liegen ebenfalls in den Händen der Gilden[45]. Nicht wesentlich anders als in Braunschweig ist die Situation in Goslar.

Eine Ausweitung der Autonomie läßt sich dagegen in Münster und Osnabrück[46] beobachten. Dort ist nicht der Rat, sondern die Gesamtgilde die Appellationsinstanz für das Gildegericht und Schiedsstelle bei Streitigkeiten zwischen den Gilden. Die gleiche Regelung gilt auch für die Sechs-Gilden-Einung in Dortmund[47].

Wie durch die Existenz einer Gesamtgilde der Rat in seinen Kompetenzen eingeschränkt wird, geht deutlich aus den Verhältnissen in Münster hervor. Die Ordnungen werden dort vom Rat im Einvernehmen mit den Gilden bestätigt. Bei strittigen Punkten wird die Gesamtgilde hinzugezogen. Nachträgliche Änderungen sind nur durch gemeinsamen Beschluß von Rat und Gesamtgilde möglich. Die Gesamtgilde tendierte immer stärker zu einer Art ständischem Gerichtsort für die Gildemitglieder, da diese versuchen, auch ihre Streitfälle mit Nicht-Gilde-Mitgliedern vor dieses Forum zu ziehen. Die Kompetenz des Stadtgerichts wird dadurch merklich eingeschränkt, freilich immer nur durch Schiedssprüche. Außerdem blieb selbstverständlich die Möglichkeit einer Appellation an die ordentliche Gerichtsbarkeit erhalten[48]. Oberster Grundsatz der münsterschen Gesamtgilde ist die gleiche Rechtsstellung aller Einzelgilden. Eine Ausnahme bilden nur die drei geschworenen Gilden, die Fleischer, Bäcker und Wüllner. Ihre Alterleute werden vom Rat bestimmt und leisten einen Amtseid. Wahrscheinlich handelt es sich hier um ein Relikt aus der Anfangszeit der Stadt; bereits der Gilde-Erlaß des Rates von 1354 kennt den Unterschied zwischen freigewählten und vom Rat gesetzten Gildemeistern, nennt allerdings nicht die Namen der betroffenen Gilden. Offensichtlich empfand die Gesamtgilde diese Bestimmung aber nicht als so gravierend;

44 TUCKERMANN (wie Anm. 17), S. 38–44, HARTMANN, S. 57, 62–64.

45 Bernhard VOLLMER, Die Wollweberei und der Gewandschnitt in der Stadt Braunschweig bis zum Jahre 1671. 1913, S. 13–16, 27f., 38–40.

46 Wie Anm. 20.

47 FRENSDORF (wie Anm. 13), S. 103*f.

48 KRUMBHOLTZ (wie Anm. 31), S. 71*, 141*–145*.

spätestens in der zweiten Hälfte des 16. Jahrhunderts wäre aufgrund der Mehrheitsverhältnisse im Rat eine Änderung ohne weiteres möglich gewesen[49].

Die nicht der Gesamtgilde angeschlossenen Handwerker sind in Münster in sogenannten Bruderschaften vereinigt. Sie haben eine weitaus geringere Autonomie und sind völlig vom Rat abhängig. Er bestimmt in den meisten Fällen die Vorsteher und bestellt aus seiner Mitte zur Aufsicht Beisitzer. Die Gerichtsbarkeit ist in ihrer Kompetenz eng umgrenzt und wird nur unter Hinzuziehung der abgeordneten Ratsherrn ausgeübt. Die Ordnungen werden unter Beteiligung des jeweiligen Handwerks vom Rat erlassen, wobei dieser offenkundig bemüht ist, möglichst wenig an Aufnahmebeschränkungen zuzulassen, vor allem hinsichtlich unehrlicher Herkunft und unehelicher Geburt, während er bei den Gilden weitaus rigorosere Bestimmungen in diesem Bereich durchgehen läßt. Gemeinsam mit den Gilden ist den Bruderschaften die genaue Beschreibung des Arbeitsbereichs, was sie als Zünfte, wenn auch mit geringerer Autonomie, ausweist[50]. Immerhin stehen sie damit in der rechtlichen Hierarchie noch über jenen Handwerkern und Arbeitern, die nicht in einer von der Obrigkeit in gewerberechtlicher Hinsicht anerkannten Vereinigung zusammengeschlossen sind[51].

Interessanterweise begegnen an der Spitze der gesellschaftlichen Hierarchie wiederum Vereinigungen, die Bruderschaften heißen, freilich in einer früheren Zeit – so etwa die im 14. Jahrhundert mehrfach bezeugte Bruderschaft Unsrer Lieben Frau im Dom, auch *dryver gilde* oder *der dryvere geselschop* genannt. Hier handelt es sich um eine alte Kaufmannsgilde, wie aus den Statuten und aus dem Namen hervorgeht, denn *dryver, karrendryver* meint die über Land reisenden Kaufleute. Eine berufsordnende Funktion ist bei ihr nicht gegeben, sie hatte einen vorwiegend religiösen und geselligen Charakter[52]. Die den Kaufleuten nahestehenden Gewandschneider waren ursprünglich wohl ebenfalls in einer solchen Bruderschaft oder Gesellschaft vereinigt. Sie wurden später zum Amt, dessen alleiniges Recht auf den Gewandschnitt in Münster der Rat 1455 bestätigt hat. 1492 treten sie der Gesamtgilde bei, was gesellschaftlich gesehen einen Abstieg bedeutete, aber durch den steigenden Einfluß der Gilden wohl kompensiert wurde. Ihr früherer sozialer Rang kommt dadurch zum Ausdruck, daß sie als einzige der münsterschen Gilden von ihren Mitgliedern die Ratsfähigkeit bezüglich Abstammung und Geburt verlangen[53].

Trotz der gleichen Begriffe unterscheiden sich beide Gruppen von »Bruderschaften« in ihrer Zielsetzung wie auch in ihrer gewerberechtlichen Stellung. Die Vereinigungen der Kaufleute haben einen mehr geselligen Charakter und genießen weitgehende Autonomie. Die Zusammenschlüsse der minderprivilegierten Handwerker stehen hingegen in enger Abhängigkeit vom Rat, sind aber mit einem abgegrenzten Arbeitsbereich privilegiert. Mit beiden nicht gleichzusetzen sind dagegen die religiösen Bruderschaften

49 Ebd., S. 133*–135*, 146*.
50 Ebd., S. 75*–77*, 135* f.
51 Ebd., S. 191*–211*.
52 Joseph PRINZ, Mimigernaford – Münster. Die Entstehungsgeschichte einer Stadt. 1976 (2. Aufl.), S. 162 f.
53 Wie Anm. 35.

der Handwerker, wie sie in Hamburg, Bremen oder Lübeck in Verbindung zu manchen Ämtern bestehen. Sie haben eine rein religiöse Zielsetzung[54]. Sie unterscheiden sich vom Amt durch getrennte Vermögensverwaltung und eigenes Personal. Da in diese Bruderschaften auch amtsfremde Mitglieder aufgenommen werden, decken sich Amt und Bruderschaft hinsichtlich ihrer Mitglieder nur teilweise.

Der Blick auf die Küstenstädte läßt die der beruflichen und sozialen Hierarchie entsprechende gewerberechtliche Gliederung der städtischen Bevölkerung im Untersuchungszeitraum noch deutlicher hervortreten. Die führende Stellung nehmen in Lübeck die Kaufleute ein, gefolgt von den ihnen verwandten Gewandschneidern, Export-Brauern und Schiffern in lockeren und weitgehend unabhängigen Organisationen. Deutlich unter ihnen stehen die Handwerker in den Ämtern mit Morgensprache. Eine weitere Stufe tiefer folgen schließlich die Handwerker und Arbeiter ohne Morgensprache, die ihre Arbeitsberechtigung durch Konzession des Rates erhalten und deren Vereinigungen nicht als privilegierte gewerbliche Korporationen gelten[55]. Gewerbliche Autonomie begegnet also in den nordwestdeutschen Städten deutlich als abgestufte Autonomie. Der Platz der verschiedenen Gewerbe in der Rangordnung und das Ausmaß der Autonomie sind abhängig von den wirtschaftlichen Schwerpunkten in den einzelnen Städten. Berücksichtigt man die gewerberechtliche Abstufung, so lassen sich auch die verschiedenen Vereinigungen in den spätmittelalterlichen Städten (Ämter, Zünfte, Innungen, Gilden, Bruderschaften, Gesellschaften) trotz der verwirrenden Begrifflichkeiten identifizieren und in ihrer Eigenart bestimmen.

Als Ergebnis darf festgehalten werden: Das Ausmaß an Autonomie, das die Zünfte in den nordwestdeutschen Städten besitzen, läßt sich nicht pauschal bestimmen. Es muß sowohl zwischen den Städten wie auch innerhalb der Städte zwischen den Zünften unterschieden werden. Der starken Einschränkung der Autonomie in den Küstenstädten stehen Beispiele einer gesteigerten Autonomie durch den Zusammenschluß zu einer Gesamtgilde gegenüber. Die Gesamtgilde umfaßt jedoch nicht die Gesamtheit, sondern nur einen Teil des Handwerks und darf desbalb mit der in manchen süddeutschen Städten üblichen Organisation aller Bürger in Zünften (»Zunftverfassung«) nicht gleichgesetzt werden. Die Beschränkung der gewerblichen Autonomie geschieht vor allem durch die Zuordnung von Kontrollorganen und eine Einschränkung der genossenschaftlichen Gerichtsbarkeit. Der Aufbau eines obrigkeitlichen Behördenapparats mit gewerbepolizeilichen Aufgaben findet sich lediglich in Lübeck.

54 Hanna LINK, Die geistlichen Bruderschaften des deutschen Mittelalters, insbesondere die Lübecker Antoniusbruderschaft, in: Zschr. d. Ver. für Lübeckische Geschichte und Altertumskunde 20 (1920), S. 181–269. Monika ZMYSLONY, Die Bruderschaften in Lübeck bis zur Reformation. 1977. Gertrud BRANDES, Die geistlichen Bruderschaften in Hamburg während des Mittelalters, in: Zschr. d. Ver. für Hamburgische Gesch. 34 (1934), S. 75–176; 35 (1936), S. 57–98; 36 (1937), S. 65–110.

55 Vgl. ausführlich VON BRANDT (wie Anm. 28), S. 133–143.

»Frühkapitalismus« und Zunftwesen

Monopolbestrebungen und Selbstverwaltung in der frühneuzeitlichen Wirtschaft*

VON GEORG SCHMIDT

Das Thema ›Frühkapitalismus und Zunftwesen‹ verbindet zwei Begriffe, die geradezu als Chiffren für unterschiedliche Formen wirtschaftlicher Tätigkeit in der frühen Neuzeit gelten können. Während mit dem Zunftwesen negativ besetzte Assoziationen wie rückschrittlich, bürokratisch, wettbewerbs-, leistungs- und innovationsfeindlich verbunden werden, wird der Terminus ›Frühkapitalismus‹ mit Rationalität, Dynamik, Leistungs- und Gewinnorientierung und nicht selten auch mit Wettbewerb in Verbindung gebracht. Diese Zuordnungen erscheinen auf den ersten Blick durchaus plausibel, spiegeln aber in hohem Maße die wirtschaftspolitischen Diskussionen aus der Spätzeit des Zunftwesens und des sich langsam ausbildenden Industriekapitalismus wider. Um die Jahrhundertwende griffen die Wirtschaftshistoriker diese Debatte noch einmal auf und schrieben die Positionen fest[1]. Bedeutung, Inhalt und Aussagekraft der beiden Schlüsselbegriffe »Frühkapitalismus« und »Zunftwesen« bedürfen aber einer neuerlichen Prüfung, um nicht aufgrund fragwürdiger (Vor-)Urteile die Zuordnung von ›modernen‹ und ›traditionellen‹ Elementen in der frühneuzeitlichen Wirtschaftsverfassung zu präjudizieren.

Im Unterschied zu dem von der Wirtschafts-, Verfassungs- und Sozialgeschichte relativ eindeutig definierten Zunftwesen – gewerbebezogene, genossenschaftliche Verbindungen selbständiger Handwerker zum Schutz ihrer wirtschaftlichen, aber auch politischen, sozialen, religiösen und militärischen Interessen – erscheint die inhaltliche Auffüllung des Terminus ›Frühkapitalismus‹ geradezu unmöglich. Eine allgemeine Verständigung ist noch am ehesten über seine Bedeutung als Epochenbegriff zu

* Bei diesem Aufsatz handelt es sich um die erweiterte Fassung eines Vortrags, den ich am 12. November 1983 vor dem Südwestdeutschen Arbeitskreis für Stadtgeschichtsforschung in Pforzheim gehalten habe. Den Teilnehmern der dortigen Diskussion möchte ich für ihre anregenden Beiträge herzlich danken. Insbesondere aber gilt mein Dank Herrn Prof. Dr. Karl Erich Born für die Durchsicht des Manuskripts und seine zahlreichen weiterführenden Hinweise. In gleicher Weise bin ich Herrn Prof. Dr. Volker Press, Herrn Dr. Friedrich Lenger und Herrn Manfred Rudersdorf, M.A. (alle Tübingen), die weite Teile der Studie kritisch lasen, zu Dank verpflichtet. Das Manuskript wurde Anfang des Jahres 1984 abgeschlossen. Danach erschienene Literatur konnte nur noch in den Anmerkungen berücksichtigt werden.

1 Zu nennen sind hier: Georg von Below, Karl Bücher, Karl Lamprecht, Henri Pirenne, Gustav Schmoller, Aloys Schulte, Werner Sombart u.a.m. Vgl. dazu die instruktive Zusammenfassung: Luise SCHORN-SCHÜTTE, Stadt und Staat. Zum Zusammenhang von Gegenwartsverständnis und historischer Erkenntnis in der Stadtgeschichtsschreibung der Jahrhundertwende, in: Die Alte Stadt 10 (1983), S. 228–267. Dort auch die bibliographischen Angaben.

erwarten: eine wirtschaftliche Übergangsverfassung, in der sich der Wandel vom mittelalterlich-gebundenen zu dem auf freier Konkurrenz beruhenden neuzeitlich-kapitalistischen Wirtschaftssystem ankündigte. Der zeitliche Rahmen dieser Entwicklung wird jedoch unterschiedlich zwischen dem Ausgang des Hochmittelalters und dem Ende des 18. Jahrhunderts festgelegt[2]. Wie nahezu jede einer politisch-theoretischen Diskussion der jeweiligen Gegenwart entlehnte prononcierte Begrifflichkeit, die zur Erklärung oder Verdeutlichung historischer Sachverhalte benutzt wird, gerät auch der Terminus ›Frühkapitalismus‹ schnell an die Grenze seiner Definitionskapazität. Gerade bei Adaptionen, die mit der Vorsilbe »Früh-« beginnen, scheint darüber hinaus diese Schwelle besonders niedrig zu liegen, d.h. der betreffende Ausdruck vermag die zu vermittelnden Inhalte nur noch unzureichend oder – positiv gewendet – unter einseitiger Hervorhebung bestimmter (meist fortschrittlicher) Aspekte wiederzugeben[3].

Die Frage nach alten und neuen, nach rückschrittlichen und modernen Elementen in der frühneuzeitlichen Wirtschaftsverfassung erscheint jedoch komplizierter und vielschichtiger als derartig determinierende Begriffsbildungen, die trotz Regressionsphasen, Brüchen und Stagnationserscheinungen von einer aufsteigenden Zielgerichtetheit des historischen Prozesses ausgehen. Es ist bezeichnend, daß diese Art wirtschaftlicher Kontinuitätsforschung den gesamten Zeitraum von etwa der Mitte des 16. bis zum Ende des 18. Jahrhunderts mehr oder weniger als Stockungsperiode abwerten muß, weil die »frühkapitalistischen« Ansätze nicht unmittelbar in die Industrielle Revolution und das kapitalistische Wirtschaftssystem mündeten.

Im folgenden wird zu zeigen sein, daß der Begriff »Frühkapitalismus« lediglich einige eng begrenzte Merkmale der neuen wirtschaftlichen Organisationsformen – Handelsgesellschaften, Bergbau, Verlagssystem und Manufaktur – treffend zu charakterisieren vermag, während deren Wirtschaftsweise insgesamt in keinen prinzipiellen Widerspruch zur ›gebundenen‹ frühneuzeitlichen Wirtschaftsverfassung geriet, weil auch sie das Streben nach Monopolen und abgeschlossenen Wirtschaftsgebieten auszeichnete. Vor allem die Handelsgesellschaften und das Verlagswesen, aber auch der Bergbau und – gewissermaßen bereits als Ausblick – die Manufaktur sollen daher als Exponenten der »frühkapitalistischen« Wirtschaftsweise betrachtet und dem Zunftwesen entgegengesetzt werden, um an konkreten Beispielen Mit- und Gegeneinander

2 Josef KULISCHER, Allgemeine Wirtschaftsgeschichte des Mittelalters und der Neuzeit, 1–2. Darmstadt [5]1976, hier 2, S. 407; Georg DROEGE, Deutsche Wirtschafts- und Sozialgeschichte. Frankfurt a. M. u. a. [2]1972, S. 92; Bernhard KIRCHGÄSSNER, Einführung in die Wirtschaftsgeschichte: Grundriß der deutschen Wirtschafts- und Sozialgeschichte bis zum Ende des Alten Reiches. Düsseldorf 1979, S. 117f.

3 Neben dem Begriff »Frühkapitalismus« wäre hier vor allem auf die »frühbürgerliche Revolution« zu verweisen: Beide Termini sollen historische Kontinuität vermitteln. Während diese in der dem historischen Materialismus verpflichteten Geschichtswissenschaft mehr oder weniger auf einen Determinismus hinausläuft, gerät der Definitionsversuch von Wilhelm Treue in die unmittelbare Nähe liberaler Wirtschaftstheorien: »Abseits der Zünfte ... entwickelte sich ... der vielschichtige ›Frühkapitalismus‹ eines hauptsächlich bürgerlichen Unternehmertums, das ... zunächst allen Bindungen abgeneigt war, auf individueller Kraft und Tüchtigkeit und einer neuen, religiös und ethisch begründeten Wirtschaftsgesinnung beruhte.« Wilhelm TREUE, Wirtschaft, Gesellschaft und Technik vom 16. bis zum 18. Jahrhundert, in: Gebhardt. Handbuch der deutschen Geschichte (Bd. 12 der dtv-Ausgabe). München 1974, S. 63.

dieser oft antagonistisch gesetzten Formen wirtschaftlicher Tätigkeit zu beobachten. Möglichkeiten und Grenzen wirtschaftlicher Selbstverwaltung und die Einbindung von Zünften, Handelsgesellschaften und dem Verlagssystem in die politische Struktur des Reiches lassen sich am Beispiel der Freien und Reichsstädte im 16. und 17. Jahrhundert am besten verdeutlichen, weil hier der Rat nicht nur Herrschaftsrechte nach innen, sondern auch Selbständigkeit und Unabhängigkeit nach außen beanspruchte.

Wie die Zünfte blieben auch und gerade die Handelsgesellschaften und die reichen Kaufleute als Verleger von Landwebern, als Mitbesitzer von Bergwerken und Manufakturen eingebunden in den mehr und mehr herrschaftlich ausgerichteten Stadtverband oder in das vorwiegend agrarisch-feudal geprägte Umfeld. Eine erfolgreiche Wirtschaftstätigkeit war nur mit, nicht gegen diese Rahmenbedingungen möglich. Da sich zudem die Territorialherrschaften weiter verfestigten, ihrerseits die in den spätmittelalterlichen Kommunen entwickelte Ordnungsgesetzgebung übernahmen und beispielsweise Landeszünfte einführten[4], stand die mittelalterlich-gebundene Wirtschaftsform eher vor einer Renaissance als vor ihrem Zusammenbruch.

Im folgenden wird zunächst der sich stetig verengende Handlungsraum der Zünfte dargestellt und gezeigt, wie die städtischen Obrigkeiten seit dem 16. Jahrhundert bemüht waren, reichsübergreifende, Gewerbe und Bruderschaften einschränkende Regelungen zu finden und durchzusetzen. Während die Handwerke immer stärker von den Magistraten abhängig wurden, gelang es den Handelsgesellschaften, sich partiell aus dem städtischen Rechtsbereich zu lösen und einen eigenständigen Platz im Reichsverfassungssystem zu beanspruchen, wobei ihre Wirtschaftstätigkeit aber weiterhin eng mit den anderen politischen Kräften verknüpft blieb. Eine Analyse sozialer Konflikte hinsichtlich anti-frühkapitalistischer Zielsetzungen soll danach zur Bestätigung oder Widerlegung der These von einer Frontstellung zwischen Zunftwesen einer- und Handelsgesellschaften und Verlagssystem andererseits dienen. Aufgrund der dabei gewonnenen Ergebnisse werden abschließend Gemeinsamkeiten, Unterschiede und Komplementärfunktionen der frühneuzeitlichen Wirtschaftsorganisation gewürdigt und die Grenzen der wirtschaftlichen Selbstverwaltung markiert.

1. Obrigkeiten und Zunftwesen

Das bis heute vorwiegend negative Urteil über die Zünfte, Gilden, Gaffeln, Innungen und Ämter, wie diese gewerbebezogenen Wirtschaftskorporationen von Stadt zu Stadt unterschiedlich bezeichnet wurden, beruht auf den vielen wirklichen oder angeblichen Mißständen kurz vor deren Auflösung[5]. In einer Art unbewußter Rückprojek-

4 Ebd., S. 44; Herbert HASSINGER, Politische Kräfte und Wirtschaft 1350–1800, in: Hermann AUBIN/Wolfgang ZORN (Hg.), Handbuch der deutschen Wirtschafts- und Sozialgeschichte, 1. Stuttgart 1971, S. 608–657, hier S. 635 f.

5 Vgl. hierzu beispielsweise die von Rohrscheidt zusammengetragenen »Stimmen über den Zunftzwang«, die wie dessen Buch überhaupt eine einzige Anklage des Zunftwesens sind. Kurt VON ROHRSCHEIDT, Vom Zunftzwang zur Gewerbefreiheit. ND Glashütten/Ts. 1976 (zuerst erschienen 1898), bes. S. 175–182. Auch Fröhlich qualifiziert in einer neueren Arbeit das Zunftwesen des 17. und 18. Jahrhunderts pauschal als eine Institution ab, »die durch schikanöse Bestim-

tion wird das Zunftwesen, das die Wirtschaftsverfassung Alteuropas über ein halbes Jahrtausend hinweg prägte, generell unter den Verdacht der Verhinderung von wirtschaftlichem Wettbewerb und Innovationen gestellt. Es erscheint als eine ausschließlich dem Status quo verpflichtete Organisationsform zur Sicherung eines angemessenen Einkommens für jeden Meister – eine Auffassung, die Max Weber mit seinem oft zitierten Diktum »Zunftpolitik ist Nahrungspolitik«[6] auf den Begriff brachte. Dagegen hat Eckart Schremmer jüngst auf die interessante Möglichkeit eines Paradigmawechsels hingewiesen. Wird beispielsweise als Bezugspunkt der Wertungen »eine Industriegesellschaft des letzten Viertels des 20. Jahrhunderts auf der Basis von sozialgebundenem Eigentum, Mitbestimmung oder ähnlichem«[7] gewählt, müßten die Einschätzungen ganz anders ausfallen. Im Mittelpunkt stünde dann möglicherweise die starke »soziale Komponente«[8]. Die Gewerbekorporationen erhalten damit einen neuen, ›fortschrittlicheren‹ Stellenwert, und die vielen negativen Urteile erscheinen plötzlich zumindest in diesem Teilbereich anachronistisch. Für die sozialen und wirtschaftlichen Aspekte des Zunftwesens könnte damit eine Debatte eingeleitet werden, die für dessen politische Bedeutung seit langem geführt wird und nach dem Zweiten Weltkrieg – vor allem im Zusammenhang mit der Fragestellung ›Stadt und Reformation‹ – einen neuen Aufschwung genommen hat.

Die politische Macht der Zünfte differierte zwar von Stadt zu Stadt, es gilt jedoch grundsätzlich, daß gegen die Führungsgruppen in den einzelnen Gewerbekorporationen Entscheidungen der städtischen Obrigkeiten kaum durchsetzbar waren. In den meisten Freien und Reichsstädten kontrollierten die Zünfte den großen Rat, und nicht selten stellten sie auch die Mehrheit im kleinen oder täglichen Rat. Der Bürger wurde erst »durch die Zunftzugehörigkeit und die damit verbundenen Wahl- und Stimmrechte ... zum aktiven Mitglied der politischen Gemeinde«[9]. Gleichzeitig kanalisierten und integrierten die Gewerbekorporationen die meisten aufrührerischen Gedanken und

mungen eine kleine Gruppe von Mitgliedern privilegierte«. Sigrid FRÖHLICH, Die soziale Sicherung bei Zünften und Gesellenverbänden. Berlin 1976, S. 29.

6 Max WEBER, Wirtschaftsgeschichte. Berlin [3]1958, S. 129.

7 Eckart SCHREMMER, Industrialisierung vor der Industrialisierung. Anmerkungen zu einem Konzept der Proto-Industrialisierung, in: Geschichte und Gesellschaft 6 (1980), S. 420–448, Zitat S. 444.

8 Ebd., S. 445; vgl. hierzu auch Gerhard OEXLE, Die mittelalterliche Zunft als Forschungsproblem. Ein Beitrag zur Wissenschaftsgeschichte der Moderne, in: Bl. f. dt. LG 118 (1982), S. 1–44.

9 Peter EITEL, Die politische, soziale und wirtschaftliche Stellung des Zunftbürgertums in den oberschwäbischen Reichsstädten am Ausgang des Mittelalters, in: Erich MASCHKE/Jürgen SYDOW (Hg.), Städtische Mittelschichten. Stuttgart 1972, S. 79–83, Zitat S. 81. Vgl. DERS., Die oberschwäbischen Reichsstädte im Zeitalter der Zunftherrschaft. Untersuchungen zu ihrer politischen und sozialen Struktur unter besonderer Berücksichtigung der Städte Lindau, Memmingen, Ravensburg und Überlingen. Stuttgart 1970; Horst RABE, Der Rat der niederschwäbischen Reichsstädte. Rechtsgeschichtliche Untersuchungen über die Ratsverfassung der Reichsstädte Niederschwabens bis zum Ausgang der Zunftbewegungen im Rahmen der oberdeutschen Reichs- und Bischofsstädte. Köln/Graz 1966; Eberhard NAUJOKS, Obrigkeit und Zunftverfassung in südwestdeutschen Reichsstädten, in: ZWLG 33 (1974), S. 53–93, hier S. 56ff.; Adrian VON VOLLENHOVEN, Die Wirtschaftsgesinnung des mittelalterlichen Zünftlers. Eine Kritik, in: Schmollers Jahrbuch für Gesetzgebung, Verwaltung und Volkswirtschaft im Deutschen Reich 59 (1935), S. 299–309, hier S. 306; Hans MAUERSBERG, Wirtschafts- und Sozialgeschichte zentraleuropäischer Städte in neue-

Bewegungen. Sie waren Ventile und Katalysatoren für alle Formen sozialer Unzufriedenheit und politischer Opposition. Das Protestpotential wurde den Spielregeln der Stadtverfassung unterworfen. Da für die Wahl zum Zunftmeister oder in andere leitende Ämter gewisse finanzielle Voraussetzungen unabdingbar blieben[10], bildete sich in der zünftischen Führungsgruppe eine Art Gegenelite zum Stadtregiment heraus. Ihre Mitglieder waren weniger an einer radikalen Opposition oder einem vollständigen Umsturz der Verfassungsverhältnisse interessiert, sondern wollten in erster Linie ihren eigenen Herrschaftsanspruch verwirklichen und die Autonomie der Korporationen schützen. Diese sogenannte Zunftaristokratie wirkte in den städtischen Auseinandersetzungen oft mäßigend und vermittelnd.

Das Zunftwesen war konstitutiv für die Stadt und gab den Gewerbetreibenden ökonomische Sicherheit und politische Mitwirkungsmöglichkeiten. Darüber hinaus gewährleistete es die Regierung einer Kommune, weil es als Transmissionsriemen zwischen Stadtregiment und Bürgerschaft wirkte und dadurch die Reduktion sozialer Konflikte in entscheidender Weise beeinflußte. Innerhalb des von der Stadtverfassung gesetzten Rahmens regelten die Zünfte ihre Angelegenheiten selbständig. Sie führten Preis- und Qualitätskontrollen durch, entschieden über den Neuzugang zu dem betreffenden Handwerk und bestraften die gegen die Zunftgesetze verstoßenden Mitglieder[11]. Dabei wurden stellenweise exorbitante Bußen verhängt. So kamen in der Augsburger Weberzunft durchaus Strafen von 20 Gulden und mehr vor[12]. Für den Betroffenen wesentlich gefährlicher war jedoch der zeitweise oder gänzliche Ausschluß aus der Zunft, der einem Berufsverbot gleichkam, da die Ausübung eines ehrenhaften Gewerbes nur innerhalb der Korporation möglich war[13]. Die Zwangsorganisation »Zunft« besaß Monopolcharakter und suchte diesen mit allen Mitteln gegen unzünftige Handwerker aus der Umgebung der Stadt zu behaupten.

Als Hauptargument der Ablehnung jeglicher Konkurrenz führte man an, daß die Qualitätsgarantie nur für die eigenen Mitglieder übernommen werden könne und daß jeder Meister sein standesgemäßes Auskommen haben müsse, das sogenannte Nahrungsprinzip. Dennoch gelang es nie, den offenen oder verdeckten Wettbewerb innerhalb einer Zunft völlig auszuschalten[14]. Trotz aller auf gleiche Bedingungen und Absatzchancen zielenden Normierungen gab es sowohl zwischen den Zünften als auch

rer Zeit. Dargestellt an den Beispielen von Basel, Frankfurt a. M., Hamburg, Hannover und München. Göttingen 1960, bes. S. 218–235.

10 Für Oberschwaben hat Eitel nachgewiesen, daß die Zunftmeister drei- bis sechsmal so vermögend waren wie der Durchschnitt ihrer Zunft. Eitel, Stellung (wie Anm. 9), S. 83.

11 Clamor Neuburg, Zunftgerichtsbarkeit und Zunftverfassung in der Zeit vom 13. bis 16. Jahrhundert. ND Wiesbaden 1966 (zuerst erschienen 1880). Über die Zugangsbedingungen zum städtischen Gewerbe vgl. neuerdings Bernd Habicht, Stadt- und Landhandwerk im südlichen Niedersachsen im 18. Jahrhundert. Ein wirtschaftsgeschichtlicher Beitrag unter Berücksichtigung von Bedingungen des Zugangs zum Markt. Göttingen 1983, bes. S. 196–234.

12 Pius Dirr, Studien zur Geschichte der Augsburger Zunftverfassung 1368–1548, in: Zeitschrift des Historischen Vereins für Schwaben und Neuburg 39 (1913), S. 144–243, hier S. 187 f.

13 Droege (wie Anm. 2), S. 83 f.

14 Reinald Ennen, Zünfte und Wettbewerb. Möglichkeiten und Grenzen zünftlerischer Wettbewerbsbeschränkungen im städtischen Handel und Gewerbe des Spätmittelalters. Köln/Wien 1971; Hagen Hof, Wettbewerb und Zunftrecht. Zur Verhaltensgeschichte der Wettbewerbsregelung

in denselben bereits im späten Mittelalter ein gewaltiges wirtschaftliches und soziales Gefälle[15]: Der reich gewordene Verleger oder Kaufmann, der zunächst in der Weberzunft verblieb, besaß mit dem armen, »verlegten« Meister keinerlei Berührungspunkte und gemeinsame Interessen, von der gleichen Zunftzugehörigkeit abgesehen[16].

Während ersterer Anschluß an die anderen Handelsherren und das Patriziat suchte, unterschied sich letzterer zunehmend weniger von den Handwerksgesellen. Das Absinken weiter Teile ihrer Mitgliedschaft in den Stand unselbständig Arbeitender wollte die Zunft freilich mit allen Mitteln verhindern. Es gelang allerdings nicht immer. Takita hat für die Kölner Lohgerber nachgewiesen, daß im 16. Jahrhundert, trotz juristischer Gleichbehandlung aller Zunftgenossen, 40 Prozent »arme Meister« waren, die als Lohnwerker arbeiten mußten und von der Ausübung des Zunftmeisteramtes nahezu völlig ausgeschlossen blieben. Dagegen erreichten bis zu 20 Prozent der durchschnittlich 43 arbeitenden Meister den Status des Handwerker-Verlegers; die Zunftmeister entstammten meist dieser Gruppe. Die selbständig arbeitenden kleinen Meister verfügten damit nicht mehr über die Mehrheit innerhalb ihrer Zunft. Ihre Interessen gerieten gegenüber denjenigen der wohlhabenden Meister und denjenigen der »verlegten« Gewerbetreibenden ins Hintertreffen[17]. Angesichts der wirtschaftlichen Abhängigkeitsverhältnisse, die sich in diesem Gewerbe in Köln entwikkelt hatten, muß von einer weitreichenden Interessenidentität von »verlegenden« und »verlegten« Meistern ausgegangen werden: Größere Auseinandersetzungen zwischen den beiden vielfach antagonistisch gesehenen Gruppen sind jedenfalls nicht überliefert[18]. Es scheint, als sei in diesem Fall auch das Ausgreifen der Verleger auf das Umland nicht auf den erbitterten Widerstand der Zunft gestoßen, zumal sich gerade in Köln eine sinnvolle Arbeitsteilung zwischen der Stadt und den umliegenden länd-

durch Zunft und Stadt, Reich und Landesherr bis zu den Stein-Hardenbergschen Reformen. Köln/Wien 1983.

15 Erich Maschke, Verfassung und soziale Kräfte in der deutschen Stadt des späten Mittelalters, vornehmlich in Oberdeutschland, in: VSWG 46 (1959), S. 289–349 und 433–476, hier S. 294; Ernst Kelter, Die Wirtschaftsgesinnung des mittelalterlichen Zünftlers, in: Schmollers Jahrbuch für Gesetzgebung, Verwaltung und Volkswirtschaft im Deutschen Reich 56 (1932), S. 749–775; Frank Göttmann, Handwerk und Bündnispolitik. Die Handwerkerbünde am Mittelrhein vom 14. bis zum 17. Jahrhundert. Wiesbaden 1977, S. 94 f.; Rudolf Luther, Gab es eine Zunftdemokratie? Berlin 1968, S. 79–99; Hof (wie Anm. 14), S. 221; Wolfgang Klötzer, Archivalische Quellen zur Zunft- und Gewerbegeschichte, in: Bl. f. dt. LG 118 (1982), S. 45–59, hier S. 47.

16 Eine Reihe markanter Beispiele bei Jakob Strieder, Zur Genesis des modernen Kapitalismus. Forschungen zur Entstehung der großen bürgerlichen Kapitalvermögen am Ausgang des Mittelalters und zu Beginn der Neuzeit, zunächst in Augsburg. München/Leipzig 1935; Friedrich Blendinger, Versuch einer Bestimmung der Mittelschichten in der Reichsstadt Augsburg vom Ende des 14. bis zum Anfang des 18. Jahrhunderts, in: Maschke/Sydow (wie Anm. 9) S. 32–78, bes. die Tabellen im Anhang.

17 Hiromichi Takita, Der Wandel im Kölner Zunftwesen im 16. Jahrhundert – dargestellt am Beispiel der Lohgerber- und Harnischmacherzunft, in: Scripta Mercuratae 16 H. 1 (1982), S. 1–20, hier S. 17. Zum Verlagssystem siehe unten S. 98 ff.

18 Takita (wie Anm. 17), S. 19.

lichen Gebieten entwickelt hatte[19]. Normalerweise bekämpften die Zünfte aber alle Arten ländlicher Gewerbetätigkeit.

Die zur Eindämmung dieser Konkurrenz notwendige Ordnungsgesetzgebung besaß innerhalb der Kommunen eine lange Tradition und war allgemein akzeptiert[20]. Die gebundene Wirtschaftsverfassung ließ aber dennoch genügend Freiräume für individuellen Erfolg und den damit verbundenen Erwerb von Reichtum. Erst als innerhalb kürzester Zeit mit Hilfe eines bis dahin unvorstellbaren Kapitaleinsatzes und einzelner technischer Innovationen riesige Vermögensunterschiede entstanden, stieß das Wirtschaftssystem an seine Grenzen. Die Zünfte konnten zwar alle durch rationellere Fertigungsmethoden, Betriebsvergrößerungen oder Werbung entstandenen Wettbewerbsvorteile ihrer Mitglieder unterbinden[21], waren jedoch machtlos gegen das Angebot gleicher und ähnlicher Produkte, die außerhalb unter günstigeren Bedingungen in großer Zahl produziert und von den Kaufleuten auf den städtischen Markt geworfen wurden. Gegen einen derartigen Verdrängungswettbewerb mußte der Rat das einheimische Handwerk mit Hilfe von Markt- oder Zollordnungen schützen[22].

Die Magistrate ließen diese günstige Gelegenheit aber selten verstreichen, ohne die Autonomie der Zünfte weiter einzuengen und die eigenen Obrigkeitsrechte entscheidend auszubauen. Die große Zeit der mehr oder weniger oktroyierten Zunftordnungen begann. Die Gewerbe wurden der Aufsicht der städtischen Obrigkeit unterstellt: Je mehr Maßnahmen der Rat zum Schutz der städtischen Handwerker ergriff, desto stärker begrenzte er deren politischen Freiraum. Diese Entwicklung steht nur in scheinbarem Widerspruch zu der oben gezeigten Beteiligung der Zünfte am Ratsregiment. Wie Eberhard Naujoks verdeutlicht hat, verstand sich der städtische Rat seit dem

19 Franz IRSIGLER, Stadt und Umland im Spätmittelalter: Zur zentralitätsfördernden Kraft von Fernhandel und Exportgewerbe, in: Emil MEYNEN (Hg.), Zentralität als Problem der mittelalterlichen Stadtgeschichtsforschung, Köln/Wien 1979, S. 1–14. Vgl. auch DERS., Die wirtschaftliche Stellung der Stadt Köln im 14. und 15. Jahrhundert. Wiesbaden 1979. Für Augsburg kommt Kießling zu ähnlichen Ergebnissen. Rolf KIESSLING, Stadt und Land im Textilgewerbe Oberschwabens vom 14. bis zur Mitte des 16. Jahrhunderts, in: Bevölkerung, Wirtschaft und Gesellschaft, hg. v. Neithard BULST u. a. Trier 1983, S. 115–137.

20 Hans MAIER, Die ältere deutsche Staats- und Verwaltungslehre. München ²1980; Josef SEGALL, Geschichte und Strafrecht der Reichspolizeiordnungen von 1530, 1548 und 1577. Diss. Gießen 1914; Franz Ludwig KNEMEYER, Polizeibegriffe in Gesetzen des 15. und 18. Jahrhunderts, in: Archiv des öffentlichen Rechts 92 (1967), S. 153–180; Hans PROESLER, Das gesamtdeutsche Handwerk im Spiegel der Reichsgesetzgebung. Berlin 1954.

21 GÖTTMANN (wie Anm. 15), S. 130ff.; Peter KRIEDTE, Spätfeudalismus und Handelskapital. Göttingen 1980, S. 18; Rudolf WISSELL, Des alten Handwerks Recht und Gewohnheiten, 2–3. Berlin ²1974–1981, hier 2, S. 294ff.

22 So konnte Ulm seine Barchentproduktion vor allem deswegen behaupten, weil es den Zünften gelang, die auf dem Land gewebten Textilien von der Stadt fernzuhalten. KIRCHGÄSSNER (wie Anm. 2), S. 152. Während des Mittelalters hatten hingegen noch »ganze Landstriche... für den Ulmer Export« gearbeitet. Bernhard KIRCHGÄSSNER, Der Verlag im Spannungsfeld von Stadt und Umland, in: Erich MASCHKE/Jürgen SYDOW (Hg.), Stadt und Umland. Stuttgart 1974, S. 72–128, Zitat S. 86; Georg VON BELOW, Die Entstehung des modernen Kapitalismus, in: HZ 91 (1903), S. 432–485, hier S. 479f. Vgl. auch DROEGE (wie Anm. 2), S. 85; Fritz BLAICH, Die Reichsstädte und die Antimonopolpolitik des Reiches im Zeitalter Karls V., in: Jahrbuch für Geschichte der oberdeutschen Reichsstädte 12/13 (1966/67), S. 202–213, hier S. 206; HOF (wie Anm. 14), bes. S. 145ff.

ausgehenden Mittelalter immer stärker als Obrigkeit – und zwar gleichermaßen in patrizisch und in zünftisch verfaßten Kommunen[23].

Nachdem es den städtischen Magistraten in der zweiten Hälfte des 15. Jahrhunderts gelungen war, die Autonomie der Zünfte einzuschränken, suchten sie im 16. Jahrhundert nach reichsübergreifenden Regelungen, um die direkte Kommunikation zwischen den Gewerben der einzelnen Kommunen sowie die Gesellenverbände, Handwerkerbruderschaften und bestimmte Bräuche zu verbieten. Besonders die Gewohnheit des Schenkens und Zehrens beim An- und Abzug der Gesellen – eine von der Obrigkeit kaum zu kontrollierende Arbeitsvermittlung mit teilweise wüsten Gelagen –, die sich in einigen Handwerkszweigen eingebürgert hatte, machte den städtischen Magistraten schwer zu schaffen, weil die Monopolisierung des Arbeitsangebots durch die betreffenden Gesellenverbände ihre obrigkeitliche Stellung tendenziell gefährdete[24]. Aus der Sicht des Rates war das häufige und unkontrollierte Zusammenkommen der Handwerker stets mit dem Risiko konspirativer Gedanken, Reden oder Aktionen verknüpft. Hier drastische Einschränkungen durchzuführen, schien um so mehr geboten, als den ausgezeichnet und überregional organisierten »geschenkten« Handwerken im ›Verruf‹, d.h. in dem Ausschluß bestimmter Meister bei der Zuweisung von Arbeitskräften, ein durchaus probates Mittel zur Verfügung stand, um Entscheidungen der Obrigkeiten in Zunftangelegenheiten zu konterkarieren. Die städtischen Magistrate versuchten daher, auf dem allgemeinen Städtetag – einer im letzten Drittel des 15. Jahrhunderts als Reaktion auf die zunehmende ständische Abschließung des Reichstages und andere rapide Veränderungen im Reichsverfassungsgefüge entstandenen Organisation aller vom und für das Reich zu aktivierenden Kommunen[25] – übergreifende Regelungen abzusprechen.

23 Eberhard Naujoks, Obrigkeitsgedanke, Zunftverfassung und Reformation. Studien zur Verfassungsgeschichte von Ulm, Esslingen und Schwäb. Gmünd. Stuttgart 1958; Otto Brunner, Souveränitätsprobleme und Sozialstruktur in den deutschen Reichsstädten der frühen Neuzeit, in: VSWG 50 (1963), S. 329–360, bes. S. 344.

24 Ernst Mummenhoff, Das Handwerk in der deutschen Vergangenheit. ND der 2. Original-Auflage. Köln 1924, S. 66ff. und 85ff.; Johannes Janssen, Geschichte des deutschen Volkes seit dem Ausgang des Mittelalters, 8. Freiburg/Br. 15 1924, S. 89; Bruno Schoenlank, Sociale Kämpfe vor dreihundert Jahren. Leipzig 1894, S. 51ff.; Friedrich Lütge, Reich und Wirtschaft. Zur Reichsgewerbe- und Reichshandelspolitik im 15. bis 18. Jahrhundert. Dortmund 1961, S. 9f. Vgl. auch: Knut Schulz, Neue Studien zum spätmittelalterlichen Gesellenwesen, in: Zeitschrift für Historische Forschung 11 (1984), S. 61–68, bes. S. 64f.; Ders., Handwerksgesellen und Lohnarbeiter. Untersuchungen zur oberrheinischen und oberdeutschen Stadtgeschichte des 14. bis 17. Jahrhunderts. Sigmaringen 1985; Wilfried Reininghaus, Die Entstehung der Gesellengilden im Spätmittelalter. Wiesbaden 1981, S. 152ff.; Ders., Die Gesellenvereinigungen am Ende des Alten Reiches. Die Bilanz von dreihundert Jahren Sozialdisziplinierung, in: Ulrich Engelhardt (Hg.), Handwerker in der Industrialisierung. Lage, Kultur und Politik vom späten 18. bis ins frühe 20. Jahrhundert. Stuttgart 1984, S. 219–241. Eine Aufzählung der ›geschenkten‹ Handwerke bei: Philipp Knipschild, Tractatus politico-juridicus de juribus et privilegiis civitatum imperialium... Ulm 1657, S. 389; Ekkehard Wiest, Die Entwicklung des Nürnberger Gewerbes zwischen 1648 und 1806. Stuttgart 1968, S. 66f. und 194ff.

25 Georg Schmidt, Der Städtetag in der Reichsverfassung. Eine Untersuchung zur korporativen Politik der Freien und Reichsstädte in der ersten Hälfte des 16. Jahrhunderts. Wiesbaden 1984. Dort auch weitere Literaturangaben.

Obwohl sich die städtischen Delegierten bereits auf dem Esslinger Städtetag 1522 darüber verständigt hatten, alle Handwerkerbruderschaften aufzuheben[26], machten die unterschiedlichen Voraussetzungen in den einzelnen Kommunen die Durchführung dieses Beschlusses unmöglich. Die einzelnen Magistrate hätten die Entscheidung ihrer Delegierten zwar gerne ausgeführt, fürchteten aber die unkalkulierbaren wirtschaftlichen Folgen für den Fall, daß die anderen Freien und Reichsstädte nicht in gleicher Weise gegen die Bruderschaften vorgehen würden. Zudem war ihnen in vielen landesherrlichen Kommunen inzwischen eine ebenbürtige wirtschaftliche Konkurrenz erwachsen, die nur darauf wartete, die über derartige Ordnungen verärgerten Gesellen zu beschäftigen.

Diese Konkurrenzsituation tritt noch deutlicher bei den ständig wiederholten Verboten hervor, das Schenken und Zehren endlich zu unterbinden[27]. Die starke Stellung der geschenkten Handwerke im Wirtschaftsgefüge der Kommunen, die hervorragende Organisation dieser Gesellenverbände und – andererseits – der weiterhin große Einfluß der Zunftmeister machten freilich alle Reformansätze zur Utopie. In der zweiten Hälfte des 16. Jahrhunderts zeigte sich endgültig, daß die Fürsten letztlich am längeren Hebel saßen: Um ihre Absatzgebiete zu erhalten, mußten viele städtische Handwerker in die neu errichteten Landeszünfte eintreten. Dies geschah meist gegen den Willen der städtischen Obrigkeiten, die um die relative Selbständigkeit der Freien und Reichsstädte und ihre eigenen Gebotsrechte über die betreffenden Gewerbetreibenden fürchteten[28]. Angesichts der unabsehbaren Folgen zögerte jede Kommune, das Verbot des Schenkens auch wirklich zu exekutieren.

Zwar wiederholte die 1548 reformierte Reichspolizeiordnung diese Anordnung[29]; an ihre Durchsetzung war jedoch auch weiterhin nicht zu denken. Die ständige Wiederholung des Schenkverbots in den Reichsabschieden des 16. Jahrhunderts beweist dessen Wirkungslosigkeit. Die Magistrate der großen oberdeutschen Kommunen, die diese Bestimmungen durchzusetzen versuchten, mußten erkennen, daß sie damit lediglich die eigenen Gewerbe zu ruinieren drohten. Kein Geselle durfte nämlich länger

26 Städtetagsabschied (künftig: STA) Esslingen, 1522, Aug. StadtA Frankfurt, Reichssachen II, Nr. 606.

27 Vgl. Neue und vollständigere Sammlung der Reichsabschiede, welche von den Zeiten Kayser Conrads des II. bis jetzo auf den Teutschen Reichs-Tägen abgefasset worden..., hg. v. Heinrich Christian SENCKENBERG und Johann Jakob SCHMAUSS. 1–4. Frankfurt a. M. 1747, hier 2. und 3. Die Augsburger Polizeiordnung von 1530: Ebd. 2, S. 344f. Zum folgenden neuerdings SCHULZ, Handwerksgesellen (wie Anm. 24), bes. S. 129–162, der die offensichtliche Tendenz zu den geschenkten Handwerken mit ihrer großräumigen Organisationsform u. a. als Reaktion der Gesellen auf den immer stärker werdenden obrigkeitlichen Zugriff erklärt; ebd. S. 162. Vgl. auch Wilfried REININGHAUS, Zur Methodik der Handwerksgeschichte des 14.–17. Jahrhunderts, in: VSWG 72 (1985), S. 369–378.

28 Eberhard NAUJOKS, Reichsfreiheit und Wirtschaftsrivalität. Eine Studie zur Auseinandersetzung Esslingens mit Württemberg im 16. Jahrhundert, in: ZWLG 16 (1957), S. 279–302; Georg SCHMIDT, Reichsstadt und Territorialstaat. Esslingen, Württemberg und das Städtecorpus um die Mitte des 16. Jahrhunderts, in: Esslinger Studien 21 (1982), S. 71–104.

29 Sammlung der Reichsabschiede, 2 (wie Anm. 28), S. 605f.

als 14 Tage in diesen Städten arbeiten, wollte er nicht jegliche Förderung und Unterstützung seiner Bruderschaft verlieren[30].

Trotz einiger erfolgversprechender Ansätze gelang es den Führungsgruppen der Freien und Reichsstädte nie, das Problem der geschenkten Handwerke in ihrem Sinne zu lösen. Dieser Fehlschlag wurde aber erst während des Regensburger Reichstages von 1608 von den Städteboten offen eingestanden. Obwohl die Bestimmungen eindeutig seien, habe man sie nie exekutieren können, sondern sei zum *conveniren* gezwungen gewesen. Künftig sollten die städtischen Obrigkeiten die Ordnungen nur noch beachten, soweit es ihnen möglich sei, weil Kurfürsten und Fürsten den betreffenden Handwerken wesentlich größere Freiheiten beließen, um die Gesellen in ihre Städte zu ziehen[31]. Unabhängig von diesem partiellen Mißerfolg gegenüber den Gesellenverbänden gelang es den Freien und Reichsstädten in der zweiten Hälfte des 16. Jahrhunderts, die Selbständigkeit der Gewerbekorporationen weiter zu beschränken. Besonders die scheinbar willkürlichen und oft bei den geringsten Anlässen verhängten existenzbedrohenden Strafen der Zunftgerichte stießen beim städtischen Rat zunehmend auf Kritik, zumal dessen Autorität tangiert war, wenn seine Strafen nachträglich drastisch verschärft wurden[32].

1561 kam es hierüber in Straßburg zum Konflikt, der wegen seines grundsätzlichen Charakters auch den allgemeinen Städtetag beschäftigte. Während sich die Straßburger Gürtlermeister mit der Aufhebung eines Zunfturteils durch den städtischen Rat einverstanden erklärt hatten, weigerten sich die Gesellen, bei den betreffenden Meistern zu arbeiten. Es kam zu aufruhrartigen Auseinandersetzungen, in deren Verlauf der Rat einen Gesellen gefangennehmen und einige andere schwören ließ, bis zur Klärung der Vorfälle die Stadt nicht zu verlassen. Die Betreffenden flüchteten jedoch aus Straßburg und informierten ihre Handwerksgenossen, daß kein Geselle mehr dorthin ziehen solle. Während des Augsburger Reichstags 1566 wandte sich der Rat mit der Bitte an das Städtecorpus, die geflohenen Gürtlergesellen zu verpflichten, wo immer sie auftauchten, unverzüglich nach Straßburg zurückzukehren. Sollten sie dem nicht nachkommen, seien sie als meineidig zu verhaften. Die Städteboten beschlossen daraufhin grundsätzlich, alle Gesellen, die in einer anderen Kommune in Streitigkeiten verwickelt gewesen seien, auf Ersuchen des dortigen Rates zurückzuschicken[33].

Sieben Jahre später, während des Esslinger Städtetages, tauchte das gleiche Problem leicht modifiziert erneut auf. Einzelne Handwerke ignorierten die Aufforderung, gewisse Gesellen in eine andere Stadt zurückzuschicken. Es stellte sich heraus, daß viele Gewerbe nur den Aufforderungen anderer Handwerkskorporationen entsprachen, nicht jedoch denjenigen der Magistrate. Der Städtetag überließ es daraufhin seinen Mitgliedern, ob der Rat oder die betroffene Zunft die Rückstellungsforderungen versenden sollte. Falls dieses Obrigkeitsrecht den Gewerben übertragen werde, müßten bei deren Versammlungen stets zwei Ratsmitglieder anwesend sein und darauf achten,

30 Mummenhoff (wie Anm. 24), S. 86–89.

31 Protokoll städtischer Privatsachen, 1608, Febr. 22. StadtA Frankfurt, Reichssachen II, Nr. 1461.

32 Vgl. dazu die 1586 von Ulm vorgelegten Beschwerden »der handwerk halben«. Ebd., Nr. 1316.

33 STA Augsburg, 1566, Mai. Ebd., Nr. 1199.

daß nicht gegen die Reichsordnungen verstoßen und *dem ordentlichen magistrat der jurisdiction halber ainicher eingriff ervolge...*[34]. Diese Bestimmung wurde 1589 anläßlich einer grundsätzlichen Debatte über die Zunftgerichtsbarkeit dahingehend verschärft, daß in den Freien und Reichsstädten künftig keine Versammlungen der Handwerker ohne die Anwesenheit der dazu verordneten Ratsherren abgehalten werden dürften. Gleichzeitig verbot man den Gewerben, Briefe zu empfangen, zu öffnen oder zu versenden. Alle wegen geringfügiger Delikte vom Rat bestraften Meister, Gesellen oder Lehrlinge sollten von den Zunftgerichten nicht noch einmal verurteilt oder gar für unredlich gehalten werden. Alle Kommunen verpflichteten sich zu gegenseitiger Unterstützung, um diese Bestimmungen durchzusetzen[35].

Die stetige Angst der städtischen Führungsgruppen vor einem Aufruhr sowie der fortbestehende große Einfluß der Zunftmeister relativierten freilich alle Beschlüsse der allgemeinen Städtetage zur Kontrolle der Gewerbe und Bruderschaften. Darüber hinaus zogen Rat und Zünfte bei der Wahrung wirtschaftlicher Privilegien am gleichen Strang. Erst die Verordnungen des Rates zum Schutz der heimischen Gewerbe hatten Ämter zu deren Überwachung erforderlich gemacht. Für die damit betrauten Ratsherren wurden die daraus resultierenden Einkünfte – besonders in der reichsstädtischen Spätzeit – zu einer wichtigen, oft zur einzigen Einnahmequelle[36]. Während das Zunftbürgertum über die Mißwirtschaft der Ratsherren stöhnte, hatte es doch selbst mit seinen Forderungen nach einem konkurrenzfreien Wirtschaftsgebiet die Voraussetzungen dafür geschaffen. Die seit dem 15. Jahrhundert ununterbrochene Kette von Verordnungen zum Schutz des heimischen Gewerbes in seinen traditionellen Bahnen hatte den immensen städtischen Verwaltungs- und Überwachungsapparat erst erforderlich gemacht, damit aber gleichzeitig die obrigkeitliche Position des Rates entschieden verstärkt.

In ihrem Bemühen, den Spielraum der einzelnen Handwerke weiter zu beschränken, stießen die reichsstädtischen Magistrate in der zweiten Hälfte des 16. Jahrhunderts an eine Grenze, die sie nicht zu überwinden vermochten. Die hohe Mobilität der Gesellen und die zahlreichen alten Traditionen in den Gewerbekorporationen machten weitreichende obrigkeitliche Eingriffe außerordentlich schwierig; auch waren die Erfolgsaussichten höchst vage, wenn nicht zumindest in einer größeren Region einheitliche Regelungen verabredet und exekutiert wurden. Die Städtekurie des Regensburger Reichstages mußte sich daher 1666 auf Initiative Straßburgs und Nördlingens mit den gleichen Problemen auseinandersetzen wie hundert Jahre zuvor der allgemeine Städtetag[37]. Die höheren Stände zeigten sich nun aber kooperationsbereiter. In dem am

34 STA Esslingen, 1573, Aug. Ebd., Nr. 1249.

35 STA Ulm, 1589, Aug. Ebd., Nr. 1389.

36 Reinhard HILDEBRANDT, Rat und Bürgerschaft. Die Verfassungskonflikte in den Reichsstädten des 17. und 18. Jahrhunderts, in: Zeitschrift für Stadtgeschichte, Stadtsoziologie und Denkmalpflege 1 (1974), S. 221–241, bes. S. 235.

37 Johann Christian LÜNIG (Hg.), Das Teutsche Reichs-Archiv, pars generalis 1. Leipzig 1713, S. 551; WISSEL (wie Anm. 21), 3, S. 59ff.; Gerhard HEITZ, Die Folgen des Dreißigjährigen Krieges und der Wiederaufbau. Die Entstehung des territorialstaatlichen Absolutismus (1648 bis 1688), in: Deutsche Geschichte, 3, hg. v. Adolf LAUBE u. a. Köln 1983, S. 328–362, hier S. 348.

3. März 1672 an den Kaiser weitergeleiteten sogenannten Reichsgutachten wurde nicht nur das Problem der Bestrafung aufrührerischer und flüchtiger Gesellen angesprochen, sondern versucht, alle Unregelmäßigkeiten in den Gewerben einer einheitlichen Regelung zu unterziehen. Aus dem Kontrollrecht der Obrigkeiten über die Handwerke erwuchs geradezu eine Aufsichtspflicht. Die jahrhundertelang diskutierten Mißbräuche – das Schenken beim An- und Abzug, die autonome Gewerbegerichtsbarkeit, ungerechtfertigte Zugangsbeschränkungen, zu teure Meisterstücke, blauer Montag u. v. m. – sollten entsprechend den Vorstellungen der Reichsstände gelöst werden[38]. Es dauerte freilich noch einmal fast 60 Jahre, bis 1731 eine Reichshandwerksordnung publiziert werden konnte[39].

Aus einem Fragenkreis, der im 16. Jahrhundert lediglich die Freien und Reichsstädte zentral beschäftigte, war ein für alle Reichsstände gleichermaßen wichtiges Problem geworden. Die Territorialherren betrieben ›Gewerbepolitik‹ und bemühten sich mit den Vertretern der Reichsstädte, die ihren Intentionen entgegenstehenden Traditionen und Bräuche der Handwerker zu unterbinden. Solange lediglich die bessere und effektivere obrigkeitliche Kontrolle der Gewerbekorporationen das Ziel politischer Aktionen auf Reichsebene war, zogen inzwischen nahezu alle Stände an einem Strang. Dies änderte sich allerdings, wenn über konkrete wirtschaftspolitische Perspektiven oder die Anwendung technischer Neuerungen diskutiert wurde.

Zu den größten Auseinandersetzungen um den technischen Fortschritt einer- und das Nahrungsprinzip andererseits kam es während des 17. Jahrhunderts im Posamentierer- oder Bortenwirkergewerbe. Für unseren Zusammenhang ist dieser zuletzt von Wolfgang Klötzer am Beispiel Frankfurts aufgearbeitete Konflikt von großer Bedeutung[40], weil er zeigt, daß die Zünfte die auftauchenden Probleme nicht mehr in eigener Regie lösen konnten und von den wirtschaftspolitischen Interessen der Obrigkeiten abhängig geworden waren.

Bereits 1586 war in Danzig ein Webstuhl zur Herstellung von Bändern und Borten konstruiert worden, dessen Erfinder jedoch angeblich hingerichtet wurde, weil der Rat fürchtete, die neue Maschine werde viele Bürger brotlos machen[41]. Die Angst vor drohenden Arbeitsplatzverlusten und daraus folgenden Auseinandersetzungen begleitete die Bandmühle an alle Orte, in denen sie im Laufe des 17. Jahrhunderts aufgestellt wurde. Als man sie 1645 in Frankfurt erstmals in Betrieb nahm, untersagte die Zunft

38 Lünig, Reichs-Archiv (wie Anm. 37), S. 552 ff.

39 Proesler (wie Anm. 20), S. 54–70; Wissell (wie Anm. 21), 3, S. 110–128; Michael Stürmer (Hg.), Herbst des Alten Handwerks. München 1979, S. 54–71. Vgl. Wilhelm Abel, Neue Wege der handwerksgeschichtlichen Forschung, in: Ders. u. a., Handwerksgeschichte in neuer Sicht. Göttingen 1970, S. 1–25, hier S. 18; Peter Fleischmann, Interdisziplinäre Handwerksgeschichte? In: Zeitschrift für Historische Forschung 12 (1985), S. 339–356, bes. S. 345.

40 Wolfgang Klötzer, Reichsstadt und Merkantilismus. Über die angebliche Industriefeindlichkeit von Frankfurt a. M., in: Volker Press (Hg.), Städtewesen und Merkantilismus in Mitteleuropa. Köln/Wien 1983, S. 135–155.

41 Kulischer (wie Anm. 2), 2, S. 111; Hermann Kellenbenz, The Organisation of Industrial Production, in: The Cambridge Economic History of Europe, 5. Cambridge u. a. 1977, S. 462–548, hier S. 469; Fritz Blaich, Die Wirtschaftspolitik des Reichstags im Heiligen Römischen Reich. Ein Beitrag zur Problemgeschichte wirtschaftlichen Gestaltens. Stuttgart 1970, S. 216 f.

sofort die weitere Benutzung. Ihr Besitzer forderte daraufhin eine Betriebserlaubnis des Rates, da es seinen Zunftgenossen unbenommen sei, »sich in gleicher Erfindung zu bedienen«[42]. Der Rat verhielt sich wie stets in solchen Fällen: Er erkundigte sich, wie es die anderen Freien und Reichsstädte mit den Bandmühlen hielten. Köln reglementierte ihre Benutzung nicht, Nürnberg und Straßburg lehnten ihren Einsatz ab, in Ulm war die Erfindung noch unbekannt, und der Augsburger Rat wollte mehr auf das *commune bonum dann auf den privatnutzen* achten, zumal die armen Zunftgenossen nicht das Kapital besäßen, um diesen mechanischen Webstuhl zu erwerben[43]. Aber durch Absprachen unter den Städten ließ sich dieses Problem nicht mehr lösen[44]. 1685 erließ schließlich der Kaiser ein Edikt, das Herstellung und Vertrieb der auf Bandmühlen gewebten Borten und Bänder bei Strafe untersagte[45]. In der Folgezeit überschwemmten dennoch billige Posamentiererwaren aus der Schweiz und vom Niederrhein die Märkte der großen deutschen Städte. Als auf Initiative Augsburgs der Regensburger Reichstag sich 1712 erneut mit dem Verbot der Bandmühlen beschäftigte, stießen die Reichsstädte auf beträchtlichen Widerstand. Viele Stände fürchteten die generelle Ächtung technischer Neuerungen und fortschrittlicher Produktionsmethoden, die die deutschen Territorien gegenüber den anderen Nationen hoffnungslos zurückfallen lassen mußten[46].

Der Konflikt zwischen Erwerbssinn und Nahrungsprinzip kam im Posamentierergewerbe offen zum Ausbruch. Im Unterschied zum 16. Jahrhundert gelang es nun den Zünften – selbst in Zusammenarbeit mit den lokalen Obrigkeiten – nicht mehr, die Innovationen zu unterdrücken. Darüber hinaus garantierten auch Absprachen unter den Freien und Reichsstädten nicht den gewünschten Erfolg, weil die Konkurrenz der landesherrlichen Städte und Wirtschaftszentren zu groß geworden war. Wirtschaftspolitische Koordinierungsmaßnahmen innerhalb des Städtecorpus reichten zur Regelung des überregionalen Marktes nicht mehr aus. Das schlichte Verbot technischer Neuerungen half wenig, wenn der lokale Markt daraufhin mit maschinell hergestellten Produkten aus der Umgebung überschwemmt wurde. Der Schutz des städtischen Gewerbes durch traditionelle Mittel wie Zölle oder Marktgebühren war in Zeiten einer verstärkten wirtschaftlichen Rivalität zudem äußerst problematisch, weil damit der städtische Markt als zentraler Warenumtauschplatz der Region gefährdet wurde.

Der wirtschaftliche Aufschwung in den einzelnen Territorien beraubte die städtischen Zünfte und tendenziell auch die Magistrate ihrer wirtschaftlichen und ordnungs-

42 Klötzer (wie Anm. 40), S. 142.
43 Ebd.
44 Vgl. Ludwig Arentz, Die Zersetzung des Zunftgedankens. Nachgewiesen an dem Wollenamt und der Wollengaffel in Köln. Köln 1935, S. 100ff.; Blaich (wie Anm. 41), S. 217ff.
45 Johann Joseph Pachner von Eggenstorff, Vollständige Sammlung von Anfang und noch fürwährenden Reichs-Tags de Anno 1663 biß anhero abgefaßten Reichs-Schlüsse, 2. Regensburg 1740, S. 559ff.; Wissell (wie Anm. 21), 2, S. 318; Arentz (wie Anm. 44), S. 103. – Während 1681 alle drei Kollegien des Reichstages einer vom hanauischen Gesandten im Auftrag aller Posamentierer des Reiches übergebenen Denkschrift zustimmten, äußerte der Würzburger Vertreter allerdings die Befürchtung, daß die Zünfte ein solches Verbot zur Verdoppelung der Preise nutzen würden. Vgl. Pachner von Eggenstorff, 2, S. 287f. Haus-, Hof- und Staatsarchiv Wien, Reichsarchive, Reichstagsakten, Bd. 240, S. 2.
46 Blaich (wie Anm. 41), S. 222ff.

politischen Macht. Der vergleichsweise offene Markt war im 17. und 18. Jahrhundert der größte wirtschaftliche Vorteil der Freien und Reichsstädte gegenüber den merkantilistisch agierenden Territorialstaaten; hier stärkere Restriktionen einzuführen, wäre angesichts der ohnehin von allen Seiten bedrohten Position unverantwortlich gewesen. Damit war aber die monopolartige Stellung der Zünfte auf dem lokalen Markt tendenziell durchbrochen. Es spricht für deren Flexibilität, daß es ihnen gelang, sich auf das Warenangebot der Manufakturen und ländlichen Produktionsbereiche einzustellen und ihre eigenen Kapazitäten entsprechend umzustrukturieren. Man sollte sich jedoch davor hüten, die produktionstechnischen Veränderungen im 17. und beginnenden 18. Jahrhundert überzubewerten und die Verhinderung der Gründung sowie das schnelle Scheitern vieler Manufakturen der engstirnigen Politik der Gewerbekorporationen anzulasten. Zu einer derart weitreichenden Blockadepolitik besaßen diese längst nicht mehr die Kraft.

Die Autonomie der Gewerbe war seit ihrem Höhepunkt im späten Mittelalter immer weiter reduziert worden. Das einstmals ungefährdete Fertigungs- und Angebotsmonopol der Zunft für alle von ihren Mitgliedern traditionell verrichteten Arbeiten war aufgrund der Konkurrenz ländlicher Handwerker und des nun nicht mehr ausschließlich am Luxusbedarf orientierten Angebots des Fernhandels ins Wanken geraten. Um ihre alte Position zu erhalten, forderten die Zünfte das Eingreifen des städtischen Rates in dem Augenblick, als dieser ohnehin begann, sich als Obrigkeit zu verstehen. Dementsprechend ließ er sich diese günstige Gelegenheit nicht entgehen: Mit einer ausgedehnten Ordnungsgesetzgebung erhielt er den traditionellen städtischen Gewerben ein geschlossenes Wirtschaftsgebiet, unterwarf im Gegenzug aber ihre Korporation seiner Kontrolle. Für die Zünfte änderte sich damit auf dem lokalen Markt recht wenig. Ihre Monopolstellung beruhte lediglich nicht mehr ausschließlich auf ihrer wirtschaftlichen Überlegenheit, sondern auch auf den politischen Garantien der Ratsobrigkeit. Die Freien und Reichsstädte spielten dabei den Vorreiter einer allgemeinen Entwicklung. Im Zuge der administrativen Intensivierung und der Ausbildung einer Territorialstaatlichkeit gerieten die Gewerbekorporationen überall unter obrigkeitliche Kontrolle. Allerdings war auch die effektivste ›staatliche‹ Verwaltung noch nicht in der Lage, auf die internen Regelungsmechanismen der Handwerke zu verzichten. Am Ausgang des 17. und vor allem im 18. Jahrhundert wurden die Zünfte zu berufsständischen Vertretungen, die im Auftrag und mit Billigung der politischen Herrschaft dafür zu sorgen hatten, daß Angebot und Nachfrage auf den lokalen Märkten in einem gewissen Gleichgewicht blieben. Damit die auswärtige Konkurrenz die einheimischen Gewerbe nicht zum Erliegen brachte, hielt im Gegenzug die Obrigkeit fremde Waren soweit wie möglich vom eigenen Gebiet fern[47].

Diese Politik der Abschließung der eigenen Wirtschaftsregion blieb nicht auf die Städte beschränkt; auch die Territorien gingen unter dem Eindruck des Merkantilismus zu einer gezielten Wirtschaftsförderung durch den administrativen Ausschluß der

47 Vgl. MAUERSBERG (wie Anm. 9), S. 249–261; Volker PRESS, Städtewesen und Merkantilismus, in: DERS. (Hg.) (wie Anm. 40), S. 1–14.

Konkurrenz über[48]. Eine geschlossene und gebundene Form der Wirtschaft wurde im 17. und 18. Jahrhundert, wenn auch mit unterschiedlicher Intensität, überall praktiziert; angelastet wurde sie unter dem Eindruck der Industrialisierung aber ausschließlich den Zünften. Im folgenden Kapitel wird daher zu zeigen sein, daß auch die »frühkapitalistischen« Wirtschaftsorganisationen keineswegs als Verfechter liberaler Prinzipien mißverstanden werden dürfen; selbst Handelsgesellschaften und Verlage strebten nach herrschaftlich garantierten, abgeschlossenen Wirtschaftsgebieten.

2. »Frühkapitalistische« Wirtschaftsformen und Monopole

Etwa seit der Mitte des 14. Jahrhunderts wurden – nach italienischen Vorbildern – auch im oberdeutschen Wirtschaftsgebiet neue Produktionsmethoden, besonders im Textil- und Montanbereich, eingeführt: Das Verlagssystem, d.h. eine Organisationsform der Warenherstellung, bei der die einzelnen Handwerker zwar selbständig blieben, jedoch unter der Leitung eines Verlegers, der die Materialbeschaffung und den Absatz übernahm, begann einzelne Gewerbe zu durchdringen[49]. Gleichzeitig entwikkelte sich ein neuer Typus der Handelsgesellschaft – rational aufgebaut und rationell wirtschaftend. Kirchgässner sieht hier »spezifische Züge der kapitalistischen Organisationsformen überhaupt verwirklicht«[50].

Neben einigen objektivierbaren Kriterien, die sich um die rationale Organisation und die rationelle Arbeitsweise konzentrierten, wird dieses neue Wirtschaftsethos vor allem mit dem bekannten Ausspruch Jakob Fuggers belegt: »Er hätte viel einen anderen Sinn, er wolle winnen, dieweil er könne«[51]. Dieses sogenannte kapitalistische Credo, das wohl eher als übersteigertes Erwerbsstreben zu charakterisieren wäre[52], verliert freilich

48 Fritz BLAICH, Die Epoche des Merkantilismus. Wiesbaden 1973; HASSINGER (wie Anm. 4), bes. S. 635–640; Eli F. HECKSCHER, Der Merkantilismus, 1–2. Jena 1932/33; Ingomar BOG, Der Reichsmerkantilismus. Studien zur Wirtschaftspolitik des Heiligen Römischen Reiches im 17. und 18. Jahrhundert. Stuttgart 1959; Rudolf VIERHAUS, Deutschland im Zeitalter des Absolutismus (1648–1763). Göttingen 1978, S. 45–48.

49 Fridolin FURGER, Zum Verlagssystem als Organisationsform des Frühkapitalismus im Textilgewerbe. Stuttgart 1927; Gustav AUBIN/Arno KUNZE, Leinenerzeugung und Leinenabsatz im östlichen Mitteldeutschland zur Zeit der Zunftkäufe. Stuttgart 1940, bes. S. 42ff.; KULISCHER (wie Anm. 2), 2, S. 113–117; KIRCHGÄSSNER (wie Anm. 22); Friedrich LÜTGE, Deutsche Sozial- und Wirtschaftsgeschichte. Berlin u.a. [3]1966, S. 306–311; IRSIGLER, Stadt (wie Anm. 19), S. 7ff.; Rudolf HOLBACH, Tradition und Innovation in der gewerblichen Wirtschaft des Spätmittelalters: Zunft und Verlag, in: Edelgard E. DUBRUCK/Karl Heinz GÖLLER (Hg.), Crossroads of Medieval Civilisation: The City of Regensburg and its Intellectual Milieu. Detroit 1984, S. 81–119; DERS., Formen des Verlags im Hanseraum vom 13. bis zum 16. Jahrhundert, in: Hansische Geschichtsbll. 103 (1985), S. 41–73.

50 KIRCHGÄSSNER (wie Anm. 2), S. 177.

51 Zit. n. Wolfgang ZORN, Sozialgeschichte 1500–1648, in: Handbuch (wie Anm. 4), S. 465–494, hier S. 487; ebenso: Jakob STRIEDER, Studien zur Geschichte der kapitalistischen Organisationsformen. Leipzig 1914, S. 56. Vgl. auch Götz Freiherr VON PÖLNITZ, Jakob Fugger. Kaiser, Kirche und Kapital in der oberdeutschen Renaissance, 1–2. Tübingen 1949–1952.

52 Dagegen sieht Max Weber in diesem Ausspruch Jakob Fuggers geradezu eine »ethisch gefärbte Maxime der Lebensführung«, die er scharf von allen anderen Formen des Gewinnstrebens abgrenzt. Max WEBER, Die protestantische Ethik, 1. Hamburg [3]1973, S. 43; vgl. auch ebd., S. 47.

bei näherem Hinsehen viel von seiner Rigorosität, denn auch der ›mittelalterliche‹ Kaufmann strebte wie sein ein Handwerk betreibender Zunftgenosse stets nach größtmöglichem Gewinn[53]. Beide blieben allerdings den Gesetzen und Wirtschaftsbedingungen ihrer Korporationen unterworfen und damit auch dem Grundsatz verpflichtet, daß alle Mitglieder des eigenen Stands in ihrem Gewerbe eine auskömmliche Nahrung finden konnten. Das hinderte jedoch besonders glückliche oder besonders begabte Personen nicht, einen immensen Reichtum anzuhäufen, der sie nicht nur wirtschaftlich, sondern bald auch sozial weit aus der Masse der anderen Zunftmitglieder herausragen ließ.

Das Neue und für die Zukunft Richtungsweisende der großen Handelsgesellschaften und auch des Verlagssystems bildete nicht die absolute Höhe der Gewinne oder die Größe der getätigten Unternehmungen, sondern vielmehr die Individualisierung wirtschaftlicher Aktionen und das Herauswachsen aus den berufsständischen Korporationen. Das mag auf den ersten Blick paradox klingen, wurde doch der mittelalterliche Typus des Einzelkaufmanns nun von einem Verbund von Händlern, geradezu einer Handelskorporation abgelöst[54]. Diese Händler standen jedoch nicht mehr in einem Konkurrenzverhältnis zueinander, im Gegenteil: Sie hatten sich zusammengeschlossen, um den Wettbewerb soweit als möglich auszuschalten und für die Gesellschaft ein Monopol zu erringen[55]. Das Erreichen bzw. das Verteidigen einer Monopolstellung war zwar auch das Ziel der Zünfte oder der nun mittelalterlich anmutenden Kaufleute-Gesellschaften wie beispielsweise der Hanse, doch bestand innerhalb dieser Korporationen ein oft unterschätzter Konkurrenzkampf[56]. Bei der neuen Form der Handelsgesellschaften entfiel die Wettbewerbssituation vollständig: Sie arbeiteten auf gemeinsamen Gewinn, d. h., die Mitglieder erhielten Gewinnanteile entsprechend der Höhe des von ihnen zur Verfügung gestellten Kapitals bzw. feste Zinssätze, hauptsächlich bei kleineren Einlagen. Die Handelsgesellschaften bedeuteten die Weiterentwicklung der mittelalterlichen Kaufleute-Gesellschaften: aus einem Oligopol wurde zumindest tendenziell das Monopol.

Während die Kaufleute-Gesellschaften Privilegien, Stapelrechte und Monopolverträge für alle Mitglieder der Korporation zu erringen suchten, strebten die weltweit

53 Kelter (wie Anm. 15); Below (wie Anm. 22), S. 443 und 452 ff.

54 Elmar Lutz, Die rechtliche Struktur süddeutscher Handelsgesellschaften in der Zeit der Fugger, 1–2. Tübingen 1976.

55 Nach Ehrenberg gelang ihnen der Aufbau eines tatsächlichen Monopols jedoch sehr selten. Richard Ehrenberg, Das Zeitalter der Fugger, 1. ND Hildesheim 1963 (zuerst erschienen 1896), S. 395 ff. Für die Wertung dürfte entscheidend sein, ob der Begriff »Monopol« lediglich dann verwandt wird, wenn ein überregionaler bis »weltweiter« Alleinvertrieb vorliegt, oder ob das konkurrenzlose Angebot auf dem lokalen Markt bereits als Monopol qualifiziert wird – wie es hier geschieht.

56 Strieder hat darauf aufmerksam gemacht, daß der Kapitalkonzentration im oberdeutschen Wirtschaftsgebiet eine Kapitalzersplitterung im Hansebereich gegenüberstand. Strieder (wie Anm. 51), S. 97 f.; Wolfgang Zorn, Die politische und soziale Bedeutung des Reichsstädtebürgertums im Spätmittelalter, in: Ztschr. f. Bayerische Landesgeschichte 24 (1961), S. 460–480, hier S. 475 f.; Walter Stark, Zins und Profit beim hansischen Handelskapital, in: Hansische Studien V. Weimar 1981, S. 13–27, hier S. 24.

agierenden oberdeutschen Handelshäuser das gleiche ausschließlich für die eigene Firma an. Traditionell konnten viele Einzelkaufleute im Rahmen eines Monopolvertrags mit einem Fürsten eine Ware wie Salz vermarkten; die großen Fernhandelsgesellschaften versuchten aber, den Absatz bestimmter Produkte in einer Hand zu konzentrieren. Die Handelsgesellschaften dehnten darüber hinaus im 16. Jahrhundert ihre wirtschaftliche Tätigkeit auf alle Bereiche aus, die größtmöglichen Gewinn versprachen; er wurde dort erzielt, wo die Konkurrenz ausgeschaltet blieb. Um dieses Ziel zu erreichen, schlossen sich selbst die größten Gesellschaften für bestimmte Zwecke untereinander zusammen oder verabredeten Mindestpreise[57]. Gegen diese neue Form wirtschaftlicher Konzentration waren die städtischen Obrigkeiten nahezu machtlos. Anders als im Falle der Zünfte gelang es ihnen nicht, die Autonomiebestrebungen der Handelsgesellschaften ernsthaft zu blockieren. Diese verkehrten mit oder ohne Duldung der Magistrate mit Kaiser und Fürsten, schlossen Verträge in bis dahin unbekannter Höhe und erhielten als Gegenleistung Privilegien, die hin und wieder sogar städtische Obrigkeitsrechte tangierten. Die großen Handelsgesellschaften, denen es gelang, ihre wirtschaftliche auch in politische Macht zu transferieren, wuchsen relativ schnell aus dem städtischen Rechtsbereich heraus[58]. Trotz eines teilweise enormen Landbesitzes verharrten ihre Eigner jedoch in den Kommunen: Eine Weltfirma ließ sich nicht ohne weiteres aus Weißenhorn oder einem oberschwäbischen Dorf dirigieren.

Die scheinbar unbegrenzten Möglichkeiten dieser Handelsgesellschaften – im Textil- und Metallgewerbe kontrollierten sie als Verleger nicht selten den gesamten Produktionsprozeß vom Ankauf oder der Gewinnung der Rohstoffe bis zum Absatz der Fertigerzeugnisse – ließen sie zum vorrangigen Angriffsziel der am Ende des 15. Jahrhunderts im Reich einsetzenden umfassenden Antimonopolbewegung werden[59]. Der Monopolbegriff wurde dabei zum politischen Kampfbegriff: Fürsten, Gelehrte und Klerus machten die Handelsgesellschaften unterschiedslos für alle wirtschaftlichen Mißstände verantwortlich. Selbst König Maximilian versuchte bereits 1495, an den immensen Gewinnen der oberdeutschen Handelshäuser mit Hilfe von Zwangsanleihen zu partizipieren[60]. Andererseits verdankten besonders die Augsburger Firmen ihren rasanten Aufstieg der engen Kooperation mit dem Hause Habsburg, das die benötigten Gelder mit der Übertragung von Regalrechten, regelmäßigen Einkünften und Privilegien sicherte und honorierte.

57 ZORN (wie Anm. 51), S. 486. »Man ersetzte den aufreibenden Konkurrenzkampf um die Märkte durch eine Heirats-Fusions-Politik und verleibte sich ganze Wirtschaftsimperien ein.« Wolfgang VON STROMER, Verflechtungen oberdeutscher Wirtschaftszentren am Beginn der Neuzeit, in: Wilhelm RAUSCH (Hg.), Die Stadt an der Schwelle zur Neuzeit. Linz 1980, S. 21–40, Zitat S. 27.

58 Mörke vertritt beispielsweise die Ansicht, daß die ständische Aufwertung der Fugger 1538 in Augsburg »allein auf ihrem wirtschaftlichen Erfolg« beruht, »der ein Ausmaß erreicht, das eine Integration in das System des Zunftregiments nicht mehr zuläßt«. Olaf MÖRKE, Die Fugger im 16. Jahrhundert. Städtische Elite oder Sonderstruktur. Ein Diskussionsbeitrag, in: Archiv f. Reformationsgeschichte 74 (1983), S. 141–162, Zitat S. 153.

59 Joseph HÖFFNER, Wirtschaftsethik und Monopole im 15. und 16. Jahrhundert. Darmstadt ^{2}1969.

60 Zum folgenden: SCHMIDT (wie Anm. 25), S. 424ff.

Für die Freien und Reichsstädte stellte sich mit jeder Form einer Zwangsanleihe der großen Gesellschaften unverzüglich die Frage der Steuerhoheit. Die Städtetage fürchteten den Präzedenzfall, der bald *für ein alt herkommen geacht* werden könnte. Obwohl nur wenige Kommunen betroffen waren, protestierte das gesamte Städtecorpus und erreichte den Verzicht auf die Zwangsanleihe. Während des Konstanzer Reichstages 1507 verlangte Maximilian wiederum die Vorfinanzierung von 100000 Gulden durch die Handelsgesellschaften. Die betroffenen Kommunen fürchteten erneut um das exklusive Besteuerungsrecht des Rates, zumal Maximilian in seinem Mandat davon ausging, daß ihm alle Handelsgesellschaften eo ipso direkt unterstünden.

Das Städtecorpus stand vor einem neuen Balanceakt: Es mußte den betroffenen Kommunen beistehen und gleichzeitig die Möglichkeit einer einvernehmlichen Regelung mit dem König offenhalten. Der Speyerer Städteabschied vom Januar 1508 schloß daher mit dem Hinweis: Falls Maximilian auf seinen Forderungen beharre, müßten sie unter solchen Bedingungen gewährt werden, daß daraus später keine Verpflichtung entstehen könne. Auf dieser Basis gelang der Kompromiß; die Handelshäuser sollten ihr Darlehen freiwillig entrichten. Die politischen Führungsgruppen der Freien und Reichsstädte hatten den Versuch, die Handelsgesellschaften aus ihrem Obrigkeitsbereich herauszulösen, abgewehrt: Ein demonstrativer Einbruch in ihre Herrschaftsrechte war vermieden worden[61]. Statt dessen wurde in den folgenden Jahren der Zusammenhang zwischen Monopolbildung und Handelsgesellschaften zum wichtigsten Beratungsgegenstand der Reichsversammlungen. Bereits der Trierer Reichstag von 1512 wandte sich gegen die von ihnen ausgehenden Monopolbestrebungen. Dabei wurde das ausschließliche Recht der jeweiligen Obrigkeit, gegen die unter Monopolverdacht stehenden Gesellschaften vorzugehen, insofern eingeschränkt, als der kaiserliche Fiskal eingreifen konnte, wenn die zuständige Herrschaft dabei nachlässig verfuhr[62]. Im Vergleich zur Diskussion der Jahre 1507/1508 war es freilich ein gewaltiger Fortschritt, daß grundsätzlich die Gerichtshoheit der Freien und Reichsstädte über die Handelsgesellschaften reichsrechtlich verankert wurde.

Obwohl die oberdeutschen Großfirmen die Wahl Karls V. finanziert hatten, gerieten sie Anfang der zwanziger Jahre unter noch stärkeren Druck, denn in seiner Wahlkapitulation hatte das Reichsoberhaupt versprechen müssen, gegen die Gesellschaften vorzugehen[63]. Bereits der Wormser Reichstag beschäftigte sich mit dem

61 Ebd., S. 428.

62 Reichsabschiede (wie Anm. 27), 2, S. 144.

63 Deutsche Reichstagsakten, jüngere Reihe, 1. Bearb. v. August KLUCKHOHN. Gotha 1893, Nr. 387, S. 872. Vgl. zum folgenden: Ferdinand FRENSDORFF, Das Reich und die Hansestädte, in: Ztschr. d. Savigny-Stiftung f. Rechtsgeschichte, Germ. Abt. 20 (1889), S. 115–163, hier S. 127 ff.; Manfred MEYER, Die Haltung der Freien und Reichsstädte auf den Reichstagen 1521 bis 1526, in: Jahrbuch für Geschichte des Feudalismus 5 (1981), S. 181–235, hier S. 203 f.; Natalja V. SAVINA, Die Handelsgesellschaften und die gesellschaftliche Bewegung in Deutschland während des ersten Drittels des 16. Jahrhunderts, in: Ebd., S. 149–179, hier S. 157; SCHMIDT (wie Anm. 25), S. 429 ff.; Hermann KELLENBENZ, Das Römisch-Deutsche Reich im Rahmen der wirtschafts- und finanzpolitischen Erwägungen Karls V. im Spannungsfeld imperialer und dynastischer Interessen, in: Heinrich LUTZ (Hg.), Das römisch-deutsche Reich im politischen System Karls V. München/Wien 1982, S. 35–54, hier S. 41 ff.

Zusammenhang von Preistreiberei, Monopolen und Handelsgesellschaften. Die Beschlußfassung hierüber bereitete anschließend das neu installierte kaiserliche Regiment vor, das die wichtigsten Handelsstädte 1522 Gutachten zu diesem Themenkomplex anfertigen ließ[64].

Während sich der Augsburger Rat geradezu apologetisch hinter die großen Gesellschaften stellte[65], reagierte man in Ulm wesentlich kritischer und plädierte für deren Kapitalbegrenzung und obrigkeitlich festgelegte Preistaxen[66]. Augsburg blieb innerhalb des Städtecorpus isoliert; alle anderen Kommunen forderten wie die meisten höheren Stände Beschränkungen für die Handelsgesellschaften, die diese daran hindern sollten, Monopole zu bilden oder so marktbeherrschend zu werden, daß sie die Preise beliebig diktieren konnten. Während die höheren Stände auf dem Nürnberger Reichstag 1522/23 die Handelsgesellschaften kurzerhand mit Monopolien identifizierten, versuchten die Kommunen das Inkrafttreten dieser weitreichenden und für den gesamten städtischen Handel gefährlichen Beschlüsse beim Kaiser in Spanien zu verhindern. Dabei wünschten jedoch auch die Freien und Reichsstädte das Verbot wirklicher Monopole und wollten *unrechtmessig handlungen und was monopolium were, selbst helfen ab zu thun und zu strafen*[67]. Doch der Augsburger Rat spielte ein doppeltes Spiel. Sein Vertreter in der städtischen Gesandtschaft zum Kaiser war instruiert, die Bemühungen des Städtecorpus um eine Limitierung der Handelsgesellschaften zu hintertreiben[68]. Karl V. intervenierte daraufhin tatsächlich zugunsten der Handelsgesellschaften und befahl im September 1523 die Einstellung sämtlicher Verfahren wegen Monopolverdachts[69].

Obwohl es in Nürnberg Anfang des Jahres 1524 zum offenen Konflikt zwischen den Augsburger Delegierten und den anderen Städteboten kam und der Stadt am Lech sogar zeitweise der Ausschluß aus dem Städtecorpus drohte, behielt sie dank der kaiserlichen Unterstützung das bessere Ende für sich. Der auf dem allgemeinen Städtetag im Juli 1524 noch einmal wiederholte Wunsch nach einer Limitierung der Handelsgesellschaften blieb unverwirklicht. Auf Augsburger Initiative erließ der Kaiser im März 1525 ein Edikt zur Beseitigung der Mißstände im Handelsverkehr. Es konzentrierte das Recht zur Klageerhebung wegen Monopolverdachts bei den lokalen Obrigkeiten; darüber hinaus wurden zwei Monate später Erze und die Metallgewin-

64 Deutsche Reichstagsakten, jüngere Reihe, 2–4. Bearb. v. Adolf WREDE. Gotha 1896–1905, hier 3, Nr. 100. Vgl. zuletzt Thomas A. BRADY, Turning Swiss. Cities and Empire 1450–1550. Cambridge u. a. 1985, S. 127 ff. und passim.

65 Reichstagsakten, jüngere Reihe, 3, Nr. 103. Über die engen Verbindungen zwischen der städtischen Obrigkeit und den Handelsgesellschaften in Augsburg: August KLUCKHOHN, Zur Geschichte der Handelsgesellschaften und Monopole im Zeitalter der Reformation, in: Historische Aufsätze dem Andenken an Georg Waitz gewidmet. Hannover 1886, S. 666–703, hier S. 672 und 679 ff.

66 Reichstagsakten, jüngere Reihe, 3, Nr. 101. Ähnlich kritisch setzte sich auch das Nürnberger Gutachten mit den großen Handelsgesellschaften auseinander, die binnen zwei Jahren aufgelöst werden sollten. MEYER (wie Anm. 63), S. 204 f.

67 STA Speyer, 1523, März. StadtA Frankfurt, Reichssachen II, Nr. 634.

68 Vgl. SCHMIDT (wie Anm. 25), S. 431–437.

69 Fritz BLAICH, Die Reichsmonopolgesetzgebung im Zeitalter Karls V. Ihre ordnungspolitische Problematik. Stuttgart 1967, S. 13; PÖLNITZ (wie Anm. 51), 1, S. 527 f.

nung ausdrücklich von diesen Bestimmungen ausgenommen und Monopole in diesen Branchen für volkswirtschaftlich sinnvoll erklärt[70].

Nach 1525 beschäftigte sich das Städtecorpus nur noch beiläufig mit der Monopolfrage – das gilt auch für die letzte große Auseinandersetzung über die Handelsgesellschaften auf dem Augsburger Reichstag 1530. Konrad Peutinger, der hier letztmals in vorderster Front zugunsten der Augsburger Firmen agierte, erreichte immerhin, daß die Trierer Bestimmungen von 1512 nicht verschärft und zudem Erz von der Liste der monopolverdächtigen Waren gestrichen wurde[71]: ein Erfolg Peutingers, der aufgrund seiner Stellung die Interessen der Fernhandelsgesellschaften in die offizielle Augsburger Politik einfließen lassen konnte, und des Augsburger Rates, der vor allem wegen der stetigen Angst vor einer Abwanderung seiner reichsten Bürger zum Fürsprecher der Handelshäuser geworden war, nicht jedoch des Städtecorpus, denn dort überwog weiterhin eine kritische Haltung gegenüber den großen Firmen. Allerdings fanden sich die anderen Kommunen und anscheinend auch die höheren Stände mit der eingetretenen Konzentration ab. Die großen Gesellschaften hatten sich zudem inzwischen – unabhängig und oft gegen die Interessen der lokalen Obrigkeiten – einen eigenen Platz im Reichsverfassungssystem erobert. Auch wenn diese Entwicklung nie offiziell anerkannt wurde, waren die Handelsgesellschaften de facto relativ autonome Körperschaften mit privilegierten Beziehungen zum Reichsoberhaupt und zu vielen Fürsten. Ein Beispiel dieser Verbindungen ist das Mandat Karls V., das die Erben Jakob Fuggers von jeglicher Verfolgung wegen des Verdachts auf Monopolvergehen befreite[72].

Die Handelshäuser hatten im 16. Jahrhundert insgesamt Positionen errungen, die sie, abgesehen von ihren finanziellen Krisen, nahezu unabhängig von der lokalen Obrigkeit werden ließen. Da große Teile ihres Vermögens krisensicher auf dem Land – teilweise durch den Erwerb ganzer Herrschaften – angelegt waren, mußte der Augsburger Rat bei einer restriktiven Politik durchaus mit dem Abzug seiner potentesten Steuerzahler rechnen. Tatsächlich begab sich der greise Jakob Fugger bei den Augsburger Unruhen 1524 – auf die später zurückzukommen sein wird – nach Biberach.

Wirtschaftliche, ja auch politische Selbstverwaltung war in Bezug auf die großen Handelshäuser alles andere als eine bloße Floskel, zumal die Handelsgesellschaften bzw. ihre Eigner zu Quasi-Feudalherren wurden. Dies gilt nicht nur im Hinblick auf den Ankauf ganzer Herrschaften, sondern insbesondere für die Übernahme und Auswertung des fürstlichen Bergregals. Aufgrund dieses in der Goldenen Bulle anerkannten fürstlichen Regals und der hohen Spezialisierung im Bergbau hatten sich dort korporative Besitzverhältnisse ausgebildet. Während ursprünglich wohl alle am Abbau beteiligten Arbeiter Mitbesitzer des Bergwerks waren und nach Abzug des dem Fürsten zustehenden Anteils gemäß ihrer Arbeitsleistung an der Ausbeute beteiligt wurden,

70 Blaich (wie Anm. 69), S. 13, S. 57 und 69f.; Heinrich Lutz, Conrad Peutinger. Augsburg (1958), S. 219ff.; Clemens Bauer, Conrad Peutingers Gutachten zur Monopolfrage, in: Archiv f. Reformationsgeschichte 45 (1954), S. 1–41 und 145–196, hier S. 159f.

71 Reichsabschiede (wie Anm. 27), 2, S. 327.

72 Das Privileg gedruckt bei: Strieder (wie Anm. 51), S. 371–375; vgl. auch: Freiherr Götz von Pölnitz, Anton Fugger, 1. Tübingen 1958, S. 84.

kam es, sobald sich der Kapitalbedarf erhöhte, zum Verkauf sogenannter Kuxen an nichtmitarbeitende Gewerke[73].

Als im 15. Jahrhundert die Nachfrage nach Edelmetallen und Metallprodukten rapide stieg, witterten die städtischen Kaufleute ihre Gewinnchancen und investierten große Summen im Bergbau, die dort auch höchst willkommen waren, weil der Abbau immer kapitalintensiver wurde[74]. Während im sächsischen Silberbergbau die Kapitalgeber aufgrund des Direktionsprinzips von den landesherrlichen Aufsichtsbeamten abhängig blieben, existierten diese Einschränkungen in Tirol nicht. Hier verloren zunächst Erzherzog Sigmund und dann Kaiser Maximilian nach und nach ihren unmittelbaren Einfluß auf den Bergbau an die Gewerke. Die habsburgische Anleihepolitik machte diese zu den alleinigen Herren des Tiroler Bergbaus. Da die Fugger aber stets die größten Anleihen gewährten, gelang es ihnen, die anderen Gewerke in eine Statistenrolle zu drängen und deren Kapitalakkumulation entscheidend zu blockieren. Schließlich traten die Gesellschaften »selbst an die Stelle der Regalherren«[75]. Weil ihre Machtpositionen aufgrund ihrer enormen wirtschaftlichen Erfolge von den politischen Kräften nicht mehr kontrolliert und beschränkt werden konnten, wurden sie selbst zu einem Teil der Obrigkeit. Durch den Erwerb feudaler Rechte beherrschten sie beispielsweise mit dem Bergbau einen Wirtschaftszweig, der sonst am ehesten als protokapitalistisch gelten kann, weil sich hier Kapitalgeber und Lohnarbeiter bereits im Stadium der Manufaktur gegenüberstanden.

Aus der nahezu unangreifbaren Position der großen Handelsgesellschaften – für die die Fugger hier lediglich als Beispiel stehen – zog der Augsburger Rat die Konsequenz und machte sich zu deren Fürsprecher. Der Nürnberger Rat wählte dagegen den entgegengesetzten Weg und kämpfte für Kapital- und Niederlassungsbeschränkungen der Handelsgesellschaften. Auf den ersten Blick erscheint dies außerordentlich überraschend. Angesichts der großen Nürnberger Gesellschaften hätte man den dortigen Magistrat eher an der Seite Augsburgs als an derjenigen Ulms erwartet.

In der dem historischen Materialismus verpflichteten Geschichtsschreibung wird in letzter Zeit versucht, aus den unterschiedlichen Positionen der städtischen Obrigkeiten bezüglich einer Beschränkung der Fernhandelsgesellschaften einen Konflikt zwischen einer monopolistischen und einer antimonopolistischen Fraktion des Bürgertums in der ersten Hälfte des 16. Jahrhunderts zu konstruieren, die sich auf den Reichs- und

73 Adolf LAUBE, Der beginnende Übergang vom Feudalismus zum Kapitalismus. Das Heranreifen der frühbürgerlichen Revolution, in: Deutsche Geschichte, 3, S. 12–79, hier S. 18; KULISCHER (wie Anm. 2), 2, S. 134 ff.

74 Nach Hoyer überwog im 16. Jahrhundert generell »das Handels- und Manufakturkapital«. Siegfried HOYER, Die deutsche frühbürgerliche Revolution 1517–1525/26, in: Manfred KOSSOK (Hg.), Revolution der Neuzeit: 1500–1917. Berlin (DDR) 1982, S. 19–34, hier S. 20. Vgl. auch: Ursula SCHMIDT, Die Bedeutung des Fremdkapitals im Goslarer Bergbau um 1500. Goslar 1970; Adolf LAUBE, Zur Profitbildung im Erzgebirgischen Silberbergbau des 15. und 16. Jahrhunderts, in: Hansische Studien V. Weimar 1981, S. 78–89.

75 Adolf LAUBE, Die Herausbildung von Elementen einer Handels- und Manufakturbourgeoisie und deren Rolle in der deutschen frühbürgerlichen Revolution, in: Jahrbuch für Geschichte des Feudalismus 1 (1977) S. 273–303, Zitat S. 293. Vgl. auch Ekkehard HENSCHKE, Landesherrschaft und Bergbauwirtschaft. Zur Wirtschafts- und Verwaltungsgeschichte des Oberharzer Bergbaugebietes im 16. und 17. Jahrhundert. Berlin 1974.

Städtetagen der zwanziger Jahre gegenüberstanden[76]. Damit werden die Auseinandersetzungen zwischen dem Augsburger Rat und den übrigen Mitgliedern des Städtecorpus aber überinterpretiert. Es waren die schlichte Vertretung eigener Interessen und bestimmte Sachzwänge, nicht etwa der subjektive oder objektive Versuch, ein bestimmtes Wirtschaftsprinzip durchzusetzen, die die Freien und Reichsstädte in dieser Frage in zwei Lager spalteten[77]. Auch der Nürnberger Rat verfocht in gewisser Weise Monopolinteressen, nämlich diejenigen seiner Bürger. Die expansiven Augsburger Unternehmungen machten der traditionsreicheren Nürnberger Wirtschaft besonders im Metallgewerbe erbittert Konkurrenz[78]; das Votum gegen die übergroßen Gesellschaften ist daher nicht zuletzt als Schutz der heimischen Metallindustrie durch die administrative Ausschaltung lästiger Rivalen zu verstehen.

Im Vergleich zu Augsburg waren die Nürnberger Handelsgesellschaften im besonders lukrativen, aber auch sehr risikoreichen politischen Darlehensgeschäft wesentlich zurückhaltender. Sie gelangten daher nur bedingt in den Besitz wirtschaftlicher Exklusivverträge mit Kaisern, Königen und Fürsten, obwohl sich ihre Handels- und Wirtschaftstätigkeit ebenfalls auf Privilegien gründete. Während die Fugger neben dem Handel und ihrer verlegerischen Tätigkeit (Weißenhorn!) in der Metallgewinnung und -vermarktung zeitweise eine monopolähnliche Position erreichten, waren die Nürnberger Kapitalien im Bergbau wesentlich breiter gestreut. Neben dem Handel mit den Erzeugnissen der städtischen Gewerbe bildete das Verlagswesen den zweiten großen Schwerpunkt der Nürnberger Firmen. Bereits zu Beginn des 14. Jahrhunderts läßt sich das Verlagssystem im Nürnberger Gewerbe nachweisen. Den Verleger-Kaufleuten gelang mit dieser Wirtschaftsform der Einbruch und bald die Dominanz im oberpfälzischen Montangewerbe[79] und seit dem 16. Jahrhundert in der sächsischen Leinenerzeugung[80].

76 Vgl. Hoyer (wie Anm. 74), S. 27; Savina (wie Anm. 63), S. 152 und passim; Laube (wie Anm. 75), S. 286.

77 In diesem Sinne wäre auch Schremmer zu relativieren, wenn er die Wirtschaftspolitik des Augsburger Rates dadurch gekennzeichnet sieht, daß er seinen Bürgern »volle individualistische Wirtschaftsfreiheit, eine Freiheit hin bis zur Monopolbildung durch private Unternehmer...« erlaubte. Eckart Schremmer, Die Wirtschaftsmetropole Nürnberg, in: Handbuch der Bayerischen Geschichte, 3, S. 478–497, Zitat S. 480. Ähnlich: Lütge (wie Anm. 49), S. 298.

78 Blaich (wie Anm. 22), S. 205; Wolfgang von Stromer, Nürnbergs wirtschaftliche Lage im Zeitalter der Fugger, in: Albrecht Dürers Umwelt. Nürnberg 1971, S. 9–19; Reinhard Hildebrandt, Augsburger und Nürnberger Kupferhandel 1500–1619. Produktion, Marktanteile und die Finanzierung im Vergleich zweier Städte und ihrer wirtschaftlichen Führungsschicht, in: Hermann Kellenbenz (Hg.), Schwerpunkte der Kupferproduktion und des Kupferhandels in Europa 1500–1650. Köln/Wien 1977, S. 190–224; Eckart Schremmer, Die Wirtschaftsmetropole Augsburg, in: Handbuch der Bayerischen Geschichte, 3, S. 1080–1096; Ders., Nürnberg (wie Anm. 77); Wiest (wie Anm. 24); Ingomar Bog, Wirtschaft und Gesellschaft Nürnbergs im Zeitalter des Merkantilismus (1648–1806), in: VSWG 67 (1970), S. 289–322.

79 Hermann Aubin, Formen und Verbreitung des Verlagswesens in der Altnürnberger Wirtschaft, in: Beiträge zur Wirtschaftsgeschichte Nürnbergs, 1–2. Nürnberg 1967, hier 2, S. 620–668; Fritz Schnelbögl, Die wirtschaftliche Bedeutung ihres Landgebietes für die Reichsstadt Nürnberg, in: Ebd. 1, S. 261–317, hier S. 294–304.

80 Vgl. Aubin/Kunze (wie Anm. 49); Gerhard Seibold, Die Viatis und Peller. Beiträge zur Geschichte ihrer Handelsgesellschaft. Köln/Wien 1977; Friedrich Lütge, Die wirtschaftliche Lage

Das Verlagswesen bürgerte sich im späten Mittelalter vor allem in den Gewerbezweigen ein, die nicht ausschließlich für den lokalen Markt produzierten. Als Organisationsform der Warenherstellung kam es »sowohl der durch das Zunftsystem gegebenen kleinbetrieblichen Produktionsform mit nur ansatzweiser Zerlegung des Arbeitsprozesses als auch dem überwiegend auf Kredit basierenden Wirtschaftssystem des Mittelalters« entgegen[81]. Zunächst war es wohl ein Zunftgenosse, der den Verkauf der von anderen Meistern produzierten Waren mitübernahm. Ihm und seinen Nachfolgern gelang es freilich in vielen Fällen, die ärmeren Meister in eine wirtschaftliche Abhängigkeit zu bringen, aus der diese sich kaum mehr befreien konnten, so daß dem Verleger schließlich Rohstoff und Endprodukt gehören konnte und der weiterhin formal selbständige Meister allein für seine Arbeitsleistung entlohnt wurde[82]. Dieser Übergang von einer Kooperation zwischen Handel und Gewerbe zur massiven Dominanz des Verlegers, die bis hin zur dezentralisierten Manufaktur führen konnte, war aber keineswegs die Regel oder das notwendige Ergebnis einer ›verlegten‹ Warenproduktion. Solange die großen Gewinne nahezu ausschließlich in der Distributionssphäre anfielen, hatte auch der Kaufmanns-Verleger kein Interesse daran, sein Kapital während des Herstellungsprozesses zu binden.

Das Handelskapital drängte überhaupt nur in den Bereichen, die herrschaftlich privilegiert wurden, in die unmittelbare Produktion. Die zweifellos vorhandenen kapitalistischen Ansätze versandeten im Bergbau bereits im 16. Jahrhundert und führten zu dem »staatlich betriebenen oder doch staatlich gelenkten Bergbau«[83] am Ende des Alten Reiches. Dagegen erlebte das Verlagssystem in der Textilherstellung einen gewaltigen Aufschwung, wobei bisher rein agrarisch strukturierte Gebiete in den Verbund der gewerblichen Warenherstellung einbezogen wurden. Zwar suchte der Verleger immer neue und vor allem billigere Arbeitskräfte zur Herstellung der Waren, die im Fernhandel einen hohen Gewinn versprachen, doch das Übergreifen auf ländliche Regionen zwang zur Korporation mit der dortigen Obrigkeit, die im Ergebnis zu mehr oder weniger ausgeprägten Exklusivverträgen, Herstellungs- und Abnahmemonopolen führte.

Das in vielen Verlagsverträgen enthaltene Verbot, für einen anderen Kaufmann Waren herzustellen oder diese auch nur auf dem lokalen Markt anzubieten, verweist neben dem der mittelalterlich-gebundenen Wirtschaftsverfassung inhärenten Streben nach abgeschlossenen Fertigungs- oder Marktbereichen auf das Ziel einer verstärkten Ausbeutung der kleinen Produzenten. Blieben die Rohstoffe im Besitz des Verlegers, so gab ihm dies eine zusätzliche Sicherheit, daß er die unter seiner Leitung produzierten Waren auch wirklich erhielt. Darüber hinaus scheinen diese Praktiken aber mehr auf

Deutschlands vor Ausbruch des Dreißigjährigen Krieges, in: Ders., Studien zur Sozial- und Wirtschaftsgeschichte. Stuttgart 1963, S. 336–395, hier S. 374 ff.

81 Irsigler (wie Anm. 19), S. 7; vgl. auch Ders., Stadtwirtschaft im Spätmittelalter: Struktur–Funktion–Leistung, in: Jahrbuch der Wittheit zu Bremen 27 (1983) S. 81–100, hier S. 93.

82 Aubin/Kunze (wie Anm. 49), S. 42 ff.; Göttmann (wie Anm. 15), S. 91 ff.; Furger (wie Anm. 49), S. 9 f.; Kulischer (wie Anm. 2), 2, S. 125; Kirchgässner (wie Anm. 22), S. 78 f. und 92 ff.; Wiest (wie Anm. 24), S. 88–93.

83 Lütge (wie Anm. 49), S. 362.

eine Kreditgewährung gegenüber den ›verlegten‹ Meistern hinzudeuten als auf den Versuch der Verleger, ihr Handels- in Produktionskapital umzuwandeln[84]. Derartige Bemühungen zur Profitmaximierung wären, angesichts des Standes der Produktionstechnik, die eine Rationalisierung und damit eine wesentliche Verbilligung der Herstellung über Kapitalinvestitionen noch nicht erlaubte, zudem wenig verständlich. Zur Steigerung seiner Gewinnrate bediente sich der Verleger lediglich seiner faktischen, oft darüber hinaus noch herrschaftlich garantierten Monopolstellung. Wenn auch die Ankaufspreise nur selten direkt herabgesetzt wurden, so konnte er doch deren inflationsbedingte Anhebung ungebührlich lange hinauszögern oder einen immer höheren Qualitätsstandard zum alten Preis verlangen. Da er überdies noch alle konjunkturellen Wechselfälle an die ›verlegten‹ Meister weitergab, lebten diese – trotz der Mitarbeit ihrer ganzen Familie – oft am Rande des Existenzminimums.

Ungeachtet des enormen wirtschaftlichen Drucks, der die kleinen Gewerbetreibenden zu einer immer größeren Arbeitsleistung trieb, geriet das Verlagssystem und selbst die zentralisierte Manufaktur noch in keinen »schroffen Gegensatz«[85] zum Handwerk. Sie blieben ein Teil der traditionellen, gebundenen Wirtschaftsweise: Die Stufe der einfachen Warenproduktion wurde nicht überwunden. Die Zeitgenossen nahmen diesen Konzentrationsprozeß jedenfalls nicht zum Anlaß, sich aus ›zünftischer‹ Gesinnung gegen diese neuen Betriebsformen prinzipiell zur Wehr zu setzen. Daß sie ihr althergebrachtes Handwerk nun teilweise nicht mehr zu Hause, sondern in einer zentralisierten Produktionsstätte ausüben mußten, sahen sie nicht als einen entscheidenden Bruch der Wirtschaftsordnung. Die Vorteile eines großbetrieblich organisierten Absatzes waren ihnen aber zweifellos bekannt: Der Export sicherte normalerweise regelmäßige Einkünfte.

Da auch die Verleger- und Kaufleuteunternehmer trotz ihres manchmal übersteigerten Gewinnstrebens eher patriarchalisch als kapitalistisch dachten und vom »alten Zunftgeiste und zünftigem Konservatismus«[86] durchdrungen blieben, der Stand der

84 Nach Wiest waren die kleinen und mittleren Handwerker »bei der Beschaffung von Krediten zu größeren Investitionsvorhaben... wohl ausschließlich auf die Verleger angewiesen, die im vorindustriellen Gewerbe eine wichtige Rolle als Ersatz für den völlig unzulänglichen Bankapparat spielten«. WIEST (wie Anm. 24), S. 126. Vgl. auch: KIRCHGÄSSNER (wie Anm. 22), S. 92 und 127; Wolfgang VON STROMER, Eine ›Industrielle Revolution‹ des Spätmittelalters? in: Ulrich TROITZSCH/Gabriele WOHLAUF (Hg.), Technik-Geschichte, Frankfurt a.M. 1980, S. 105–138, hier S. 124; Wolfgang MAGER, Protoindustrialisierung und agrarisch-heimgewerbliche Verflechtung in Ravensburg während der Frühen Neuzeit, in: Geschichte und Gesellschaft 8 (1982), S. 435–474, hier S. 453ff.; Franz IRSIGLER, Frühe Verlagsbeziehungen in der gewerblichen Produktion des westlichen Hanseraumes, in: Hansische Studien V. Weimar 1981, S. 175–183, hier S. 178f.

85 KULISCHER (wie Anm. 2), 2, S. 118. Zur Manufaktur: Jacob VON KLAVEREN, Die Manufakturen des Ancien Régime, in: VSWG 51 (1964), S. 145–191; LÜTGE (wie Anm. 49), S. 365ff.; Gerhard SLAWINGER, Die Manufaktur in Kurbayern. Die Anfänge der großgewerblichen Entwicklung in der Übergangsepoche vom Merkantilismus zum Liberalismus 1740–1833. Stuttgart 1966; Arnost KLIMA, Die Manufaktur in Böhmen, in: Scripta Mercaturae 13 (1979), S. 1–44; Wolfgang ZORN, Gewerbe und Handel 1648–1800, in: Handbuch (wie Anm. 4), S. 531–573, hier S. 546–555.

86 KULISCHER (wie Anm. 2), 2, S. 112. Max Weber urteilt über den Verlag: »eine in jeder Hinsicht ›kapitalistische‹ Form der Organisation... Aber es war ›traditionalistische‹ Wirtschaft, wenn man auf den Geist sieht, der die Unternehmer beseelte...« WEBER (wie Anm. 52), 1, S. 56.

Fertigungstechnik zudem eine fabrikmäßige Arbeitsteilung noch nicht zuließ, konnte sich das zünftisch-gebundene Handwerk weiterhin behaupten. An manchen Orten mußten noch im 16. und 17. Jahrhundert Zünfte neu gegründet werden[87], damit sie über die Institution des Zunftkaufs Vertragspartner der Verleger werden konnten[88]. Hauptzweck dieser von der Korporation geschlossenen Übereinkunft war der Schutz der Handwerker vor der ungehinderten Ausbeutung durch den Verleger. Allerdings muß in diesem Zusammenhang betont werden, daß in vielen Gebieten allein die kapitalkräftigen Verlegergesellschaften die Anbindung der Warenproduzenten an den Markt gewährleisten konnten. Verlagssystem und Zunftwesen ergänzten sich zu einer für beide Seiten vorteilhaften Symbiose. Die Kaufleute und die Unternehmerkaufleute nutzten lediglich die Nischen der Zunftwirtschaft, deren Verdrängung kam ihnen vorerst (noch) nicht in den Sinn. Sie befanden sich ohnehin meist in der eindeutig besseren Position – vor allem, wenn sie die volle Unterstützung der von merkantilistischem Gedankengut durchdrungenen Landesherrschaft besaßen. Fürst und Regierung des betreffenden Territoriums versprachen sich von der Tätigkeit des Verlegers die Anbindung an den auswärtigen Markt und positive Auswirkungen auf die Handelsbilanz. Dafür waren sie bereit, dem Verleger bzw. Kaufmann-Unternehmer Privilegien einzuräumen, die ihm Herstellungs- und Ankaufmonopole für bestimmte Waren garantierten. Darüber hinaus wurden die Grenzen des Territorialstaates in vielen Fällen »gegenüber unerwünschter Konkurrenz immer dichter abgeschlossen«[89].

Wenn Medick die Calwer Zeughandels- und die Uracher Leinwandhandelskompagnie als »von städtischem Handelskapital beherrschte Monopolkompagnien« charakterisiert[90], so macht er damit auch auf die retardierenden Elemente aufmerksam, die den Verlag im Hinblick auf die Entwicklung zum Fabriksystem des 19. Jahrhunderts begleiteten[91]. »Die hohe Flexibilität (...) und die im ganzen niedrigen Produktionskosten machten ihn (den Verlag, G.S.) in manchen Fällen vorteilhafter als den Aufbau

87 AUBIN/KUNZE (wie Anm. 49), S. 71.

88 Ebd., S. 71 ff.; FURGER (wie Anm. 49), S. 61 ff.; Christopher R. Friedrichs, Capitalism, Mobility and Class Formation in the Early Modern German Cities, in: Past and Present 69 (1975) S. 24–49; Bernhard KIRCHGÄSSNER, Organisationsprobleme des südwestdeutschen Handels zwischen Schwarzem Tod und 30jährigem Krieg (1350 bis 1650), in: Bausteine zur geschichtlichen Landeskunde von Baden-Württemberg. Stuttgart 1979, S. 221–237, hier S. 225; HOF (wie Anm. 14), S. 184 f.

89 KIRCHGÄSSNER (wie Anm. 22), S. 102. Vgl. auch: Hans MOTTEK, Wirtschaftsgeschichte Deutschlands, 1. Berlin (DDR) 1974, S. 304; Peter ALBRECHT, Die Förderung des Landesausbaues im Herzogtum Braunschweig-Wolfenbüttel im Spiegel der Verwaltungsakten des 18. Jahrhunderts (1671–1806). Braunschweig 1980, bes. S. 486 ff.; Anne-Marie DUBLER, Handwerk, Gewerbe und Zunft in Stadt und Landschaft Luzern. Luzern/Stuttgart 1982, S. 354 f. Eine kurze Kritik merkantilistischer Wirtschaftspraktiken: Knut BORCHARDT, Grundriß der deutschen Wirtschaftsgeschichte. Göttingen 1978, S. 25 f.

90 Hans MEDICK, ›Freihandel für die Zunft‹. Ein Kapitel aus der Geschichte der Preiskämpfe im württembergischen Leinengewerbe des 18. Jahrhunderts, in: Mentalitäten und Lebensverhältnisse. Rudolf Vierhaus zum 60. Geburtstag. Göttingen 1982, S. 277–294, Zitat S. 280.

91 Vgl. Hisao OTSUKA, The Spirit of Capitalism. The Max Weber Thesis in an Economic Historical Perspective. Tokio 1982, S. 9, zit. n. Eckart SCHREMMER, Auf dem Weg zu einer allgemeinen Lehre von der Entstehung moderner Industriegesellschaften, in: VSWG 70 (1983), S. 363–378, hier S. 366.

eines mit Fixkosten behafteten Maschinenparks«[92]. Dennoch geriet das im Verlagswesen investierte Handelskapital um die Mitte des 18. Jahrhunderts partiell in Widerspruch zu einem Wirtschaftssystem, das langsam begann, sich in Richtung auf eine Marktgesellschaft zu bewegen. So opponierten beispielsweise die zünftlerisch verfaßten ländlichen Weber gegen das Vorkaufsrecht der Uracher Gesellschaft mit der Forderung nach freiem Handel[93]. Man sollte freilich die Auseinandersetzung einiger Weber mit dem übermächtigen Monopolverlag nicht zu sehr unter dem Blickwinkel eines Kampfes für Handelsfreiheit und offene Märkte interpretieren, da die Weber lediglich den höheren Preis erzielen wollten, der ihnen von anderen Kaufleuten geboten wurde. Dennoch scheint dieses Beispiel zu belegen, daß bisher der Verlag und vielleicht auch die noch stärker von den Landesherren geförderten Manufakturen auf Kosten der Zünfte zu einseitig als Wegbereiter der kapitalistischen Wirtschaftsweise vereinnahmt worden sind.

Wie die Zünfte und die großen Handelsgesellschaften des 16. Jahrhunderts strebten auch die Besitzer von Verlagen und Manufakturen nach größtmöglichem, vor allem aber sicherem Gewinn, d. h. nach einer zumindest lokalen Monopolstellung. Diese konnte jedoch nur von der politischen Herrschaft garantiert werden und bedeutete gleichzeitig die weitgehende Einbindung in deren Normensystem. Wirtschaftliche Selbstverwaltung war nur im Rahmen der Vorgaben der jeweiligen Obrigkeit möglich. Lebte der Verleger in einer Reichsstadt und die verlegten Handwerker unter einem anderen Herrn, so blieb er in den städtischen und die für ihn Arbeitenden in den territorialen Herrschaftsverband eingebunden. Der Verlag als solcher stand damit geradezu unter doppelter Kontrolle, wobei der Verleger aber normalerweise im rein wirtschaftlichen Bereich weitgehend freie Hand behielt, sofern er die Rechte und Vorgaben der Herrschaft(en) nicht tangierte. Am Beispiel der Fugger läßt sich freilich demonstrieren, wie diese als politische Obrigkeit auch die Kontrollmechanismen außer Kraft setzen und die Verlagsbedingungen der Weißenhorner Barchentweberei ohne Eingriffe von außen ihren Vorstellungen gemäß gestalten konnten[94]. Für die frühneuzeitliche Wirtschaftsverfassung ist diese Art der Selbstverwaltung einer für den überregionalen Markt produzierenden Wirtschaftseinheit freilich ebensowenig typisch wie die wenigen Konflikte zwischen den Stadt- und den verlegten Landwebern. Bei den innerstädtischen Auseinandersetzungen spielte dementsprechend die Forderung nach Verbot oder Beschränkung der »frühkapitalistischen« Wirtschaftsorganisationen nur eine untergeordnete Rolle.

92 Karl Heinrich Kaufhold, Einführung und Auswertung, in: Engelhardt, Handwerker (wie Anm. 24), S. 37–50, Zitat S. 48.

93 Medick (wie Anm. 90). Ebenso wandte sich der Münchner bürgerliche Handels- und Handwerkerstand gegen die staatlich privilegierten Manufakturen und Großhandelsbetriebe. Mauersberg (wie Anm. 9), S. 322 ff., Zitat S. 323.

94 Götz Freiherr von Pölnitz, Die Anfänge der Weißenhorner Barchentweberei unter Jacob Fugger dem Reichen, in: Festschrift f. Hans Liermann, Erlanger Forschungen, A 16 (1964), S. 196–220; Wolfgang von Stromer, Die Gründung der Baumwollindustrie in Mitteleuropa. Wirtschaftspolitik im Spätmittelalter. Stuttgart 1978, S. 61; Hartmut Schiele, Betriebswirtschaftliche Aufschlüsse aus den Fugger-Veröffentlichungen von Götz Freiherr von Pölnitz, in: Ders./ Manfred Ricker, Betriebswirtschaftliche Aufschlüsse aus der Fuggerzeit. Berlin 1967, S. 5–110, hier S. 15.

3. Soziale Konflikte und »frühkapitalistische« Wirtschaft

Zur Prüfung der hier gewählten Ausgangsthese, daß »zünftisch-gebundenes« und »frühkapitalistisches« Wirtschaften lediglich zwei Varianten der Suche nach abgeschlossenen Wirtschaftsgebieten darstellen, soll am Beispiel der innerstädtischen Auseinandersetzungen und des Bauernkriegs analysiert werden, welche Rolle die Forderung nach einer Limitierung oder einem Verbot von Handelsgesellschaften, Verlagen oder Manufakturen spielte. Derartige – als »anti-frühkapitalistisch« zu kennzeichnende – Zielsetzungen prägten aber, um ein Ergebnis vorwegzunehmen, keineswegs die Aktionen der städtischen Unterschichten oder der Bauern bzw. der verlegten ländlichen Weber.

Soziale Konflikte waren in der frühen Neuzeit durchaus keine seltenen, sondern fast alltägliche Erscheinungen, wobei aber lediglich die Unruhen im Zusammenhang mit dem Bauernkrieg weite Teile des Reiches gleichzeitig und mit großer Intensität erschütterten. Die meisten anderen Oppositionsbewegungen überschritten den lokalen oder regionalen Rahmen nicht, obwohl sich einige markante Häufungen und gewisse Parallelen durchaus feststellen lassen. Die Auseinandersetzungen wurden im agrarischen Bereich um größere Freiheiten, günstigere Rechtsstellung und bessere ökonomische Bedingungen[95], im städtischen vor allem um Mitentscheidungsbefugnisse und finanzielle Entlastungen sowie im Sonderfall des Handwerkerstreiks um höhere Löhne oder bessere Arbeitsbedingungen geführt[96].

95 Vgl. an neuerer zusammenfassender Literatur: Der Bauer im Klassenkampf, hg. von Gerhard HEITZ u.a. Berlin (DDR) 1975; Winfried SCHULZE, Bäuerlicher Widerstand und feudale Herrschaft in der frühen Neuzeit. Stuttgart-Bad Cannstadt 1980; DERS. (Hg.), Europäische Bauernrevolten in der frühen Neuzeit. Frankfurt a.M. 1982; DERS. (Hg.), Aufstände, Revolten, Prozesse. Stuttgart 1983; Volker PRESS, Französische Volkserhebungen und deutsche Agrarkonflikte zwischen dem 16. und dem 18. Jahrhundert, in: Beiträge zur historischen Sozialkunde 7 (1977), S. 76–81; Peter BLICKLE (Hg.), Aufruhr oder Empörung? München 1980; Gerhard HEITZ/Günter VOGLER, Agrarfrage und bürgerliche Revolutionen beim Übergang vom Feudalismus zum Kapitalismus. Rostock 1980; Georg SCHMIDT, Agrarkonflikte im Gebiet des Wetterauer Grafenvereins (ca. 1550–1650), in: Wetterauer Geschichtsblätter 33 (1984) S. 79–112.

96 Vgl. Kurt KASER, Politische und soziale Bewegungen im deutschen Bürgertum zu Beginn des 16. Jahrhunderts mit besonderer Rücksicht auf den Speyrer Aufstand i.J. 1512. Stuttgart 1899; Rudolf ENDRES, Zünfte und Unterschichten als Elemente der Instabilität in den Städten, in: Peter BLICKLE (Hg.), Revolte und Revolution in Europa. München 1975, S. 151–170; Matthias MEYN, Die Reichsstadt Frankfurt vor dem Bürgeraufstand von 1612 bis 1614. Struktur und Krise. Frankfurt 1980; Otthein RAMMSTEDT, Stadtunruhen 1525, in: Hans-Ulrich WEHLER (Hg.), Der Deutsche Bauernkrieg 1524–1526. Göttingen 1975 (= Geschichte und Gesellschaft 1), S. 239–276; Heinz SCHILLING, Aufstandsbewegungen in der stadtbürgerlichen Gesellschaft des Alten Reiches. Die Vorgeschichte des Münsteraner Täuferreichs, 1525 bis 1534, in: Ebd., S. 193–238; DERS., Bürgerkämpfe in Aachen zu Beginn des 17. Jahrhunderts, in: Zeitschrift für Historische Forschung 1 (1974), S. 175–231; Karl CZOK, Zu den Städtischen Volksbewegungen in deutschen Territorialstaaten vom 16. bis zum 18. Jahrhundert, in: Wilhelm RAUSCH (Hg.), Die Städte Mitteleuropas im 17. und 18. Jahrhundert. Linz/Donau 1981, S. 21–42; Klaus GERTEIS, Frühneuzeitliche Stadtrevolten im sozialen und institutionellen Bedingungsrahmen, in: Ebd., S. 43–58. – Zu dem Sonderproblem der Handwerkerstreiks: Andreas GRIESSINGER, Das symbolische Kapital der Ehre. Streikbewegungen und kollektives Bewußtsein deutscher Handwerksgesellen im 18. Jahrhundert. Berlin u.a. 1981; DERS., Handwerkerstreiks in Deutschland während des

In Augsburg, der Metropole »frühkapitalistischen« Wirtschaftens, zog die Reformation das wohldurchdachte Gefüge der Stadtverfassung von Kontrolle und Mitwirkungsmöglichkeiten frühzeitig in Mitleidenschaft. Infolge einer vom Rat beschlossenen Abschiebung des Franziskanermönchs und Predigers Johann Schilling kam es in der vorwiegend von den städtischen Unterschichten bewohnten Unterstadt zu Unruhen, die am 6. August 1524 den kleinen Rat zwangen, seine Entscheidung zu revidieren[97]. Neben den religiös motivierten Zielsetzungen der Aufrührer forderten diese aber auch die Auflösung der Handelsgesellschaften und den Sturz des Rates[98]. In dieser Situation, als Teile der unterstädtischen Schichten und des ärmeren Zunftbürgertums gegen die im kleinen Rat konzentrierte politische Führungsgruppe rebellierten, entschieden die wohlhabenderen und die zunächst noch unentschiedenen Mitglieder der Gewerbe über Erfolg oder Mißerfolg des Aufstands. Am 9. August erklärte der große Rat, also vor allem die Zunftaristokratie, daß er die Beschlüsse des kleinen Rates unterstützen werde[99]. Die Entscheidung war gefallen: Gegen die Anführer des Aufstands konnten Gegenmaßnahmen eingeleitet werden.

Die politische Führungsgruppe und mit ihr die Mehrheit der Zunftmitglieder erwiesen sich als außerordentlich stabil und resistent gegenüber den sozial motivierten Forderungen der ärmeren Zunftgenossen. Die großen Vermögensunterschiede und die divergierenden Interessen hatten den Zusammenhalt in den Gewerben brüchig werden lassen. In Augsburg koalierten jedenfalls Patrizier, Handelsherren, gehobenes und mittleres Zunftbürgertum gegen die armen Weber und Schneider sowie die nichtbürgerlichen Gruppen. Diese Zusammenarbeit zwischen reichen Kaufleuten und dem etablierten Zunftbürgertum setzte sich in Augsburg, trotz ständiger kleinerer Konflikte, die sich meist aus der paritätischen Stadtverfassung und der relativ günstigen steuerlichen Veranlagung der großen Vermögen ergaben[100], bis zum Dreißigjährigen Krieg fort. Die Stadt entging dadurch »dem allgemeinen Niedergang der kleinen Barchentweberstädte wie Ravensburg, Biberach, Kaufbeuren oder Memmingen, weil man über die Augsburger Fernhandelsgesellschaften die heimischen Tuche exportieren

18. Jahrhunderts. Begriff – Organisationsformen – Ursachenkonstellationen, in: ENGELHARDT, Handwerker (wie Anm. 24), S. 407–434; DERS./Reinhold REITH, Obrigkeitliche Ordnungskonzeptionen und handwerkliches Konfliktverhalten im 18. Jahrhundert. Nürnberg und Würzburg im Vergleich, in: Rainer S. ELKAR (Hg.), Deutsches Handwerk in Spätmittelalter und Früher Neuzeit. Sozialgeschichte – Volkskunde – Literaturgeschichte. Göttingen 1983, S. 117–180. Dazu FLEISCHMANN (wie Anm. 39).

97 Wilhelm VOGT, Johann Schilling der Barfüßer-Mönch und der Aufstand in Augsburg im Jahre 1524, in: Zeitschrift des Historischen Vereins für Schwaben und Neuburg, 1879, S. 1–32, hier S. 5ff.; Wolfram WETTGES, Reformation und Propaganda. Studien zur Kommunikation des Aufruhrs in süddeutschen Reichsstädten. Stuttgart 1978, S. 104.

98 VOGT (wie Anm. 97), Beilage IV, S. 219; KASER (wie Anm. 96), S. 208 und 220; Günther FRANZ, Der deutsche Bauernkrieg. Darmstadt [10]1975, S. 93.

99 VOGT (wie Anm. 97), S. 7ff.

100 Eberhard NAUJOKS, Vorstufen der Parität in der Verfassungsgeschichte der schwäbischen Reichsstädte (1555–1648). Das Beispiel Augsburg, in: Jürgen SYDOW (Hg.), Bürgerschaft und Kirche, Sigmaringen 1980, S. 38–66; Paul WARMBRUNN, Zwei Konfessionen in einer Stadt. Das Zusammenleben von Katholiken und Protestanten in den paritätischen Reichsstädten Augsburg, Biberach, Ravensburg und Dinkelsbühl von 1548 bis 1648, Wiesbaden 1983.

konnte«[101]. Es zeigt sich, daß Handelsgesellschaften und Zünfte durchaus gemeinsame Interessen haben konnten, wobei weniger ein Konkurrenz- als vielmehr ein Komplementärverhältnis festzustellen ist.

Gleiches gilt prinzipiell auch für Nürnberg, dem zweiten Kristallisationszentrum der großen Handelsfirmen im oberdeutschen Gebiet. Hier vermarkteten die Gesellschaften insbesondere die Produkte der heimischen Gewerbe weltweit. Als Verleger traten sie im 16. und 17. Jahrhundert vor allem außerhalb der Nürnberger Mauern in der Oberpfalz und in Ostmitteldeutschland auf. Die dabei produzierten Waren – metallische Halbfertigprodukte und Textilien – dienten den Nürnberger Handwerkern oft als Ausgangsmaterialien für ihre feinmechanischen Erzeugnisse. Da die Produktion der Verlage keine unmittelbare Konkurrenz für die Nürnberger Gewerbe darstellte, sind für diese Stadt größere soziale Unruhen nur im Vorfeld oder im Zusammenhang mit dem Bauernkrieg überliefert[102]. Eine spezifisch anti-frühkapitalistische Stoßrichtung läßt sich nicht feststellen. Dies gilt in gleichem Maße für die Frankfurter Unruhen des Jahres 1525[103], wenn die beinahe in allen Städten auftauchenden Klagen gegen die Vorkaufspraktiken einmal unberücksichtigt bleiben.

Überhaupt läßt sich feststellen, daß bei den sozialen Konflikten im ersten Viertel des 16. Jahrhunderts in den Freien und Reichsstädten die Handelsgesellschaften als Zielscheibe der Kritik nur eine geringe Rolle spielten. Neben religiösen Motiven lösten die ungerechte Verteilung der bürgerlichen Lasten, die Abschließung des Rats als Obrigkeit, der Vorkauf von Lebensmitteln und anderen Gütern des täglichen Bedarfs sowie einzelne Punkte der städtischen Ordnungsgesetzgebung die Tumulte aus. Vergleicht man die umfangreiche öffentliche Monopoldiskussion und die Bemühungen auf Reichs- und Städtetagen, Kapital und Niederlassungen der Handelsgesellschaften zu limitieren, erscheint es überraschend, daß lediglich in Ulm und Köln anti-frühkapitalistische Attitüden, d.h. Forderungen, die sich direkt gegen das Geschäftsgebaren der großen Firmen richteten, hervortraten.

In beiden Kommunen unterstanden die fremden Handelsgesellschaften der strengen Kontrolle des Rates; ihre Teilnahme am lokalen Markt war auf bestimmte Produkte und den Großhandel beschränkt. In Ulm[104] hatten sich nun einige Patrizier, unter

101 NAUJOKS (wie Anm. 100), S. 46. Auf die Vorteile dieser Kooperation aus der Sicht der Kaufleute hat bereits Strieder aufmerksam gemacht. STRIEDER (wie Anm. 16), S. 216.

102 Günter VOGLER, Nürnberg 1521/25. Studien zur Geschichte der reformatorischen und sozialen Bewegung in der Reichsstadt. Berlin (DDR) 1982; Rudolf ENDRES, Probleme des Bauernkrieges in Franken, in: Rainer WOHLFEIL (Hg.), Der Bauernkrieg 1524–26. Bauernkrieg und Reformation. München 1975, S. 90–115, hier S. 104ff.

103 Johann Marstallers Aufruhrbuch, in: R. JUNG (Hg.), Frankfurter Chroniken und annalistische Aufzeichnungen der Reformationszeit. Frankfurt a.M. 1888, S. 189f.; KASER (wie Anm. 96), S. 209; Günter VOGLER, Die Gewalt soll gegeben werden dem gemeinen ogler, Die Gewalt soll gegeben werden dem gemeinen Volk. Der deutsche Bauernkrieg 1525. Berlin (DDR) ²1983, S. 139; DERS., Der Bauernkrieg – Höhepunkt der frühbürgerlichen Revolution (1524 bis 1526), in: Deutsche Geschichte, 3 (wie Anm. 46), S. 143–188, hier S. 171f.; FRANZ (wie Anm. 98), S. 228ff.; Sigrid JAHNS, Frankfurt, Reformation und Schmalkaldischer Bund. Die Reformations-, Reichs- und Bündnispolitik der Reichsstadt Frankfurt am Main 1525–1536. Frankfurt a.M. 1976, S. 38ff.

104 Vgl. zum folgenden: Fr. PRESSEL, Die Unruhen zu Ulm im Jahre 1513, in: ZGO 27 (1912), S. 211–218.

ihnen der amtierende Bürgermeister Hans Besserer, an einer Handelsgesellschaft in Stuttgart beteiligt. Das Zunftbürgertum befürchtete, daß hieraus den Ulmer Gewerben Nachteile entstehen könnten, und forderte die Betreffenden auf, ihr Engagement zu beenden. Im Vergleich zu den anderen höchst brisanten Anschuldigungen und Änderungsvorstellungen der Ulmer Artikelserie des Jahres 1513, die das Ratsregiment grundsätzlich in Frage stellten, erscheint dieser Paragraph eher beiläufig und weniger dramatisch. Die prinzipielle Ablehnung der großen Gesellschaften oder gar antifrühkapitalistische Einstellungen lassen sich aus dieser Forderung nur schwer herausfiltern. Angegriffen wurde nur – und dies paßt in den Rahmen der übrigen Artikel – das an Illoyalität grenzende Verhalten von drei Mitgliedern der engeren politischen Führungsgruppe.

Die Kölner Artikelserie[105] des Jahres 1525 setzte dagegen die Forderung nach einer besseren Überwachung der Handelsgesellschaften pointiert an die erste Stelle der insgesamt 184 Punkte. Entsprechend den Bestimmungen des Kölner Kaufhauses sollte das Geschäftsgebaren der Handelsfirmen und vor allem dasjenige ihrer örtlichen Vertreter hinsichtlich der Frage überprüft werden, ob *niet zu nachteyll des gemeynen besten gehandelt werde*...[106]. Der Kölner Rat sagte daraufhin zu, die Befehlshaber der Gesellschaften in diesem Sinne noch einmal zu warnen. Im Grunde ging es hier lediglich um die Einhaltung der Marktordnungen und der älteren, besonderen Beschränkungen der Handelsfirmen[107]. Daß sie nach »Meinung der Bevölkerung für die Verschlechterung der wirtschaftlichen Situation und den Preisanstieg verantwortlich« gewesen seien[108], läßt sich anhand der Kölner Artikel nicht unbedingt belegen, entspricht aber den Schuldzuweisungen in der Monopoldebatte. Zu fragen wäre freilich, ob diese stark von humanistischem und christlichem Gedankengut des gerechten Preises geprägte Diskussion den durchschnittlichen Zunftgenossen wirklich erreichte. In den städtischen Unruhen spielten die durch den Vorkauf erreichten lokalen Monopolpositionen eine wesentlich größere Rolle als die Sorge vor der Übermacht der Handelsgesellschaften.

Deren Verbot oder Limitierung erscheint allerdings in verschiedenen Artikelserien während des Bauernkrieges – am deutlichsten im sogenannten Heilbronner Programmentwurf, in dem die Beseitigung von Gesellschaften wie die der Fugger, Welser, Höchstetter etc. explizit gefordert wird. Künftig sollte den einzelnen Firmen lediglich ein Betriebskapital von 10000 Gulden gestattet werden[109]. Während Eberhard Weis

105 Zum folgenden: Clemens von Looz-Corswarem, Die Kölner Artikelserie von 1525. Hintergründe und Verlauf des Aufruhrs von 1525 in Köln, in: Franz Petri (Hg.), Kirche und gesellschaftlicher Wandel in deutschen und niederländischen Städten der werdenden Neuzeit. Köln/Wien 1980, S. 65–153.

106 Ebd., S. 119.

107 Dies geht aus dem Artikel 142 deutlich hervor, in dem darüber Klage geführt wird, daß sich etliche Kölner Bürger zu Gesellschaften zusammengeschlossen hätten und nun den Vorkauf praktizierten. Die Waren würden dadurch für den armen Mann unnötig verteuert. Der Rat erklärte daraufhin, daß er unnachsichtig *hundert marck... zu boyse* eintreiben wolle, wenn sich diese Anschuldigung als begründet erweise. Ebd., S. 145.

108 Ebd., S. 85.

109 Quellen zur Geschichte des Bauernkrieges, hg. v. Günther Franz, Darmstadt 1963, S. 380.

darin ein Zugeständnis »an die erhofften Verbündeten aus den bürgerlich-handwerklichen Mittel- und Unterschichten« sieht[110], scheinen doch wohl eher die spezifischen Interessen und Diskussionszusammenhänge der adligen und juristisch geschulten Führer der fränkischen Bauern eine Rolle gespielt zu haben. Ihnen waren die Monopoldebatten der Reichstage und die vielfältigen literarischen Angriffe auf die Handelsgesellschaften zweifellos geläufig, und sie suchten diese in das politische Programm der Bauern einfließen zu lassen, um damit unter anderem den Adel für ihre Ziele und Beweggründe zu interessieren.

Daß im unmittelbaren Tätigkeitsbereich der Handelsgesellschaften und in einem Zentrum des Verlagswesens anti-frühkapitalistische Einstellungen keineswegs überdurchschnittlich repräsentiert waren, beweisen die in und um Memmingen entstandenen »Zwölf Artikel der Bauernschaft in Schwaben«[111]. Darin taucht zwar eine Reihe sozialer Zielsetzungen auf, die Auflösung oder Beschränkung der Handelsgesellschaften befindet sich aber nicht darunter. Aufschlußreicher erscheinen in diesem Zusammenhang die auf dem Meraner Landtag im Mai 1525 von den Bürgern und Bauern ausgearbeiteten Artikel. Hier besaßen die großen Augsburger Firmen ein wichtiges Betätigungsfeld. Die einheimischen Unternehmer hatten schon früher darüber geklagt, daß die großen Gesellschaften den Kupferpreis senkten, um die einfachen Kaufleute und Handwerker zu ruinieren[112]. Neben der Auflösung der großen Firmen verlangten die Meraner Artikel aber – und das unterstreicht gewisse Gemeinsamkeiten von Zünften und Handelsgesellschaften –, daß alle *Bruderschaften und Zünfte der Handwercksleut mit ihren Ordnungen und Straffen abgetan werdn, dann sich under inen vil seltzamer Gebreuch gephlegen, das dem gemainen Mann zu schaden komen, damit furan ain jeder seins gefallens mog arbeiten*[113]. In der Landesordnung Michael Gaismairs wurde dann bezeichnenderweise nur die Auflösung der Gesellschaften festgelegt[114].

Am Beispiel des Tiroler Bauernkriegs läßt sich die Vielschichtigkeit der wirtschaftspolitischen Forderungen belegen. Während es den örtlichen Unternehmern lediglich um die Beseitigung einer übermächtigen Konkurrenz ging, die ihre eigene Kapitalakkumulation verhinderte, waren Bergarbeiter und Bauern davon überzeugt, daß sich ihre Lebensführung nach Auflösung der Handelskonzerne entscheidend verbilligen würde. Das Verbot der Zünfte zielt dabei in die gleiche Richtung. Auch ihnen wurden Angebots-, Nachfrage- und Preismanipulationen unterstellt, die allen Nichtmitgliedern ausschließlich Nachteile brächten. Damit aber wurden Forderungen artikuliert, die nicht mehr diejenigen des Zunftbürgertums sein konnten.

Sowohl bei den anderen in enger Verbindung mit dem Bauernkrieg stehenden

110 Karl Bosl/Eberhard Weis, Die Gesellschaft in Deutschland, I. Von der Fränkischen Zeit bis 1848. München 1976, S. 191.
111 Quellen (wie Anm. 109), S. 174–179.
112 Savina (wie Anm. 63), S. 173.
113 Quellen (wie Anm. 109), S. 278 f.
114 Ebd., S. 289 f. Vgl. auch Siegfried Hoyer, Die Tiroler Landesordnung des Michael Gaismair. Überlieferung und zeitgenössische Einflüsse, in: Der Bauernkrieg und Michael Gaismair, hg. v. Fridolin Dörrer. Innsbruck 1982, S. 67–78.

Stadtunruhen des Jahres 1525 als auch bei der neuerlichen Häufung innerstädtischer Konflikte am Ende des 16. und zu Beginn des 17. Jahrhunderts standen anti-frühkapitalistische Motive keineswegs im Vordergrund. Die Ziele der opponierenden Zunftbürger und der unterstädtischen Schichten waren auf die »Befriedigung primärer Bedürfnisse gerichtet«[115]. Matthias Meyn hat in einer differenzierten Monographie die auslösenden Momente des Frankfurter Bürgeraufstandes von 1612 bis 1614 analysiert. Angegriffen wurden vor allem die obrigkeitliche Stellung des Rates, die hohen Steuern und sonstigen Belastungen, wobei man als besonders ungerecht empfand, daß ein Kaufmann, der Seide außerhalb der Stadt verarbeiten ließ, unbesteuert blieb, während bei einer Verarbeitung in Frankfurt der Ballen Seide mit 4 Gulden belastet wurde. Kern der wirtschaftlichen Auseinandersetzungen bildeten jedoch die sich immer stärker bemerkbar machende Durchlöcherung des Zunftzwanges und die obrigkeitliche Kontrolle der Gewerbe. Alle Bürger sollten grundsätzlich einer Zunft angehören und jeder Gewerbetreibende deren Kontrolle unterworfen werden[116].

Mit einem kurzen Blick auf die von Heinz Schilling vorbildlich aufgearbeiteten Aachener Bürgerkämpfe des beginnenden 17. Jahrhunderts können die Beispiele abgeschlossen werden. Auch hier bestätigt sich die Beobachtung, daß sich die sozialen Bewegungen keineswegs gegen die konzentrierte wirtschaftliche Macht der großen Firmen oder Verleger richteten, sondern eindeutig in der Tradition der sogenannten Zunftkämpfe standen. Die in Aachen anzutreffende Beschränkung der Ratsfähigkeit auf Katholiken blockierte die Kooptation der aufsteigenden oder traditionell der Führungsgruppe angehörenden evangelischen Bürger. Es entstand dadurch geradezu eine Gegen-Elite, die dann – wie Schilling nachweisen konnte – Ziele und Aktionen der Opposition bestimmte[117]. Während der katholische Rat auf Initiative der Gewerbe die Zunft- und Bürgeraufnahme wesentlich erschwert hatte, forderte man nun – ganz im Interesse der Unternehmer und Verleger – die Erleichterung des Zuzugs[118]. In Aachen, wo die Kupferhöfe zu dieser Zeit in Form von Großmanufakturen mit Tausenden von direkt oder indirekt abhängigen Arbeitern organisiert waren, kam es nicht zu Auseinandersetzungen zwischen den abhängig Beschäftigten und den (frühkapitalistischen) Unternehmern. Hintergrund der Unruhen war vielmehr ein traditioneller Elitenkonflikt um die Führung des Stadtregiments, der aufgrund der konfessionellen Situation eine überregionale Bedeutung gewann.

Faßt man die Einzelbeobachtungen zusammen und bezieht die beiden letzten Jahrhunderte des Alten Reiches mit ein[119], so entsteht das Bild städtischer Sozial- und Verfassungskonflikte, die meist von Aktionen der unterstädtischen Schichten eingeleitet wurden. An den Tumulten und Protestaktionen beteiligten sich auch zünftisch

115 Rammstedt (wie Anm. 96), S. 252.

116 Meyn (wie Anm. 96), S. 65 ff. Vgl. auch Friedrich Bothe, Frankfurts wirtschaftlich-soziale Entwicklung vor dem Dreißigjährigen Kriege und der Fettmilch-Aufstand (1612–1616), 2. Frankfurt a. M. 1920.

117 Schilling, Bürgerkämpfe (wie Anm. 96), S. 207.

118 Ebd., S. 211.

119 Hildebrandt (wie Anm. 36); Gerteis (wie Anm. 96); Mauersberg (wie Anm. 9), S. 113–128.

organisierte Handwerker, deren Existenzgrundlage durch hohe Steuern und Inflation einer- sowie die Konkurrenz neuer Produktionsformen und des ländlichen Gewerbes andererseits empfindlich eingeengt war. Im weiteren Verlauf übernahmen einzelne Zünfte oft die Führung des Aufstands und organisierten ihn gegen die Ratsobrigkeit. Damit aber kamen die Interessen der Zunftaristokratie – mithin einer konkurrierenden Führungsgruppe – ins Spiel, und diese waren oft lediglich an einer Verringerung der steuerlichen Belastungen, an Zunftautonomie und der eigenen politischen Beteiligung am Ratsregiment bzw. der Selbstverwaltung orientiert. Die Liste der Forderungen entstand meist erst in diesem Stadium des Konflikts. Sie artikulierten weniger die spontanen Vorstellungen der unteren Schichten als vielmehr die bereits reflektierten und kompromißfähigen Ziele einer konkurrierenden Elite, die die ökonomischen Forderungen der ärmeren Gruppen nach Schutzmaßnahmen für den Kleinhandel und Verbot jeglicher Gewerbe- und Handelstätigkeit der Geistlichen nahtlos in ihr Programm integrieren konnte.

Man wird also lediglich von allgemeinen Bewegungen gegen die sich zunehmend abschließenden politischen Führungsgruppen und den sich dramatisch verengenden Nahrungsspielraum der ärmeren städtischen Bevölkerungsgruppen sprechen können. Für diese Misere wurden jedoch – vergleicht man dazu die Diskussionen in der literarischen Öffentlichkeit und den Gremien des Reiches – in erstaunlich geringem Umfang die neuen Produktions- und Vertriebsformen verantwortlich gemacht. Im Leben des durchschnittlichen Bürgers spielten die großen Fernhandelsgesellschaften, ihre Monopolbestrebungen und ihre *listige finanz* wohl doch eine relativ geringe Rolle. Ihm ging es um die Reduzierung seiner Lasten und den möglichst preiswerten Einkauf seiner Waren des täglichen Bedarfs, also um seine Einbindung in den lokalen Markt. Dabei spürte er die Preis- und Absatzreglementierungen der Zünfte wesentlich stärker als die Monopolbestrebungen der Handelshäuser bei Luxuswaren und im Metallgewerbe. Als Mitglied einer Zunft blieb er aber an der Aufrechterhaltung der ›gebundenen‹ Wirtschaftsordnung mit ihrem Schutz der wirtschaftlich Schwächeren interessiert. Seine unmittelbaren Konkurrenten waren weniger die großen Handelsgesellschaften oder die mit Hilfe des Verlagssystems an den überregionalen Markt angebundenen ländlichen Gewerbetreibenden als vielmehr die nichtzünftigen Handwerker vor den Toren der Stadt. Es scheint bezeichnend, daß die Forderung nach einer Auflösung der Fernhandelsgesellschaften dort auftauchte, wo ganze Landstriche von ihren Arbeitsplätzen und ihrem Warenangebot abhängig waren, weniger jedoch dort, wo sie verlegerisch tätig wurden oder ihre Handelsbeziehungen den städtischen Gewerben und den Transportunternehmern zugute kamen. Dieses am allgemeinen Konfliktverhalten gewonnene Ergebnis schließt natürlich nicht aus, daß im täglichen Zusammenleben anti-frühkapitalistische Attitüden – sei es aus Neid oder aus Sorge um den eigenen Broterwerb – eine nicht zu unterschätzende Rolle spielten; in den hier herangezogenen innerstädtischen Auseinandersetzungen standen sie aber keineswegs im Mittelpunkt.

4. »Gebundene« Wirtschaft im Alten Reich

Zünfte und Verleger, Handelsgesellschaften und Kaufleuteunternehmer blieben eingebunden in die politische Struktur des Alten Reiches, d. h. in ein feudales, auf Lehensbeziehungen, Privilegien und altem Herkommen basierendes Herrschaftssystem. Wirtschaftliche Freiräume existierten lediglich nach Maßgabe herrschaftlicher Privilegien, die beispielsweise »Zunftgenossen zur Produktion bestimmter Waren in der Stadt oder vielfach in einem weiteren Bezirk« berechtigten und sie befugten, andere »Personen von der Fertigung dieser Waren auszuschließen«[120]. Ebenso hatten sich die Handelsgesellschaften oder die Besitzer von Manufakturen und Verlagen diesen vorgegebenen Herrschaftsstrukturen anzupassen, auch ihnen standen keine Freiräume zur Verfügung. Ihre wirtschaftliche Machtstellung beruhte auf dem hauptsächlich in der Distributionssphäre gewonnenen enormen Reichtum. Neben den individuellen Leistungen und vielen Imponderabilien war jedoch das auf ›Domänen‹ und ›Monopolen‹ basierende ›gebundene‹ Wirtschaftssystem, in dem aufgrund alten Herkommens oder herrschaftlicher Verfügungen konkurrenzfreie Handels- und Produktionsbereiche erhalten oder neu geschaffen werden konnten, eine Voraussetzung dieser unvorstellbaren Akkumulationsprozesse. Dabei förderte die Finanznot der Kaiser, Könige und Fürsten das rapide Wachstum der Handelsgesellschaften, denn als Ausgleich für ihre Anleihen wurden »weitere Privilegien erteilt, Verpfändungen ausgesprochen, Adelstitel und herrschaftliche Rechte als Entgelt verliehen usw.«[121] Die virtuose Handhabung und die rigorose Ausnutzung der eigenen Verbindungen zu den politischen Mächten waren sowohl für die Zünfte als auch die Exponenten »frühkapitalistischer« Wirtschaftsformen die Vorbedingung einer erfolgreichen ökonomischen Tätigkeit. Zur Regelung der internen Angelegenheiten suchte man zwar stets die größtmögliche Unabhängigkeit, rief aber bei Angriffen, die die einmal errungenen Positionen im Wirtschaftskreislauf zu gefährden schienen, sofort die Obrigkeiten zur Hilfe.

Insgesamt waren die Autonomiebestrebungen der Handelsgesellschaften, weniger diejenigen von Verlagen und Manufakturen, von größerem Erfolg gekrönt als alle diesbezüglichen Bemühungen der Zünfte. Hier machte sich entscheidend bemerkbar, daß die Zunft ihre wirtschaftlichen Interessen nahezu ausschließlich im lokalen Rahmen verfolgte, der Geschäftsbereich der Fernhandelsgesellschaften weit über das von der städtischen Obrigkeit zu kontrollierende Gebiet hinausging. Während die Zünfte ihre Monopolpositionen in der städtischen Wirtschaft zunächst ungeschmälert behaupten konnten, hielten die großen Gesellschaften vor allem bei Gewürzen und anderen Luxusgütern, in der Erzgewinnung und, als Verleger, tendenziell in bestimmten Bereichen des Textilgewerbes und der Metallverarbeitung monopolähnliche Stellungen[122]. Bei der Gründung von Manufakturen scheint die oft trügerische Sicherheit des

120 Hans LINDE, Proto-Industrialisierung: Zur Justierung eines neuen Leitbegriffs der sozialgeschichtlichen Forschung, in: Geschichte und Gesellschaft 6 (1980), S. 103–124, Zitat S. 108.

121 LÜTGE (wie Anm. 49), S. 314. Vgl. dazu auch Elizabeth FOX-GENOVESE/Eugene D. GENOVESE, Fruits of Merchant Capital. Slavery and Bourgeois Property in the Rise and Expansion of Capitalism. New York/Oxford 1983, bes. S. 5 ff.

122 Heinrich SCHOPPMEYER, Kartellbildungen um 1500, in: Geschichte in Wissenschaft und Unterricht 34 (1983), S. 209–220, hier S. 215 ff.

herrschaftlich garantierten Monopols geradezu eine Vorbedingung für Investitionen des Handelskapitals gewesen zu sein.

Dieses Sicherheitsdenken verband sich mit dem Erwerbsstreben zu einem die gesamte frühneuzeitliche Wirtschaftsverfassung prägenden Muster: »Nahrungspolitik« der Zünfte und Monopolverträge der Handelsgesellschaften, Verleger und Manufakturisten waren insofern nur die beiden Seiten der gleichen Medaille. Konkurrenz und Gewinnstreben brachen sich dagegen in den Versuchen Bahn, in die ›Domänen‹ anderer Wirtschaftssubjekte einzudringen bzw. diese zu verdrängen. Kam es dadurch zu existenzbedrohender Konkurrenz innerhalb einer Wirtschaftskorporation, konnte diese den Wettbewerb untereinander beschränken oder aufheben. Griffen die Mitglieder eines Gewerbes auf das Arbeitsfeld eines anderen über oder setzten Waren und Dienstleistungen unzünftiger Handwerker das städtische Monopol tendenziell außer Kraft, war der Rat gefordert.

Die regionale bzw. überregionale Wirtschaftsordnung regelte sich dagegen von vornherein mehr oder weniger durch Privilegien, Garantieerklärungen, Verträge und Kredite zwischen den Kaufleuten, Verlegern oder Manufakturisten einer-, und den einzelnen Herrschaften andererseits. Die Behauptung, daß der »große Handel ... von jeher für das liberum commercium« gewesen sei[123], gilt es zu relativieren. Freier Handel wurde nicht als generelles wirtschaftliches Prinzip gefordert, sondern lediglich für die städtischen Märkte, wo die Gesellschaften als Anbieter oder (Vor-)Käufer von Waren aufgrund obrigkeitlicher Reglementierung nur eingeschränkt tätig werden konnten. Dieser bedingte Ausschluß des Fernhandels vom lokalen Markt und damit dessen geringe Konkurrenz für die einheimischen Gewerbe dürfte für die relativ wenigen Auseinandersetzungen zwischen Vertretern der Zünfte und des Handelskapitals ausschlaggebend gewesen sein, obwohl sich im Rechtsbereich der Kommunen die ›Domänen‹ oder ›Monopole‹ beider Wirtschaftsorganisationen schnitten. Selbst eine vom Fernhandel bewußt herbeigeführte Verteuerung der Rohstoffe blieb für die Handwerker so lange unproblematisch, wie sie für ihre Fertigwaren einen entsprechend höheren Erlös erzielen konnten. Erst wenn billigere, weil kostengünstiger hergestellte Produkte auf den Markt geworfen wurden und der von den Zünften für notwendig erachtete Preis nicht mehr zu erzielen war, kam es zum Widerstand, wie das Beispiel des Posamentierergewerbes zeigt.

Das sich im Textilgewerbe frühzeitig durchsetzende Verlagssystem wirkte dagegen geradezu als Puffer zwischen Handelskapital und Zünften. Die Gewerbetreibenden blieben in den meisten Fällen selbständig, und ihr Absatz war auch in wirtschaftlichen Krisenzeiten bis zu einem gewissen Grade gewährleistet. Darüber hinaus stand im Institut des ›Zunftkaufs‹ ein durchaus probates Mittel zur Verfügung, um die Verleger dort, wo ihre Tätigkeit nicht herrschaftlich reglementiert war, gegeneinander auszuspielen und bessere Bedingungen zu erzielen. Der Augsburger Aufruhr von 1524 verdeutlicht allerdings das aufgestaute Konfliktpotential: Die Situation konnte sich für die Exponenten des »Frühkapitalismus« schnell zuspitzen. Das Beispiel zeigt aber auch, daß die Führungsgruppen der Zünfte sowie das wohlhabende Zunftbürgertum insge-

123 MAUERSBERG (wie Anm. 9), S. 249.

samt kein Interesse an einem Verbot oder einer Beschränkung der Handelsgesellschaften besaßen, bei denen sie nicht selten als stille Teilhaber engagiert waren[124].

Gegenüber den zünftischen Korporationen verkörperten die Handelsgesellschaften sicherlich eine größere Anzahl zukunftsweisender Prinzipien. Firmenegoismus, Reinvestition von Gewinnen, Ausbeutung von Kleinproduzenten u.v.m. weisen eindeutig auf kapitalistische Praktiken. Ihren geradezu sprichwörtlichen Reichtum erwarben die Firmen aber weit überwiegend in der Distributionssphäre und in einigen wenigen, auf fürstliche Regale gestützten Produktionsbereichen. Die gebundene Wirtschaftsverfassung überwanden sie ebensowenig wie der Verlag oder die Manufaktur, wo die Handwerker, wenn auch abhängig und in einer zentralen Produktionsstätte beschäftigt, ihre traditionellen Gewerbe nach alten Gewohnheiten ausübten. Dagegen führten technische Innovationen, die »sich in den Jahren zwischen 1760 und 1800 … endgültig durchsetzten«, zur Freisetzung von Arbeitskräften, ermöglichten aber gleichzeitig »ein beschleunigtes wirtschaftliches Wachstum« [125], und erst dadurch konnte die zünftisch-gebundene Wirtschaft überwunden werden.

Die Kapitalakkumulation war sicherlich eine Voraussetzung für den Durchbruch der kapitalistischen Wirtschaftsgesellschaft, doch erst die Revolutionierung der Produktionstechniken schuf genügend Anlagemöglichkeiten, größte Gewinnaussichten und genügend Arbeitssuchende, die ihre traditionellen Gewerbe aus Rentabilitätsgründen nicht mehr ausüben konnten. Dies ist freilich eine Entwicklung des späten 18. und 19. Jahrhunderts, und erst für diese Zeit gilt das Diktum von Kellenbenz, »daß das ›Nahrungsprinzip‹ einer Intensivierung der Produktion durch Konzentration, Rationalisierung und neue Techniken entgegenstand« [126]. Die Akkumulation unvorstellbar großer Kapitalien an der Wende vom Mittelalter zur Neuzeit hat dagegen möglicherweise die Ausbildung kapitalistischer Verhältnisse – insbesondere im Bergbau – stärker behindert als gefördert.

Zur Kennzeichnung der Wirtschaftsverfassung des ausgehenden Mittelalters und der frühen Neuzeit erscheint der Begriff ›Frühkapitalismus‹ trotz seines beachtlichen Erklärungspotentials hinsichtlich der stärkeren Individualisierung wirtschaftlicher Tätigkeiten, der Anhäufung riesiger Kapitalien und der beginnenden Umwandlung von Handels- in Produktionskapital nur eingeschränkt tauglich. Zwischen dem 14. und 18. Jahrhundert sind lediglich erste, vielfach gebrochene Ansätze einer kapitalistischen Entwicklung zu verzeichnen: Noch hatte sich das »entstehende Industriekapital von den beschränkenden Monopolen im Bereich des Handels« [127] und der Warenherstellung nicht freimachen können. Dennoch wurde innerhalb der Wirtschaftsverfassung Alteu-

124 MASCHKE (wie Anm. 15), S. 499.

125 R. M. HARTWELL, Die Ursachen der Industriellen Revolution. Ein Essay zur Methodologie, in: Rudolf BRAUN u.a. (Hg.), Industrielle Revolution. Wirtschaftliche Aspekte. Köln/Berlin 1972, S. 35–58, beide Zitate S. 53.

126 Hermann KELLENBENZ, Technik und Wirtschaft im Zeitalter der Wissenschaftlichen Revolution, in: Europäische Wirtschaftsgeschichte, 2. Sechzehntes und Siebzehntes Jahrhundert. Stuttgart/New York 1979, S. 113–180, Zitat S. 166.

127 Maurice DOBB, Der Aufstieg des Industriekapitalismus, in: DERS., Entwicklung des Kapitalismus. Vom Spätfeudalismus bis zur Gegenwart. Köln 1970, S. 131–180, Zitat S. 166.

ropas der Übergang zum Kapitalismus vorbereitet[128]. Während der Beitrag von Handelsgesellschaften, Bergbau, Verlag und Manufaktur für diesen Transformationsprozeß unstrittig ist, werden die Fortentwicklungen innerhalb des Zunftwesens wenig beachtet. Gerade die Gewerbekorporationen erleichterten aber – trotz aller Degenerationserscheinungen – den Übergang zum Fabriksystem, indem sie die Entwicklung vom selbständigen zum abhängigen Produzenten gewährleisteten. Viele städtische Zünfte umfaßten sowohl Handwerker-Verleger als auch ›verlegte‹ Meister: Unter Beibehaltung traditioneller Formen war das Ideal des selbständigen Handwerkers vielfach durchbrochen. Einige Gewerbekorporationen oder doch große Teile von ihnen denaturierten zu einem Verbund abhängig Beschäftigter, überspitzt formuliert, zur Arbeiterschaft einer dezentralisierten Manufaktur.

Alle Bausteine und spezifischen Merkmale des Kapitalismus waren bereits in der Wirtschaft Alteuropas enthalten, doch erst am Ende des 18. Jahrhunderts wurde der Weg frei für profitversprechende Investitionen des verfügbaren Kapitals ohne vorhergehende staatliche Privilegierungen und dementsprechende Auflagen. Damit geriet die Wirtschaftsverfassung in einen antagonistischen Widerspruch zur herrschaftlich-feudalen und vor allem kleinräumigen Struktur des Reiches. Im Unterschied zur vorhergehenden Epoche verlangte die kapitalistische Wirtschaft nach möglichst weiträumigen, offenen Märkten und nach freien, d.h. nicht aufgrund feudaler Zwänge gebundenen Arbeitnehmern. Die Fabrik ließ sich in das traditionelle Herrschaftsgefüge nicht mehr integrieren; sie benötigte eine weitreichende Selbstverwaltung und zumindest ökonomische Freiräume.

Die Ergebnisse des Vergleichs »gebundener« und »frühkapitalistischer« Wirtschaftsformen seien abschließend noch einmal in fünf Thesen zusammengefaßt:

1. »Frühkapitalistische« Wirtschaftsformen (Handelsgesellschaften, Bergbau, Verlag, Manufaktur) und Zunftwesen gerieten in der frühen Neuzeit in keinen prinzipiellen Gegensatz; beide gehörten zum Typus der ›gebundenen‹ Wirtschaft.
2. Noch strebten alle Wirtschaftssubjekte nach Monopolen, Exklusivverträgen und gebundenen, d.h. möglichst konkurrenzfreien Wirtschaftsgebieten.

128 Vgl. David S. LANDES, The unbound Prometheus. Technological Change and Industrial Development in Western Europe from 1750 to the Present. Cambridge 1969 (dt.: Der entfesselte Prometheus. Köln 1973); Simon KUZNETS, Die wirtschaftlichen Vorbedingungen der Industrialisierung, in: Industrielle Revolution (wie Anm. 125), S. 17–34. – Zu dem in letzter Zeit stark diskutierten Konzept der »Proto-Industrialisierung«: Herbert KISCH, Die hausindustriellen Textilgewerbe am Niederrhein vor der Industriellen Revolution. Von der ursprünglichen zur kapitalistischen Revolution. Göttingen 1981; Peter KRIEDTE/Hans MEDICK/Jürgen SCHLUMBOHM, Industrialisierung vor der Industrialisierung. Gewerbliche Warenproduktion auf dem Land in der Formationsphase des Kapitalismus. Göttingen 1977; DIESS., Die Proto-Industrialisierung auf dem Prüfstand der historischen Zunft. Antwort auf einige Kritiker, in: Geschichte und Gesellschaft 9 (1983) S. 87–105; Peter KRIEDTE, Die Stadt im Prozeß der europäischen Proto-Industrialisierung, in: Die Alte Stadt 9 (1982) S. 19–51. Zu diesem Interpretationsansatz: LINDE (wie Anm. 120); SCHREMMER (wie Anm. 7); Helga SCHULTZ, Die Ausweitung des Landhandwerks vor der industriellen Revolution. Begünstigende Faktoren und Bedeutung für die ›Protoindustrialisierung‹, in: Jahrbuch für Wirtschaftsgeschichte 1982. H. 3, S. 79–90; DIES. ›Protoindustrialisierung‹ und Übergangsepoche vom Feudalismus zum Kapitalismus, in: Zeitschrift für Geschichtswissenschaft 31 (1983) S. 1079–1091.

3. Allein die Privilegien und Garantien der Obrigkeiten ermöglichten den wirtschaftlich tätigen Korporationen oder Individuen die Bildung bzw. die Behauptung von mehr oder weniger stark ausgeprägten Monopolpositionen.
4. Letztlich bleibt auch das Handelskapital merkwürdig statisch. Zwar kann das Kapital in den Produktionsprozeß eindringen, doch das damit angelegte entwicklungsdynamische Potential wird kaum genutzt. Verlag und Manufaktur zogen ihre immensen Gewinne nur aus der bewährten traditionellen Produktionsweise bzw. aus der Distributionssphäre.
5. Wirtschaftliche Selbstverwaltung bedeutete daher in der frühen Neuzeit keine von den bestehenden Herrschaftsverhältnissen unabhängige Steuer- und Regelleistung eines autonomen Wirtschaftsbereichs, sondern sie wurde stets in Zusammenarbeit mit oder im Auftrag der Obrigkeiten ausgeübt.

Die Stadt als Spar- und Darlehenskasse am Beispiel der Reichsstadt Hall im 16. und 17. Jahrhundert

VON GERD WUNDER

Von einem kleinen Teil des Stadthaushalts soll hier die Rede sein, nicht von den stadteigenen gewerblichen Betrieben, Mühlen, Sieden, verkauften Früchten, sondern von ausgegebenen und eingenommenen Zinsgeldern. Das Thema ließe sich für viele Städte abhandeln, etwa Nördlingen oder Rothenburg, aber es erweist sich als nützlich, wenn man die Verhältnisse und die beteiligten Personen näher kennt. Den Stadthaushalt der Reichsstadt Hall im 15. und 16. Jahrhundert hat Dieter Kreil[1] gründlich behandelt.

Bekanntlich konnten Städte wie Landesherren ihren Kapitalbedarf zur Zeit des kanonischen Zinsverbots nur mühsam decken, sei es bei Juden oder Lombarden. Der Mangel an Bargeld führte zu kurzfristigen Anleihen gegen Wochenzins, den man nicht auf Jahreszins umrechnen darf. Eine Anekdote aus Hall illustriert den großen Mangel an Bargeld: »Burkhard Eberhart hat, als ein Tagleistung zu Hall gewesen, ein Sieb voll Gulden in seinem Hof auf Laden gesetzt, als wollt er sie sonnen, anzuzeigen sie haben doch mehr Geld als die auf dem Land«[2]. Die Demonstration verfehlte ihre Wirkung auf die Verhandlungspartner nicht. Wer Geld hatte, legte es möglichst rasch an; die Magd kaufte sich vom Ersparten eine Kuh, der Weinhändler Äcker und Bauernhöfe. Das hängt wohl mit der Auffassung vom Geld zusammen, das als statischer Wert angesehen wurde und noch nicht als Gradmesser für Produktion und Arbeit.

Eine Möglichkeit, Kapital zu gewinnen, bestand im Verkauf von Leibgedingen, einer Art umgekehrter Lebensversicherung. Viele dieser »Renten« oder Jahresbeiträge mußten keine zehn Jahre lang ausbezahlt werden, manche aber über zwanzig Jahre. Im ganzen lief es auf eine Verzinsung zu 10 % hinaus, und in Hall wurden im Jahre 1460 auf diese Weise 10000 Gulden aufgenommen[3]. So hat auch Toppler die Unternehmungen von Rothenburg finanziert[4], und so wurden in Hall die besonderen Ausgaben für den Städtekrieg 1449/50, den Bayerischen Krieg 1462 und den Neusser Krieg 1475 aufgebracht.

Günstiger war das »Ewiggeld«, das um 1450 bereits zu 5 % verzinst wurde. Aus

1 Dieter Kreil, Der Stadthaushalt von Schwäbisch Hall im 15./16. Jahrhundert. Eine finanzgeschichtliche Untersuchung (Forschungen aus Württembergisch Franken Bd. 1, 1967). Die angegebenen Zahlen und Namen beruhen durchweg auf den sogenannten Steuerrechnungen im Stadtarchiv Schwäbisch Hall.

2 Johann Herolt, Chronica (hg. Kolb, Württ. Geschichtsquellen I, 1894), S. 56.

3 Kreil (wie Anm. 1), S. 106.

4 Ludwig Schnurrer, Heinrich Toppler (Vortrag).

dem Ewiggeld entwickelte sich das Zinsgeld, das seit 1522 unter dieser Bezeichnung in den Rechnungsbüchern der Stadt erscheint. Bis 1600 sind rund 600 Einlagen festzustellen, von denen nur 65 einen anderen Prozentsatz als 5 % aufweisen. In den Jahren 1574–1592 war offenbar Kapital leichter zu bekommen, so daß oft nur 4 % vereinbart wurden, besonders gegenüber kirchlichen Pflegen[5]. Die Reichsstadt hatte 1529 12000 Gulden, 1549 170000, 1560 211000 zu verzinsen. Aber Kapitalaufnahmen und Ablösungen standen in einem gewissen Gleichgewicht: 1550–1560 waren es rund 42000 Gulden, die aufgenommen und abgelöst wurden, 1561–1576 60000, 1600–1608 rund 104000[6]. Kriege wie Landankäufe waren es, die kurzfristig einen größeren Kapitalbedarf auslösten. Im Jahre 1521 kaufte die Stadt von der Komburg und dem Adel Besitzungen für 5000 fl, 1541 die benachbarte Burg Limpurg mit Unterlimpurg für 45000 fl. Der Schmalkaldische Krieg kostete allein an Entschädigungen für die Sieger rund 81000 fl. Das Geld wurde bei 82 Geldgebern aufgenommen und war erst 1581/89 getilgt. Der Ankauf von Vellberg 1595 kostete rund 184000 fl, dazu kamen Honhardter Anteile für 59000 fl (1615). Aber die Kapitalgeber hatten keine Eile wegen der Rückzahlung: Bei der Salzstadt stand ihr Geld offenbar sicher. Der Durchschnitt der Leihdauer betrug 1540 32 Jahre, 1550 (mit den Ausgaben zum Schmalkaldischen Krieg) immer noch 19 Jahre.

So war in kurzer Zeit der Geldverkehr normal geworden, das kanonische Verbot überholt. Johann Eck hat 1514 einen Zins von 5 % für zulässig erklärt, und auch Luther meinte, 4–6 % seien erträglich. Allerdings wurde grundsätzlich der Zinskauf auch von Luther abgelehnt. In den beiden Schriften »Ein Sermon von dem Wucher« (zuerst 1519) und »Vermahnung an die Pfarrherren, wider den Wucher zu predigen« hat er sich dazu geäußert. Zwei Bibelworte bilden den Ausgang der Überlegungen: »Wer von dir borgen oder entleihen will, von dem kehre dich nicht ab« (Matth. 5,42), und »Ihr sollt so leihen, daß ihr nichts davon hoffet« (Luk. 6,34). »Die Wein, Korn, Geld und was dergleichen ist, ihren Nächsten so leihen, daß sie diese verpflichten, übers Jahr Zinsen zu zahlen, so daß sie mehr oder ein besseres, als sie geborgt haben, wieder geben müssen, ist ein unchristliches Verhalten wider das hl. Evangelium, ja wider das natürliche Gesetz und Recht. Zinskauf ... taugt ganz und gar nichts.« Aber da man kein Geld umsonst bekommt, sind Zinsen nicht zu vermeiden. »Je weniger aufs Hundert, desto gottgefälliger ist der Kauf.« »Wenn man Christi Gebot halten wollte, sollte der Zinskauf nit not sein, es wäre denn bei großen stattlichen Summen und ansehnlichen Gütern. Er reißt aber ein bei den Groschen und Pfenningen. Der Zinskauf besteht darin, daß sie wollen ihrer Zinsen und ihres Guts gewiß und sicher sein und darum ihr Geld von sich tun, damit es bei ihnen nicht in Gefahr bleibe. Es ist ihnen viel lieber, daß andere Leute damit arbeiten und in der Gefahr stehen, so daß sie derweil müßig und faul sein können und doch auf diese Weise reich bleiben oder werden.« »Summa: ich urteile, der Zinskauf ist nicht Wucher. Mich dünkt aber, daß ihm leid ist, daß er nicht darf Wucher sein. Es gebricht am Willen nicht, aber er muß leider rechtschaffen sein.« Ähnliche Gedanken, die Verurteilung des arbeitslosen Einkommens, der Zinsknecht-

5 Gerd WUNDER, Eines Ehrbaren Rats Zinsgelder. Die Kapitalgeber der Reichsstadt Hall im 16. Jahrhundert. Mit Namenslisten (Württ. Franken 1980, S. 89–138).

6 KREIL (wie Anm. 1), S. 194.

schaft, sind immer wieder geäußert worden, man denke nur an die Theorien von Silvio Gesell oder Gottfried Feder in unserem Jahrhundert, aber sie sind immer wieder an der Praxis gescheitert.

Die Verzinsung der aufgenommenen Kapitalien machte einen großen Prozentsatz der gesamten Staatsausgaben aus, zwischen 10 und 25 %. Dabei wuchsen die Gesamtausgaben ständig an. Bereits zwischen 1540 und 1550 stiegen die Ausgaben um rund 70 %, ohne je wieder auf den vorigen Stand abzusinken[7]. Zu den Begründungen, die Kreil nennt – »das ständige Bemühen der Stadt, Freiheit und Unabhängigkeit zu wahren«, Verteidigung, Bauwesen, Repräsentation, Bildung eines Territoriums (das wohl auch als Verteidigungsmaßnahme gesehen werden muß) –, kommt eine zunehmende Bürokratisierung, eine Zunahme der Spesen, Besoldungs- und Verwaltungskosten bis 1802. Betrugen die Schulden der Stadt vor dem Dreißigjährigen Krieg 366000 fl, so waren es nach dem Krieg 490000 fl, um 1700 115000 fl, aber um 1800 gar 700000 fl. Allerdings muß man die langsame Geldentwertung berücksichtigen. Ein Sieden kostete 1420 400 fl, 1500 800 fl, 1620 1200 fl, 1700 1500 fl, 1800 3000 fl. Aber ist diese Rechnung überhaupt richtig? Können wir bei den aufgenommenen Kapitalien wirklich von »Schulden« sprechen, wie es die Könige von Napoleons Gnaden getan haben, als sie die Reichsstädte mit allen Sachwerten vereinnahmten und ihre angeblichen Schulden beklagten oder gar strichen?

Dazu müssen wir die Frage beantworten, wer Zinsen kaufte, also Kapital an die Reichsstadt verlieh. Im Bedarfsfall geschah dies kurzfristig. Für den Vellberger Kauf hat Ulm 20000 fl gegeben (1595–1602), die Ritterschaft im Kraichgau 3000 (1598–1600). Der Landkomtur des Deutschen Ordens in Ellingen lieh 10000 fl aus (1547–1558). Das Kloster Schöntal begann 1546 mit 900 Gulden. Die Summe wurde erhöht, teilweise abbezahlt, 1615 waren es 15000 fl, und 1750 war das Kapital noch nicht abgelöst. Es haben also – sogar im Schmalkaldischen Krieg – auch katholische Geldgeber die Reichsstadt unterstützt, oder haben sie nur, wie Luther sagte, ihr Geld sicher anlegen wollen? Die Ritterschaft ist besonders stark am Geldgeschäft beteiligt. Eberhard von Gemmingen zu Bürg legt von 1550 bis 1561 6000 fl bei der Stadt an, die seine Söhne dann stehen ließen, und nochmals 1550–1575 für seine Hausfrau 6100 fl. Im 17. Jahrhundert finden wir Marie Regine Göler von Ravensburg (1675: 12000 fl), Albrecht Ludwig (1675: 5000 fl) und Christof Friedrich von Eyb (1675: 20000 fl), Dietrich von Weiler (1700: 2500 fl) unter den Zinsgeldkäufern. Für den Abt von Schönau (1700: 2500 fl) ist die Reichsstadt der größte Geldnehmer mit 2500 fl (1551–1585)[8]. Die 8000 fl des Abts von Adelberg werden 1542–1583 auf 2000 fl gesenkt. Die Universität Heidelberg hat 1566–1583 in Hall 1500 fl stehen, das Spital Hagenau von 1547 bis 1550 4000 fl, die Elendenherberge Heidelberg von 1558 bis 1574 500 fl. Auch die eigenen Institutionen der Stadt legen Geld an, die Spitalpflege, die Eigenstiftung, die Verwaltung der Geistlichen Güter, aber sie heben auch wieder ab, z. B. »der« Spital 1571 2380 fl.

Die meisten Kapitalien stammen von Privatleuten. Größere Summen haben Geldleute der Stadt gegeben: Advokaten des Reichskammergerichts in Speyer (Kaspar

7 Ebd., S. 136.
8 Meinrad Schaab, Die Zisterzienserabtei Schönau im Odenwald (Heidelberger Veröffentlichungen zur Landesgeschichte und Landeskunde 8, 1963), S. 117.

Hammerstetter, Moritz Breunlin, Adam Werner von Themar, Wolfgang Breuning, Malachias Ramminger u.a.), Ulmer Bürger (Schad, Krafft, Matthias Eberhard Küchlin), Nürnberger (Sigmund Pleimayer, Michael Irnsinger und der große Bartolomäus Viatis)[9]. Im Dreißigjährigen Krieg sind es Offiziere, die ihre Beute anlegen: der schwedische General Friedrich von Moser auf Eschenau 40000 fl, Johann Sporck, Bernhard Schaffelitzky von Muckendal (1675: 20000 fl), Johann Heinrich Schertlin (9000 fl), Baltasar von Ragnitz (2000 fl), der Oberst Ludwig Eberhard Wörner (10000 fl). Bezeichnend ist, daß die Reichsstadt den Landgemeinden verbietet, Geld anzulegen, es sei denn, es läge ein besonderer Grund vor (und das war bei Geislingen a.K. der Fall).

Zwar wird zwischen erblichen und kündbaren Zinsgeldern unterschieden, aber man behandelte sie hinsichtlich der Buchhaltung gleich[10]. Die Zinsgelder werden in der Regel vererbt, auch verkauft oder teilweise verkauft oder unter verschiedene Erben aufgeteilt, was die Wiederherstellung der »Konten« bei einigen Lücken der Buchführung erschwert. Die wichtigsten Posten sind langfristig zu finden, und zwar in den Händen der Bürger von Hall. Vor 1600 sind 325 von 574 Konten (56 %) im Besitz der Bürger. Der reiche Baltasar Moser hinterläßt bei seinem Tode (1610) 14000 fl ablösige und 5000 fl ewige Zinsgelder, und zwar 11000 fl beim Rat, weitere Summen bei Privatpersonen oder anderen Geldnehmern. Seine Witwe erhält jährlich zu Petri Cathedra und Jacobi 250 fl Zins. Auch der Pfarrer Johann Herolt hinterläßt seiner Witwe ein Kapital von 250 fl, also 12½ fl Zins, die sie bis 1574 erhält.

Damit kommen wir zu einem weiteren auffallenden Aspekt des Zinsgeldgeschäfts. Von den 574 privaten »Konten« vor 1600 gehören 87 Frauen (15 %) und 77 Kindern (13,5 %). Das bedeutet, daß das Zinsgeldgeschäft zur mündelsicheren Versorgung von Witwen und Waisen verwandt wurde, lange ehe Abt Anselm II. von Salem 1749 seine Waisenkasse begründete, die die Sparkassen als ihren ersten Vorläufer ansehen. Das gilt ebenso für arme Witwen (die Pfarrfrau) und für reiche (die Moserin). Unter den Zinsgeldempfängern finden sich:

1615 58 Frauen (33 %), 27 Kinder (15 %): zusammen 48 %
1800 96 Frauen (23 %), 16 Kinder (7 %): zusammen 30 %.

Auch das von Pfarrern und Schulmeistern für Witwen gewährte »Gnadengeld« wird (z.B. 1634) unter den Zinsgeldern gebucht. Damit rückt aber die Frage der »Schulden« der Stadt in ein völlig anderes Licht: Vom Zinsnehmer aus gesehen handelt es sich eher um »Konten«, um Verpflichtungen des Rats gegenüber Privatpersonen. Wenn also der bayerische Staat 1806 die Zinsen der Stadtkasse einbehielt und dann auf 40 % abwertete, 1812 aber 2 % zugestand, dann hat er nicht die Schulden der Stadt saniert, sondern tatsächlich Privatbesitz auf Kosten von Witwen und Waisen enteignet[11]. Wir können diese Zinsgelder mit Zinsen von Sparbüchern, Pfandbriefen,

9 Gerhard Seibold, Das Darlehen der Viatis-Peller-Gesellschaft an die Stadt Hall. Ein Kreditgeschäft aus der Zeit des 30jährigen Krieges (Württ. Franken 1978), S. 77–82.
10 Daher können wir auch nicht genau feststellen, wie in der Praxis die rechtlichen Unterschiede zwischen ablösigen und ewigen Zinsen behandelt und wie die Kündigungen gehandhabt wurden.
11 Gerhard Hirschmann, Das Nürnberger Patriziat im Königreich Bayern (Nürnberger Historische Forschungen 16, 1971), S. 20.

Obligationen vergleichen – Namen und Rechtsformen ändern sich –; jedenfalls stellen sie private Geldanlagen dar, die durch die Salzstadt gesichert sind.

Zwei Beispiele mögen das im einzelnen beleuchten. Der junge Salzsieder Jörg Müller hat 1538 zusammen mit seinem Bruder ein Kapital von 100 fl bei der Stadt stehen, das vom Vater stammt und 1552 abgelöst wird. Im Jahr seiner Heirat, 1559, legt er 200 fl an, 1560 weitere 700 fl, die er von seinem Oheim Hans, einem Priester in Preßburg, geerbt hat. 1580 kommen 900 fl dazu, 1582 weitere 500 fl, 1585 200 und 500 fl, 1587 1000 fl, 1588 200 fl, 1595 500 fl und 1599 400 fl. Im Jahre 1600 empfängt er an Zinsen 195 fl im Jahr, ein stattliches Einkommen, wenn man bedenkt, daß eine gute Pfarre vielleicht 60 fl im Jahr einbringt. Klara Krauß († 1590), die Witwe des Salzsieders und Ratsherrn Jörg Seiferheld, empfängt 10 fl zu Georgii und Michaelis, 20 zu Pfingsten, 25 zu Peter und Paul und zu Philippi Jakobi, 50 zu Georgii, 75 zu Michaelis, also 215 fl im Jahr, entsprechend einem Kapital von 4300 fl. Aber ebenso gibt es kleine Beträge von 5 oder 10 fl, die für die Empfänger wichtig sind. Ähnlich wie die Haller Bürger sind auch Bürger der Nachbarorte Gaildorf und Crailsheim oder Beamte benachbarter Herrschaften an dem Zinsgeschäft beteiligt. Bei ihnen wird man davon ausgehen können, daß sie die Zinsen persönlich abholten. Beträge, die nach Speyer, Heidelberg oder Nürnberg gehen, werden anscheinend gelegentlich durch Boten überbracht oder eingezogen, manchmal bleiben einzelne Posten auch zwei oder drei Jahre stehen (ohne Zinseszins). Die Vermittlung an auswärtige Geldgeber ist teilweise durch Verwandtschaft, teilweise durch politische oder geschäftliche Verbindungen zustandegekommen, je nachdem, ob die Stadt Geld brauchte oder die Geldgeber Geld anlegen wollten.

Neben den ausgegebenen Zinsgeldern werden auch eingenommene Zinsgelder verzeichnet, durchweg kleinere Beträge. »Sie werden als Unterstützung hällischen Bürgern und Bauern gewährt und meist innerhalb weniger Jahre wieder zurückgezahlt«, stellt Kreil fest[12]. Vor 1520 entsprechen ihnen zinslose Darlehen. Von den Einnahmen der Stadt machen diese Zinsgelder nur einen ganz geringen Anteil aus:

1625: 3 % 1650: 1 % 1675–1750: ½ %

Aber eine genauere Überprüfung der »Kleinkredite« ergibt, daß es sich weniger um Darlehen als um Hypotheken handelt, Hauszins, Mühlenzins, Zins für ein Gut, eine Wiese oder einen Garten, oft für Güter, die der Rat vom Adel angekauft hat. Rund 30 % davon betreffen Bürger, 70 % Untertanen vom Lande. Gelegentlich wird auch eine Strafe in Zinsverpflichtungen verwandelt, z. B. 1603 bei Magdalene, Endris Gräters Hausfrau, eine »Strafe für Exzess« (also allmähliche Abzahlung). Zur Vereinfachung der Buchführung werden alle diese Beträge unter die Zinsgelder gebucht.

Besonders aufschlußreich für die Handhabung des Zinsgeschäfts ist folgender Fall. Die drei Reichsstädte Hall, Rothenburg und Dinkelsbühl verkauften 1562 die Ämter Kirchberg und Ilshofen an den Grafen Ludwig Kasimir von Hohenlohe. Auf jede Stadt entfielen 31 000 fl. Dafür kaufte Hall das Amt Ilshofen für rund 20 500 fl. Hohenlohe blieb 8000 fl. schuldig, die für 400 fl Zins jährlich »auf das Amt Kirchberg hypotecirt«

12 Kreil (wie Anm. 1), S. 101.

werden[13]. Von 1563 an wurden die Zinsen pünktlich bezahlt. Eine Änderung trat ein, als Graf Philipp 1594 für 18000 fl Besitz in Münkheim und drei Salzpfannen kaufte; 1600 blieben noch 12000 fl davon stehen. Die Schuld wurde nicht mit Vellberg verrechnet, wie man angenommen hat[14], sondern man behandelte beide Rechnungen getrennt. Erst 1622 löste Graf Kraft die Kirchberger Schuld ab. Ähnlich hat der Herzog von Wirtemberg 1603 für 12000 fl die Pflege Westheim verpfändet, 1611 kamen weitere 6000 fl dazu.

Der Dreißigjährige Krieg beeinträchtigte die bestehenden Verhältnisse. Hall hat während der Mitgliedschaft in der »Union« (1610–1621) mindestens 84000 fl ausgegeben[15]. In den Kriegsjahren 1634–1650, als wechselnde Besatzungen sich ablösten und die Finanzkraft der Stadt wie der einzelnen Bürger aufs äußerste in Anspruch nahmen, war die Reichsstadt im Jahr etwa 33000 fl Zinsgeld schuldig, sie bezahlte aber davon jeweils nur 11000 fl. Spätere Regelungen waren langwierig und schwierig, wie der Fall Viatis-Peller beweist, der sich bis 1681 hinzog[16]. Als der Reichstag 1653 die rückständigen Schulden halbierte, war wenigstens eine Basis für die vertragliche Regelung der Einzelfälle gewonnen. Dann aber lief das Zinsgeschäft bis zum Ende der Reichsstadt weiter.

Wir haben gesehen, wie die Kapitalaufnahme von Seiten der Stadt und der Geldanlage von Seiten der Bürger und auswärtiger Geldgeber sich ergänzen und wie der Begriff der »Verschuldung« einer Reichsstadt relativiert werden muß. Was der Rat oder die Stadtkasse im Zinsgeldergeschäft unternimmt, entspricht durchaus der Tätigkeit der späteren Spar- und Darlehenskassen. Nähere Betrachtung schränkt allgemeine Behauptungen in ihrer Gültigkeit ein. Man sagt, der Teufel stecke im Detail, aber auch die Wahrheit steckt im Detail. Insofern ist die Landesgeschichte die Probe auf die Wahrheit, und alle Verallgemeinerungen sind von Übel. Das Allgemeine muß stets am Besonderen geprüft werden.

13 Gerhard Wunder, Das Kondominat der 3 Reichsstädte Rothenburg, Hall und Dinkelsbühl in Kirchberg a. Jagst 1398–1562 (Jahrbuch für fränkische Landesforschung 34/5, 1975), S. 780.
14 Kreil (wie Anm. 1), S. 154.
15 Ebd., S. 80.
16 Siehe Anm. 9.

Aufgaben und Bedeutung der heutigen Industrie- und Handelskammern am Beispiel Ulms

VON ALEXANDER SCHMIHING

Ich darf mich zunächst einmal sehr herzlich dafür bedanken, daß Sie mich eingeladen haben, als einziger Nichthistoriker vor Ihrem Kreis von Stadtgeschichtsforschern zu referieren. Sie sind damit ein nicht unerhebliches Risiko eingegangen, das größere Risiko liegt aber wohl bei mir, nämlich das, mich vor einem erlesenen Kreis von Fachleuten zu blamieren. Ich bin dieses Risiko, das mir bewußt ist, trotzdem eingegangen, einmal weil ich meine, daß bei dem Generalthema Ihrer Tagung »Stadt und wirtschaftliche Selbstverwaltung« die Träger der wirtschaftlichen Selbstverwaltung, und das sind nach der Rechtslage in unserem Land die Industrie- und Handelskammern und die Handwerkskammern, nicht fehlen sollten. Zum anderen hat mir die Vorbereitung auf diesen Vortrag die Gelegenheit gegeben, mich mit einem Thema, das zur täglichen Praxis der Kammer gehört, auch unter historischem Aspekt und mit einigen grundsätzlichen Überlegungen zu befassen.

Der erstgenannte Aspekt wird von dem mir von der Tagungsleitung gestellten Thema »Aufgaben und Bedeutung der heutigen Industrie- und Handelskammern am Beispiel Ulms« erfaßt. Ich werde versuchen, Ihnen hierzu die notwendigen Sachinformationen zu geben, damit Sie dieses weithin unbekannte Wesen Industrie- und Handelskammer in seiner Bedeutung und in seinen Grenzen künftig vielleicht etwas besser einschätzen zu können. Die historisch-grundsätzliche Betrachtung, die ich daran anschließen möchte, wird eher von dem Gesamtthema der Tagung abgedeckt, ist aber für mich die wesentlich reizvollere. Ich bitte daher um Ihr Verständnis, wenn ich versuche, durch eine Zweiteilung meines Vortrags beiden Aspekten, soweit dies die Zeit erlaubt, Rechnung zu tragen.

Was ist eine Industrie- und Handelskammer heute und was tut sie? Manche nennen die Kammern »Rathäuser der Wirtschaft« und haben damit insofern recht, als in den Kammern die Beratung in vielerlei Hinsicht im Mittelpunkt steht, Beratung des Staates in all seinen Erscheinungsformen von Gesetzgebung, Verwaltung und Gerichtsbarkeit in allen wirtschaftlichen Fragen einerseits, Beratung der Kammerzugehörigen, das heißt aller Gewerbetreibenden des Bezirks, die nicht reine Handwerker sind, in fast allen Fragen, die sie für die Ausübung ihres Gewerbes brauchen, andererseits, in geringem Umfange auch Verbraucherberatung und Service für Privatleute. Beratung aber auch in dem Sinne, daß hier die wichtigsten wirtschaftlichen Fragen einer Region erörtert und anschließend eine Meinung »der gewerblichen Wirtschaft« des Bezirks erarbeitet wird. Rat und Beratung sind häufig schwer für die Öffentlichkeit darzustellen, weil sie von ihrer Natur her auf Diskretion und Verschwiegenheit angelegt sind. Sie haben außerdem im Sinne der heutigen Öffentlichkeitsarbeit den entscheidenden Nachteil, daß ein guter Rat in der Regel differenziert ist und die verschiedenen Stationen der Abwägung mit einbezieht. Das erschwert in der Regel die sogenannte Holzhammermethode, mit der im Hinblick auf ein anzustrebendes eindeutiges Ziel immer wieder dieselben Argumente vorgebracht werden. Natürlich ist die Industrie- und Handelskammer in der Regel gegen eine Erhöhung von Gewerbesteuerhebesätzen, da diese Steuer ja einseitig ihre Mitglieder, nämlich die Gewerbetreibenden, belastet und andere schont. Trotzdem gibt es viele Stellungnahmen von Kammern, die z.B. dann eine maßvolle Erhöhung eines Gewerbesteuerhebesatzes tolerieren, wenn der Mehrerlös nicht in den normalen Verwaltungshaushalt einer Stadt fließt, sondern der Finanzierung eines auch von der Wirtschaft gewünschten oder gar geforderten Objekts dient. Eine solche abwägende und differenzierte Stellungnahme »verkauft« sich natürlich in der Öffentlichkeit häufig schlechter als eindeutige Forderungen in dieser oder jener Richtung. Aber das müssen wir um der Sache willen, nämlich einer sachgerechten Beratung, in Kauf nehmen.

»Rathaus der Wirtschaft« ist aber insofern ein mißverständlicher Ausdruck, als in Rathäusern im allgemeinen relativ viele Entscheidungen getroffen werden, die den einzelnen Bürger betreffen. Der Entscheidungsspielraum, den der Gesetzgeber den Industrie- und Handelskammern gegeben hat, ist dagegen gering, somit auch die Zahl der Verwaltungsakte, die etwa Gegenstand eines verwaltungsgerichtlichen Verfahrens sein können, mit einer Ausnahme, auf die ich noch zu sprechen komme. Entscheidungsfunktionen hat die IHK nur auf dem Gebiet der öffentlichen Bestellung von Sachverständigen und in Baden-Württemberg auf dem Gebiet der Aus- und Räumungsverkäufe. Eine wichtige Funktion, die übrigens alle Industrie- und Handelskammern in der ganzen Welt unabhängig von ihrer konkreten Rechtsform haben, ist die Förderung des Außenhandels durch Bescheinigungen und Beurkundungen aller Art, die dem Handel mit anderen Ländern dienen, Handelsrechnungen, Ursprungszeugnisse und ähnliches.

Die bisher genannten Aufgaben der Industrie- und Handelskammern werden in dem Bundesgesetz über die vorläufige Regelung des Rechts der Industrie- und Handelskammern vom 18. Dezember 1956[1] in § 1 wie folgt umschrieben: »Die Industrie- und Handelskammern haben… die Aufgabe, das Gesamtinteresse der ihnen zugehörigen Gewerbetreibenden ihres Bezirks wahrzunehmen, für die Förderung der gewerblichen Wirtschaft zu wirken und dabei die wirtschaftlichen Interessen einzelner Gewerbezweige oder Betriebe abwägend und ausgleichend zu berücksichtigen; dabei obliegt es ihnen insbesondere, durch Vorschläge, Gutachten und Berichte die Behörden zu unterstützen und zu beraten sowie für Anstand und Sitte des ehrbaren Kaufmanns zu wirken.«

Industrie- und Handelskammern sind also kein Selbstzweck, sondern regionale Instrumente der Wirtschaftsförderung im weitesten Sinne. Weil der Staat dies zu einer öffentlichen Aufgabe erklärt, hat er ihre Aufgaben in einem Rahmengesetz geregelt und der Rechtsaufsicht des Staates unterstellt. Kern der wirtschaftlichen Selbstverwaltung

1 Bundesgesetzblatt I, S. 920ff.

ist, daß die Kammern innerhalb dieses sehr weit gesteckten rechtlichen Rahmens ihre konkreten Aufgaben weitgehend selbst bestimmen, und dies durch die gewählten Vertreter aller Kammerzugehörigen. Von den Verbänden der Wirtschaft, mit denen die Kammern als Organisationen der gewerblichen Wirtschaft vieles verbindet, unterscheiden sie sich durch den gesetzlichen Auftrag, der ihre öffentliche Aufgabe und damit z.B. die Verpflichtung zur parteipolitischen Neutralität festlegt, durch die lückenlose, flächendeckende, regionale Organisation und durch das im Gesetz vorgeschriebene Gebot, *die wirtschaftlichen Interessen einzelner Gewerbezweige oder -betriebe abwägend und ausgleichend zu berücksichtigen.* Ein Verband kann und muß sogar häufig nach seiner Aufgabenstellung die Einzelinteressen eines Mitglieds oder das Brancheninteresse zum Maßstab seiner Aktionen machen, bei der Kammer steht das Gesamtinteresse der regionalen Wirtschaft im Vordergrund. Dies ist allerdings wiederum nicht mit dem Allgemeinwohl identisch, auch wenn das Florieren der Wirtschaft Voraussetzung für das Funktionieren des Staates und das Wohl seiner Bürger ist.

Die Selbstordnungsfunktion kommt in dem letzten Halbsatz der vorhin zitierten Vorschrift deutlich zum Ausdruck: *Wahrung von Anstand und Sitte des ehrbaren Kaufmanns.* Konkret bedeutet dies, daß die Kammer z.B. beim Einzelhandel auf die Einhaltung der Regeln des lauteren Wettbewerbs hinzuwirken hat, dies aber nicht wie eine Polizeibehörde oder gar ein Gericht, die nur bereits geschehene Verstöße nachträglich mit Sanktionen belegen können, sondern in der Regel eben eher im Vorfeld, in der Beratung des Kaufmanns über die einzuhaltenden Regeln, in der Information über neuere Rechtsprechung, in der Publikation von »Anstandsregeln«, die häufig weiter gehen als das Gesetz, und schließlich in der geräuschlosen Abmahnung von einmaligen oder weniger schweren Verstößen, durch die ohne Inanspruchnahme von Gerichten über 90 % aller Wettbewerbsverstöße schnell und kostenlos erledigt werden.

Im zweiten Absatz des § 1 Kammergesetz wird den Kammern die Möglichkeit eröffnet, *Anlagen und Einrichtungen, die der Förderung der gewerblichen Wirtschaft oder einzelner Gewerbezweige dienen, zu begründen, zu unterhalten oder zu unterstützen.* Diese Generalklausel deckt natürlich sehr vieles ab. Sie hatte in der Vergangenheit eine wesentlich größere Bedeutung als heute. So gab es z.B. Handelskammern, die Eisbrecher unterhielten, Hafenanlagen, Lagerhäuser und ähnliches. Noch heute sind die meisten Börsen in Deutschland den Handelskammern angegliedert. Dagegen wurden die meisten kammereigenen Berufsschulen, die im 19. Jahrhundert sehr häufig waren, inzwischen aufgelöst und in staatliche oder städtische Obhut gegeben. Dafür engagieren sich immer mehr Kammern intensiv auf dem Gebiet der beruflichen Weiterbildung – Aufgabenwandel im Wandel der Zeiten[2].

Bevor ich zu einem letzten Aufgabenbereich komme, der gerade in den letzten 15 Jahren im Mittelpunkt des öffentlichen Interesses stand, lassen Sie mich noch eine durch das Kammergesetz gezogene Grenze erwähnen, die von großer Bedeutung ist: *Nicht zu den Aufgaben der Industrie- und Handelskammern gehört die Wahrnehmung sozialpolitischer und arbeitsrechtlicher Interessen.* Die Kammern sind also kein Arbeitgeberverband und kein Tarifpartner. Dies festzuhalten ist deshalb besonders wichtig,

2 FRENTZEL, JÄKEL, JUNGE, Industrie- und Handelskammergesetz, [4]1982, S. 33 ff, 71.

weil die Kammern in der Öffentlichkeit häufig als Gegenspieler der Gewerkschaften angesehen werden. Natürlich gibt es sozialpolitische Fragen, die von eminenter wirtschaftspolitischer Bedeutung sind. Ihre Erörterung und Stellungnahmen dazu sind den Kammern keineswegs verboten. Sie würden ihre Aufgabe geradezu verfehlen, wenn sie diese Aspekte nicht einbeziehen würden. Auch kann man einem Gewerbetreibenden, der eine arbeitsrechtliche Auskunft wünscht, die aus dem Gesetz abzulesen ist, nicht verargen, wenn er diese Auskunft von seiner Kammer erwartet. Aber die Kammer wird damit nicht zur Vertretung von Arbeitgeberinteressen. Sie muß ein solches Tätigwerden sogar ablehnen.

Sie werden nun fragen, weshalb ich diejenige Aufgabe der Industrie- und Handelskammern, die wohl in der Öffentlichkeit am meisten bekannt ist und für die die Kammern auch im Durchschnitt ca. 40% ihrer finanziellen und personellen Mittel einsetzen, bisher noch nicht erwähnt habe: die Kammeraufgaben auf dem Gebiet der Berufsausbildung. Ich komme deshalb erst jetzt zu diesem Thema, weil die berufliche Aus- und Fortbildung in kaufmännischen und gewerblichen Berufen zwar von Anfang an eines der wichtigsten Themen in den Kammern war – es ist eine Binsenweisheit, daß der Ruf des »Made in Germany« ebensowenig ohne unser gut gegliedertes und ausgebautes Berufsbildungssystem möglich gewesen wäre, wie etwa der Wiederaufbau der deutschen Wirtschaft nach dem Zweiten Weltkrieg, weil die heutige Stellung der Industrie- und Handelskammern im Geflecht der staatlich geregelten Berufsbildungsorganisation aber relativ neu und zunächst nicht unmittelbar aus dem Wesen der Kammern abzuleiten ist. Erst durch das Berufsbildungsgesetz von 1969[3] wurden die Industrie- und Handelskammern (bei vielen meiner Ausführungen sind die Handwerkskammern als Parallelorganisation mit gemeint) zu zuständigen Stellen im Sinne des Berufsbildungsgesetzes erklärt und ihre vorher in Selbstverwaltung durchgeführten Aufgaben, etwa im Bereich der Registrierung von Lehrverträgen, der Überwachung von Lehrbetrieben und der Durchführung von Prüfungen, bis ins kleinste Detail gesetzlich geregelt.

Damit wurde natürlich auch der Begriff der Selbstverwaltung in gewissem Umfange in Frage gestellt. Nach dem Berufsbildungsgesetz haben die Industrie- und Handelskammern die Aufgabe, das Verzeichnis der Ausbildungsverhältnisse zu führen, was eine Überprüfung und Überwachung der Ausbildungsbetriebe, der Lehrverträge und zum Teil auch der Auszubildenden selbst voraussetzt. Sie haben darüber hinaus während der Dauer der Ausbildungsverhältnisse diese zu überwachen, die Partner im Ausbildungsverhältnis zu beraten und schließlich vor allem die Zwischen- und Abschlußprüfungen zu organisieren und die entsprechenden Zeugnisse auszustellen. Um Ihnen einen Begriff vom Umfang dieser Aufgabe zu geben: In der Industrie- und Handelskammer Ulm, einer der kleinsten des Landes Baden-Württemberg, die auch im Bundesvergleich im unteren Drittel rangiert, haben wir zur Zeit ca. 6700 Ausbildungsverhältnisse. Das bedeutet jährlich über 3000 Abschlußprüfungen und über 2500 Zwischenprüfungen. Hinzu kommen noch ca. 500 Erwachsenenfortbildungsprüfungen in insgesamt 15 kaufmännischen und technischen Berufen. Die Berufsbildung ist übrigens

3 Bundesgesetzblatt I, S. 1112.

das einzige Arbeitsgebiet der Kammer, das der paritätischen Mitbestimmung unterliegt: Die Rechtsvorschriften hierfür werden nicht von der eigentlichen Legislative der Kammer, der Vollversammlung, sondern von dem paritätisch mit Vertretern der Arbeitnehmer und Arbeitgeber besetzten Berufsbildungsausschuß erlassen. Die Lehrer an beruflichen Schulen als Vertreter des schulischen Partners im sogenannten dualen System haben im Ausschuß zwar Sitz, aber kein Stimmrecht.

In der Organisation zeigt sich der Selbstverwaltungscharakter der Kammer am deutlichsten: Das oberste Organ, die Vollversammlung, wird in den verschiedenen Wahlgruppen von den Kammerzugehörigen jeweils auf vier oder fünf Jahre gewählt. Sie hat neben dem Satzungsrecht die Budgethoheit und damit die Kompetenz zur Festlegung der Beiträge und Gebühren – die Arbeit der Industrie- und Handelskammer wird voll von eigenen Leistungen der Kammerzugehörigen finanziert. Es gibt keine staatlichen Zuschüsse. Schließlich bestimmt die Vollversammlung die Richtlinien der Politik der Kammer und wählt den Präsidenten, die Vizepräsidenten und den Hauptgeschäftsführer als den Chef der Verwaltung. Diese Verfassung ähnelt der Kommunalverfassung in der ehemaligen britischen Zone insofern, als der Präsident als Vorsitzender der Vollversammlung und des Präsidiums ähnlich wie dort der Oberbürgermeister zwar der politische Repräsentant einer Stadt, hier der Kammer, aber nicht zugleich der Chef der Verwaltung ist. Präsident, Vizepräsidenten und Mitglieder der Vollversammlung sind ehrenamtlich, der Hauptgeschäftsführer als Organ der Kammer hauptamtlich und für die Durchführung der Beschlüsse und die laufenden Geschäfte zuständig. Ihm zur Seite stehen die Geschäftsführer, Referenten und weitere Mitarbeiter.

Noch ein paar Zahlen zur Größenordnung der IHK Ulm, über die ich hier zu berichten habe: Wir vertreten ca. 12000 Gewerbetreibende, vom Kioskbesitzer bis zur Automobilfabrik. Die Zahl der Vollversammlungsmitglieder beträgt zwischen 45 und 50 (die 45 direkt Gewählten können als Wahlmänner bis zu 5 weitere hinzuwählen), die Zahl der hauptamtlichen Mitarbeiter liegt bei 42, die Etatsumme bei 4,5 Mio DM.

Gegründet wurde die »Handelskammer Ulm« wie die anderen drei alten württembergischen Kammern Heilbronn, Reutlingen und Stuttgart im Jahre 1855 aufgrund einer Initiative der Königlichen Zentralstelle für Gewerbe und Handel, die unter ihrem bekannten Präsidenten Ferdinand von Steinbeis viele Anstöße zur wirtschaftlichen Entwicklung Württembergs gegeben hat[4]. Die württembergischen Kammern traten damit relativ spät ins Leben. In den großen deutschen Staaten Preußen und Bayern existierten solche Kammern bereits seit einiger Zeit. Im Grunde sind die Handelskammern auf zwei Entwicklungslinien zurückzuführen: zum einen auf die kaufmännischen Korporationen, Handelsstände, Handelsräte, Kommerzkollegien, die es in fast allen Handelsstädten Deutschlands gab, vor allem natürlich in den Hansestädten, aber auch in der freien Reichsstadt Ulm. Zum anderen auf die französischen Chambres de Commerce, die der merkantilistische Staat sich als Beratungsorgane geschaffen hatte und die von Napoleon wieder begründet wurden. Auf seine Initiative hin fanden sie vor allem auf dem linken Rheinufer auch in Deutschland Verbreitung. Beratung des Staates

4 Walter MOSTHAF, Die württembergischen Industrie- und Handelskammern Stuttgart, Heilbronn, Reutlingen, Ulm. Stuttgart 1955, Band I, S. 50ff.

auf der einen Seite, Beratung und Selbsthilfe für die Kaufleute auf der anderen Seite – diese beiden Grundstrukturen ziehen sich auch durch die nun folgende Kammergeschichte[5].

Die ersten gut 75 Jahre ihres Bestehens waren bei der Kammer Ulm wie bei fast allen deutschen Kammern von einem zügigen Ausbau der Organisation, einschließlich der finanziellen Grundlagen, der Stärkung ihrer Rechtsposition und der räumlichen Abgrenzung gekennzeichnet. Trafen sich die zwölf seinerzeit vom König ernannten »Mitglieder« noch in städtischen Räumen und erhielten sie für die dringendsten Bürobedürfnisse einen Zuschuß von der Stadt, so wurde 1901 ein hauptamtlicher Sekretär mit einem eigenen Büro angestellt, 1916 das neue Dienstgebäude bezogen, das im Zweiten Weltkrieg zerstört wurde und heute an der alten Stelle wieder aufgebaut ist. Die Kammergesetze von 1874 und 1899 erweiterten die Rechtsgrundlage, gaben der Kammer die Position einer juristischen Person des öffentlichen Rechts und mit dem Beitragsrecht die finanzielle Unabhängigkeit. Mit der Jahrhundertwende schieden die Handwerker aus ihrer Organisation aus und wurden einer eigenen, der Handwerkskammer, zugeordnet. Die ursprüngliche Handels- und Gewerbekammer nannte sich jetzt nur noch Handelskammer, später Industrie- und Handelskammer[6]. Diese Entwicklung, die schon früh zu einer Demokratisierung der Kammer mit freier, gleicher und geheimer Wahl ihrer Repräsentanten geführt hat, wurde in der Zeit des Nationalsozialismus jäh unterbrochen. Die Kammern wurden nach dem Führerprinzip umgestaltet, ihre Aufgaben in weiten Bereichen entsprechend der NS-Wirtschaftspolitik denaturiert. Die Kammern gerieten mehr oder weniger zu Hilfsorganen der staatlichen Wirtschaftspolitik, insbesondere auf dem Gebiet der Kriegs- und Rüstungswirtschaft[7].

Eine ähnliche Rolle als Transmissionsriemen der staatlichen Wirtschaftspolitik weisen übrigens auch die DDR und alle RGW-Staaten den dortigen Kammern zu. Man muß also genau prüfen, wenn man das Wort »Kammer« hört, was damit gemeint ist, welche Befugnisse und Rechtspositionen den Kammern im speziellen Fall zugewiesen oder zugestanden sind. Nach dem Zweiten Weltkrieg vollzog sich die Entwicklung der Industrie- und Handelskammern in den vier Besatzungszonen zunächst unterschiedlich: Die Franzosen und Engländer ließen schon bald wieder amtliche Berufsvertretungen der gewerblichen Wirtschaft mit öffentlich-rechtlichem Charakter zu, während die Amerikaner in der öffentlich-rechtlichen Form mit Zwangsmitgliedschaft, Pflichtbeiträgen usw. einen Verstoß gegen die von ihnen vertretene weitgehende Gewerbefreiheit sahen und die Kammern auf den Weg der eingetragenen Vereine verwiesen[8]. Erstaunlich ist übrigens, daß die weit überwiegende Zahl aller Kammerzugehörigen, insbesondere der im Handelsregister eingetragenen Firmen, trotz der Freiwilligkeit zu ihrer Kammer hielten und die nach den Gewerbesteuermeßbeträgen errechneten Beiträge

5 Dieter SCHÄFER, Die Mittlerrolle der Kammer, in: »Reflexe«. Festschrift zum 125jährigen Bestehen der IHK zu Solingen, 1966, S. 1ff.

6 Alfred RIETZSCH, in: Ulmer Forum Heft 55, Sonderdruck 125 Jahre im Dienst der Wirtschaft für alle. Industrie- und Handelskammer Ulm 1980, S. 3.

7 Hans WINKEL, Geschichte der württembergischen Industrie- und Handelskammern Heilbronn, Reutlingen, Stuttgart/Mittlerer Neckar und Ulm 1933–1980. Stuttgart 1980, S. 13ff., 95ff.

8 WINKEL (wie Anm. 7), S. 224ff., 319ff.

bezahlten. Es dauerte immerhin über sieben Jahre, bis man sich nach Gründung der Bundesrepublik auf ein neues bundeseinheitliches Kammergesetz einigen konnte, das allen Kammern im gesamten Bundesgebiet und Westberlin den Status der Körperschaft des öffentlichen Rechts wieder gab. Kurioserweise heißt dieses Gesetz auch noch *Gesetz zur vorläufigen Regelung des Rechts der Industrie- und Handelskammern,* weil man sich damals über die Forderung der Gewerkschaften nach überbetrieblicher Mitbestimmung in den Organen der Industrie- und Handelskammern nicht einigen konnte. Aber nach dem alten Satz »Il n'y a que le provisoire qui dure« werden wir wohl auch künftig mit diesem Gesetz leben können.

Der Bezirk der Industrie- und Handelskammer Ulm hat sich in den jetzt 128 Jahren ihres Bestehens mehrfach geändert. Zunächst fehlte ein eigentlicher Bezirk. Die Handels- und Gewerbekammern »sollten in den gewerbereichen Städten des Landes, welche die diesfälligen Vorbedingungen zu erfüllen imstande sind«, errichtet werden. Außer für Ulm war die Kammer nur für die Kaufleute in den Städten Biberach, Blaubeuren, Friedrichshafen, Geislingen, Isny und Ravensburg zuständig. 1858 wurde das ganze Land Württemberg durch die Zuweisung von Oberämtern in flächendekkende Kammerbezirke eingeteilt. Der Bezirk der Kammer Ulm reichte also von Geislingen bis Friedrichshafen und von Riedlingen bis Leutkirch. 1866 wurden vier weitere Kammern in Württemberg gegründet, darunter eine in Ravensburg, die den südlichen Teil des bisherigen Ulmer Bezirks zugewiesen erhielt[9]. Bis 1934 umfaßte der Ulmer Bezirk also die Oberämter Ulm, Biberach, Blaubeuren, Ehingen, Geislingen, Laupheim und Münsingen. Im Dritten Reich wollte man größere und leistungsfähigere Gebilde haben und löste deshalb unter anderem die vier »neuen« württembergischen Kammern wieder auf und gliederte die Industrie- und Handelskammern Heidenheim und Ravensburg in den Ulmer Bezirk ein, der nun, wie heute noch die Handwerkskammer, von Ellwangen bis zum Bodensee reichte. 1942 wurde auch die Ulmer Kammer aufgelöst und als Zweigstelle in die Gauwirtschaftskammer Württemberg überführt[10].

Nach 1945 wurde die Kammer Ulm zunächst durch die Zonengrenze von ihrem gesamten Hinterland abgeschnitten. Sie war nun fast eine reine Stadtkammer, zu der nur die Stadt Ulm und der erheblich beschnittene Landkreis Ulm gehörten. 1963 kehrte nach einer Abstimmung im Bereich Ehingen der Landkreis Ehingen wieder in die Kammer Ulm zurück. Die Abstimmung in den Landkreisen Münsingen und Biberach fiel für Ulm negativ aus. Erst durch die Gebiets- und Verwaltungsreform Anfang der siebziger Jahre wurde der angestammte Bezirk der Kammer insofern wieder in etwa hergestellt, als nach dem Prinzip der Deckungsgleichheit zwischen Region und Handelskammerbezirk der Landkreis Biberach als Teil der Region Donau-Iller wieder in den Kammerbezirk Ulm eingegliedert wurde. Die Kammer Ravensburg entschädigte man dafür mit Teilen der früheren Kammerbezirke Konstanz und Reutlingen. Seit zehn Jahren existiert der neue Kammerbezirk nunmehr wieder in nahezu der alten Form. Die IHK Ulm ist sowohl hinsichtlich ihrer Bevölkerung als auch ihrer Wirtschafts- und Finanzkraft eine der kleineren Kammern in Baden-Württemberg und erst recht im

9 Mosthaf (wie Anm. 4), S. 58, 79 ff.
10 Winkel (wie Anm. 7), S. 68, 125 ff.

Bundesgebiet. Der kleine Kammerbezirk hat aber neben manchen Nachteilen, insbesondere was die schmale Finanzdecke angeht, den großen Vorteil der Übersichtlichkeit und der Firmennähe, so daß sich ein weiteres Nachdenken über räumliche Veränderungen aus heutiger Sicht erübrigt.

Insgesamt gibt es in der Bundesrepublik Deutschland und West-Berlin 69 Industrie- und Handelskammern, die auf Landesebene zu Arbeitsgemeinschaften, auf Bundesebene zum Deutschen Industrie- und Handelstag zusammengeschlossen sind und die Interessen der gewerblichen Wirtschaft gegenüber der Landes- und Bundesregierung sowie im Gesetzgebungsverfahren wahrnehmen. Damit, meine Damen und Herren, habe ich Ihnen einen Überblick über die Industrie- und Handelskammer Ulm einst und heute gegeben und kann mich nun in einem letzten Teil noch dem Thema »Kammer und Stadt« zuwenden.

Wie ich bereits in meinem kurzen historischen Rückblick auf die Geschichte der Industrie- und Handelskammer Ulm angedeutet habe, wurde die Kammer Ulm wie fast alle deutschen Handelskammern in einer Stadt und für dieselbe gegründet. Darin kommt zweierlei zum Ausdruck: Die Handelskammern waren Schöpfungen des städtischen Bürgertums, nicht zufällig auch weithin mit der Entwicklung des politischen Liberalismus in den Städten verbunden[11]. Eine Ausdehnung auf das »flache Land« kam auch deshalb schon nicht in Frage, weil es dort größere Handelsbetriebe mit dem Bedürfnis etwa einer überregionalen Zusammenarbeit oder gar Fernhandelsbetriebe, wie man damals den Exporthandel nannte, kaum gab. Auch wer eine Karte der Industrialisierung in Württemberg etwa aus der Mitte des 19. Jahrhunderts betrachtet, sieht die Konzentration der beginnenden Industrie in den Städten deutlich. Das hat sich natürlich stark gewandelt. Zwar sind die Städte nach wie vor die Schwerpunkte des wirtschaftlichen Lebens in unserem Lande. Durch zahlreiche Neugründungen auf der grünen Wiese und in kleineren Orten hat sich jedoch die Industrie und teilweise auch der Handel weit über das gesamte Land ausgebreitet. Konsequenterweise sind die Industrie- und Handelskammer als Vertretungen der gewerblichen Wirtschaft ihres Bezirks daher heute nicht nur auf die Städte, sondern auf den ganzen Bezirk zugeschnitten. In vielen Fällen hat man diesem Tatbestand auch durch die Namensgebung Rechnung getragen, die in Baden-Württemberg mit drei Ausnahmen sich dem Namen der Region angeglichen hat, z. B. IHK Bodensee-Oberschwaben, Hochrhein-Bodensee, Mittlerer Neckar, Südlicher Oberrhein usw. Nur in drei Fällen – und es ist sicher kein Zufall, daß es sich hier um alte freie Reichsstädte handelt – ist man davon abgewichen: Heilbronn, Reutlingen und Ulm. Sicher wird in diesen Kammerbezirken die Wirtschaft in der Fläche nicht weniger gut bedient als in den Kammern mit Regionalnamen. Der Name weist aber auf eine besondere Bindung und historische Rückbesinnung auf die alte freie Reichsstadt hin, was sich auch in einem besonderen Verhältnis zur jeweiligen Sitzstadt der Kammer ausdrückt. In Bayern ist man übrigens einen etwas anderen Weg gegangen. Unsere östliche Nachbarkammer z. B. heißt »Industrie- und Handelskammer für Augsburg und Schwaben«, andere »für München und Oberbayern« usw.

In beiden Körperschaften, der Stadt wie der Kammer, spielt der Gedanke der

11 SCHÄFER (wie Anm. 5), S. 1 ff.

Selbstverwaltung seit dem Freiherrn von Stein eine große Rolle. Selbstverwaltung setzt ein ehrenamtliches Engagement von Bürgern voraus, über ihren eigenen Betrieb oder ihre eigene Familie hinaus. Es ist daher nicht verwunderlich, daß in vielen Fällen dieselben Personen in der kommunalen wie in der wirtschaftlichen Selbstverwaltung ehrenamtlich tätig sind. In der Gründerzeit der Kammern war dies noch stärker als heute der Fall, zumal da die Belastung mit Ehrenämtern damals noch nicht den Umfang angenommen hatte wie heute, insbesondere im kommunalen Bereich. So waren die ersten fünf Präsidenten der Handelskammer Ulm, Kommerzienrat Eberhard Leube, Kommerzienrat Dr. Philipp Adam, Kommerzienrat Wilhelm Lödel, Kommerzienrat Conrad Dietrich Magirus und Kommerzienrat Karl Engel, Mitglieder des Gemeinderats oder kommunaler Gremien[12]. Der erste Ehrenpräsident der Ulmer Kammer, der vor wenigen Jahren verstorbene Karl Eychmüller, wurde 1945, kurz vor dem Einmarsch der Alliierten, sogar zum Kommissarischen Stadtvorstand ernannt, ein deutliches Zeichen seines Ansehens bei der Ulmer Bürgerschaft[13]. Auch in zahlreichen anderen Handelskammern fällt dieses gleichzeitige Engagement für die Stadt und die Kammer auf. In der Nachkriegszeit wuchs die Beanspruchung sowohl im unternehmerischen Bereich als auch in allen Gebieten des Ehrenamts so an, daß viele Unternehmer, die sich engagieren wollten, sich auf eine bestimmte Tätigkeit beschränken mußten. Aber noch heute sind z.B. von den 47 Mitgliedern der Vollversammlung der IHK Ulm drei aktive Mitglieder eines Gemeinderats, davon einer Fraktionsvorsitzender in Ulm, fünf ehemalige Mitglieder eines Gemeindeparlaments sowie ein Kreistagsmitglied, insgesamt ist oder war also jeder fünfte jetzt oder früher in der kommunalen Selbstverwaltung engagiert.

Über die personellen Beziehungen hinaus haben die Kammern immer einen gewichtigen Beitrag zur Entwicklung der Städte geleistet. Wesentliche Weichen für das nicht nur wirtschaftliche Gedeihen einer Stadt wurden oft von den Handelskammern gestellt oder zumindest Entscheidungen in dieser Richtung angeregt. Im Falle der Stadt Ulm war dies z.B. eine Denkschrift über die *Verbesserung der Schiffbarkeit der bayerischen Donau und die Durchführung der Großschiffahrt bis nach Ulm,* die *auf Veranlassung der Handelskammer Ulm* im Jahre 1903 von dem Nürnberger königlichen Bauamtmann Eduard Faber ausgearbeitet und von der Handelskammer finanziert wurde. Die optimale Verkehrsanbindung der Stadt Ulm, was nach dem damaligen Denken einen Anschluß an die Binnenschiffahrt voraussetzte als Prämisse für die wirtschaftliche Prosperität der Stadt, war gemeinsames Anliegen von Kammer und Stadtverwaltung. In den sechziger Jahren dieses Jahrhunderts gehörte mein Amtsvorgänger, der Hauptgeschäftsführer der IHK Ulm, Dr. Alfred Rietzsch, zu den Initiatoren des Universitätsplanes Ulm. Er traf auch als Geschäftsführer des Arbeitskreises »Universität Ulm« wesentliche Vorbereitungen für die Errichtung einer Universität in Ulm. In allerjüngster Zeit hat die IHK Ulm eine Anregung von Ministerpräsident Lothar Späth aufgegriffen und die Gründung eines »Ulmer Arbeitskreises für Forschung und Entwicklung« vorangetrieben, durch dessen Arbeit die Schaffung und Sicherung technolo-

12 Mosthaf (wie Anm. 4), S. 161ff., 300ff.
13 Winkel (wie Anm. 7), S. 313.

gieorientierter Arbeitsplätze in der Stadt Ulm unterstützt werden soll. Ebenfalls in diesem Jahre ist aufgrund einer gemeinsamen Aktion der Ulmer Wirtschaft ein Stiftungslehrstuhl für Betriebswirtschaftslehre an der Ulmer Universität gegründet und auf fünf Jahre von der Wirtschaft finanziert worden, ein weiteres Zeichen der Solidarität von Ulmer Bürgern aus der Kaufmannschaft mit ihrer Stadt.

Neben und vor diesen bürgerschaftlichen Initiativen steht heutzutage die institutionelle Mitwirkung der Kammer an der Stadtentwicklung als »Träger öffentlicher Belange«, der bei der Bauleitplanung und in allen Fragen der Raumordnung angehört werden muß. Stellungnahmen der Kammer zu Flächennutzungsplänen, zu Stadtentwicklungsplänen, Generalverkehrsplänen und ähnlichem gehören zu ihren wichtigsten Aufgaben auf diesem Gebiet. Durch intensive Gespräche mit den betroffenen Gewerbetreibenden und in vielen Beratungen in den zuständigen Gremien der Kammer werden diese Stellungnahmen vorbereitet, damit sie sowohl dem »Gesamtinteresse der Wirtschaft« dienen als auch die Stadt in ihrer Entwicklung voranbringen können. Natürlich umfaßt dies auch die Warnung vor städtebaulichen oder planerischen Fehlentwicklungen, etwa durch die Schaffung von Gemengelagen, welche der Entwicklung der Wirtschaft im Wege stehen. Eine enge Zusammenarbeit besteht auch bei der Akquisition von neuen Betrieben zum Ausbau der wirtschaftlichen Basis einer Stadt. So wurde z. B. auf einer internationalen Industrieansiedlungsmesse in Basel das entsprechende Informationsmaterial über die Stadt Ulm gemeinsam von Kammer und Stadt vorbereitet und die Interessen der Stadt auf der Messe selbst durch die Industrie- und Handelskammer vertreten.

Sicher gibt es auch kritische Punkte im Verhältnis zwischen Stadt und Kammer. Die Interessen sind nicht immer übereinstimmend, insbesondere wenn parteipolitische oder ideologische Gesichtspunkte die Entscheidungen der Gemeindeparlamente beeinflussen. Dies ist übrigens einer der Hauptgründe dafür, daß es bei den meisten Industrie- und Handelskammern nicht gerne gesehen wird, wenn sich ein hauptamtlicher Mitarbeiter der Kammer oder gar der Hauptgeschäftsführer kommunalpolitisch engagiert. Wie soll sich dieser verhalten, wenn z. B. seine Fraktion im Gemeinderat eine Erhöhung des Gewerbesteuerhebesatzes vorschlägt, er selbst aber aus eigener Sicht oder nach der Beschlußlage der Kammergremien einen anderen Standpunkt vertreten muß? Solche Interessenskollisionen können gerade in der Kommunalpolitik häufiger auftauchen, insbesondere dann, wenn es sich um überschaubare Städte handelt, bei denen etwa die Vertreter des örtlichen Einzelhandels eindeutige und klar definierbare Standpunkte vertreten, die im Widerspruch zu den planerischen Absichten von Stadtverwaltung oder Gemeindeparlament stehen. Ich denke hier nur z. B. an den Streit um die Gestaltung des Ulmer Münsterplatzes.

Kritisch kann es zwischen Stadt und Kammer auch werden, wenn ein kommunales Sonderinteresse, und sei es das Interesse des zentralen Ortes einer Region, mit einem regionalen Anliegen im Widerspruch steht, also etwa bei einer Industrieansiedlung oder der Erstellung eines Verbrauchermarktes »auf der grünen Wiese«, der natürlich von den Innenstadtkaufleuten bis aufs Messer bekämpft wird. Auf der anderen Seite ist es ebenso denkbar, daß das gemeinsame Interesse der Wirtschaft eines Bezirks gegenüber dem Gemeinwohl, wie immer dies zu definieren sei, zurückstehen muß. In die

Entscheidung eines Gemeinderates müssen eben die Interessen breiter Bevölkerungskreise, vielleicht auch der Verbraucher oder der Arbeitnehmerschaft, ebenso eingehen wie das wirtschaftliche Interesse. Zwar halte ich nach wie vor an der These fest, daß die wirtschaftliche Prosperität der Betriebe in einer Stadt direkt und indirekt auch ihren Bewohnern zugute kommt, sei es über die Nutzungsgebühren für öffentliche Einrichtungen, die durch höhere Steuereinnahmen relativ niedrig gehalten werden können, sei es durch ein verstärktes Angebot an Schulen, kulturellen oder sozialen Einrichtungen ganz allgemein; kurzfristig müssen sich diese Interessen aber nicht immer decken, und politische Entscheidungen fallen häufig sehr kurzfristig. Es ist deshalb nicht verwunderlich, wenn sich Stadtväter gelegentlich durch die Stellungnahmen der Industrie- und Handelskammern in ihren Kreisen gestört fühlen. Manche Stadtverwaltungen versuchen dies dadurch zu vermeiden, daß sie von der Kammer nur dann ein Gutachten anfordern, wenn zu erwarten steht, daß es sich im wesentlichen mit ihren Plänen deckt. Dies ist zwar der einfachste, aber keineswegs der beste Weg, zu guten Ergebnissen zu kommen.

Solche zum Teil mehr taktisch bedingten Winkelzüge sollten aber nicht überbewertet werden. In der Praxis besteht zwischen den meisten Städten und den Industrie- und Handelskammern eine enge Zusammenarbeit. In Ulm etwa finden jährlich Zusammenkünfte zwischen Vertretern des Präsidiums und der Geschäftsführung der Kammer einerseits und der Verwaltungsspitze sowie dem Ältestenrat des Gemeinderats andererseits statt, dazu ad hoc-Besprechungen über die wichtigsten Fragen, die im Laufe eines Jahres auftauchen. Die Kammer ist im städtischen Verkehrsbeirat ebenso vertreten wie im Ausländerbeirat, im Beirat der Parkbetriebs-GmbH und in anderen Gremien. In den Hansestädten gibt es übrigens in den sogenannten Deputationen sogar entscheidungsbefugte Gremien der Kommunen, in denen Vertreter der Handelskammer offiziell Sitz und Stimme haben. Aber auch ohne diese Institutionalisierung ist die Zusammenarbeit innerhalb und außerhalb vieler Gremien in der Regel gut. Man weiß, daß die Stadt ebenso auf eine gesunde wirtschaftliche Grundlage angewiesen ist wie die Wirtschaft auf das Vorhandensein einer breiten und gut ausgebauten städtischen Infrastruktur. So schließt sich der Kreis: Die Städte sind und bleiben Schwerpunkt der Wirtschaft und strahlen mit der Wirtschaft in die Region aus. Deshalb bleiben die Industrie- und Handelskammern als regionale Interessenvertretungen der gewerblichen Wirtschaft den Städten bei allen Problemen eng verbunden.

In den Anmerkungen nicht aufgeführte Literatur

ADAM, Hermann: Der Einfluß der Industrie- und Handelskammern auf politische Entscheidungsprozesse, Frankfurt–New York 1978.

Festschriften einer Reihe von Industrie- und Handelskammern zum 100- bzw. 125jährigen Bestehen.

FINKENWIRTH, Kurt: Kammern und Kommunen, Berlin 1928.

FISCHER, Wolfram: Unternehmerschaft, Selbstverwaltung und Staat, Berlin 1964.

HEPACH, Wolf-Dieter: Ulm im Königreich Württemberg 1810–1848, Ulm 1979.

SPECKER, Hans Eugen: Chronik der Stadt Ulm, 1977.

Universitätsplan Ulm, Ulm 1961.

Wirtschaft und wirtschaftliche Selbstverwaltung in Pforzheim von den Anfängen bis 1878/79
Ein Versuch

VON HANS-PETER BECHT

Regionales Handels- und Finanzzentrum, dann kleingewerblich orientierte Provinzstadt und schließlich Industriestadt – so lauten, auf eine kurze Formel gebracht, die wichtigsten Stationen der Pforzheimer Wirtschaftsgeschichte. Solche oder ähnliche Entwicklungen sind gerade im südwestdeutschen Raum mit seiner wechselvollen Geschichte mancherorts zu beobachten. Die von zahlreichen Zufälligkeiten bestimmte Pforzheimer Wirtschaftsgeschichte weist gleichwohl einige Charakteristika auf, die zum Teil noch heute das sozioökonomische Gefüge der Stadt bestimmen. Wir wollen im folgenden versuchen, einige wichtige Entwicklungslinien nachzuzeichnen und unter dem Aspekt der »wirtschaftlichen Selbstverwaltung« im weiteren Sinne zu beleuchten. Im Mittelpunkt steht dabei der Weg hin zu den modernen Selbstverwaltungsorganen der Wirtschaft; wenigstens in Form einer knappen Skizze soll jedoch auch die vorindustrielle Zeit Berücksichtigung finden. Es bedarf kaum der Erwähnung, daß im Rahmen eines Beitrags von sehr begrenztem Umfang kein detailliertes Bild der Wandlungen mehrerer Jahrhunderte gezeichnet werden kann. Dennoch läßt sich meist vortrefflich darüber streiten, ob die zwangsläufig zu treffende Auswahl dem Gegenstand gerecht wird oder nicht. Besonders in dieser Hinsicht stellt das Folgende nicht mehr als einen Versuch dar.

I.

Als die »Neue Stadt« Pforzheim gegen Ende des 12. Jahrhunderts den Status einer *civitas* erlangte, hatte sie die seit dem 11. Jahrhundert urkundlich belegte »Alte Stadt« in vieler Hinsicht bereits überflügelt[1]. Die »Neue Stadt« war wohl keine »Gründungsstadt« im Sinne einer von Grund auf geplanten neuen Siedlung. Anders als die dörflich geprägte »Alte Stadt« bildete die »Neue Stadt« jedoch von Anfang an ein wirklich städtisches Gemeinwesen; eine entsprechende Gestalt nahm auch das sozioökonomische Gefüge an. Schon zu Anfang des 14. Jahrhunderts läßt sich eine verhältnismäßig homogene vermögende Oberschicht ausmachen, deren Lebensstil zunehmend patrizisch geprägt war. Die Quellen geben leider nur vereinzelt Hinweise auf die wirtschaftlichen Aktivitäten, die dem Reichtum der Pforzheimer Oberschichtfamilien zugrunde

1 Das Folgende im wesentlichen nach H.-P. BECHT, Pforzheim im Mittelalter. Bemerkungen und Überlegungen zum Stand der Forschung, in: DERS. (Hg.), Pforzheim im Mittelalter. Studien zur Geschichte einer landesherrlichen Stadt. Pforzh. Gesch.bl. 6 (1983), S. 39–62, hier S. 41 ff., dort auch Einzelbelege.

lagen. Man könnte hier in erster Linie an den Holzhandel denken; allerdings wurde bislang erst ein Quellenbeleg bekannt, der in diese Richtung weist[2]. Was die Angehörigen der Pforzheimer Oberschicht mit dem erworbenen Reichtum anfingen, ist wesentlich genauer, wenn auch gewiß nicht umfassend dokumentiert. Pforzheim spielte eine relativ bedeutende Rolle im südwestdeutschen Handels- und Finanzsystem. Besonders auf dem Kapitalmarkt betätigte sich die Pforzheimer Oberschicht recht intensiv. Daß es in Pforzheim bereits zu Beginn des 14. Jahrhunderts diverse größere Vermögen gab, unterstreichen auch die relativ zahlreichen Nachrichten über den Bezug von Grundrenten.

Die Existenz einer solchen Oberschicht brachte für die landesherrliche Stadt Pforzheim offenbar einige Probleme mit sich. Allein die ökonomische und damit auch politische Macht sowie das Selbstbewußtsein der Patrizier dürften den badischen Markgrafen nicht unbedingt willkommen gewesen sein. Der wirtschaftliche Aktionsradius der Oberschichtangehörigen reichte zudem weit über die territorialen Grenzen hinaus. Der ökonomische Erfolg der Patrizier konnte für das Territorium positive Auswirkungen haben; ebensogut konnte der erzielte Gewinn jedoch in ein anderes Territorium oder in eine Reichsstadt abfließen, ohne der Stadt Pforzheim und damit dem Landesherrn irgendwelchen Nutzen zu bringen. Zudem war die Oberschicht nicht nur in wirtschaftlicher Hinsicht sehr beweglich. Die Mobilität der städtischen Bevölkerung war in dieser Zeit generell noch recht beachtlich, für Oberschichtangehörige konnten sich indes besonders zahlreiche Beweggründe für einen Ortswechsel ergeben. Sicherlich gab es grundlegende Interessengegensätze zwischen den Angehörigen der reichen Oberschicht und den kleingewerblich orientierten Handwerkern und Kaufleuten. Anders als in den patrizisch regierten Reichsstädten vermochte sich die Pforzheimer Oberschicht in der Regel wohl nur teilweise durchzusetzen. Über den Pfundzoll brachten die großen Vermögen dem Landesherrn zwar Einnahmen, im allgemeinen stand der Landesherr jedoch den kleingewerblichen Interessen näher. Aus der Sicht des Markgrafen besaß die Stadt Pforzheim zuallererst eine Mittelpunktsfunktion für das benachbarte Umland, und zur Erfüllung dieser Funktion trug die Oberschicht nur wenig bei. Daß die Bürgerschaft und die Richter der Stadt Pforzheim am 9. Dezember 1348 eidesstattlich erklären mußten, nur mit Einwilligung des Markgrafen aus der Stadt fortzuziehen[3], wirft ein bezeichnendes Licht auf die Interessengegensätze: Die Angehörigen der Oberschicht waren in geringerem Maße an ihrem Wohnort verwurzelt als die Kleingewerbetreibenden. Für den Pforzheimer Handwerker oder Kleinhändler war die Stadt mit ihrem engeren Umland identisch mit dem »Markt«. Der Pforzheimer Patrizier konnte seine Geschäfte an anderen Orten genausogut, bei zentralerer Lage vielleicht sogar einfacher tätigen. Rein wirtschaftlich gesehen, spielte es für ihn keine Rolle, ob er seine geschäftlichen Aktivitäten von Pforzheim, Speyer oder Heilbronn aus entfaltete. Daß die Pforzheimer Oberschicht zahlreiche Geschäftsverbindungen in andere wirtschaftlich bedeutende Städte Südwestdeutschlands unterhielt, mag manchem Pforzheimer Patrizier den Entschluß erleichtert haben, der Stadt den Rücken zu

2 Vgl. ebd., S. 52 mit Anm. 87.
3 Vgl. Urkunden des Stadtarchivs Pforzheim. Hg. L. Korth. 1899, S. 111–115.

kehren: Er dürfte sich in Esslingen, Heilbronn oder Speyer wohl kaum als völlig Fremder angesiedelt haben.

Schon 1328 finden wir mit Heinrich Rot und Heinrich Flad zwei Mitglieder von Pforzheimer Oberschichtfamilien als Bürger von Speyer[4]. Auch die Familie Schultheiß/Göldlin hielt es nach ihrem Aufstieg in die Oberschicht nicht lange in Pforzheim. Speyer und Heilbronn waren die Zwischenstationen, bevor die Familie gegen Ende des 15. Jahrhunderts zu den Zürcher Patriziergeschlechtern zählte[5]. Zahlreiche Anhaltspunkte und Indizien sprechen dafür, daß die Pforzheimer Oberschicht sukzessive abwanderte. Als gegen Ende des 15. Jahrhunderts die Rechte der Stadt eine umfassende Neuregelung erfuhren, hatte die alte Führungsschicht Pforzheim bereits verlassen. Es hat den Anschein, als sei das Pforzheimer Patriziat bereits von der zweiten Hälfte des 14. Jahrhunderts an zunehmend in die Defensive gedrängt worden. Spätestens seit 1381 gab es einen städtischen Rat, dessen Mitglieder ganz überwiegend nicht der Oberschicht entstammten. Dieser Rat war für die Gestaltung der innerstädtischen Verhältnisse gemäß den patrizischen Interessen wahrscheinlich ebenso hinderlich wie die landesherrliche Politik.

II.

Der zweite Abschnitt der sozioökonomischen Entwicklung der Stadt Pforzheim stand zunächst fast ausschließlich im Zeichen landesherrlicher Politik. Angeregt durch die ihm aus eigener Anschauung bekannten Vorbilder in den Niederlanden und in Burgund[6], erweiterte Markgraf Christoph I. den vorhandenen Verwaltungsapparat und sorgte für eine umfassende Landesorganisation, die bis ins 18. Jahrhundert hinein die innere Entwicklung Badens prägte, zum Teil allerdings auch lähmte[7].

Die Bestimmungen, die die Wirtschaft betrafen, offenbaren eine ganz eindeutige Tendenz; gleichzeitig charakterisieren sie allerdings auch die Entwicklung, die sich im Laufe des 15. Jahrhunderts vollzogen hatte. Die Abkehr vom Pfundzoll, der direkten Steuer, und der Übergang zur Verbrauchsabgabe, dem Ungeld, erscheinen gleichsam als Inbegriff der wirtschaftlichen Neuordnung. Auch die Präambel des Pforzheimer Stadtrechts spricht eine deutliche Sprache: *(...) wiewol die gemelt vnser statt Pfortzheym (...) inn vnnserm furstenthumb der marggraueschafft ein mercklich glide vnd zum*

4 Vgl. G. Carl, Regesten der Stadt Pforzheim 1195–1431, bearbeitet nach Urkunden des Badischen Generallandesarchivs zu Karlsruhe. Zulassungsarbeit (masch.). Tübingen o.J., S. 28f., Nr. 87 und 88.

5 Vgl. B. Kirchgässner, Heinrich Göldlin. Ein Beitrag zur sozialen Mobilität der oberdeutschen Geldaristokratie an der Wende vom 14. zum 15. Jahrhundert, in: Aus Stadt- und Wirtschaftsgeschichte Südwestdeutschlands. Festschrift für Erich Maschke zum 75. Geburtstag. Veröff. d. Komm. f. gesch. Landesk. in Baden-Württ., B 85. 1975, S. 97–109, hier S. 108f.

6 Vgl. F. Wielandt, Markgraf Christoph I. und das badische Territorium, in: ZGO 85 (1933), S. 527–611, hier S. 585.

7 Der persönliche Anteil Christophs I. an der Durchführung der Reformen war wohl eher gering. Daß er aufgrund häufiger Abwesenheit nur in begrenztem Umfang selbst unmittelbar in die Territorialverwaltung eingreifen konnte, war vermutlich ein zentraler Grund für die innere Neuordnung; vgl. auch B. Sütterlin, Geschichte Badens 1: Frühzeit und Mittelalter. [2]1968, S. 318.

handel vnd wandel am basten gelegen, so ist sie doch bisher nit hoher dann andere vnnsere Stett (...) gefryet vnd langzyt me zu ab dann vffgang gerichtet geweszt[8]. Hinter dem hier beklagten Niedergang der Stadt und ihrer Wirtschaft verbirgt sich ein tiefgreifender Strukturwandel. Wie in zahlreichen anderen Gegenden verschlechterten sich während des 15. Jahrhunderts auch in der badischen Markgrafschaft die Erwerbsmöglichkeiten in den Städten[9]. Die badische Landesordnung von 1495 trug dem Rechnung und verbot den Bewohnern der Dörfer, städtische Gewerbe auszuüben[10].

Die ungünstigen wirtschaftlichen Aussichten führten allem Anschein nach zu einem Rückgang der Bevölkerung, der nicht nur auf der Abwanderung der reichen Oberschicht beruhte. Die Präambel der Stadtordnung benannte die Hebung der Attraktivität der Stadt für auswärtige Zuwanderer explizit als wesentliches Ziel der Privilegierung[11]. Einen mittelbaren Zusammenhang mit dem Wegzug der reichen Familien vermag man gleichwohl nicht auszuschließen; vorübergehender Geldmangel und eine verringerte Nachfrage könnten spürbare Auswirkungen auf die lokale Wirtschaft gehabt haben.

Wie sich der Strukturwandel im einzelnen auch immer manifestierte, eine Änderung der Wirtschaftsverfassung war – auch und vor allem im Interesse der landesherrlichen Einkünfte – unumgänglich. Die nunmehr nahezu ausschließlich kleingewerblich geprägte städtische Wirtschaft war ohne entsprechende Schutzbestimmungen kaum lebensfähig. Insbesondere potentielle Zuwanderer konnten nur dann nach Pforzheim gelockt werden, wenn die Stadt günstige Voraussetzungen für die Gründung einer neuen Existenz bot. Diese Notwendigkeit wurde durchaus nicht verkannt: Die Neuregelungen zielten darauf ab, die wirtschaftlichen Aussichten innerhalb einzelner Gewerbe so weit wie möglich zu nivellieren; wer sich in Pforzheim als Gewerbetreibender ansiedelte, konnte unter normalen Umständen damit rechnen, sein Auskommen zu finden.

Die Sicherung der Absatzmöglichkeiten für den einzelnen Handwerker oder Kaufmann ging verständlicherweise zu Lasten der wirtschaftlichen Entfaltungsmöglichkeiten. Der Markt war in vielfältiger Weise reglementiert, dem freien Spiel der Kräfte waren enge Grenzen gesetzt. Das Salzmonopol, die Regulierung des Getreidemarktes und die gegen Spekulationen gerichteten Bestimmungen sorgten für relativ stabile wirtschaftliche Verhältnisse; wirklich »reich« werden konnte man in Pforzheim unter diesen Bedingungen allerdings auch nicht mehr.

Es sollen ouch die obgenanten burgermeister, gericht, rat vnnd gemeinde noch inwonere samenthafft noch sonnderlich vnnder inen selbs noch mit yemand annderm dheinerley buntnus machen, zusamen verschriben, globen, sworen noch verheissen, on vnnser, vnnserer erben vnd nachkomen wissen vnd willen[12]. Diese Bestimmung der

8 Zit. nach J. E. GOLDBERG, Die Freiheiten der Stadt Pforzheim 1491, in: Pforzh. Gesch.bl. 5 (1980), S. 83–116, hier S. 93 ff.

9 Vgl. dazu die von Rolf Sprandel zusammengestellten Belege in H. AUBIN, W. ZORN (Hg.), Handbuch der deutschen Wirtschafts- und Sozialgeschichte 1. 1971, S. 338.

10 Vgl. den Abdruck der Landesordnung bei R. CARLEBACH, Badische Rechtsgeschichte 1: Das ausgehende Mittelalter und die Rezeption des römischen Rechts unter Mitteilung der wichtigeren bisher ungedruckten Landesordnungen (Landrechte). 1906, S. 93–118, hier S. 109.

11 Vgl. BECHT (wie Anm. 1), S. 54 mit Anm. 96.

12 GOLDBERG (wie Anm. 8), S. 101 ff.

Stadtordnung band jede Form von Zusammenschlüssen innerhalb der Pforzheimer Bürgerschaft an die Zustimmung des Landesherrn[13].

In seiner »Wirtschaftsgeschichte des Schwarzwaldes« befaßte sich E. Gothein recht ausführlich mit dem Themenkomplex zunftartiger Zusammenschlüsse[14]. Für die Zeit vor 1491 kommt er dabei ziemlich lapidar und ohne stichhaltige Belege zu dem Schluß, daß es zwar »religiöse Verbände«, nicht aber regelrechte Zünfte gegeben habe[15]. Von anderen Erwägungen ganz abgesehen, wird man Handwerkerbruderschaften mit rein religiös-karitativen Zielsetzungen im 15. Jahrhundert gewiß als unzeitgemäß betrachten dürfen, wenngleich hier vielleicht Ursprünge des Zunftwesens lagen[16]. Die gravierendsten Einwände gegen Gotheins These leiten sich indes aus der Sozial- und Verfassungsgeschichte der Stadt Pforzheim selbst ab. Daß es in der Stadt im 13. und 14. Jahrhundert eine reiche und mächtige Oberschicht gab, ist nicht zu bezweifeln. Da diese Oberschicht – E. Maschke erschien sogar der Gebrauch des Begriffes »Patriziat« gerechtfertigt[17] – die städtische Selbstverwaltung kontrollierte und für eine ihren wirtschaftlichen Interessen entsprechende Politik sorgte, kann man eine organisatorische Grundlage für die Durchsetzung der Interessen der Kaufleute und Handwerker aus der Mittelschicht schon fast als unumgänglich bezeichnen. Daß es entsprechende Zusammenschlüsse gegeben haben muß, läßt sich schließlich der Änderung der Stadtverfassung in der zweiten Hälfte des 14. Jahrhunderts entnehmen: Neben das »patrizisch« besetzte Gericht trat ein nichtpatrizischer Rat[18]. Religiös-karitative Bruderschaften hätten gewiß ebensowenig die Kraft gehabt, eine solche Verfassungsänderung durchzusetzen, wie eine weitgehend unorganisierte »Bürgerinitiative«.

Auch die Regelungen aus der Zeit des Markgrafen Christoph wird man etwas anders bewerten müssen, als dies E. Gothein und, ihm folgend, J. E. Rummer tun. Das ausdrückliche Zunftverbot der Landesordnung von 1495[19] galt für die Stadt Pforzheim aufgrund der anderslautenden Bestimmung der schon zuvor in Kraft getretenen Stadtordnung von vornherein nicht. Daß die Stadtordnung Zusammenschlüsse innerhalb der Bürgerschaft und Bündnisse mit Dritten an die ausdrückliche Zustimmung des Landesherrn band, erscheint hingegen folgerichtig. Die *furstlich oberkeit und herligkeit*

13 Bei E. Gothein, Pforzheims Vergangenheit. Ein Beitrag zur deutschen Städte- und Gewerbegeschichte. Staats- u. socialwiss. Forschungen 9,3. 1889, S. 16, und bei J. E. Rummer, Die Pforzheimer Prob. Geschichte und Probleme der Pforzheimer Edelmetallkontrolle vom 15. Jahrhundert bis zum Erlaß des Reichsfeingehaltsgesetzes 1884. Pforzh. Gesch.bl. 2 (1964), S. 32, wird diese Bestimmung als generelles Zunftverbot ausgelegt.

14 Vgl. E. Gothein, Wirtschaftsgeschichte des Schwarzwaldes und der angrenzenden Landschaften 1: Städte- und Gewerbegeschichte. 1892, S. 422 f. und 545 f., mit Bezug auf das Textilgewerbe.

15 Ebd., S. 422. – Die Auseinandersetzung mit Gotheins Ergebnissen ist infolge seiner sehr eng gefaßten Terminologie nicht ganz einfach.

16 Vgl. W. Zorn, Zünfte, in: Handwörterb. d. Sozialwiss. 12, S. 484–489, hier S. 485, und M. Weber, Wirtschaft und Gesellschaft. Grundriß der verstehenden Soziologie. [5]1972, S. 754.

17 Vgl. E. Maschke, Die deutsche Stadtgeschichtsforschung und die Geschichte der Stadt Pforzheim, in: Ders. (Hg.), Die Pforzheimer Schmuck- und Uhrenindustrie. Beiträge zur Wirtschaftsgeschichte der Stadt Pforzheim. 1967, S. IX–XXIII, hier S. XV.

18 Vgl. Becht (wie Anm. 1), S. 44 f.

19 Vgl. Carlebach (wie Anm. 10), S. 109.

durchzusetzen und für die Zukunft zu zementieren[20], war eine, wenn nicht *die* zentrale Aufgabe der Stadtordnung. Nachdem das einflußreiche Patriziat erst etwa zwei Generationen zuvor seine Macht eingebüßt oder freiwillig aufgegeben hatte, wäre es aus der Sicht des Landesherrn unbestreitbar widersinnig gewesen, erneut einen in vielen Bereichen unkontrollierbaren Machtfaktor zu schaffen. Zudem: Die Rechtsstellung der Zünfte und insbesondere das Ausmaß ihrer Autonomie konnten sehr unterschiedlich sein. Das Fehlen der einen oder anderen Zunftkompetenz wird man mithin schwerlich – wie E. Gothein und J. E. Rummer – als entscheidendes Kriterium für den Zunftcharakter der Pforzheimer Einungen betrachten können. Daß der städtische Rat als kontrollierende und üblicherweise auch regulierende Instanz über den Zünften stand, war der Normalfall[21]. Wie stark die Machtposition der Zünfte gegenüber dem Rat in der Praxis war, hing von den jeweiligen örtlichen Verhältnissen ab. Mit der Einführung der Stadtordnung von 1486/91 wurde die bis dato gültige Teilsouveränität der Stadt Pforzheim ganz erheblich eingeschränkt; es war von daher nur konsequent, wenn neben dem städtischen Rat auch der Landesherr und dessen Beamte einen namhaften Teil der Kontrolle über die Zünfte ausübten. Es war ein generelles Charakteristikum landesherrlicher Politik an der Wende vom 15. zum 16. Jahrhundert, durch umfassende »Polizeiordnungen« vereinheitlichte Rechtsverhältnisse herzustellen und eben auch Gewerbe und Handel in geregelte, dennoch aber obrigkeitlich beeinflußbare Bahnen zu lenken. Im Zuge dieser Entwicklung änderte sich in den landesherrlichen Städten manches an der Autonomie der Zünfte; ihren Charakter als rechtliche Körperschaften und als Selbstverwaltungsorgane der Wirtschaft büßten sie dabei jedoch nicht ein.

Es erscheint darüber hinaus als sehr fraglich, ob sich im späten 15. Jahrhundert ein Verbot der Zünfte in den landesherrlichen Städten politisch hätte durchsetzen lassen und ob ein solches Verbot in irgend jemandes Interesse gelegen hätte. Trotz aller Begünstigung von Kleinhandel und Handwerk wäre ein absolutes Verbot selbst berufsständischer Korporationen wohl kaum auf Zustimmung in der Stadt gestoßen, erhoben doch gerade solche Selbstverwaltungskompetenzen das privilegierte Pforzheim rechtlich über die anderen markgräflich badischen Gemeinden[22]. Und warum sollten es schließlich der Landesherr und seine Spitzenbeamten für erforderlich halten, die Zünfte zu verbieten? Man konnte zumindest mittelfristig davon ausgehen, daß sich die Interessen der landesherrlichen Politik einerseits und des städtischen Gewerbes andererseits weitgehend deckten. Für eventuelle Auseinandersetzungen war der Landesherr nach geltendem Recht hinreichend gewappnet.

20 GOLDBERG (wie Anm. 8), S. 99.
21 Vgl. ZORN (wie Anm. 16), S. 486, und H. PIRENNE, Sozial- und Wirtschaftsgeschichte Europas im Mittelalter. [4]1976, S. 177.
22 Vgl. dazu J. GUT, Die Landschaft auf den Landtagen der markgräflich badischen Gebiete. Unter besonderer Berücksichtigung der Verhältnisse in der noch ungeteilten Markgrafschaft Baden und den durlachischen Besitzungen bis zum Regierungsantritt Markgraf Georg Friedrichs in allen Landen. Schriften z. Verfassungsgesch. 13. 1970, S. 158 ff.

III.

In wirtschaftlicher Hinsicht gingen in den folgenden Jahrzehnten die Interessen der Stadt und die des Landesherrn tatsächlich nur wenig auseinander. Pforzheim blieb bis ins 18. Jahrhundert eine kleingewerblich geprägte Provinzstadt, deren Wirtschaftsleben in geordneten und nur wenig veränderten Bahnen verlief. Trotz der sehr wechselvollen Entwicklung im 16. und vor allem im 17. Jahrhundert zeigten sich im sozioökonomischen Bereich keine einschneidenden Wandlungen. Die städtische Oberschicht war wohl relativ vermögend, sie machte indes kaum Anstalten, ihren wirtschaftlichen Aktionsradius über die Stadt und ihr engeres Umland hinaus auszudehnen. Es zeigen sich keine schlüssigen Anhaltspunkte dafür, daß die Oberschicht auch nur den Versuch unternahm, aus dem kleingewerblichen Rahmen hinauszuwachsen. Aus zugegebenermaßen nur vereinzelten Belegen gewinnt man den Eindruck, daß die wirtschaftlich erfolgreichen Pforzheimer Kaufleute und Handwerker ihre Gewinne bevorzugt zum Grund- oder Häusererwerb nutzten und erst in zweiter Linie daran dachten, durch Investitionen ihre Geschäfte auszuweiten. Abgesehen von den eingeschränkten wirtschaftlichen Entfaltungsmöglichkeiten, die seit dem Ende des 15. Jahrhunderts das Wirtschaftsleben in Pforzheim bestimmten, wird man hier auch an eine Verbindung mit äußeren Einflußfaktoren denken müssen. Zweihundertsechsundsiebzig Jahre lagen zwischen der definitiven Einführung der Stadtordnung im Jahre 1491 und dem Jahr 1767, das mit der Begründung der Schmuckindustrie der Pforzheimer Wirtschaft einen neuen Weg zu überregionaler Bedeutung wies. Markieren diese Jahre auch eine Epoche des fast völligen ökonomischen und sozialen Stillstands, so sind sie doch keineswegs arm an bedeutenden oder sogar einschneidenden Ereignissen und Entwicklungen in anderen Bereichen. Die Blütezeit der Pforzheimer Lateinschule fällt ebenso zum größten Teil in diesen Zeitabschnitt wie der Höhepunkt im Schaffen Johannes Reuchlins. Zweimal – zu Beginn des 17. sowie im zweiten und dritten Jahrzehnt des 18. Jahrhunderts – lagen die Pforzheimer im Streit mit ihrem Landesherrn. Von 1601 bis 1604 wehrten sie sich – letztlich mit Erfolg – gegen die Einführung des Calvinismus; zwischen 1716 und 1730 kämpfte man bis hinauf zum Reichskammergericht um die Wahrung der städtischen Privilegien. Die Ereignisse des 17. Jahrhunderts trafen Pforzheim und besonders die städtische Wirtschaft überaus hart. In den dreißiger Jahren des 17. Jahrhunderts litt die Stadt mehrfach unter Einquartierungen; 1645 steckten bayerische Truppen die Stadt in Brand. Nachdem auch der Holländische Krieg Pforzheim verschiedentlich mittelbar oder unmittelbar betroffen hatte, beendete bereits 1688 der Pfälzische Krieg die kurze Zeit des Friedens und bescherte dem deutschen Südwesten Verwüstungen bisher nicht gekannten Ausmaßes[23]. Daß diese Zeitumstände einer

23 Vgl. zu den Kriegsereignissen im späten 17. Jahrhundert und ihren Auswirkungen auf Südwestdeutschland neben der bekannten älteren Literatur B. WUNDER, Frankreich, Württemberg und der Schwäbische Kreis während der Auseinandersetzungen über die Reunionen (1679–1697). Ein Beitrag zur Deutschlandpolitik Ludwigs XIV. Veröff. d. Komm. f. gesch. Landesk. in Baden-Württ., B 64. 1971, und H. MUSALL, A. SCHEUERBRANDT, Die Kriege im Zeitalter Ludwigs XIV. und ihre Auswirkungen auf die Siedlungs-, Bevölkerungs- und Wirtschaftsstruktur der Oberrheinlande, in: Festschrift für Hans Graul. Heidelberger Geogr. Arbeiten 40. 1974, S. 357–378; speziell zu Pforzheim: H.-P. BECHT, G. FOUQUET, Pforzheim im Pfälzischen Krieg in den Jahren

verstärkten Investitionstätigkeit nicht förderlich waren, sondern eher die Tendenz zur Flucht in »krisensichere« Immobilien verstärkten, ist einleuchtend.

Mittelbar gewährt uns der Pfälzische Krieg allerdings Einblick in die wirtschaftlichen Verhältnisse der Stadt Pforzheim gegen Ende des 17. Jahrhunderts, wenngleich das betreffende Dokument lediglich für sich in Anspruch nehmen kann, eine Momentaufnahme zu sein. Im Jahre 1693 stellte der Pforzheimer Rat eine Liste der Kriegsschäden seit dem Jahre 1688 zusammen[24]. Die Schäden der »Bürger« wurden für jede der Zünfte separat errechnet[25]. Läßt man außer Betracht, daß die Mitglieder der einzelnen Zünfte insbesondere von Requirierungen unterschiedlich hart betroffen wurden, so kann man aus den Größenordnungen der Verluste mit einiger Vorsicht auf die Wirtschaftsstruktur der Stadt Pforzheim rückschließen. Abgesehen von den überaus hohen Schadenssummen des Lebensmittelgewerbes (Metzger 66740 fl, Bäcker 59385 fl, Krämer und Wirte 46874 fl), fällt besonders der Verlust der Rotgerber in Höhe von 58516 fl ins Auge. Lediglich bei den Gerbern und bei den Flößern (41300 fl) könnte die Schadenshöhe auf eine Produktionskapazität hindeuten, deren Umfang an eine Belieferung auswärtiger Märkte denken läßt. Die absolute Höhe wie die relativen Abstände der übrigen Schadenssummen zeigen hingegen das Bild, das bei einer überwiegend oder ausschließlich am regionalen Markt orientierten Produktion zu erwarten ist.

Die Abkehr von dieser kleinstädtischen Wirtschaftsstruktur bahnte sich bereits drei Jahrzehnte nach dem Ende des Pfälzischen Krieges an. Schon im letzten Drittel des 16. Jahrhunderts hatten im deutschen Raum Privilegierungen bestimmter Unternehmungen vereinzelt den Zunftzwang durchbrochen. Um die Wende vom 17. zum 18. Jahrhundert richteten die meisten der vom deutschen Merkantilismus beeinflußten Landesherrn ihr besonderes Augenmerk auf die Förderung der Manufakturen. Der ohnehin schon vorhandene Gegensatz zwischen den Interessen der Zünfte und der merkantilistischen Wirtschaftspolitik in den Territorien wurde dadurch noch weiter verschärft. Die Betreiber der Manufakturen waren in der Regel nicht dem Zunftzwang unterworfen; in Pforzheim etwa trat eine eigenständige »Fabrikzunft« neben die Tuchmacherzunft[26]. Doch damit nicht genug: Die Pforzheimer Tuchmacher mußten noch ihre Rechte an der Walkmühle mit der Manufaktur teilen. Auch diese Teilrechte sollten die Tuchmacher sogar nur dann behalten, wenn sie sich künftig stärker um die »Emporbringung des Handwerks« bemühten[27]. Für zusätzlichen Konfliktstoff sorgte der Umstand, daß sich die Manufakturen in Pforzheim wie auch in anderen Städten

1689 und 1690, in: Zeitschr. f. Festungsforschung 1 (1982), S. 37–51; dort auch Hinweise auf weitere Literatur.

24 GLA (= Generallandesarchiv Karlsruhe) 171/1573; abgedruckt bei BECHT/FOUQUET (wie Anm. 23), S. 43.

25 Daß den Unzünftigen nach dieser Liste lediglich ein Schaden in Höhe von 3365 fl entstand, während sich die Verluste der zünftigen Handwerker auf 552316 fl summierten, wirft ein bezeichnendes Licht auf die Position der Pforzheimer Zünfte im Wirtschaftsleben der Stadt. – Insgesamt weist das Verzeichnis Schadenssummen für 22 verschiedene Zünfte aus.

26 Vgl. GOTHEIN (wie Anm. 14), S. 701 f.

27 Ebd.; es gab zu diesem Zeitpunkt allerdings nur noch drei Tucher in Pforzheim. Eine größere Zahl selbständiger Meister hätte wohl wirksameren Widerstand gegen die landesherrlichen Pläne leisten können.

ganz überwiegend in der Hand von Ortsfremden befanden. Daß Zuwanderer irgendwann das Bürgerrecht erhielten und den Alteingesessenen rechtlich gleichgestellt wurden, war keine Seltenheit. Die Pforzheimer Bürger und insbesondere die Handwerksmeister waren jedoch nur bedingt bereit zu akzeptieren, daß Ortsfremde erheblich weitergehende Rechte als die Einheimischen erhielten[28].

Neben der Privilegierung der schon zuvor bestehenden Textilmanufaktur zu Beginn des 18. Jahrhunderts darf man die Eröffnung des Waisenhauses im Jahre 1718 als wichtige Etappe auf dem Wege der Stadt Pforzheim zur Industriestadt betrachten[29]. Die neugegründete Anstalt diente zur »Erschließung eines neuen Reservoirs an Arbeitskräften bzw. als zentralisiertes Disziplinierungsinstrument einer absolutistischen ›Sozialpolitik‹«[30]. Auch die Privatisierung der »Wollen-, Tuch-, Zeug- und Strumpffabrik« im Jahre 1753 besaß für die weitere Entwicklung eine nicht zu unterschätzende Bedeutung[31]: Erstmals leiteten Pforzheimer Unternehmer die Manufaktur. Die Quellen schweigen sich darüber leider aus, doch darf man vermuten, daß es einem Konsortium aus vier alteingesessenen Pforzheimern leichter fiel, die Widerstände aus den Reihen des Handwerks zu überwinden. Jedenfalls arbeitete das Unternehmen von nun an mit beträchtlichen Gewinnen[32].

Das Jahr 1767 kann man getrost als Meilenstein in der Wirtschaftsgeschichte der Stadt Pforzheim bezeichnen. Am 5. Oktober dieses Jahres privilegierte Markgraf Karl Friedrich die »Uhren- und feine Stahlwarenfabrik«; der Grundstein für die industrielle Sonderentwicklung der Stadt war gelegt[33]. Mehr als ein Anstoß war es freilich noch nicht; auf dem Weg hin zur Bijouteriefabrikation im großen Stil gab es noch manches Hindernis. Johann Franz Autran etwa – er hatte 1767 zu den Unternehmensgründern gehört – verschwand 1775 ins Ausland, nachdem er zuvor Gelder unterschlagen hatte und eine Schuldanerkenntnis unterschreiben mußte[34]. Überhaupt bildete es ein zentrales Charakteristikum der ökonomischen Verhältnisse dieser Jahre, daß der neue Gewerbezweig ein Fremdkörper im sozioökonomischen Gefüge der Stadt blieb. Der unsolide Lebenswandel der ausländischen Arbeiter und vor allem deren Vorliebe für Luxus

28 Vgl. ebd., S. 702; s. allgemein auch H. G. Zier, Ältere Wirtschaftszweige und -formen, in: Maschke (Hg.) (wie Anm. 17), S. 45–69, hier S. 65 ff.; H. Zuber, Die privilegierte Wollen- und Zeughandlungsmanufaktur zu Pforzheim. Phil. Diss. Heidelberg 1969, und C. Zimmermann, Reformen in der bäuerlichen Gesellschaft. Studien zum aufgeklärten Absolutismus in der Markgrafschaft Baden 1750–1790. Studien z. Wirtsch.- u. Soz.gesch. 3. 1983, S. 78 ff.

29 Vgl. dazu J. E. Rummer, Die Uhren- und feine Stahlwarenfabrik im Pforzheimer Waisenhaus, in: Maschke (Hg.) (wie Anm. 17), S. 71–99, hier S. 72 ff.

30 Zimmermann (wie Anm. 28), S. 80. Gothein (wie Anm. 14), S. 699, bringt die Zielsetzung auf die knappe Formel »Erziehung durch Arbeit zur Arbeit«.

31 S. dazu Rummer (wie Anm. 29), S. 77, Zimmermann (wie Anm. 28), S. 81, und Gothein (wie Anm. 13), S. 50 f., sowie GLA 171/2514–2516, 171/989 und 369/207. Vgl. zum Kontext auch H. P. Liebel, Enlightened Bureaucracy versus enlightened Despotism in Baden, 1750–1792. Philadelphia 1965, S. 35 ff.

32 Vgl. Zier (wie Anm. 28), S. 68.

33 Vgl. zur Gründung und Geschichte der Pforzheimer Schmuckindustrie u. a. Rummer (wie Anm. 29), S. 81 ff., W. Ruf, Geschichte zur Entstehung der Pforzheimer Schmuckwarenindustrie. 1939, und Gothein (wie Anm. 13), S. 53 ff.

34 Vgl. Gothein (wie Anm. 13), S. 56 f.

gefielen den Pforzheimern ganz und gar nicht. Die rasche Abfolge von Hochkonjunktur und Krise im Schmuckgewerbe, der schnelle Reichtum und der möglicherweise nicht minder rasante wirtschaftliche Zusammenbruch waren den alteingesessenen Bürgern zunächst noch suspekt[35]. Als »normal« erschien noch immer eine zünftige Erwerbstätigkeit mit geringem wirtschaftlichem Risiko und der Gewähr für ein gesichertes Auskommen; daß man allein durch sein Gewerbe in kurzer Zeit kein größeres Vermögen erwerben konnte, war der seit Generationen akzeptierte Regelfall. Nachdem 1776 für die Pforzheimer Industrie die Gewerbefreiheit eingeführt wurde und eine ganze Reihe von Kleinunternehmern bemerkenswerte wirtschaftliche Erfolge erzielte, gewöhnten sich die alteingesessenen Pforzheimer nach und nach an den neuen Wirtschafts- und Lebensstil; zumindest aber wollten sie nicht länger darauf verzichten, die lukrativen neuen Erwerbsmöglichkeiten zu nutzen. Die kleinstädtische Oberschicht übte sich einstweilen noch in Zurückhaltung, möglicherweise spielte hier das Statusbewußtsein eine gewisse Rolle. Es ist sicherlich kein bloßer Zufall, daß zunächst zahlreiche Mitglieder der alten Flößerfamilien den Sprung in das risikoreiche neue Gewerbe wagten[36].

Man darf auch bezweifeln, daß die in Pforzheim tätigen Ausländer die Einheimischen allzu bereitwillig an den wirtschaftlichen Erfolgen partizipieren ließen; erst die Kontakte zu den weitverstreuten Abnehmern machten das Geschäft lukrativ. Schließlich mußte der Bijouterie-»Entrepreneur« auch Geschäftssinn und handwerkliche Fähigkeiten mitbringen. Eine hinreichende Kapitaldecke mochte den Unternehmer eventuell in die Lage versetzen, das ihm fehlende handwerkliche Geschick durch das Anwerben qualifizierter Arbeitskräfte zu kompensieren. Die Kenntnis des Marktes und tragfähige Geschäftsverbindungen waren indes durch nichts zu ersetzen.

Man gewinnt den Eindruck, daß Einflüsse von außen für das Vordringen der Einheimischen in die Industrie ausschlaggebend waren. Im Jahre 1789 sorgten die Auswirkungen der französischen Revolution für eine – wenn auch nur vorübergehende – ernste Absatzkrise der Pforzheimer Fabriken; zahlreiche ausländische Unternehmer verließen daraufhin die Stadt[37]. Bis zum Ende der napoleonischen Ära gab es zwar noch wiederholt Absatzschwierigkeiten mit durchaus gravierenden Folgen, die Existenz der nunmehr überwiegend in die Hände Einheimischer übergegangenen Pforzheimer Industrie war jedoch nicht ernsthaft bedroht. Die Stadt Pforzheim hatte damit gegenüber

35 Vgl. dazu D. Raff, Zur Geschichte Pforzheims: Die Entwicklung von der Kleinstadt zur Mittelstadt, in: Pforzh. Gesch.bl. 3 (1971), S. 9–108, hier S. 71 f., und J. Wernsdorf, Das kapitalistische Konzentrationsgesetz in der Pforzheimer Bijouterieindustrie. Ein Beitrag zur Erkenntnis des Zusammenhanges der gewerblichen Betriebssysteme und Größenformen im Nachgang zu den Erhebungen des Vereins für Sozialpolitik über die Lage der dem ehemaligen Zunfthandwerk angehörigen Gewerbe in Deutschland. 1899, S. 78. – Zum Lebensstil der ausländischen Arbeiter Gothein (wie Anm. 13), S. 60, und D. Raff, Die Industrie seit dem Beginn der Liberalisierung (1776), in: Maschke (Hg.) (wie Anm. 17), S. 109–146, hier S. 109.

36 Vgl. dazu und zum folgenden Raff, Industrie (wie Anm. 35), S. 109f., und Ders., Entwicklung (wie Anm. 35), S. 19 und 55.

37 Vgl. Gothein (wie Anm. 13), S. 60f., und H.-J. Hamann, Markt und Absatz in der Geschichte der Pforzheimer Schmuckindustrie, in: Maschke (Hg.) (wie Anm. 17), S. 269–295, hier S. 269f.

den anderen alt- und neubadischen Städten des frühen 19. Jahrhunderts einen beachtlichen Entwicklungsvorsprung. In Pforzheim hatten die Fabriken eine feste Position im Wirtschaftsleben; in den meisten anderen Städten mußte sich die Industrie ihren Platz erst noch gegen mehr oder minder große Widerstände erkämpfen. Die erste badische Gewerbezählung im Jahre 1809[38] wies insgesamt 41 Fabrikbetriebe mit 20 oder mehr Arbeitern in 24 Orten aus. Lediglich bei zwei Orten vermag man der Industrie einen bedeutenderen Rang im lokalen Wirtschaftsgefüge zuzusprechen: Von den fünf Betrieben in und um Lahr waren drei Zichorien- und zwei Tabakfabriken. In Pforzheim gab es allein sieben größere Bijouteriefabriken, außerdem den Benckiserschen Eisen- und Blechhammer sowie die Wolltuchmanufaktur Gülich & Finkenstein. Diese neun Betriebe beschäftigten 372 Arbeiter; insgesamt, d. h. die kleineren Betriebe eingeschlossen, dürften um 1809/10 bereits 8 bis 10 % der Pforzheimer Bevölkerung der Arbeiterschaft zuzurechnen gewesen sein. Demnach lebte rund ein Fünftel der badischen Fabrikarbeiterschaft in Pforzheim.

IV.

Die weitere wirtschaftliche Entwicklung in Pforzheim hängt wie die Ausbildung von Interessengruppen und Selbstverwaltungsorganen der Wirtschaft eng mit sozialgeschichtlichen Phänomenen zusammen. Mehrere Faktoren erweisen sich dabei als bedeutsam. Es erscheint zwar als allzu pauschale Aussage, daß die Pforzheimer Bijouterie-Großunternehmer »fast ausnahmslos« der alteingesessenen bürgerlichen Oberschicht entstammten[39]; entscheidend ist jedoch der Umstand, daß wirtschaftlicher Erfolg in der Bijouterieindustrie den Eintritt in die lokale Oberschicht ermöglichte, obgleich die Fluktuation in der Pforzheimer Unternehmerschaft nach wie vor ganz erheblich war. Daß ein zugereister »Kriegsgewinnler« wie Samuel Ludwig Finkenstein parallel zu seinem wirtschaftlichen Erfolg auch sozial rasch emporstieg, verdeutlicht den überaus starken Einfluß der industriellen Entwicklung auf das zuvor recht stabile soziale Gefüge. Die vertikale Mobilität – aufwärts und abwärts – war schon in der ersten Hälfte des 19. Jahrhunderts ganz beachtlich.

Dessen ungeachtet entstand in der Pforzheimer Unternehmerschaft schon bald eine Art Führungsschicht, in der sich vor allem, aber nicht nur die Inhaber der Großbetriebe etablierten. Diese Schicht entfaltete nach und nach einen großbürgerlichen Lebensstil und wurde zur ökonomisch, kulturell und politisch maßgebenden Gruppe in der Stadt[40]. Wirtschaftlicher Erfolg konnte einen sozialen Aufsteiger in die Oberschicht führen; um aber in die kleine und recht wirksam abgeschottete Führungsschicht

38 Vgl. GLA 237/472; Zahlenangaben nach W. Fischer, Der Staat und die Anfänge der Industrialisierung in Baden 1800–1850 1: Die staatliche Gewerbepolitik. 1962, S. 269 ff.

39 P. Tauch, Die wirtschaftliche Entwicklung der Pforzheimer Bijouterieindustrie im 19. Jahrhundert und ihre wesentlichen Bestimmungsfaktoren. Tübinger wirtschaftswiss. Diss. 1982, S. 85 mit Anm. 1 (auf S. 84 und 85 fehlen die Anmerkungsziffern im Text). – Bezeichnenderweise zählen auch nur zwei der sieben Familien, die Tauch in Anm. 1 nennt, zu den alteingesessenen Pforzheimer Oberschichtgeschlechtern.

40 Vgl. dazu Tauch (wie Anm. 39), S. 89 ff.

vorzustoßen, war Reichtum allein nicht ausreichend. Die einflußreichen Familien waren untereinander meist vielfach verschwägert, die umfangreiche geschäftliche Zusammenarbeit tat ein übriges. Da der Kreis der mächtigen Großunternehmer zudem verhältnismäßig klein war, vermochte die industrielle Führungsschicht in der Regel auf informellem Wege zu einem gemeinsamen Standpunkt zu kommen. Einer organisatorischen Basis bedurfte sie zur Durchsetzung ihrer Interessen zunächst noch nicht.

Dennoch gab es schon im zweiten Jahrzehnt des 19. Jahrhunderts Bestrebungen, eine feste Grundlage für die Artikulation gewerblicher und industrieller Interessen zu schaffen. Im Jahre 1817 entstand in Pforzheim der »Handels-Vorstand«, über dessen Tätigkeit jedoch nur wenig überliefert ist[41]. Man kann allerdings den Eindruck gewinnen, daß dieser »Handels-Vorstand« zunächst dazu dienen sollte, dem zunehmenden Einfluß der industriellen Großunternehmer eine entsprechende Interessenvertretung der »traditionellen« Gewerbe entgegenzusetzen; jedenfalls gehörten dem Handels-Vorstand im Jahre 1829 zwei Kaufleute, ein Flößer und nur zwei Bijouteriefabrikanten an[42].

Vom Status einer Industrie- und Handelskammer war dieser »Handels-Vorstand« noch ziemlich weit entfernt. Angesichts der vielfältigen Verbindungen mit Frankreich[43] und der zahlreichen »privilegierten«, also nicht zünftigen Unternehmen in der Stadt könnte man in Pforzheim eigentlich frühzeitige Tendenzen zur Bildung wirtschaftlicher Zusammenschlüsse mit Selbstverwaltungskompetenzen erwarten. Obwohl in Baden entsprechende Bestrebungen insgesamt erst relativ spät feststellbar sind, gehörten die Pforzheimer Zusammenschlüsse jedoch eher zu den Nachzüglern. Daß der Einfluß der Zünfte schon recht früh und sehr nachhaltig zurückgedrängt wurde, dürfte für die Pforzheimer »Verspätung« zu einem guten Teil verantwortlich gewesen sein. In anderen Städten wirkten die Zünfte und die zunftähnlichen Organisationen als notwendige und wirksame Bremse der wirtschaftlichen Steuerungsmaßnahmen des Staates. In Pforzheim waren – bezogen auf die Fabriken – die Erfahrungen eher umgekehrt: Der

41 Vgl. dazu und zum folgenden O. TROST, 100 Jahre Industrie- und Handelskammer Pforzheim. Ein Stück Pforzheimer Wirtschaftsgeschichte. 1954, S. 8ff., TAUCH (wie Anm. 39), S. 94ff., und H. G. ZIER, Geschichte der Stadt Pforzheim. Von den Anfängen bis 1945. 1982, S. 213f.; zu den badischen Handelskammern allgemein auch FISCHER (wie Anm. 38), S. 180ff. – Es ist anzunehmen, daß die Schmuckfabrikanten, obwohl sie im Handelsvorstand eine Minderheit bildeten, auch in diesem Gremium tonangebend waren.

42 Vgl. TROST (wie Anm. 41), S. 8. Auch nach den Neuwahlen von 1832 gehörten nur zwei Schmuckfabrikanten dem Handelsvorstand an; insgesamt waren allerdings vier Fabrikanten und nur ein Handeltreibender gewählt worden; vgl. ZIER (wie Anm. 41), S. 213.

43 Vgl. zum Vorbildcharakter der französischen »Chambres de commerce« A. SCHRECKENBACH, Die Entwicklung des Handelskammersystems in Deutschland unter besonderer Berücksichtigung des französischen Einflusses. Diss. Leipzig 1949. – Von den Vorbildern in Frankreich und Rheinpreußen wurde in Baden wohl auch die Bezeichnung »Handelskammer« zu einer Zeit übernommen, als die badischen Kammern an sich noch Innungen waren; vgl. dazu W. FISCHER, Unternehmerschaft, Selbstverwaltung und Staat. Die Handelskammern in der deutschen Wirtschafts- und Staatsverfassung des 19. Jahrhunderts. 1964, S. 60f., und F. W. HENNING, Zur Geschichte der wirtschaftlichen Selbstverwaltung: Kammern zwischen Staat und Wirtschaft, in: Wirtschaftsarchive und Kammern – Aspekte wirtschaftlicher Selbstverwaltung gestern und heute. Schriften z. Rheinisch-Westf. Wirtschaftsgesch. 34. 1982, S. 25–51, hier S. 38ff.

Staat hatte die Pforzheimer Industrie nicht nur begründet, sondern auch ihre Weiterentwicklung in vielfacher Hinsicht gefördert – bis hin zur Unterstützung einzelner Unternehmer durch Kredite beispielsweise zur Existenzgründung[44]. Wahrscheinlich ging man – wohl nicht ganz zu Unrecht – davon aus, daß eine zwischen den einzelnen Unternehmer und die Staatsbehörde geschaltete Selbstverwaltungskörperschaft der Wirtschaft der Gewährung solcher individueller Vergünstigungen nicht unbedingt förderlich gewesen wäre. Die Pforzheimer Fabrikunternehmer mußten überdies ihren wirtschaftlichen Erfolg zu einem guten Teil auf die Befreiung von den Zunftfesseln zurückführen; schon von daher dürfte ihre Neigung ziemlich gering gewesen sein, eine Organisation mit zunftähnlichen Kompetenzen ins Leben zu rufen. Erst neun Jahre nach der Gründung der ersten badischen Handelskammer in Mannheim konstituierte sich auch in Pforzheim im Jahre 1853 eine Kammer.

Schon 1839 hatte sich allerdings gezeigt, daß die Pforzheimer Unternehmerschaft ohne festere organisatorische Basis nur bedingt in der Lage war, einheitliches Vorgehen zu verabreden. Bereits vor 1836 existierte – entweder völlig unabhängig vom Handels-Vorstand oder als dessen Untereinheit – ein »Fabrikcomité«, das allem Anschein nach die Funktion eines (schmuck-)industriellen Arbeitgeberverbandes besaß[45]. Dieses Comité hatte im Frühjahr 1839 den Entschluß gefaßt, einen Vorstoß zur Verlängerung der Arbeitszeit in den Fabriken zu unternehmen. Am 30. April wurde das neue Arbeitszeit-Regulativ, von 19 Fabrikanten unterschrieben, in den Betrieben bekanntgemacht; die Arbeitszeit hätte sich für die Beschäftigten der Fabriken damit pro Woche um eine halbe Stunde verlängert[46]. Die Empörung in der Arbeiterschaft war verständlicherweise groß, und am Abend des 30. April kam es zu Zusammenrottungen von 400 bis 500 Personen und schließlich zu Ausschreitungen. Daß der Protest gewalthafte Formen annahm, hing mit dem unklugen Verhalten der Obrigkeit[47], aber auch mit der Uneinigkeit der Fabrikanten zusammen[48]. Die aufgebrachte Menge zog nämlich zunächst vor das Benckisersche Haus. Benckiser wurde mit Hochrufen bedacht, da er als einziger Fabrikant die Arbeitszeitänderung abgelehnt und für seinen Betrieb auch nicht übernommen hatte. Diese Haltung Benckisers dürfte den Zorn der Arbeiter auf die anderen Fabrikanten noch gesteigert haben. In der Nacht wurden jedenfalls Fabrikantenhäuser mit Steinen beworfen, auch Äxte kamen zum Einsatz. Tags darauf wurde in allen Betrieben mit Ausnahme der Benckiserschen Fabrik gestreikt. Durch Vermittlung des Geheimen Referendärs Ludwig Eichrodt kam es schließlich zu Verhandlungen zwischen dem Fabrik-Comité und Vertretern der Arbeiterschaft der

44 Vgl. dazu die Belege bei TAUCH (wie Anm. 39), S. 97.

45 Vgl. TROST (wie Anm. 41), S. 10.

46 Vgl. A. STOLZ, Geschichte der Stadt Pforzheim. 1901, S. 248 ff., und R. WIRTZ, »Widersetzlichkeiten, Excesse, Crawalle, Tumulte und Skandale«. Soziale Bewegungen und gewalthafter sozialer Protest in Baden 1815–1848. 1981, S. 120 ff.; dort auch Abdrucke zeitgenössischer Berichte.

47 Moritz Müller wurde Zeuge der Vorfälle und schrieb später in seinen Lebenserinnerungen (Lebenserfahrungen und Lebensziele, Biographische Skizzen. 1893, S. 33), daß der Pforzheimer Obervogt Deimling – ein Vetter des amtierenden Pforzheimer Bürgermeisters – »wegen seiner Beschränktheit seines Gleichen gesucht haben wird«.

48 So die späteren Gerichtsaussagen der Arbeiter; vgl. WIRTZ (wie Anm. 46), S. 128.

betroffenen Fabriken. Einigkeit wurde letztlich nicht erzielt, eine allgemein verbindliche Arbeitszeitregelung kam nicht zustande.

Ob es auch gegen eine geschlossene Front der Fabrikanten zu diesen unter der Bezeichnung »Goldschmiedsrevolution« bekanntgewordenen Vorfällen gekommen wäre, läßt sich natürlich nicht entscheiden. Die Uneinigkeit der Unternehmer wirkte aber, auch wenn es nur um einen Fabrikanten ging, sicherlich stimulierend; die protestierende Menge konnte sich ja immerhin darauf berufen, die gleiche Meinung wie der Fabrikant Benckiser zu vertreten. Den Fabrikanten innerhalb und außerhalb des »Industrie-Comités« führten die Vorfälle eine neue Qualität »wirtschaftlicher Interessenvertretung« vor Augen: Es galt nun nicht mehr nur, in wirtschaftspolitischen Fragen einen gemeinsamen Standpunkt zu finden, ihn gegenüber den zuständigen Verwaltungsstellen zu artikulieren und möglichst auch durchzusetzen, wie etwa in der Frage des badischen Zollvereinsbeitritts. Soziale Fragen und aus ihnen resultierende Konflikte mußten nun ins Kalkül einbezogen werden.

Es ist nicht mehr feststellbar, ob die Pforzheimer Unternehmerschaft aus den Vorfällen solche Schlüsse zog. In der Einstellung zu wirtschaftlichen Selbstverwaltungskörperschaften trat offenbar noch für längere Zeit keine grundlegende Wandlung ein. Auch als es 1852/53 dann tatsächlich zur Gründung einer Pforzheimer Handelskammer kam, bestanden offenbar noch immer erhebliche Vorbehalte. Möglicherweise vermochte auch die Mehrheit der Kaufleute und Fabrikbesitzer nicht so recht zu erkennen, inwiefern ihnen die förmliche Gründung einer Handelskammer Nutzen bringen sollte. Das Echo auf das allen Kaufleuten und Fabrikanten zugegangene Rundschreiben und auf die im Pforzheimer Beobachter vom 8. Juli 1852 abgedruckte Einladung war jedenfalls ausgesprochen dürftig: Nur 18 Personen fanden sich am 12. Juli 1852 im oberen Rathaussaal ein – fünf Fabrikanten, zwölf Kaufleute und ein Bankier[49]. Bürgermeister Karl Zerrenner scheint dieses Ergebnis vorausgeahnt, vielleicht sogar gewünscht zu haben. Das Rundschreiben an die Pforzheimer Geschäftsleute enthielt den Hinweis, »daß die Nichterscheinenden als der Majorität bezüglich der gefaßten Beschlüsse beitretend angesehen werden müßten«[50]. Die 18 Anwesenden beschlossen – durchweg einstimmig – die Gründung einer »Handelskammer der Stadt Pforzheim« mit einem elfköpfigen Vorstand. Je drei Vorstandsmitglieder sollten aus der Schmuckbranche (Produktion und Handel) sowie aus dem Einzelhandel kommen; die Fabrikanten, die nicht zur Schmuckbranche gehörten, erhielten zwei Vorstandssitze, je einer entfiel auf den Holzhandel, das Bank- und Speditionswesen sowie den Großhandel (Wein- und Landesprodukte); ferner wurde beschlossen, der Pforzheimer Handelskammersatzung die Statuten der Karlsruher Kammer zugrunde zu legen[51].

Auch nach der förmlichen Gründung der Kammer hielt sich beim Gros der Geschäftsleute der Enthusiasmus weiterhin sehr in Grenzen. Am 30. März 1853 sollten

49 Vgl. dazu und zum folgenden TROST (wie Anm. 41), S. 14ff.
50 Zit. nach ebd., S. 15.
51 Vgl. dazu den Abdruck der Karlsruher Statuten bei L. KÖLSCH, Die Geschichte der Handelskammer für die Kreise Karlsruhe und Baden. Ein Beitrag zur Wirtschaftsgeschichte der Stadt Karlsruhe. 1925, S. 59–64.

die Mitglieder der Handelskammer gewählt werden[52]; obwohl die Wahlen zweimal öffentlich angekündigt wurden und jeder Wahlberechtigte darüber hinaus eine besondere Einladung erhielt, *sind,* so berichtete Bürgermeister Zerrenner noch am gleichen Tag an das Pforzheimer Oberamt[53], *doch von circa 150 Wahlberechtigten nur 28 erschienen, weshalb diese sich zur Wahlvornahme nicht berechtigt erachteten und um Anberaumung einer anderweitigen Tagfahrt nachsuchten. Dabei wurde das Ansinnen gestellt, daß, um fernere Verzögerungen zu vermeiden, die unentschuldigt Ausbleibenden zu Gunsten der Handelskasse Jeder in eine Strafe von 1 Gulden verfällt werden möge. Indem wir die heutigen Verhandlungen samt Belegen im Original Großherz. Oberamt geziemend vorlegen, bitten wir, bezüglich des Ansinnens um Straf-Androhung gefälligst entscheiden zu wollen, und erlauben uns, dazu zu bemerken, daß, wenn es dem hier vielleicht wie nirgendwo herrschenden Indifferentismus nicht gelingen soll, eine Verschleppung und Verzögerung der Bildung einer Handelskammer herbeizuführen, jedenfalls Anordnungen statthaben müssen, da eine plötzliche Erweckung des Gemeinsinns, ein Bestreben, seine Interessen selbst mit zu fördern, bei dem größten Teil wohl nicht erwartet werden darf. Wir bedauern, ein so hartes Urteil fällen, eine so schwere uns selbst betreffende Anschuldigung erheben und der polizeilichen Strafandrohung das Wort reden zu müssen. Allein, es sprechen hierfür nicht nur diese Eingaben, sondern viele und allgemeine Tatsachen, deren Erörterung uns gewiß gerne erlassen werden wird. Auch scheint uns ein solcher Zwang am Ende noch geratener als die Vornahme einer argen Minoritäts-Wahl, die andernfalls unausbleiblich erfolgen müßte (...).«*

Die Gründe, die Zerrenner zu dieser überaus pessimistischen Prognose veranlaßten, sind ebensowenig exakt zu bestimmen wie die Ursachen des geringen Interesses der Pforzheimer Geschäftsleute an der Bildung einer Handelskammer. Mögliche Zusammenhänge vermag man jedoch aus verschiedenen Beobachtungen zu erschließen. Schon der »Handels-Vorstand« – nach Meinung des 1852 amtierenden Oberamtmannes Fecht ein Zusammenschluß des »Spezereihandels«[54] – war stark »industrielastig« gewesen, obgleich ja mit dem »Industrie-Comité« eine gesonderte Interessenvertretung der Pforzheimer Fabrikanten existierte. Sollte der Handels-Vorstand tatsächlich ins Leben gerufen worden sein, um dem Einfluß der Fabrikanten etwas wenigstens annähernd Gleichwertiges entgegenzusetzen, so war dieses Ziel auf alle Fälle nicht erreicht worden. Auch die neugegründete Institution war mehr eine »Industrie«- als eine »Handels«-Kammer: Nach den Statuten waren fünf Mitglieder der Kammer Fabrikanten; wenn im Streitfall ein weiteres Mitglied mit ihnen stimmte, besaßen sie die absolute Mehrheit. Nach den Wahlen vom April und Mai 1853 gab es gleich drei Kammermitglieder, denen man Aufgeschlossenheit gegenüber den Interessen der Schmuckindustrie getrost unterstellen kann: August Ungerer gehörte als Bankier der Handelskammer an

52 Dazu Trost (wie Anm. 41), S. 17f.

53 Zit. nach ebd., S. 17. – Am 31. März 1853 genehmigte das Pforzheimer Oberamt die Strafe von einem Gulden für unentschuldigt Fehlende; vgl. Pforzheimer Beobachter Nr. 46 vom 19. April 1853.

54 Vgl. Trost (wie Anm. 41), S. 16. – Fecht war mit Marie Gülich verheiratet und besaß wohl schon allein dadurch enge Kontakte zur Pforzheimer Fabrikantenschaft.

und unterhielt zu den größeren Fabrikunternehmern sicherlich engere Beziehungen als etwa zu den Einzelhändlern. Wilhelm Lenz junior vertrat den Holzhandel in der Kammer; er besaß ein großes Sägewerk und fungierte als Direktor des Floßvereins. Schon sein Vater war so vermögend gewesen, daß er sich in den dreißiger und vierziger Jahren des 19. Jahrhunderts fast hauptberuflich der Kommunal- und Landespolitik widmen konnte. Auch von Carl Christian Hepp darf man annehmen, daß er – obwohl selbst Kaufmann – den Anliegen der Industrie aufgeschlossen gegenüberstand: Er war der Schwiegersohn des Schmuckfabrikanten Peter Dittler.

Interessengegensätze bestanden indessen auch zwischen den Fabrikunternehmern großen Stils und den Inhabern kleinerer Fabrikationsbetriebe[55]. P. Tauch konnte wahrscheinlich machen, daß sich beide Unternehmertypen sowohl in Hinblick auf ihre Schichtzugehörigkeit als auch in puncto Sozialprestige deutlich voneinander abhoben. Die Kleinunternehmer paßten sich dem großbürgerlichen Lebensstil einstweilen noch nicht an; sie orientierten sich in ihrem Lebensstil eher an den Handwerkern und damit an der Gruppe, aus der die meisten von ihnen stammten[56]. Auch diese Kleinunternehmer werden bei der Gründung der Pforzheimer Handelskammer wohl nicht erwartet haben, daß ihre Interessen von den bei dem Projekt federführenden Angehörigen der industriellen Führungsschicht hinreichend berücksichtigt würden. Entsprechend fehlten bei der konstituierenden Versammlung wie beim ersten Wahltermin nicht nur zahlreiche Kaufleute, sondern auch ein namhafter Teil der Fabrikunternehmer mit kleineren oder mittleren Betrieben.

Angesichts dieser offensichtlichen Vorbehalte wird man wohl eher in die entgegengesetzte Richtung fragen müssen: Warum hielt die wirtschaftliche Führungsschicht der Stadt Pforzheim zu Beginn der fünfziger Jahre mit einem Mal die Gründung einer Handelskammer für erforderlich, nachdem es zuvor – anders als in Karlsruhe oder Mannheim – nur halbherzige Bestrebungen in dieser Richtung gegeben hatte? Die einzig naheliegende Antwort auf diese Frage ist wiederum etwas spekulativ. Es ist nicht zu bestreiten, daß die wirtschaftliche Führungsschicht in den Jahren vor 1850 nach und nach ihre Geschlossenheit und damit auch einen guten Teil ihrer Machtposition eingebüßt hatte. Die vielfältigen internen Verflechtungen der Führungsschicht hatten zuvor dafür gesorgt, daß auf informellem Wege im allgemeinen ein tragfähiger Konsens hergestellt werden konnte. Diverse Fabrikunternehmer waren jedoch zwischenzeitlich zu größerer wirtschaftlicher Bedeutung aufgestiegen und zeigten sich wohl nur sehr bedingt bereit, die Entschlüsse eines kleinen Zirkels zu akzeptieren, wenn ihre speziellen Interessen nicht hinreichend berücksichtigt wurden. Wahrscheinlich ergab sich aus dieser veränderten Konstellation die Einsicht in die Notwendigkeit, die Selbstverwaltung der Wirtschaft und die Vertretung ihrer Interessen auf eine feste organisatorische Grundlage zu stellen und der neugegründeten Institution fest umrissene Kompetenzen zuzuweisen.

55 Vgl. zur Sozialgeschichte der Pforzheimer Unternehmerschaft in der zweiten Hälfte des 19. Jahrhunderts TAUCH (wie Anm. 39), S. 102ff.

56 Vgl. ebd., S. 96ff. – Mehr als »Wahrscheinlichkeit« vermag man Tauchs Ergebnissen aufgrund der allzu kleinen Stichprobe, vor allem aber wegen der unhinterfragten Kategorien und Begriffe, nicht zuzubilligen; s. dazu die Tabellen, ebd., S. 196–198.

V.

Der letzte Entwicklungsabschnitt, mit dem wir uns etwas eingehender beschäftigen wollen, umfaßt die Zeit, in der sich wesentliche Merkmale der organisierten Interessenvertretung herauskristallisierten. Die Verbände und Körperschaften schickten sich an, »ein antagonistisches soziales System differenzierter Gruppeninteressen« auszubilden, wobei die unterschiedlichen Interessen »in der Regel auf gesellschaftlichen Gegensätzen und Spannungen« beruhten[57].

Bevor sich jedoch das Spektrum der Verbände und Interessengruppen erweitern und stärker differenzieren konnte, gab es speziell für die badischen Handelskammern zunächst einen Rückschlag: Das badische Gewerbegesetz vom 20. September 1862 verkündete die Gewerbefreiheit und hob die bestehenden Innungsrechte auf. Wie alle anderen gewerblichen Vereinigungen durften auch die Handelskammern nur als freie Vereine oder Genossenschaften weiterbestehen[58]. Am 10. März 1865 gab sich auch die Pforzheimer Handelskammer eine neue Satzung und konstituierte sich als »Handelsgenossenschaft der Stadt Pforzheim«[59]. Nach den Statuten galt »die Wahrung und Förderung der gemeinsamen gewerblichen Interessen« der Mitglieder als Zweck der neuen Genossenschaft. Den Namen »Handelskammer der Stadt Pforzheim« führte der – nach wie vor elfköpfige – Vorstand der Genossenschaft. Von der veränderten Rechtsstellung abgesehen, bildete die Beschränkung des Wahlrechts auf die Mitglieder der Genossenschaft den markantesten Unterschied zur vorherigen Praxis; nach der Satzung von 1853 waren bei der Wahl der Handelskammermitglieder *sämtliche ortsbürgerliche Handelsleute und Fabrikanten* stimmfähig[60]. Nachdem die »Handelsgenossenschaft« keinen Innungscharakter mehr besaß, war der Beitritt oder Nichtbeitritt jedem einzelnen Gewerbetreibenden freigestellt.

Der Übergang zur neuen Organisationsform scheint sich in Pforzheim ähnlich unproblematisch vollzogen zu haben wie etwa in Karlsruhe oder Mannheim[61]. Auch in Pforzheim war die Handelskammer mittlerweile eine allgemein akzeptierte und anerkannte Institution des Wirtschaftslebens. Die Einführung der Gewerbefreiheit, in deren Gefolge sich die organisatorische Basis der Kammer zwangsläufig ändern mußte, brachte der Handelskammer trotz der nominellen Abwertung ihres rechtlichen Status eher einen Bedeutungszuwachs. Der 1865 erschienene erste Jahresbericht der Pforzheimer Handelskammer enthält einen Auszug aus dem Gewerbesteuerkataster mit einem

57 Bericht der vom Bundesminister des Innern eingesetzten Parteienrechtskommission. Rechtliche Ordnung des Parteiwesens. ^{2}1958, S. 79.

58 Vgl. Regierungsblatt 1862, S. 409ff., besonders Art. 24 und 26; s. auch Kölsch (wie Anm. 51), S. 65f., und Fischer (wie Anm. 43), S. 62; zum wirtschaftlichen Reformwerk allgemein L. Gall, Der Liberalismus als regierende Partei. Das Großherzogtum Baden zwischen Restauration und Reichsgründung. Veröff. d. Inst. f. europ. Gesch. Mainz 47. 1968, S. 176ff., und F. Haverkamp, Staatliche Gewerbeförderung im Großherzogtum Baden unter besonderer Berücksichtigung des gewerblichen Bildungswesens im 19. Jahrhundert. Forschungen z. oberrh. Landesgesch. 29. 1979, S. 252ff.

59 Vgl. Trost (wie Anm. 41), S. 22ff.

60 Statuten der Handelskammer der Stadt Pforzheim. 1853, § 2.

61 Vgl. Kölsch (wie Anm. 51), S. 65ff., und A. Blaustein (Hg.), Die Handelskammer Mannheim und ihre Vorläufer 1728–1928. o. J. [1928], S. 124ff.

Vergleich der Selbständigenzahlen in den einzelnen Gewerben für die Steuerjahre 1862/63, 1863/64 und 1864/65[62]. Danach hatte sich in Pforzheim zwischen 1862/63 und 1864/65 die Zahl der selbständigen Handwerker um gut ein Viertel von 244 auf 308 erhöht. Signifikanter stieg hingegen die Anzahl der Kaufleute: 1862/63 gab es in der Stadt 111 Kaufleute; innerhalb von nur zwei Jahren entstanden 52 neue Handelsgeschäfte, ein Zuwachs von fast 50 %. Unter der Rubrik »Kleinhandel und Consumtion« berichtet die Handelskammer im selben Jahr bezeichnenderweise nur über die Bevölkerungszahl, die Eröffnung der Eisenbahnlinie Karlsruhe–Stuttgart, die rege Bautätigkeit und die Pforzheimer Märkte, nicht jedoch über die Lage des Einzelhandels[63]. Erst der zweite Bericht der Pforzheimer Kammer aus dem Jahre 1869 räumt ein, daß nach Einführung der Gewerbefreiheit »besonders der Detailhandel durch die größere Concurrenz einer- und andererseits durch den Hausirhandel und den mit der unbeschränkten Freiheit vielfach verbundenen Schwindel beeinträchtigt wird«[64]. »Wo volle Gewerbefreiheit eintritt, da zeigt sich als Hauptfolge die starke Zunahme dieser kleinen Läden«, erkannte Gustav Schmoller bereits im Jahre 1870[65]. Angesichts dieser und anderer struktureller Wandlungen in der lokalen Wirtschaft scheint sich das Vertrauen der Pforzheimer Gewerbetreibenden in die Handelskammer als »Standes«- und Interessenvertretung erheblich gesteigert zu haben: Im Jahre 1865 gehörten 308 Gewerbetreibende der Handelsgenossenschaft an, die Mitgliederzahl war damit fast genauso hoch wie bei der Mannheimer Genossenschaft[66]. 1873 waren 507 Firmen ins Handelsregister eingetragen, die Genossenschaft zählte 361 Mitglieder. Über 70 % der Gewerbetreibenden und Unternehmer in Pforzheim gehörten damit der Genossenschaft an. Zum Vergleich: Die Mannheimer Genossenschaft wurde im gleichen Zeitraum nur von rund 20 bis 25 % der örtlichen Gewerbetreibenden getragen[67].

Doch nicht nur lokale Fragen waren für die Pforzheimer Wirtschaft relevant; besonders die exportorientierte Schmuckindustrie mußte zwangsläufig versuchen, ihre wirtschaftspolitischen Interessen vor allem im Bereich des Außenhandels zu artikulie-

62 Vgl. Jahres-Bericht der Handelskammer der Stadt Pforzheim 1864, S. 12 ff. (künftig zit. als »Jahres-Bericht«).

63 Vgl. ebd., S. 11 f.

64 Jahres-Bericht 1868, S. 17.

65 G. Schmoller, Zur Geschichte der deutschen Kleingewerbe im 19. Jahrhundert. Statistische und nationalökonomische Untersuchungen. 1870, S. 213; vgl. allgemein auch W. Sombart, Die deutsche Volkswirtschaft im 19. Jahrhundert und im Anfang des 20. Jahrhunderts. Eine Einführung in die Nationalökonomie. [8]1954, S. 219 ff., W. Conze, Sozialgeschichte 1850–1918, in: H. Aubin, W. Zorn (Hg.), Handbuch der deutschen Wirtschafts- und Sozialgeschichte 2. 1976, S. 602–684, hier S. 626 f., und H. Buddeberg, Einzelhandelsbetrieb, in: Handwörterb. d. Sozialwiss. 3, S. 100–109. Daß auch in Württemberg nach Einführung der Gewerbefreiheit die Zahl der Geschäftsneugründungen im Einzelhandel größer war als in jedem anderen Gewerbe, belegen die Zahlen bei H. Sedatis, Liberalismus und Handwerk in Südwestdeutschland. Wirtschafts- und Gesellschaftskonzeptionen des Liberalismus und die Krise des Handwerks im 19. Jahrhundert. Gesch. u. Theorie d. Pol. A 4. 1979, S. 153. – Stolz (wie Anm. 46), S. 446, konstatiert für Pforzheim eine ausgeprägte Tendenz, aus unrentabel gewordenen Handwerksberufen in den Einzelhandel überzuwechseln.

66 Vgl. Trost (wie Anm. 41), S. 26, und Blaustein (wie Anm. 61), S. 135.

67 Zahlen nach Jahres-Bericht 1873, S. 41, und Blaustein (wie Anm. 61), S. 135.

ren und ihren Standpunkten an geeigneter Stelle Gehör zu verschaffen. Gerade die badischen Handelskammern hatten sich schon frühzeitig mit übergeordneten nationalökonomischen Problemen beschäftigt. Bereits der erste badische Handelskammertag (1846) in Freiburg befaßte sich unter anderem mit der Frage eines neuen Gewerbegesetzes, den Mainzöllen und der Einführung eines allgemeinen Handels- und Wechselrechts[68]. Der erste deutsche Handelstag, der 1861 in Heidelberg stattfand, ging auf einen Antrag des Eberbacher Handelsinnungsvorsitzenden Theodor Frey beim badischen Handelstag von 1860 zurück[69]; Frey hatte seinem Antrag auch gleich sehr konkrete Tagesordnungsvorschläge beigefügt: Vereinheitlichung der Maße und Gewichte, Einführung eines einheitlichen Münzfußes und eines deutschen Handelsgesetzbuches sowie Errichtung von Vertretungen im Ausland. Als der erste deutsche Handelstag im folgenden Jahr in Heidelberg tagte, stellten die badischen Kammern 28 von 191 Delegierten[70]. Diese Aktivitäten der badischen Kammern dürften gerade in den Reihen der Pforzheimer Gewerbetreibenden mit weiterreichenden Interessen für eine positive Haltung gegenüber der Handelsgenossenschaft und der Handelskammer gesorgt haben.

Daß Zusammenschlüsse der selbständigen Gewerbetreibenden im allgemeinen und der Arbeitgeber im besonderen in Pforzheim zwischen 1860 und 1880 als absolute Notwendigkeit angesehen wurden, ist schließlich noch mit einem dritten Faktor in Verbindung zu bringen. Am 1. Mai 1869 wurde der »Gewerkverein der Pforzheimer Goldarbeiter« gegründet, der nach acht Wochen schon 2300 Mitglieder zählte[71]. Gegen Ende des Jahres 1869 war der Gewerkverein bereits stark genug, um den Arbeitgebern der Schmuckindustrie als »Tarifpartner« gegenüberzutreten und eine »Fabrik-Ordnung« durchzusetzen, die die Arbeitszeit auf zehn Stunden täglich begrenzte[72]. 1871 schufen sich die Fabrikunternehmer mit dem Fabrikanten-Verein ebenfalls eine wirksame Interessenvertretung. Im März des Jahres 1873 entstand der »Sociale Reformverein«[73], der bald einen Mitgliederstand von 500 erreichte; dieser Verein sollte in Konkurrenz zum Gewerkverein treten, dessen »social-communistische« Tendenzen die Fabrikanten alarmiert hatten. Am raschen Mitgliederschwund des Gewerkvereins 1873 und 1874 hatte indessen auch die Wirtschaftskrise maßgeblichen Anteil[74]. Nach Inkrafttreten des Sozialistengesetzes wurde der Gewerkverein aufgelöst; dem »socialen

68 Vgl. Fischer (wie Anm. 38), S. 183f., und Ders. (wie Anm. 43), S. 61f.

69 Vgl. Blaustein (wie Anm. 61), S. 137, und Der deutsche Handelstag 1861–1911. 2 Bde. 1911/13, hier Bd. 1, S. 2f.

70 Vgl. Verzeichniss der Abgeordneten zum ersten deutschen Handelstag in Heidelberg. Heidelberg o.J. (als Faksimile in: Die Verantwortung des Unternehmers in der Selbstverwaltung. 1961, zwischen S. 32 und 33).

71 Vgl. Jahres-Bericht 1868, S. 24f. S. allgemein auch J. Schadt, Die Sozialdemokratische Partei in Baden. Von den Anfängen bis zur Jahrhundertwende (1868–1900). Schriftenreihe d. Forschungsinst. d. Friedrich-Ebert-Stiftung 88. 1971, S. 44ff.

72 Vgl. Jahres-Bericht 1885, S. 16.

73 Vgl. Jahres-Bericht 1873, S. 10f. und 33f. – Dem »socialen Reformverein« gehörten Arbeiter und Fabrikanten an; der Verein verfolgte das Ziel, eine »Altersversorgungs-, Invaliden- und Sterbekasse in das Leben zu rufen« (ebd., S. 11). Die Beiträge sollten zu zwei Dritteln der Fabrikant und zu einem Drittel der Arbeiter aufbringen.

74 Vgl. Schadt (wie Anm. 71), S. 45.

Reformverein« und dem »Fabrikanten-Verein« war im übrigen auch kein längeres Dasein beschieden[75]. Die Kurzlebigkeit dieser Interessenorganisationen vermindert die Bedeutung des Vorgangs nur unwesentlich, zumal die Kontinuität der Entwicklung sozusagen »künstlich«, d.h. durch legislatorische Maßnahmen, unterbrochen wurde. Die Existenz miteinander konkurrierender Interessenorganisationen wurde im Zuge der rasanten industriellen Entwicklung des Deutschen Reiches auf allen Ebenen zum Regelfall. Innerhalb weniger Jahre formierten sich die Interessengruppen und schufen sich die Verbände und Organisationen, die sie zur Durchsetzung ihrer Standpunkte auf kommunaler, Landes- oder Reichsebene brauchten.

Den veränderten Gegebenheiten und Erfordernissen wurde 1878/79 schließlich auch das badische Handelskammersystem angepaßt. Das »Gesetz, die Handelskammern betreffend« glich das badische System dem preußischen an[76]: »Den badischen Handelskammern ist jetzt der Weg geebnet, ihren Schwesterkammern draußen im Reiche künftig ebenbürtig zu sein, sie werden fortan aufhören, als freie Vereine, abhängig von der Einsicht und dem guten Willen Einzelner mit knappen und mehr oder minder dem Umfange nach zufälligen Mitteln vor der Erfüllung der ihnen zustehenden Aufgaben zu stehen (...)«[77]. Die badischen Kammern und damit auch die Pforzheimer Handelskammer erhielten im Rahmen dieser Neugestaltung diejenige Form, die sie in den wesentlichen Zügen beibehielten, bis sie 1933/34 einen Großteil ihrer Funktionen verloren und schließlich 1942 in den Gauwirtschaftskammern aufgingen[78].

VI.

Bei dem Versuch, die knappe Skizze der Entwicklung wirtschaftlicher Selbstverwaltung in Pforzheim zu bilanzieren, gelangt man zwangsläufig und auf ziemlich direktem Wege zu der lapidaren Feststellung, daß die Besonderheiten der wirtschaftlichen Entwicklung in der Stadt Pforzheim die Formierung wirtschaftlicher Verbände und Selbstverwaltungsgremien weitestgehend bestimmt haben. Was die Stadt Pforzheim in den beiden ersten Dritteln des 19. Jahrhunderts von anderen südwestdeutschen Städten mit ähnlicher wirtschaftlicher Bedeutung unterschied, war primär die frühe Industrieansiedlung. Das Spezifische an der Pforzheimer Schmuckindustrie waren die Klein- und Mittelbetriebe sowie der relativ unproblematische Aufstieg vom Lohnabhängigen zum selbständigen Unternehmer. In den übrigen »Industriestädten« in Südwestdeutschland und besonders in Baden gab es bis 1850/60 meist nur einen größeren Betrieb, so in Ettlingen, Schopfheim oder Lörrach. In Mannheim, Heidelberg und Lahr gab es zwar mehrere mittelgroße Fabrikunternehmen, das Element des traditionellen Gewerbes – Handel und Handwerk – blieb jedoch auch in diesen Städten bestimmend.

75 Vgl. Jahres-Bericht 1880, S. 66. – Die »Altersversorgungs-, Invaliden- und Sterbekasse« existierte nach anfänglichen Schwierigkeiten weiter.
76 Vgl. Gesetzes- und Verordnungsblatt für das Großherzogtum Baden 1878, S. 229–236.
77 Jahresbericht der Handelskammer für den Kreis Mannheim 1877/79; zit. nach BLAUSTEIN (wie Anm. 61), S. 202.
78 Vgl. HENNING (wie Anm. 43), S. 47ff.; s. auch E. R. HUBER, Verfassungsrecht des Großdeutschen Reiches. ²1939, S. 480f.

Allein in Pforzheim beherrschte die Industrie schon frühzeitig das städtische Wirtschaftsleben, nur hier machte die Arbeiterschaft schon in der ersten Hälfte des 19. Jahrhunderts einen so hohen Anteil an der Bevölkerung aus, daß sich die sozioökonomischen Merkmale der Industrialisierung auf lokaler Ebene zu einem guten Teil ausbilden konnten. Angesichts der erstaunlich großen vertikalen Mobilität und der kräftigen Fluktuation in der Fabrikantenschaft dürfte man von einer umfassenden »Sozialgeschichte des Pforzheimer Fabrikunternehmers« zahlreiche Erklärungsansätze für die Besonderheiten der gesellschaftlichen und wirtschaftlichen Entwicklung der Stadt erwarten. Diese Besonderheiten wiederum haben in vielen Bereichen von Gesellschaft und Wirtschaft der Stadt Spuren hinterlassen.

Diskussionsbeiträge zu den einzelnen Referaten

DISKUSSION ZUM VORTRAG REMLING

Diskussionsleitung: *Kirchgässner*

Perger: Sie haben uns dargelegt, daß eine starke Differenzierung im Ausbau der gewerblichen Autonomie vorhanden war, und auch einige Gründe dafür angegeben. Ich frage: War für diese Differenzierung nicht auch der unterschiedliche reichsrechtliche Status der Stadt maßgebend? Wieweit war es hierfür von Bedeutung, ob es sich um eine freie Reichsstadt, die Stadt eines weltlichen oder geistlichen Territorialherren bzw. eines Adligen handelte?

Remling: Lübeck und Dortmund sind Reichsstädte, Münster und Osnabrück Bischofsstädte, also landesherrlich. Sie werden an meinen Ausführungen erkannt haben, daß der reichsrechtliche Status nicht entscheidend war. In Lübeck erfolgt die Rückkehr des alten Rates nach dessen Sturz mit Hilfe des Kaisers. In Dortmund gelingt es König Ruprecht nicht, der Stadt eine andere Regelung als die von den Bürgern vereinbarte Änderung aufzudrängen. In Münster und Osnabrück kümmert sich der Bischof weniger um die Zünfte und mehr um die territorialen Probleme im Stift und in den angrenzenden Gebieten.

Press: Sie haben in Ihren sehr differenzierenden Ausführungen nur gelegentlich anklingen lassen, daß die Zünfte auch in gewisser Weise Bruderschaften, geistliche Korporationen waren. Mich hätte interessiert, ob dieser Charakter der Zünfte mit ihrer jeweiligen Selbständigkeit korrespondiert.

Remling: Eine pauschale Antwort ist hier nicht möglich. Ich darf das an zwei Beispielen verdeutlichen. Die Ämter in den Küstenstädten haben eine sehr eng umgrenzte Kompetenz und beschränken sich in ihren Ordnungen im wesentlichen auf den gewerblichen Bereich. Bestimmungen über religiöse Verpflichtungen, über das Totengeleit, fehlen fast ganz. Gerade in den Küstenstädten bestehen jedoch neben den Ämtern religiöse Bruderschaften, die, obwohl organisatorisch eigenständig, enge Verbindung zum jeweiligen Amt haben und offensichtlich den in den Amtsstatuten fehlenden religiös-gesellschaftlichen Part ausfüllen. Die Gewerbeverbände im Binnenland haben eine andere Struktur und umfassen mehrere Lebensbereiche. Bei ihnen sind ausführliche Angaben über religiöse Übungen und Begräbnis der Mitglieder vorhanden. Bemerkenswerterweise bestehen nun hier kaum zusätzliche religiöse Bruderschaften als Annex der Gilden, denn bei diesen ist der bruderschaftliche Aspekt stark ausgeprägt.

Press: Gibt der religiöse Charakter nicht einen zusätzlichen Freiraum?

Remling: Der religiöse Charakter gibt einen solchen; mir ist allerdings nicht klar, ob Sie dies in politischer Hinsicht oder im Sinne der gesellschaftlichen Repräsentation meinen.

Press: Im Sinne indirekter politischer Auswirkungen.

Remling: Nein.

Klötzer: Die Bruderschaften, das haben neuere Untersuchungen gezeigt, sind vielfach als eine Art Kirchenpflegschaft ausgebildet, indem sie den Kirchenbau beeinflussen und kontrollieren, z.B. in Straßburg, aber auch in anderen Orten. Daher möchte ich die Behauptung von Herrn Press unterstützen, daß Handwerk und Zünfte in den mittelalterlichen Städten auch öffentliche Funktionen erfüllten, z.B. als Pflegschaft im Kirchenbau. Ich möchte fragen, ob Sie in Norddeutschland ähnliche Erfahrungen gesammelt haben, wie sie Wolfram Heitzenröder[1] für den Frankfurter Raum herausgearbeitet hat. Des weiteren interessiert mich ein Phänomen, das die Autonomie der Zünfte besonders stark zum Ausdruck bringt. Es ist die Frage, inwieweit Zünfte zu überörtlichen Zusammenschlüssen gekommen sind. Frank Göttmann[2] hat in einer interessanten Arbeit solche Einungen für den südwestdeutschen Raum nachgewiesen. Gibt es diese überörtlichen Zusammenschlüsse auch in Norddeutschland, und sind sie dort, wie ebenfalls im Südwesten, von der Landesherrschaft auf provinzieller Ebene als eine mögliche Kraft gegen die Autorität der Städte gefördert worden?

Remling: Könnten Sie bitte präzisieren, was mit den Pflegschaften in den Städten gemeint ist? Bei meinen Forschungen über Bruderschaften ist mir dieser Aspekt nicht begegnet.

Klötzer: Die wetterauischen Städte, vor allem Friedberg, Gelnhausen, Wetzlar und natürlich Frankfurt. In dieser Arbeit wird ausführlich auf Quellenbasis mit Heranziehung städtevergleichender Literatur dargelegt, wie sehr die mittelalterlichen Zünfte als Pflegschaften sich besonders im Kirchenbau engagierten – schon beim Straßburger Münster – und insbesondere durch die Kontrolle der Geldmittel ihre Macht zu potenzieren durchaus in der Lage waren. Ich frage deshalb, ob Sie in Nordwestdeutschland ähnliche Erfahrungen gemacht haben.

Remling: Bevor ich die Frage beantworten kann, muß erst Klarheit über die Begrifflichkeit hergestellt werden. Wenn ich von Bruderschaften spreche, meine ich religiöse Bruderschaften. Unter Zünften verstehe ich die verschiedenen gewerblichen Vereinigungen, auch diejenigen, die in den Quellen Bruderschaften genannt werden, aber an sich Zünfte sind. Daß Zünfte auf den Kirchenbau Einfluß gewinnen, will ich für Süddeutschland nicht bestreiten. Aus Norddeutschland sind mir dafür, wenigstens im Bereich der von mir untersuchten Städte, keine Belege bekannt. Allerdings haben die Bürger über die lokalen Genossenschaften innerhalb der Städte (Laischaften, Kirchenspiele etc.) entscheidenden Einfluß bei der Verwaltung des Kirchenvermögens.

Bei den Bruderschaften (entsprechend der oben vorgeschlagenen Sprachregelung) sind mir nicht nur in Norddeutschland, sondern auch in anderen Regionen keine Pflegschaften an Pfarrkirchen begegnet. Bruderschaften sind allerdings häufig an der Errichtung und Betreuung eines Altars beteiligt. Ich vermute, daß sich Ihre Frage nicht auf Bruderschaften an sich, sondern auf gewerbliche Organisationen, also Zünfte, bezieht, die in den Quellen Bruderschaften genannt werden.

Klötzer: Es geht hier um die Kirchenfabrik. Inwieweit das Handwerk hier eine neue Art von Repräsentation findet. Dies war meine Frage.

Remling: Ich kann nur auf meine vorige Antwort verweisen. Beispiele dafür, daß sich Zünfte im Bereich der Kirchenfabrik und Kirchenpflegschaft engagiert haben, sind mir in den untersuchten Städten nicht begegnet, wohl aber, daß die lokalen Gliederungen hier einen entscheidenden Einfluß haben. Ihre zweite Frage betraf die überregionalen Zünfte. Hier gibt es in den wendischen

1 Wolfram HEITZENRÖDER, Reichsstädte und Kirche in der Wetterau. Der Einfluß des städtischen Rats auf die geistlichen Institute vor der Reformation (Studien für Frankfurter Geschichte 16, 1982).

2 Frank GÖTTMANN, Handwerk und Bündnispolitik. Die Handwerkerbünde am Mittelrhein vom 14. bis zum 17. Jahrhundert (Frankf. Hist. Abh. 15), Wiesbaden 1977.

Hansestädten sehr enge Beziehungen und gemeinsame Ordnungen im gewerblichen Bereich. Aus wirtschaftsräumlichen Gründen wird die Zusammenarbeit von der Hanse und vor allem von Lübeck aus forciert und propagiert. Es handelt sich aber im wesentlichen um qualitäts-, maß- und arbeitsrechtliche Vereinheitlichungen. Für die westfälischen und sächsischen Städte sind mir zu diesem Punkt keine Angaben möglich, da ich in diesen Regionen nur die großen Städte untersucht habe. Die benachbarten kleineren Städte, für die Münster oder Braunschweig Vorbild gewesen sein könnten, habe ich nicht berücksichtigt.

Klötzer: Interessant wäre eine Untersuchung auch für den norddeutschen Raum: Hat sich dort das Stadtregiment gegen überörtliche Zusammenschlüsse gestellt? Denn sie kamen ja eher dem Landesherrn als der Stadt zupaß. Oder aber zeigt sich im Sprengel solcher Zusammenschlüsse ähnlich den Stadtrechtskreisen ein städtischer Großraum, vergleichbar der Anziehung heutiger großstädtischer Ballungsgebiete?

Remling: Es gibt hierzu eine Untersuchung über die Verhältnisse in den niedersächsischen Städten. In ihr wird diese Frage am Beispiel von Lüneburg untersucht. Das Problem wird hier allerdings erst seit dem 17. Jahrhundert wirksam, weil zu diesem Zeitpunkt Göttingen, Lüneburg und Braunschweig wieder stärker vom landesherrlichen Zugriff erfaßt werden. Deshalb werden erst seit dieser Zeit diese Städte von Zunftordnungen betroffen, die im Sinne eines modernen Gewerbereglements für das ganze Territorium eine einheitliche Ordnung herstellen. Während des von mir gewählten Untersuchungszeitraums ist ein landesherrliches Eingreifen kaum möglich, da die genannten Städte gerade im 15./16. Jahrhundert auf dem Höhepunkt ihrer Autonomie gegenüber dem Landesherrn standen.

Ennen: Die Bedeutung der Kirchspiele gilt absolut auch für Köln. Die Sondergemeinden sind viel älter als die Zünfte; die Sondergemeinden lehnen sich fast alle an die Kirchspiele an. Es besteht aber natürlich zwischen beiden ein Unterschied. Die Sondergemeinden haben ihre eigene Organisation mit zwei Amtleuten an der Spitze; man kann sie als Organisation der Nachbarschaften bezeichnen. Das geht so weit, daß die Sondergemeinden beanspruchen, den Pfarrer einzusetzen. In Köln spielten die Sondergemeinden sehr früh eine bedeutende Rolle, da sie bei der Stadtbefestigung mitwirken. Sie werden von den Zünften insofern etwas zurückgedrängt. In Köln sind nicht diese, sondern die Gaffeln politische Verbände, zu denen zwar die Zünfte gehören, aber die Miliz stellen.

Remling: In Münster haben die Gilden bestimmte Abschnitte der Stadtbefestigung zu bewachen und bilden eine eigene Gliederung im Rahmen der Stadtverteidigung. Gegen Ende des 16. Jahrhunderts geht man auf Wunsch der Handwerker von der Gildenwacht ab und führt allgemein die Rottenwacht ein. Diese Änderung wird vorgenommen, weil die Gildenmitglieder, vor allem in den kleineren Gilden, zu häufig zum Wachdienst gerufen werden, was bei der Rottenwacht, bei der alle Bürger gleichermaßen herangezogen werden, nicht der Fall ist. Außerdem hat die Gildenwacht vor allem dann einen Vorteil, wenn möglichst viele aus der Bürgerschaft in den Zünften organisiert sind. Sonst benötigt man ja zwei Wehrgliederungsprinzipien, das lokale und das personal-korporative Nebeneinander, wie dies in Osnabrück der Fall gewesen zu sein scheint. Im übrigen folgen auch die Gilden in Münster im 16./17. Jahrhundert dem Zug der Zeit und plädieren für die Anwerbung von Söldnern, denen die Stadtbewachung und -verteidigung übertragen werden soll. Man will sich nicht mehr selbst die Köpfe einschlagen lassen, sondern bezahlt lieber dafür, daß andere dies erledigen.

Kirchgässner: Ich möchte zunächst auf die gelegentlich angeklungene Unterscheidung zwischen Verfassung auf der einen Seite und Verfassungswirklichkeit auf der anderen zurückkommen: Wie lange konnten Gewerbezünfte eigentlich die so mühsam und leidenschaftlich errungene Macht wirklich ausüben? Im Vortrag war die Rede davon, daß man sogar bei Reisen dabeisein mußte; eigene Quellenbelege (Konstanz!) weisen nach, daß oft mehr als 40 Tage bei der gemeinsamen Abrechnung verbracht worden sind, um nur die städtische Vermögenssteuer abzurechnen.

Darüber hinaus kann man doch oft feststellen, daß für die Abwesenheit bei Ratssitzungen Strafgelder festgelegt werden – ein Zeichen, daß die Gewerbezünfte bzw. deren Angehörige sich oftmals die Ausübung des Ratsamtes gar nicht leisten konnten.

Daß darüber hinaus in dieser religiösen Gemeinschaft noch andere Dinge besprochen wurden, liegt auf der Hand, doch hat man hierüber kaum einmal Quellen. Auf den großen Einfluß geselliger Vereine und Vereinigungen stößt man übrigens auch bei der Industrie- und insbesondere bei der Bankengeschichte des 19. Jahrhunderts. Es ist interessant, festzustellen, wer zu einer solchen Runde Zugang hatte und wer nicht.

Eine dritte Frage schließt sich hier an: Ist die Ratsfähigkeit allein so wichtig? Ich habe vielfach die Beobachtung gemacht, daß in den eigentlich wichtigen Ämtern – dort, wo es um die Finanzen ging – Zunftangehörige häufig vertreten sind. Ob also die Ratsfähigkeit allein ein Spiegelbild der gesellschaftlichen Wirklichkeit ist, wäre zu untersuchen. Noch heute ist in manchen Fällen der Kommunalpolitik die Zustimmung des Kämmerers wichtiger als der eigentliche politische Entscheid des Oberbürgermeisters.

Remling: Zu Punkt zwei. Daß religiöse Fragen und religiöse Gruppierungen auch politische Bedeutung haben, ist selbstverständlich. Man kann das an den Kaufmannskolleg-Gesellschaften und -Gilden beobachten. Die Kaufleute mußten sich gewerberechtlich nicht vereinigen. Das geschah in Form von Gilden, die hauptsächlich religiöse und gesellige Bereiche abdeckten. Selbstverständlich regelten sie auch in etwa das Miteinander und Nebeneinander. Nicht umsonst sind in Lübeck die Kaufleute entsprechend ihrem Zielgebiet organisiert: Bergenfahrer, Schonenfahrer, Rigafahrer usw. Zum dritten Punkt: Es ist folgendes zu beobachten, daß in den Städten mit großer Autonomie und Ratsbeteiligung der Zünfte die kaufmännisch orientierten Zünfte die wichtigste Rolle spielen und daß in Münster allerdings es so geregelt ist, z.B. daß von den Ratsgeschlechtern und aus den Gilden jeweils einer genommen werden muß für die immer doppelt besetzten Ämter. Es läßt sich auch eine Stufung, eine vertikale Gliederung, insofern feststellen, als Bürgermeisterposten noch von Promovierten Ende des 16. und 17. Jahrhunderts genommen werden und erdgesessene Leute, während für innerstädtisch wirtschaftlich und finanziell wichtige Ämter Kaufleute, also Mitglieder aus dem Kaufleutekreis, genommen werden. Bei der ersten Frage muß ich Sie noch um Wiederholung bitten.

Kirchgässner: Es war die Frage des Durchhaltevermögens der Gewerbezünfte.

Remling: Dies läßt sich meiner Meinung nach insofern leicht klären, als erstens zu den Gilden auch Mitglieder aus den Rentner- und Geschlechterkreisen gehörten. Zum anderen, wenn wir so einfach klingende Berufe wie Bäcker, Knochenhauer oder Schmiede nehmen, so sind das in Münster eben Eigenhändler, Viehhändler, Ochsenhändler und Getreidegroßhändler; diese hatten genügend Geld und Zeit, um im Rat zu sitzen.

DISKUSSION ZUM VORTRAG SCHMIDT

Diskussionsleitung: *Kirchgässner*

Ennen: Vielen Dank für Ihre Ausführungen über das dörfliche und kleinstädtische Gewerbe, das hingeordnet ist auf eine Stadt, in der die Gewerbeprodukte fertiggemacht werden, um dann durch die städtischen Kaufleute exportiert zu werden. Das Bergische Land z.B. ist in dieser Weise mit seiner ganzen Kleineisenproduktion ein typisches, weil agrarisch unergiebiges Land, hingeordnet auf die Stadt Köln, die mit diesen Erzeugnissen den großen Export tätigte. Durch solche Zuordnungen entstehen dann im 17. und 18. Jahrhundert richtige Heimarbeiter-Dörfer, die für eine Stadt mit modernen Manufakturen, z.B. das Krefelder Seidengewerbe, arbeiten. Diese Verhältnisse bilden einen Übergang zum 19. Jahrhundert.

Leiser: Der Vortrag gibt Anlaß zu mehreren Überlegungen. Zunächst hat der Referent ein Verhaltensmuster vorgeführt, das zeitlos ist: Wer eine angenehme soziale Position erworben hat, wünscht sie zu erhalten und gibt das alte Postulat der Gerechtigkeit aus. Dafür mobilisiert man politische Unterstützung, für die man politischen Handlungsspielraum opfert. Sodann ist etwas deutlich geworden, was man eigentlich schon aus der Literatur hätte wissen können, daß wir nämlich gewohnt sind, die Monopolgesellschaften in sehr einseitig weltanschaulich-politischer Beleuchtung zu sehen. Es besteht ein allgemeines Einvernehmen darüber, daß eine Monopolgesellschaft dem Monopolisten nützt und dann höchstens noch dem Kaiser, der sie durch Zwangsanleihen ausbeuten kann. Das ist aber nur die halbe Wahrheit: Diese Gesellschaften konnten doch nur existieren, weil sie zu ihrer Zeit einen großen Bedarf befriedigten, das wurde eben auch von Frau Ennen angesprochen. Wer sind nun die Nutznießer? Breite Schichten müssen durch die Gesellschaften an den neuen wirtschaftlichen Möglichkeiten partizipiert haben. Es wurde darauf hingewiesen, daß die Anti-Monopolpropaganda in den Artikeln der aufständischen Bauern relativ geringe Resonanz findet. Offenbar gibt es ganze Regionen, die von den großen Gesellschaften ins Brot gesetzt waren. Diese denken natürlich nicht daran, die eigene Existenzgrundlage anzugreifen. Frau Ennen hat das Beispiel der frühindustriellen Dörfer gebracht. Ich wünschte mir einmal als Tagungsthema für unseren Arbeitskreis »Das großstadtnahe Dorf«. Inwieweit unterscheidet sich dieses von dem in eine agrarische Region eingebundenen Dorf? Wir wissen sehr wenig darüber. – Bei der Behandlung der Anti-Monopolbewegung wurde Augsburg genannt, der Name Peutinger fiel nicht. Dieser Mann hatte offenbar eine Doppelfunktion, war einerseits Stadtschreiber, der die Interessen seiner Kommune zu wahren hatte, andererseits Agent des Hauses Fugger. Die Art und Weise, wie es gelang, die Prozesse über den Reichsfiskal niederschlagen zu lassen, ist ein Meisterstück von Prozeßtaktik und Diplomatie. Man wüßte gern, ob es bei diesen Vorgängen Interessenkollisionen zwischen dem Hause Fugger und der Stadt Augsburg gab; da die Beteiligten solch heikle Dinge nicht aktenkundig werden zu lassen pflegen, wird man die Frage nicht beantworten können.

Schmidt: Die beiden letzten Punkte möchte ich als Anregung auffassen. In der Augsburger Stadtpolitik standen die Fugger sicher etwas abseits – Mitglieder dieser Familie waren kaum im Rat vertreten –, sie übten jedoch über Mittelspersonen, z. B. Konrad Peutinger, gerade bei Wirtschaftsfragen einen enormen Einfluß aus. In die städtische Gesandtschaft zum Kaiser nach dem Nürnberger Reichstag 1523 schleusten Peutinger und Rehlinger einen Agenten der Fugger als Vertreter der Stadt Augsburg ein. Er hatte den Auftrag, die offizielle Politik der Städte in der Monopolfrage am Kaiserhof zu konterkarieren und – wenn nötig – durch großzügige Verwendung von ›Verehrungen‹ im Sinne der Augsburger Firmen zu wirken.

Eirich: Aus der Sicht der oberschwäbischen Reichsstädte möchte ich einige Ergänzungen anfügen. Es ist erstaunlich, wie es hier die Kaufleute verstanden, die städtischen Reglements und Zunftschranken zu überspielen. War die Familie einig und hatte sie viele Glieder, dann konnten Vertreter dieser Familie ins Patriziat oder in bestimmte Zünfte eingeschleust werden. Wenn dies in der Vaterstadt nicht ging, dann in einer der benachbarten Reichsstädte. Man konnte sich so die Bälle zuspielen.

Die so entstandenen Familienverbände waren in der Lage, eine gegen die Handelsgesellschaften gerichtete Politik in einigen Städten zu umgehen. Ihnen hätte ein Verbot der Monopole zu Beginn des 16. Jahrhunderts nicht viel anhaben können. Dabei sind monopolähnliche Strukturen zu beobachten, etwa den heutigen Konsortien vergleichbar. Ich beobachte dies im Eisenhandel z. B. bei den Funk in Memmingen und anderswo. Ihr Familienverband reichte von Schwäbisch Gmünd bis Wiener Neustadt und von Nürnberg bis Genua.

Ähnliches ist beim Sensenvertrieb vom Allgäu in die Lombardei zu beobachten, wie ich dies in den Schwäbischen Geschichtsblättern beschrieben habe. Hier sind namensverschiedene Kaufleute und Gesellschaften, alle jedoch verwandt oder verschwägert, anzutreffen.

Kirchgässner: In der Tat hat Herr Leiser recht. Nicht einmal in den Reformationsschriften bei Luther findet sich der Gedanke, daß hier Arbeitsplätze geschaffen werden. Das ist eigentlich erstaunlich, wenn es auch unsere Thematik nur am Rande berührt. Dagegen habe ich einige terminologische Schwierigkeiten, die freilich über den Begriff des rein technischen Terminus hinausgehen. Im Referat wurde einmal – wenn ich recht verstanden habe – die Formulierung gebraucht, daß bei Handelsgesellschaften der Wettbewerb entfallen sein sollte. Im Anschluß an das, was eben über Memmingen gesagt wurde, darf man nun doch zumindest für das 15. Jahrhundert festhalten, daß die Verhältnisse hier durchaus anders lagen. So haben etwa die Muntprat ihre eigenen Geschäfte lebhaft weiterbetrieben, auch wenn sie innerhalb der Ravensburger Handelsgesellschaft eine führende Stellung hatten. Auch die Behauptung, daß die Mitgliedschaft in mehreren Handelsgesellschaften durchaus üblich war, findet sich in der Literatur zu Recht. Die Konkurrenzklausel, die offenbar im 16. Jahrhundert öfter auftaucht, ist – so glaube ich wenigstens – eine Entwicklungsstufe, die man nicht zu früh ansetzen sollte.

Die zweite Frage betrifft die Bezeichnung der Handelsgesellschaften als »Konzerne«. Dieser Terminus würde bedeuten, daß eine einheitliche Spitze da ist, die das Sagen hatte; das war aber in den hier geschilderten Verhältnissen gerade nicht der Fall. Das Haus Fugger hat eine straff zentralisierte Leitung, aber die Ravensburger Handelsgesellschaft und die Diesbach-Watt-Gesellschaft waren doch bereits erheblich anders strukturiert. Sie waren sicher Kartelle, aber mit dem Begriff »Konzern« muß man vorsichtig sein, weil er einfach impliziert, daß eine einheitliche Unternehmenspolitik durchgesetzt werden kann, und zwar auch gegen das eigene Mitglied.

Anfügen möchte ich noch, daß man allzu leicht vergißt, wie sehr all diese Körperschaften – sei es frühmoderner Staat, sei es Reichsstadt – auf einen funktionierenden Kapitalmarkt angewiesen waren, ohne den sie seit dem Ende des 14. Jahrhunderts nicht mehr auskommen konnten. Was sich dort bei den Kapitalgebern akkumuliert hat, dürfte in der Regel akkumulierter Handelsgewinn sein. Insbesondere das Aufflammen plötzlicher Kriegszüge bzw. die Beseitigung der schädlichen Folgen sind ohne den Rückgriff auf den Kapitalmarkt kaum denkbar; gerade die Städtekriege des 14. und 15. Jahrhunderts lassen das deutlich erkennen. Dabei ist die Beobachtung interessant, daß derartige »Kapitalisten« auch dann, wenn sie selbst reichsstädtische Bürger waren, nicht nur ihren städtischen Bundesgenossen, sondern ebenso selbstverständlich den militärischen und politischen Gegnern Geld geliehen haben.

Zum Schluß noch ein Hinweis: In der Literatur wird häufig die Interessenidentität zwischen den Führern der politischen Schicht und den Handelsgesellschaften unterstellt. Hier sollte man sehr vorsichtig sein. Um nur ein Beispiel zu nennen: Das berühmte Verbot der Konstanzer Handelsgesellschaften im Jahre 1425 wäre, wenn man einmal die Stimmverhältnisse im Stadtrat nachrechnet, ohne Mitwirkung des Patriziats oder zumindest eines großen Teils davon gar nicht erreichbar gewesen.

Schmidt: Daß die Handelsgesellschaften den Wettbewerb ausschalten sollten, würde ich auch weiterhin behaupten. Vorteile und Privilegien wurden nun nicht mehr für eine bestimmte Korporation gesucht, sondern allein für die eigene Firma, die – wo immer möglich – ein Monopol erhalten sollte. Hinsichtlich Ihrer Frage zum Kapitalmarkt stimme ich Ihnen zu.

Baer: Sie haben also von dem Streit oder dem Kampf der Unterschichten in Augsburg und dem Barfüßermönch Schilling 1524 gesprochen. Ich glaube, man muß hier schon etwas früher einsetzen. Das bekannte Beispiel dafür ist der Zunftbürgermeister Ulrich Schwarz, der 1478 aufgehängt wurde, weil er den »Kapitalgesellschaften« mehr oder weniger zum Opfer gefallen ist. Es ist eine Zeit, in der die Fugger eigentlich noch gar keine Rolle spielten in Augsburg. Ich glaube, da ist schon ganz deutlich von einer Eskalation zwischen Reichen und Armen die Rede. Ich möchte in diesem Zusammenhang auf eine Arbeit hinweisen, die vor kurzem abgeschlossen wurde, von Peter Geffken. Er hat das Augsburger Patriziat bzw. die Struktur der Bevölkerung im 14. und 15. Jahrhundert untersucht und kommt schon für diese Zeit zum Ergebnis: Die Reichen werden immer reicher und die Armen immer ärmer. Dies nur als kurzer Hinweis.

Schmidt: Gegen das Regiment des Zunftbürgermeisters Ulrich Schwarz, das sicherlich Züge einer städtischen Diktatur trug, gab es nicht nur von seiten der Reichen, sondern auch der Zünfte erheblichen Widerstand. Die mir bekannte Literatur belegte nicht, daß man seinen Fall – überspitzt formuliert – als Beispiel für das Scheitern eines Ratsregimentes am »Kapital« anführen könnte.

Specker: Sie haben einen so großartigen Überblick gegeben, daß ich es kaum wage, mit Einzelbeispielen zu kommen. In Ulm scheint manches anders zu sein. Man müßte wohl differenzieren zwischen Städten, die eine ausgesprochene Zunftverfassung hatten, und Städten wie Nürnberg, in denen die Zunftverfassung in Ansätzen steckengeblieben ist. In Ulm haben die Zünfte sich schon am Ende des 15. und zu Beginn des 16. Jahrhunderts stark gegen die Handelsgesellschaften gewandt. Das Ulmer Beispiel zeigt zugleich, daß der Rat nicht machtlos gegenüber den Handelsgesellschaften gewesen ist. Der Vortragende hat selbst Beispiele angeführt, daß doch massive Beschränkungen für die Niederlassung der Handelsgesellschaften auferlegt werden konnten. Vielleicht erklärt sich die Haltung Ulms in dieser Frage daraus, daß es mindestens seit dem 16. Jahrhundert für einen Patrizier nicht mehr als standesgemäß gegolten hat, sich im Handel zu betätigen; nach 1552 war es den Patriziern sogar ausdrücklich verboten. Es hätte den Abstieg aus dem Patriziat in die Zunft bedeutet. Vielleicht muß man – entsprechend dem Hinweis von Frau Ennen auf die städtische Umwelt – die Reichsstädte, die große Territorien besaßen, gesondert betrachten. Man muß auch bedenken, daß es eine Reihe von Gewerben gegeben hat, die – wie die Barchentweber – nicht in eine Zunft gebunden waren, was Anlaß zu langen Diskussionen gegeben hat. Die Barchentproduktion als nicht zünftiges Gewerbe konnten auch die Weber auf dem Land – nicht nur im Verlagssystem – ausüben und für den Markt arbeiten. In solchen Fragen müßte man auch den weiteren Umkreis der Stadt berücksichtigen.

Das Stichwort ›Kapitalakkumulation‹ aus dem Diskussionsbeitrag von Herrn Kirchgässner führt mich zur Frage nach der Rolle der Juden. Es wäre zu erörtern, wie weit sie Handelsgesellschaften finanziert, sich womöglich selbst daran beteiligt haben bzw. denselben zumindest eine gewisse Schützenhilfe geleistet haben.

Schmidt: Der Unterschied zwischen den Städten mit und ohne Zunftverfassung ist bereits in der ersten Hälfte des 16. Jahrhunderts weitgehend eingeebnet. Die Ulmer Unruhen von 1513 haben m. E. mit diesem Problemkreis nur bedingt zu tun. Immerhin konnten die großen Handelsgesellschaften auch weiterhin von der Stadt ferngehalten werden. Dagegen scheiterten alle anderen Bemühungen des Städtecorpus, die Fernhandelsgesellschaften zu limitieren, am Einspruch des Augsburger Rates. Nicht einmal der patrizische Nürnberger Rat konnte sich gegen die großen Gesellschaften in seiner Stadt durchsetzen. Wichtig erscheint mir aber Ihr Hinweis auf die städtischen Territorien. Gerade Nürnberg hat viel von der Größe seines Landgebietes profitiert. Rohstoffe oder Halbfertigprodukte aus dem städtischen Umland wurden in der Kommune veredelt und dann wieder im Territorium abgesetzt. Zwar betraf dies nur einen gewissen Teil des Nürnberger Exportes, doch für diesen besaß man ein festes und weitgehend konkurrenzfreies Absatzgebiet.

Press: Ich glaube, daß die spezifische Position der Juden auf dem Geldmarkt einer Beteiligung an Handelsgesellschaften unmittelbar widersprochen hat; sie ist sehr unwahrscheinlich. Ich möchte noch eine andere Anmerkung machen. Ich glaube, daß die Handelsgesellschaften, gerade weil sie mit den Mitteln der ständischen Gesellschaft gearbeitet haben und in sie eingebettet waren, in der Zeit ihrer vollen Entfaltung in hohem Maße eine Bedrohung gewesen sind. Ich möchte dies an zwei Beispielen verdeutlichen. Zunächst haben die großen Firmen am Ort nicht nur Peutinger gewonnen, sondern bis in die tiefste Verästelung der städtischen Gesellschaft Klientele gebildet und dadurch auf die städtische Politik zurückgewirkt. Bemerkenswert sind die Versuche der Gesellschaften, über das Mittel der Familienbeziehungen in den Kreis der politischen Mächte einzudringen. Gerade die Fugger haben offenkundig eine bewußte Politik betrieben. So spielen die Fuggerschen Stipendiaten – eine Institution, die nur sehr schwierig zu erforschen wäre – eine immense Rolle in der Politik des katholischen Deutschlands im 16. Jahrhundert. Diese Protegierung durch die Fugger stößt dort an ihre Grenzen, wo die Reformation auch einen Teil der Fuggerschen Klientel und der Fuggerschen Stipendiaten erfaßt. Dies läßt sich im Umkreis des Grafen von Ortenburg verfolgen, der in das reformierte Lager übergeht.

Naujoks: Ihre Hauptthese, der Sie in Ihrem Vortrag folgten, war die der letztlichen Vereinbarkeit von Zunftbewegung und Frühkapitalismus. Im Hinblick auf den bisherigen Forschungsstand liegt hier etwas Neues. Wie weit können Sie, Herr Schmidt, mir zustimmen? Zu dieser Frage gehört auch eine zweite. Das Beispiel, das Frau Ennen schilderte, legt die Vermutung nahe, daß der Frühkapitalismus nicht nur wesentlich eine Augsburger, Nürnberger, zeitweise Ulmer Erscheinung war, sondern sich vom oberdeutschen Raum weiter nach Norden ausbreitete. Diese Feststellung wäre um so interessanter, weil sich die Städtetage bereits in der ersten Jahrhunderthälfte gegen die großen Gesellschaften entschieden haben. Pöllnitz hat in seiner Biographie Jakob Fuggers gezeigt, wie seine Firma und andere Augsburger Gesellschaften zu dem berühmten Privileg für dieselben kamen. Um so aufschlußreicher wäre, zu erfahren, wie und wo der Frühkapitalismus dennoch sich weiter ausgebreitet hat. Vielleicht können Sie uns einen Hinweis auf entsprechende Literatur geben? Für uns wäre in diesem Zusammenhang wichtig zu erfahren, wie es in Nordwestdeutschland, von dem Herr Remling im vorausgehenden Vortrag gesprochen hat, in dieser Hinsicht aussah. Dies schließt die Frage ein: Wie haben die Städte sich in ihren eigenen Mauern mit dem Frühkapitalismus auseinandergesetzt, nachdem wir durch den Vortrag erfahren haben, daß Zünfte und Handelsgesellschaften sozusagen miteinander auskamen?

Schmidt: Meines Erachtens wachsen die Handelsgesellschaften aus der Stadt heraus, während die Zünfte immer stärker dem Stadtregiment unterworfen werden. Auf wirtschaftlichem Gebiet überschnitten sich die Geschäftsbereiche dieser beiden Wirtschaftsorganisationen relativ selten, und wenn, dann war es eher ein Komplementär- als ein Konkurrenzverhältnis.

Eitel: Herr Specker hat darauf hingewiesen, daß die Größe des jeweiligen städtischen Territoriums etwa für die Barchentproduktion wesentlich war: Erst durch die Bildung eines eigenen Landgebietes ergab sich für die Stadt die Chance, auch die Landweber einzubeziehen. Ich möchte hier ein Fragezeichen setzen, da man beobachten kann, daß in den Städten ohne eigenes Territorium doch aufgrund ihrer natürlichen zentralen Funktion die Landweber gerade in der Barchentproduktion auch mit städtischen Unternehmern zusammenarbeiteten.

Schmidt: Das ist fraglos richtig, denn es gibt genügend Kommunen, die nur ein sehr kleines Landgebiet besaßen, deren Bürger aber dennoch verlegerisch im Umland tätig waren. Was ich oben sagte, bezog sich mehr auf die Formen des wirtschaftlichen Austausches zwischen Stadt und städtischem Territorium.

Ennen: Ich glaube, hier besteht ein wichtiger Unterschied: Städtisches Territorium oder eine rein wirtschaftliche Zusammenarbeit der Stadt mit ihrem Umland. Denn im Territorium hat die Stadt das Sagen; für die Gewerbelandschaften hingegen, die sich zunächst zugeordnet zu einer großen Stadt herausbilden, wenn die Stadt kein Territorium hat, kommt nachher die fürstliche Begünstigung jener ehemaligen Zulieferorte, -städte oder -landschaften. Sie machen sich selbständig und sagen der Stadt die einstmalige Zusammenarbeit auf. Dadurch fällt die Stadt zurück, und das fürstliche geförderte ehemalige Zulieferergebiet steigt auf. Dies kann dort nicht passieren, wo die Stadt nicht nur wirtschaftlich, sondern auch politisch das Land beherrscht.

Schmidt: Über die wirtschaftlichen Verhältnisse in den Städten des 18. Jahrhunderts wissen wir noch immer viel zu wenig – allerdings Nürnberg, eine Stadt mit großem Territorium, fiel weit zurück; Frankfurt dagegen, das so gut wie kein Landgebiet besaß, nahm einen vergleichsweise großen Aufschwung.

Specker: Ich möchte in diesem Zusammenhang noch einmal auf die Juden zurückkommen. Aufgrund ihrer besonderen verfassungsrechtlichen Situation konnten sie nicht unmittelbar Mitglieder der Handelsgesellschaften sein. Mir geht es um die Frage, inwieweit sie indirekt als Kapitalgeber beteiligt gewesen sind. Immerhin wurden noch im 15. Jahrhundert Juden ins volle Bürgerrecht aufgenommen, ehe sie 1499 durch die Edikte Maximilians I. aus Ulm vertrieben worden sind. Die Stadt Ulm hat sogar einen großen Teil ihres Territoriums über die Juden gekauft. Es wurde zunächst von dem Grafen von Württemberg an die Juden verpfändet und von diesen an Ulm verkauft. Man kann daher fragen, wieweit sie als Kapitalgeber eine Rolle gespielt haben.

Naujoks: Ich greife meine frühere Frage noch einmal auf und möchte wissen, ob und gegebenenfalls wieweit wir in der Entwicklung des Frühkapitalismus innerhalb des 16. Jahrhunderts eine wesentliche Veränderung konstatieren können. Ich denke an die großen Bankrotte Augsburger Firmen.

Schmidt: Während die großen Handelsgesellschaften wie die Fugger, Welser, Höchstetter u. a. stagnierten bzw. sich auflösten, gab es auch gegen Ende des 16. Jahrhunderts eine Reihe von Neugründungen – übrigens nicht nur im oberdeutschen Wirtschaftsraum –, die zwar nicht mehr ganz die Größe der Augsburger Firmen erreichten, aber dennoch eine Kapitalakkumulation in großem Stile durchführen konnten. Insbesondere das Verlagswesen und mithin die großen Verlegergesellschaften breiteten sich weiter aus und erschlossen sich neue Wirtschaftsräume. Aber all dies sind mehr oder weniger Einzelbeobachtungen; eine Quantifizierung erscheint beim derzeitigen Forschungsstand nicht möglich.

Kirchgässner: Opinio communis in der Wirtschaftsgeschichte ist derzeit die Auffassung, daß zwar die ganz großen Vermögen erhebliche Verluste haben hinnehmen müssen, daß man aber – wenn man einmal die Summe der mittelgroßen Vermögen zusammenrechnet – vor dem Dreißigjährigen Krieg keinen allgemeinen Niedergang nachweisen kann. Die große Diskussion, ob man daraus eine Periodisierung ableiten soll (wie es Lütge getan hat) oder nicht, wollen wir hier ausklammern. Hier ist noch eine erhebliche Menge an Arbeit zu leisten, die sich aber strikt an die Quellen zu halten hat. Was wir bisher wissen, spricht jedenfalls gegen die Annahme eines generellen wirtschaftlichen Niedergangs der deutschen Wirtschaft unmittelbar vor dem Dreißigjährigen Krieg.

Klötzer: Es sind große Antwerpener Vermögen über Köln im 16. Jahrhundert in den rheinischen Raum nach Frankfurt gelangt. Genau vor 400 Jahren – 1583 – half der Untergang Antwerpens der Stadt Frankfurt zum Aufstieg als Klein-Antwerpen. Am Beispiel der Familie der Budecks aus dieser Stadt erleben wir, wie diese im 17. Jahrhundert Unternehmer und Bankiers wurden, ähnlich wie die Fugger und Welser ein Jahrhundert zuvor. Das Archiv der Budecks und deren Familienpapiere sind in alle Welt verstreut. In Frankfurt, im Staatsarchiv Wiesbaden oder in Hamburg, wo die Budecks ganz groß in die Börse eingetreten sind, liegen diese Papiere, die einmal untersucht werden sollten, da es keine Geschichte der Budecks gibt.

Ennen: Ich bedaure es ja auch, daß wir bisher noch nicht dazu gekommen sind, die Antwerpener Quellen anschließend an die belgische Publikation, die 1514 aufhört, auszuwerten. Denn diese Publikation zeigt ja schon, wie umfangreich die Verbindungen mit Antwerpen waren. Sie weist für die Zeit von 1484 bis 1514 allein 530 Kölner nach, die ständig in Antwerpen tätig sind. Man müßte einen jungen Forscher nach Antwerpen schicken, um die dortigen Akten auszuwerten.

DISKUSSION ZUM VORTRAG WUNDER

Diskussionsleitung: *Leiser*

Bischoff: Aus meinen Forschungen für das in Franken 1986 fällige Gedenkjahr »Aufnahme der Hugenotten in Franken vor 300 Jahren« kann ich Beispiele geben, daß im 18. Jahrhundert nicht nur die Kasse der Stadt Erlangen, sondern auch jene der Französisch-Reformierten Kirchengemeinden in Erlangen und Wilhelmsdorf Gelder angenommen haben, um davon später an Witwen bzw. Nachkommen Renten zu zahlen. Da die Strumpfwirkerstühle bis 1796 hypothekenfähig waren, wurden von den Strumpfwirkermeistern darauf Gelder als Darlehen der Kirchenstiftungskasse gegen Zins aufgenommen. Was der Herr Referent als »Sozial- bzw. Versicherungsgelder« bezeichnete, waren nach heutigem Sprachgebrauch praktisch Bankgeschäfte. Als durch die »Kontinentalsperre« im Strumpfwirkerhandwerk vielfach starke Vermögensverluste und Konkurse entstanden, wurde die Hugenottenkirchengemeinde auch öfter Besitzerin solcher früher von ihr beliehener Strumpfwirkerstühle. Sie stellte diese dann, so bald als möglich, wieder anderen Meistern für die Arbeit gegen entsprechenden Zins zur Verfügung bzw. verkaufte sie. Dies läßt sich in Erlangen noch lange nach 1810 nachweisen.

Leiser: Herr Wunder hat uns ein höchst interessantes Material vorgetragen. Ich möchte indes zwei Dinge trennen: In großer Breite wurde das sogenannte Passivgeschäft der Stadt Schwäbisch-Hall geschildert, weniger erfuhr man von ihrem Aktivgeschäft (im banktechnischen Sinne). Das Aktivgeschäft – wie Ankäufe von Herrschaften, Kriegsfinanzierung usw. – muß wohl punktuell gewesen sein, während das Passivgeschäft kontinuierlich lief. Beim Passivgeschäft war es eine Vergünstigung, bei der Stadt Geld anlegen zu dürfen; es kam auch ein sozialer Gesichtspunkt hinzu, denn Witwen, Waisen und Mündel durften anlegen. Das ist ein Indiz für das Kleinkreditgeschäft, und aus solchen Geschäften sind im frühen 19. Jahrhundert die ersten Sparkassen entstanden. Offenbar hat man mit sehr viel älteren Vorläufern zu rechnen. Nicht klar wurde, wie sich bei der Stadt Hall dieses Kleingeschäft zum Großgeschäft verhielt, wie überhaupt das ständige Passivgeschäft aussah; das sozial motivierte Kleingeschäft bringt ja mehr Kosten als Nutzen. War ein bestimmter Teil des Stadthaushaltes regelmäßig kreditfinanziert? Vermutlich werden sich diese Fragen nach Lage der Quellen nur mit extremer Mühe durch eine ins einzelne gehende Analyse des Stadthaushalts beantworten lassen.

Wunder: Zunächst das Aktivgeschäft. Diesen Landankäufen stehen natürlich erhöhte Einnahmen gegenüber. Die Stadt hat von den erworbenen Gebieten höhere Steuereinnahmen, sie kann aber auch die Kriegssteuer und die Sondersteuer wesentlich einbringen durch immer erneute Umlagen für die Landbevölkerung, bei den kleinen Städten und den zahlreichen Dörfern, die zum Landgebiet der Reichsstadt gehören. Die städtischen Handwerker verwendeten ihren Einfluß auf den Rat natürlich, um das Handwerk in den Dörfern und kleinen Städten im Griff zu halten und zu kontrollieren.

Diese Handwerker bestimmten die Preise auch für das ländliche Handwerk. Kreil hat einmal bei einigen dieser Ankäufe festgestellt, wieviel das im Saldo macht, daß dies Mehreinnahmen von 2 % ergibt. Dabei hat er natürlich die indirekten Einnahmen weggelassen. Das größere Landgebiet bringt eine größere Zahl von Käufern auf den Markt, und das erhöht insgesamt den städtischen Haushalt. Die Einnahmen aus dem Zinsgeschäft waren nur im Ausnahmefall, wie bei dem Haus Hohenlohe oder bei dem Herzog von Württemberg, überhaupt erwähnenswert. Wie verteilt sich bei den ausgegebenen Zinsen das kleine und das große Geschäft? Beim Ankauf von Vellberg oder beim Ankauf der Pflege Westheim war das Großgeschäft wichtig. Aber nur für einige Jahre, bis man zurückgezahlt bzw. auf kleinere Kredite verteilt hatte. Der Schwerpunkt der Konten liegt bei wohlhabenden Bürgern, bei den reichen Leuten. Wenn ich deren Erbteilungsinventuren ansehe, dann finde ich, daß sie nur einen Teil ihres Vermögens bei der Stadt mündelsicher angelegt haben. Einen anderen Teil haben sie an Privatleute oder an Auswärtige ausgeliehen. In Jahren wie 1595 oder 1615 steht das große Geschäft im Vordergrund; da sind die Gesamtbeträge viel höher. In den Dauerleistungen, die nicht abgelöst werden, die vererbt und nur teilweise abgelöst werden, sind sicher die Kleingeschäfte in der Überzahl.

Leiser: Das ist ein sehr schwieriges Problem. Auch in der modernen Sparkasse haben wir ein Kreditinstitut; es ist ein Kreditvermittler. Für die Stadt, die selbst auch Kreditnehmer ist, läßt sich Aktiv- und Passivgeschäft gar nicht so sauber trennen. Meine erste Frage: Wie sieht das Aktivgeschäft aus? Ihre Antwort bezog sich nur auf die Rentabilität.

Das Aktivgeschäft der Stadt läßt sich wahrscheinlich nur mit extremer Mühe feststellen, wenn wir die Zusammensetzung der Stadthaushalte in den einzelnen Jahren untersuchen und fragen würden, wie wären sie zu finanzieren, wenn nicht diese Einnahmequellen gegeben wären. Es ist wahrscheinlich ein unlösbares Problem. Ich kenne allerdings die Quellen nicht.

Wunder: Sie fragen, wie man diese Mehrarbeit bewältigt? Das war nicht wie bei unseren Sparkassen. Seit die Sparkassen vom Dienen zum Verdienen übergegangen sind und für jeden Handgriff Gebühren verlangen, abgesehen von der Badischen Beamtenbank, ist das natürlich anders geworden. Aber der Schreiber, der die großen Beträge in das Rechnungsbuch einträgt, schreibt die kleinen dazwischen. Das wurde nach Terminen geordnet: zu Oculi, zu Walpurgis; und dafür werden nicht mehr Leute eingestellt.

Leiser: Waren diese Dinge irgendwie gesichert? Waren die Renten gesichert? Waren sie ratifiziert oder waren sie nur in den Haushalt eingestellt?

Wunder: Es liegen jeweils Urkunden vor.

Leiser: Urkunden sind ein reines Beweisdokument. Aber wenn sie eine große Summe hereinnehmen, wird doch der Einleger unter Umständen eine Sicherheit haben wollen. Oder war ihm die Reichsstadt ohne Ratifizierung gut genug?

Wunder: Offenbar ja. Während der Graf von Hohenlohe oder der Herzog von Württemberg sagt, dafür setze ich eine bestimmte Herrschaft als Pfand; das braucht die Stadt nicht zu tun.

Leiser: Also eine ausgesprochene Diskrepanz zwischen Krediten an Fürsten und an Städte?

Wunder: Das kann man wohl sagen. Die fließende Salzquelle und der laufende Weinhandel gelten offenbar den Geldgebern als genügende Sicherheit bis 1802.

Press: Wieweit war die Salzquelle, die die günstige Ausnahmesituation Halls auch im Dreißigjährigen Krieg ermöglicht hat, mit dem städtischen Kredit verflochten? Ich glaube, hier liegt die enorme Kreditfähigkeit der Stadt begründet. Wenn man die Verhältnisse bei den Territorien zum Vergleich heranzieht – mir sind die von der Pfalz und Zweibrücken bekannt –, begegnen uns im 16. Jahrhundert die Bürger der Städte als Gläubiger; mehr und mehr spielen die Beamtenfamilien in unterschiedlichen Formen der Anleihe eine Rolle. Diese Leute holen ihr Geld aus dem Territorium und legen es dort wieder an. Im Hinblick auf diese Praxis mahne ich dringend zur Vorsicht bei der Aussage: Es war ein Sparkassengeschäft. Nicht nur bei den Territorien oder den Rittern, sondern auch bei den Städten werden durch die Zinsreduktion von Reichs wegen nach dem Dreißigjährigen Krieg die Interessen der öffentlichen Hand, die – finanzielle – Sanierung, auf Kosten der Gläubiger durchgesetzt. Manche Zinsen geraten auch in der langen Kriegszeit in Vergessenheit. Nach meiner Ansicht haben wir also doch darauf zu achten, daß die Kredite – wie sie uns in den städtischen Haushaltsbüchern begegnen – nicht einfach eine Sparkassenfunktion sichtbar machten, sondern in schlechten Zeiten mancherorts eine erhebliche Belastung der öffentlichen Haushalte darstellen konnten. Es scheint allerdings, daß Schwäbisch-Hall besonders günstig gestellt war.

Wunder: Der Vergleich mit der Sparkasse ist natürlich eigentlich unzulässig. Es ist nur ein Versuch, mit modernen Vorstellungen dem Vorgang beizukommen. Für die Bürger, die von der Stadt Nürnberg Zinsgelder bekamen, war das eine Art Spareinlage. Natürlich trifft ein jeder dieser Vergleiche nur mutatis mutandis zu. Eine absolute Sicherheit hat es auch bei Hall nicht gegeben. Im Dreißigjährigen Krieg kommt zur Belastung dazu, daß die großen Gelder nicht durch Salz verdient wurden, sondern durch den Weinhandel; selbst der Weinhandel kam weitgehend während des Dreißigjährigen Kriegs zum Stillstand. Immerhin macht die Salzquelle einen gewissen Anteil aus. Welchen Anteil an den Stadteinnahmen bekommt die Stadt unmittelbar aus der Salzquelle? Das sind vergleichsweise 5000 oder 6000 Gulden von 80000, 8000 Gulden von 50000 Gulden nach Kreils Listen, das heißt, die Stadteinnahmen beruhen nur teilweise auf Einnahmen aus der Saline. Aber dahinter stehen die Bürger, die auch ihren Gewinn aus der Saline ziehen, und auf der anderen Seite die Steuerkraft des größeren Territoriums. Auch wenn immer wieder den Bauern Abgaben nachgelassen werden müssen, später, in den Franzosenkriegen, bringt das Land den höchsten Anteil der Einnahmen für die Stadt. Das Umgeld auf dem Land ist mehr als das Umgeld in der Stadt. Insofern hat die Stadt einen gewissen Rückhalt. Aber es ist sicher so, daß die Verantwortlichen in den Jahren 1640/50 keineswegs das Gefühl hatten, in einer besonders günstigen Lage zu sein. Sie sahen, wie sie durchkamen. Um so großzügiger sind die Geschenke, die sie dann einem Ratsherrn geben, der bei irgendeinem durchziehenden Truppenkommando auf die Hälfte oder ein Viertel abgehandelt hat. Einer von den Ratsherren (Seiferheld) war darin besonders fähig: Er konnte offenbar auf Kommando schluchzen und brachte mit seinem Weinen selbst hartgesottene Krieger dazu, daß sie einen Teil der Forderungen nachließen oder sich überreden ließen, diese Forderungen auf Konto überschreiben zu lassen. Es ist sicher richtig, daß die Salzstadt hier eine Ausnahme darstellt.

de Longueville: Herr Wunder, lassen Sie mich an dem Begriff ›Spar- und Darlehenskasse‹ einmal anknüpfen. Ich komme dann zu ähnlichen Überlegungen wie auch vorhin schon Herr Leiser. Es ist ja so, daß lange geglaubt wurde, daß diese ganze Spar- und Darlehenskassengeschichte und die Witwen- und Waisenkassen erst im 18. Jahrhundert aufgekommen seien. In Wirklichkeit haben natürlich diese Maßnahmen der Städte – es waren teilweise sozialpolitische Maßnahmen – längst Vorbilder. Ich darf nur an die hortis pietatis-Bewegung in den ober- und mittelitalienischen Städten erinnern. Wir haben im 19. Jahrhundert in der Literatur öfter Hinweise auf ähnliche Einrichtungen in Deutschland, die später in der sparkassenwissenschaftlichen Literatur widerlegt wurden. Heute hat man sich durch die Arbeit von Wisocki, »100 Jahre Sparkasse Freiburg«, wieder an diesen alten Ursprung erinnert. Jetzt meine Frage: Nachdem Sie bewußt wohl die Spar- und Darlehenskassen in diese Überlegungen hineingebracht haben, auch Beispiele boten, daß man sein Geld dort als Witwengeld bei der Stadtkasse anlegte, konstatiert man ähnlich wie in Augsburg, Freiburg oder Frankfurt von seiten der Stadt eine Art organisatorischer Ausgliederung dieser Spar- und Darlehenskassen-Funktion, wie es beispielsweise in den ober- und mittelitalienischen Städten gemacht wurde, in den Fonds der »Montes«. Wir fragen: Sind die Geldzahlungen wirklich hundertprozentig über die Stadtkasse als öffentliche Kasse gelaufen? Es könnte sich doch hier ohne weiteres etwas herausgebildet haben, wie Wisocki z. B. von Freiburg behauptet, daß man um 1510 bereits diese Geldgeschäfte aus dem normalen Stadthaushalt herausgenommen und organisatorisch anders abgewickelt hat. Das wäre eine unmittelbare Anknüpfung an die heutigen öffentlichen Sparkassen. Apropos Sicherheit: Im wesentlichen ist sie auf der Steuerkraft der jeweiligen Bürger begründet. Diese organisatorischen Fragen und der sozialpolitische Ansatz in dieser Spar- und Darlehenskassenfunktion wäre sicher sehr interessant, weil man da einen Faden für entsprechende Forschungen besäße.

Klötzer: Was hier angesprochen wurde, ist der Almosenkasten in Frankfurt, der, auf einer Stiftung des 15. Jahrhunderts beruhend, 1531 gegründet wurde und solche Funktionen übernommen hat. Aber nicht dazu wollte ich etwas sagen. Ich beneide Herrn Wunder um seine Quellen in Schwäbisch Hall. Wir sind in Frankfurt nicht in der glücklichen Lage, solche Recherchen heute noch anstellen zu können, weil in Frankfurt die einschlägigen Quellen verbrannt sind. Da ich aber in letzter Zeit Gelegenheit hatte, mich mit den Beziehungen zwischen Antwerpen und Frankfurt näher zu beschäftigen, ist mir etwas aufgefallen, was vielleicht zu Ihrem Thema gehört, Ihnen vielleicht sogar bekannt ist: Mir sind einige Briefe vom Rat der Stadt Antwerpen an den Rat der Stadt Frankfurt aufgefallen, in denen die Antwerpener um 1460 bei Frankfurt anfragen, ob der und jener noch lebe, und zwar aus den Familien der großen Handelsgeschlechter Neuhaus, Heller, Blum, eben jenen, die – heute morgen – einzureihen gewesen wären in die Handelsgesellschaften des 15. Jahrhunderts. Man darf vermuten, daß es sich um Leibgedinge handelte, die diese Familien in Antwerpen bezogen, daß also Frankfurter Kapitalien in Antwerpen standen und die Stadt Antwerpen natürlich daran interessiert war, von den Verpflichtungen loszukommen, das heißt den Tod der Rentenbezieher zu registrieren.

Wunder: Es läuft alles in der primitiven Buchung des 16. Jahrhunderts über die Stadtkasse. Ebenso ist der Spital, der ja eine eigene Körperschaft darstellt, nicht ausgegliedert, sondern Einnahmen und Ausgaben laufen auch über die Stadtkasse, wenn auch nicht alle Einzelbeträge wie das Reichen-Almosen oder die Egen-Stiftung. Sybilla Egen, eine reiche adlige Witwe, hat sie für Studierende und für schwangere Frauen auf dem Lande begründet. Damit lassen sich auf dem Lande Hebammenstellen einrichten, junge Ehepaare, die nichts haben, fördern und Leute, die unverschuldet durch Krankheit in Armut geraten sind, unterstützen. Das wird alles in der Stiftung seit 1538 ausführlich festgelegt. Aber diese Stiftung erscheint von da an in der Rubrik Zinsgelder in der Stadtkasse. Aus den Zinsen dieser Stiftungen muß die Stadt Bedürftige oder junge Handwerker unterstützen; deswegen werden Zinsgelder dazu gebucht und wieder abgezogen. Auch das Reichen-Almosen, die Egen-Stiftung oder der Spital sind ausgegliederte Körperschaften, die aber in der Buchung leider nicht ausgegliedert sind, ebensowenig wie die allgemeinen Zinsgelder. Auswärtige Zinsgeldempfänger an Orten, die von Hall aus häufig besucht werden, erhalten durch den Stadtboten den Zins, etwa Speyer oder Heidelberg. Es kommt immer wieder vor, daß ein Zins drei Jahre stehen bleibt und dann abgeholt wird. Das ist von Fall zu Fall verschieden; wenn der Zins drei Jahre stehen bleibt, wird selbstverständlich kein Zinseszins gezahlt. Daran denkt man noch nicht. Auch die Herren von Gemmingen, die ihren Anteil an verschiedene Erben weitergeben, bekommen manchmal ihr Geld, wenn sich eine Gelegenheit bietet, etwa wenn ein Ratsherr nach Heilbronn reist. Das steht auch in den Vereinbarungen. Es sind aber nur sehr wenige Urkunden erhalten über die Vereinbarungen solcher Zinsgelder. Da steht dann meistens drin, daß es in Hall abgeholt werden muß oder zugestellt werden kann. Einer, der nicht mehr lebt, taucht damit im Haushaltsbuch auch auf, rührt sich natürlich nicht mehr. Im Zweifelsfall behält man das Geld.

Kirchgässner: Für mich bleibt unvergeßlich, wie der uns allen ja noch so gut bekannte Herr Wulz in Nördlingen die dortigen Quellen regestenmäßig erschlossen hat. Hunderte von Einzelnachrichten belehren uns hier; ich habe selbst von den 1360er Jahren rund 100 Speyerer Namen in Kapital- und Geldgeschäften mit Nördlingen gefunden. Hierunter befinden sich Mägde und Knechte, die fünf oder acht Gulden zinsbringend in Nördlingen anlegten. Warum eine Stadt von der Bedeutung Nördlingens das überhaupt tut, ist mir unerklärlich. Natürlich finden sich hier auch die großen Geschäfte über mehrere Tausend Gulden, die man zum Teil dann in Tausend-Gulden-Tranchen stückelte, die man leichter weiterverkaufen konnte, wenn man das wollte. In dieser Zeit taucht die Orderklausel auf mit der Formulierung, die Schuld sei »... zahlbar an ihn (den Erstaussteller; B. K.) oder wer diesen Brief mit seinem Willen innehat«. In einem Fall habe ich in einer Urkunde des Generallandesarchivs in Karlsruhe sogar die Formulierung gefunden: »... e littera data«. Dieses Papier war also bereits ein eindeutiges Inhaberpapier geworden. Hinzuweisen ist auch darauf, daß die schon einmal von Mone (freilich ohne Quellenangabe!) beobachtete Zinssenkung in der Mitte der 1390er Jahre von 10 v.H. auf 5 v.H. manche alte Familie hat in Bedrängnis geraten lassen, die von diesen Renten leben wollte. Um den Lebensstandard aufrecht zu erhalten, mußte man praktisch dann das doppelte Geld anlegen, und das hatte man häufig nicht. Ich glaube, daß manche Umschichtung sozialer Art eher auf diese ökonomischen Entwicklungen zurückzuführen ist als etwa auf Zunftrevolutionen oder ähnliche Bewegungen. Ein heftiger zeitgenössischer Disput war über die Berechtigung des Zinses insgesamt im Gange. Dabei war mir aufgefallen, daß die Urkunden von Speyer (auch die bischöflichen!) bzw. die von Nördlingen ganz selbstverständlich von Zins sprechen, der größte Teil der Konstanzer Urkunden dagegen nicht. Das dortige »Ammanngericht« war im 15. Jahrhundert zwar von der Stadt besetzt, de jure aber immer noch dem Bischof und seiner Jurisdiktion zugehörig. Das berühmte Konstanzer »Ammanngerichtsbuch«, das Tausende von Schuld-Beurkundungen enthält, läßt dies ganz deutlich erkennen.

Warum nun die Städte, wie schon Wackernagel vor Jahrzehnten untersucht hat, zur gleichen Zeit Kredite aufnehmen und ebenfalls wieder ihrerseits Kredite geben, ist mit modernem Denken nicht vereinbar, so daß man auch hier Vorsicht walten lassen muß. In der Tat scheint die Erklärung noch am plausibelsten zu sein, wonach man bestimmten Leuten erlaubt hat, Geld in der betreffenden Stadt anzulegen. Mit der Durchsetzung des rheinischen Guldens ist freilich auch eine überregionale Währung entstanden, die rein technisch diese Geldanlage auf weite Entfernung hin wesentlich erleichtert hat. Einige Nachrichten scheinen übrigens darauf hinzudeuten, daß die Stadtschreiber eine gewisse Vermittlerrolle gespielt haben. Es sind mir freilich nur wenige solcher Quellenbelege bislang unter die Augen gekommen; von der praktischen Seite her muß man aber von der Existenz gewisser Vermittlerstellen bzw. Vermittler-Personen ausgehen. Knechte und Mägde, ein armer Schneider und ähnliche Leute kommen nicht von selbst mit ein paar Gulden nach Nördlingen, um sie dort gewinnbringend anzulegen. Wenn aber die Stadt Nördlingen dem Ratschreiber von Speyer einen ganzen Ochsen verehrt, wird man dies wohl als Belohnung für seine guten Dienste in derartigen Geschäften ansehen dürfen. Finanzgeschichtlich interessant ist die Beobachtung, daß man die Geschäfte des ordentlichen vom außerordentlichen Haushalt deutlich zu trennen wußte. Terminologisch darf ich anfügen, daß unser heutiges Wort »Schulden« auch die gewissermaßen »aktiven« Schulden erfaßt, in unserem Sprachgebrauch also: Forderungen. Dies mag teilweise dadurch mitveranlaßt worden sein, daß die Zuständigkeit bestimmter Ämter für bestimmte Einnahmen bzw. Ausgaben genau abgegrenzt worden ist. Für mich bleibt die Frage offen, ob es eine reine Quellensache ist, wenn in Schwäbisch Hall diese Vorgänge erst im Laufe des 15. Jahrhunderts quellenmäßig faßbar sind, während sie am Oberrhein und am Bodensee kurz nach der Mitte des 14. Jahrhunderts auftauchen.

Wunder: Ich glaube, das ist eine Frage der Quellen. Bei uns setzen die regelmäßigen Stadtrechnungen 1408 ein, anfangs noch mit ein paar Lücken; man kann beobachten, wie die Buchführung immer methodischer und sorgfältiger und exakter im Laufe der Jahrhunderte wird. Ich sagte schon, Urkunden über solche Geschäfte haben wir wenige, und aus den erhaltenen mittelalterlichen Urkunden ist nicht viel hierfür zu entnehmen. Es war doch offenbar üblich, daß bei der Ablösung eines Kapitals die Urkunden auf beiden Seiten vernichtet wurden, so daß wir nur auf die Rechnungsbücher angewiesen sind. Vermittler der Stadtschreiber – das kann sein. Zu dem, was vorhin Herr Press noch sagte: Die Belastung des Haushalts ist natürlich da, das ist ganz klar. Der Haushalt ist belastet durch diese Zinsgelder. Da die meisten aber auf lange Frist stehenblieben, konnte man einigermaßen damit kalkulieren und damit durchkommen. Sie sehen ja, wie unmittelbar nach dem Dreißigjährigen Krieg die Belastung sogar geringer geworden ist. Nun zu den modernen Begriffen! Solche Termini können nur Hilfsbegriffe sein. Natürlich waren es in Hall keine Sparkassen, keine Pfandbriefe im heutigen Sinn. Aber damit sind sie irgendwie vergleichbar. Was die Höhe der Darlehen betrifft, darf ich vielleicht zum Vergleich eine Seite herunterlesen: 1544 ff. 2000 Gulden Dr. Simon Engelhard in Speyer; 600 Gulden ein Haller Ratsherr; 1400 Gulden die Witwe eines Haller Ratsherrn; die Köchin eines Pfarrers 200 Gulden; die Pfleg-, ja eine Vormundschaft in Dinkelsbühl 1500 Gulden; die Witwe eines Ratsherrn 1000 Gulden; eine Hausfrau, eine Ratsherrnfrau 2000 Gulden; ein Ratsherr 1200 Gulden; ein Bürger 400 Gulden; eine Vormundschaft in Heilbronn 480 Gulden; der Deutschordenskastner in Nördlingen 500 Gulden; ein Kammergerichtsadvokat 600 Gulden. Vielleicht zeigt dieses Beispiel, wie ungleich die Beträge sind und was für Leute, bis zur Pfarrköchin, dabei sein können.

Specker: Nur kurz noch ein Hinweis zur Frage von Herrn Leiser nach den Aktivkapitalien. Herr Kirchgäßner hat es schon beantwortet. Wir finden es natürlich in den Quellen unter den unterschiedlichsten Formulierungen von Schulden oder ausgeliehenen Kapitalien. Aber es ist in den Stadtrechnungen natürlich enthalten. Noch ein zweiter Punkt: Wir haben so viel von Geld und von Schulden und aufgenommenen Kapitalien gesprochen, daß vielleicht doch noch ein Hinweis auf das tatsächlich in bar vorhandene Vermögen der Städte interessant sein könnte. Denn dieses, was bar, meist in rheinischen Gulden, vorhanden war, war oft ganz beträchtlich und wurde bewußt unverzinslich in Säcken gehortet, in der Regel für bestimmte Zwecke. Wir fanden in Ulm ein Geheimbuch aus dem Jahre 1605; darin dürften etwa 500 000 bis 600 000 Gulden in Säcken verzeichnet sein, und zwar ein Sack 1000 Gulden rheinisch in Gold oder Silber in der roten, eisernen Truhe, im Steuerhaus. Es muß vorhanden gewesen sein, und es ist am Rand auf einer Rubrik angegeben, für welche Zwecke dieses Kapital ausgegeben worden ist, nämlich für Zwecke des Festungsbaus von 1605 an, der insgesamt etwa 2½ Millionen Gulden gekostet hat. Fazit: Also auch das tatsächlich vorhandene, nicht ausgeliehene, auf Zins ausgeliehene Kapital einer Stadt war für bestimmte Vorhaben reserviert.

Wunder: Vielen Dank. In den Privathaushalten gibt es natürlich auch Bargeld und in merkwürdigsten Währungen. Als der Kanzler des Grafen von Hohenlohe herumritt, um Geld aufzunehmen, da hat er portugiesische Dukaten und niederländisches Geld und anderes dabei gehabt. Es war dann sehr schwierig, das umzurechnen auf den rheinischen Gulden. Ich habe aber doch den Eindruck, wenn ich die Nachlaß-Inventare seit dem 16. Jahrhundert bis ins 18. Jahrhundert sehe, daß man sich bemüht hat, möglichst wenig Bargeld zu behalten. Wenn einer wie der Baltasar Moser 12000 Gulden hat, dann sind vielleicht 800 Gulden in bar in seiner Stube. Alles andere ist ausgeliehen, vielfach an kleine Leute, oder angelegt bei der Stadt. Die Stadt selbst muß in der Zeit um 1600 einen beträchtlichen Vorrat an Bargeld ständig zur Hand gehabt haben. Das kann man den Ausgabenbüchern entnehmen.

DISKUSSION ZUM VORTRAG SCHMIHING

Diskussionsleitung: *Leiser*

de Longueville: Herr Schmihing, Sie haben immer wieder davon gesprochen, daß ein Teil Ihrer Ausführungen selbstverständlich auch für den anderen Bereich, nämlich die Handwerkskammern, gilt. Lassen Sie mich aber unabhängig von den Abgrenzungsschwierigkeiten zwischen Handwerkskammer und Industrie- und Handelskammer, auf die wir hier nicht eingehen müssen, auf eine solche auch gegensätzliche Interessenlage zwischen den beiden großen Kammerbereichen Handwerkskammer und Industrie- und Handelskammer in Baden-Württemberg zurückkommen. Natürlich kamen die Handwerkskammern und die heutigen Industrie- und Handelskammern von der Handels- und Gewerbevereins-Idee her, die bald über den Bereich eines Steinbeis hinausgriff. Bereits König Wilhelm I. hat um 1821, von ganz hervorragenden Leuten wie Cotta, Hartmann und anderen beraten, schon an ähnlichen Konstruktionen gearbeitet. Aber – und damit kann ich an das anknüpfen, was Herr Specker sagte – ich glaube, wir sollten hinsichtlich jener Verbindung zwischen Industrie- und Handelskammer und Zünften auf eines genau achten: Die Zünfte, die immer nur auf einen einzelnen Teilwirtschaftsbereich abgehoben haben, standen hier im Gegensatz zur Idee der Gewerbekammer, der Handels- und Gewerbekammer im Königreich Württemberg. Ich darf in diesem Zusammenhang sagen, daß sich in Württemberg überhaupt wieder zünftische Organisationen wie die heutigen Innungen gebildet haben. Hier blieb der große Gegensatz, der schließlich zum Auseinanderbrechen von Gewerbe- und Handelskammer geführt hat. Ein weiterer Hinweis, der sehr eng mit dem Problem der Selbstverwaltung zusammenhängt.

Die Handwerkskammern haben einen viel stärkeren Eingriffsmechanismus und einen viel größeren Autonomiebereich gegenüber den einzelnen Handwerksmeistern als die IHK. Ich darf daran erinnern, daß das Handelsregister selbstverständlich nicht von der IHK angelegt wird, wohingegen die Meisterrolle als die wesentliche Grundlage der Handwerksordnung heute noch von den Handwerkskammern geführt wird. Auch die eingriffsverwaltungstechnischen Möglichkeiten sind schon vor der heutigen Handwerksordnung – auch in früheren Ordnungen – sehr viel stärker ausgeprägt gewesen als die Eingriffsmöglichkeiten der IHK. Gleichwohl muß man betonen, daß auch die andere Kammerorganisation, also die Handwerkskammer, sicher auch Selbstverwaltung im ursprünglichsten Wortsinn ist. Ich wollte hier, trotz der von Ihnen immer wieder angesprochenen Parallelentwicklungen, auf einige Überlappungs- bzw. Bruchbereiche hingewiesen haben.

Remling: Als Ergänzung zum vorhergehenden Diskussionsbeitrag ist darauf hinzuweisen, daß sich die Handwerker nach der Einführung der Gewerbefreiheit in zwei Gruppen spalteten. Vor allem in Süddeutschland gab es Kreise, die die neuen Rahmenbedingungen akzeptierten. Sie schlossen sich in den sogenannten Gewerbevereinen zusammen, mit deren Hilfe sie sich vor allem durch Fortbildungsmaßnahmen auf die neuen Anforderungen einzustellen versuchten. Eine andere, zahlenmäßig größere Gruppe vertrat hingegen die Rückkehr zum zünftischen System und forderte Schutzmaßnahmen des Staates. Erst gegen Ende des 19. Jahrhunderts kam es zu einer Annäherung der beiden Richtungen, was zu einer Mäßigung, aber keinesfalls zu einer Aufgabe der standespolitisch orientierten Forderungen führte. Auf diesem Hintergrund wird auch verständlich, daß die Organe der Handwerkerschaft (Innungen und Kammern) eine andere Ausrichtung als die Industrie- und Handelskammern haben. Man darf deshalb durchaus von einer Kontinuität im Handwerk reden, denn ganz offensichtlich sind eine Reihe von standespolitischen Forderungen der Handwerkerschaft aus dem 19. Jahrhundert bis in die die Handwerksordnung und das Gewerberecht unserer Tage wirksam geblieben.

Schmihing: Es reizt natürlich, dazu Stellung zu nehmen, und zwar sowohl im historischen Kontext als auch mit einem Beispiel aus der heutigen Zeit gewürzt. Ich habe bewußt in meinem Referat, weil mir dieser Zusammenhang mit dem Zunftwesen nicht im Vordergrund stand, mehr das Parallele betont. Aber es gibt da natürlich ganz deutliche Unterschiede, und der zentrale Begriff war und ist die Gewerbefreiheit. Im 19. Jahrhundert hat man noch nicht so genau unterschieden zwischen Handwerkern und frühen Industriellen usw. Das hat sich alles erst entwickelt. Aber dies ist einer der Punkte, an dem sich die Geister von Anfang an geschieden haben, die Frage der Gewerbefreiheit. Die Zünfte haben sich eben gesagt: nur in dem Rahmen, den wir setzen, nur entweder – wie ganz früher – in der Erbfolge bzw. indem man eine Witwe heiratete, oder später unter sehr einengenden Kriterien, heute nach wie vor über die Meisterprüfung, wenngleich für alle, die diese Bedingung erfüllen, darf man sein Gewerbe ausüben. Aber die Organisation der Handelskammern hat sich einmal für die Gewerbefreiheit entschieden und hat deswegen in allen diesen Fällen eine bestimmte Richtung. Das ist ein ganz deutlicher Unterschied.

Mit den Eingriffsrechten haben Sie auch recht; denn da, wo es keine Berufszulassung gibt, wie in allen Berufen außerhalb des Handwerks, braucht man auch keine Kammern, die ein solches Register führen. Das Handelsregister hat ganz andere Aufgaben und ist kein Zulassungsregister, sondern nur eine Dokumentation; da sind die Handelskammern wie die Handwerkskammern als Gutachter tätig. Aber die Entscheidungen hat der Staat diesem Gericht zugewiesen. Übrigens nicht notwendigerweise: In Holland wird das Handelsregister von den Handelskammern geführt, die dafür keine Beiträge erheben, sondern sich aus den Gebühren finanzieren, die dafür anfallen.

Naujoks: Aus Ihren Ausführungen habe ich entnommen, daß zunächst einmal die IHK ein klassisches Produkt des Liberalismus nach der Mitte des 19. Jahrhunderts gewesen ist. Ich konstatiere, daß auf der einen Seite die IHK als quasi-Gutachter-Institution besteht, und auf der anderen Seite wieder eine staatliche Funktion nebenbei bekommt. Hier ist ein möglicher Zwiespalt. Können Sie mir klarmachen, inwiefern hier Probleme entstehen durch den Wunsch, den ja jede Institution auf die Dauer haben muß, daß die Gutachten, die man in großer Fülle abgibt, auch befolgt werden? Genügt da die personelle Identität einzelner Mitglieder mit entsprechenden Faktoren im heutigen Staat? Oder gibt es da noch andere Probleme, die in diesem Zusammenhang zwischen diesen gewissermaßen nicht ganz gleich parallel laufenden Aufgaben und Aufgabenbereichen entstehen?

Kirchgässner: Zu dieser Frage, Macht oder Ohnmacht, kommt noch zusätzlich die Beobachtung des Verbrauchers – wenn ich sage, alle Jahre wieder, werden Sie sich denken können, auf was ich anspiele –, denn wir profitieren ja davon: Wenige Tage nach Weihnachten beginnt der Winterschlußverkauf. Jedes Jahr lese ich in der Zeitung, daß die Kammern immer wieder versuchen, die Dinge zumindest in Grenzen zu halten. Als blutiger Laie und gelegentlich als Profitierender gewinnt man hier den Eindruck, die Einwirkungsmöglichkeiten der Kammern seien doch relativ gering. Andererseits sagt man, hier würden 90 % der Streitfälle über einvernehmliche oder auf eine relativ elegante Weise gelöst. Frage also einfach: Wie sieht das nun praktisch aus, wenn die Optik eigentlich sehr dagegen spricht? Dazu könnte man auch fragen: Ist die Mitwirkung in der Auswirkung dessen, was Treu und Glauben vor Gericht heute bedeutet, noch substanziell wirklich bedeutsam? Liegen hier Einwirkungsmöglichkeiten und ähnliches mehr? Als Laie hat man eigentlich den Eindruck, daß hier relativ bescheidene Grenzen gesetzt sind.

Schmihing: Da kann ich im Grunde nur zustimmen; soweit Sie die echten Einwirkungsmöglichkeiten meinen, sind diese sehr begrenzt. Etwa das Beispiel, das Sie erwähnt haben, mit den Schlußverkäufen. Da wird heutzutage spätestens sofort nach Weihnachten damit angefangen, obwohl nach dem Gesetz dies erst in der letzten Januarwoche zulässig ist. Das ist ein klassischer Konfliktfall, in dem wir versuchen, durch gutes Zureden, durch Publizieren, durch Anzeigen von eklatanten Verstößen allerdings auch. Meine Kollegen, die das machen, nennen das sogenannte

Kontrollrundgänge. Sie gehen in den ersten Januartagen, wenn die sogenannte Karenzzeit beginnt – vor Beginn des offiziellen Schlußverkaufs sind sogenannte Sonderaktionen nicht mehr zulässig –, durch die Stadt Ulm, schauen sich das an und mahnen eklatante Fälle ab. Zunächst einmal, indem sie direkt in das Geschäft gehen oder anrufen oder einen Brief schreiben, und wenn das dann nicht eingestellt wird, dann beantragen wir auch schon mal eine einstweilige Verfügung und bekommen da auch schon mal recht. Ich muß das vorsichtig sagen. Allerdings darf man nicht vergessen, daß die Richterschaft und die Öffentlichkeit heutzutage überwiegend den Verbraucherschutz über alles stellen und glauben, wenn der Verbraucher früher in den Genuß des Schlußverkaufes komme, dann sei damit dem Konsumenten gedient. Es ist sicher auf den einzelnen Verbraucher bezogen richtig, ist aber ebenso sicher auf die Gesamtheit bezogen unrichtig, weil es natürlich dann irgendwo anders wieder einkalkuliert werden muß und eigentlich nur der Dumme, der sich an die Gesetze hält, wirklich der Dumme ist – sowohl bei den Kaufleuten als auch bei den Verbrauchern. Wir leiden hier etwas unter einer Verschiebung der Perspektive, das gibt es ja bei anderen Gelegenheiten auch. Wir versuchen auch eklatante Verstöße dingfest zu machen, was uns mehr oder weniger gelingt. Insgesamt haben Sie nicht unrecht, daß wir hier keine Eingriffsbefugnisse haben. Ich muß allerdings sagen, ich möchte sie auch nicht haben. Eine Polizei haben wir nicht und wollen wir auch nicht haben, denn in dem Augenblick, in dem wir Polizei sind – das zeigt sich etwa in dem Bereich der Berufsausbildung, wo wir gelegentlich auch mal Dinge untersagen müssen –, in dem Augenblick leidet unser Ruf bei den Kaufleuten enorm, weil sie uns dann mit Behörden in einen Topf werfen. – Jetzt aber, Herr Naujoks, zu Ihrer Frage: Das ist tatsächlich eine Schwierigkeit, von der Sie sprechen. Nicht so sehr in der täglichen Praxis, als wenn man das mal theoretisch analysiert. Praktisch löst sich das Problem so: Alle diese Dinge, von denen ich eben gesprochen habe, wo wir hoheitliche Funktionen haben, werden von der Verwaltung, sprich der Geschäftsführung, erledigt. Das sind alle Geschäfte des täglichen Lebens, und da hat die Selbstverwaltung im eigentlichen Sinne keinen Einfluß darauf. Ich würde mich auch dagegen wehren, wenn der Präsident mir in diesem Falle Weisungen erteilen würde. Das gehört zur Kompetenz der Verwaltung, und die ist organisiert wie jede andere öffentliche Verwaltung auch, und gegen deren Entscheidung gibt es den Verwaltungsrechtsweg usw., während der Beratungsteil auf dem, wie ich zu Beginn sagte, »organisierten Sachverstand der Kaufleute« beruht. Ich würde also pflichtwidrig handeln, wenn ich manche Gutachten nur auf den Sachverstand der Geschäftsführung gründen würde; denn das, was wir als studierte Juristen, Volkswirte oder Betriebswirte wissen, das wissen ja andere Leute genauso gut. Da haben wir ja keinen spezifischen Vorsprung. Vielleicht, daß wir uns etwas mehr mit der Materie beschäftigen als andere Leute, aber der eigentliche Vorsprung, den wir haben, ist die Sachkunde der Kaufleute. Dennoch hat die Praxis und insbesondere die Sozialpolitik die Theorie und die reine Lehre etwas überholt. Es gibt heute Fälle, in denen solche Vergleiche bei den Gerichten mit einem tolerierenden Gutachten der Handelskammer durchgehen, obwohl jeder weiß, daß das kaufmännisch eine Schweinerei war. Warum? Weil man sagt: Die 200 Arbeitsplätze, die da dranhängen, die sind weg, wenn wir hier uns auf den reinen Rechtsstandpunkt stellen. Also sagt man, das kann dahingestellt sein, oder etwas ähnliches. Wichtig ist jetzt, daß man diese Arbeitsplätze rettet. Hier ist im Grunde etwas Analoges im Gange, wie Sie es vorhin gesagt haben am Beispiel der Ladenschlußgesetze oder des Ausverkaufsrechts usw. Das ist die soziale Fortentwicklung des Rechts, die an uns auch nicht spurlos vorbeigeht.

Leiser: Ich habe noch eine Verständnisfrage: Sie haben die Kammern abgegrenzt und haben gesagt: Arbeits- und tarifrechtlich haben sie nichts zu tun. Sie haben das seltsame Rahmengesetz von 1956 erläutert. Hab' ich recht verstanden, daß Sie versuchen, den Dualismus zwischen Arbeitgebern und Arbeitnehmern irgendwie auszuklammern, zu umgehen? Dies heißt doch, ohne Sie festnageln zu wollen: Sie können Stellung nehmen zur Ladenschlußzeit, aber nicht zur 35-Stunden-Woche?

Schmihing: Richtig, oder umgekehrt gesagt, zur 35-Stunden-Woche können wir Stellung nehmen im größeren wirtschaftspolitischen Zusammenhang. Wir könnten sagen, insgesamt erscheint uns das falsch, und das tun wir auch. Aber wir können das nicht in einem schwebenden Verfahren, das wird ja von den Tarifpartnern gemacht. Wenn zwischen der IG Metall und dem

VMI über einen Manteltarifvertrag verhandelt wird, dann haben wir uns herauszuhalten, und das tun wir auch. Deswegen sind wir also auch in diesem allgemeinen Teil mitbestimmungsfrei. Dagegen in dem Teil, in dem, ob wir es wollen oder nicht, die Arbeitnehmer mitbetroffen sind, nämlich Lehrlinge, in dem Teil sind wir der paritätischen Mitbestimmung unterstellt. Die Entscheidungen, jedenfalls die satzungsmäßigen Entscheidungen in diesem Bereich, fallen in dem paritätisch besetzten Berufsbildungsausschuß. Die Vollversammlung kann die Entscheidung dieses Ausschusses nicht etwa aufheben. Sie kann nur eines tun: Wenn der Berufsbildungsausschuß etwas beschließt, das haushaltswirksam ist, dann kann die Vollversammlung dem ein Veto gegenüberstellen und sagen: Das tut uns leid, das Geld haben wir nicht. Also wenn der sagt, ihr müßt jetzt statt drei zehn Ausbildungsberater einstellen, dann kann die Vollversammlung sagen: Nein. Aber die Vollversammlung kann nicht etwa eine Regelung über die Prüfung von Maschinenschlossern aufheben.

Leiser: Beim Ausbildungswesen ist das natürlich ganz klar. Bei anderen Dingen müssen Sie versuchen, dies auszuklammern.

Schmihing: Müssen wir ausklammern oder aber eben unter dem wirtschaftspolitischen Aspekt behandeln, also nicht konkret als Vertragspartner. Natürlich ist das nicht immer als reine Lehre durchzuhalten. Aus diesem Grund versucht natürlich der DGB auch seit dieser Formulierung – übrigens auch in der Weimarer Zeit –, die Mitbestimmung in die Kammern hineinzutragen. Nur wir sind eben der Meinung, der Hauptteil unserer Aufgabe, nämlich die sachkundige Beratung des Staates, erfordert eine – wie das Bundesverfassungsgericht einmal formuliert hat – Interessenreinheit. Sie können natürlich all diese Dinge paritätisch besetzten Gremien übertragen, etwa in Form von regionalen Wirtschaftsräten, die dann ein überregionales Gremium haben, den Bundeswirtschaftsrat an der Spitze. Nur, wenn der Staat dies tut, dann setzt er sich einer großen Gefahr aus, nämlich der, daß dann im vorparlamentarischen Raum die Entscheidungen praktisch schon gefallen sind, und das Parlament hinterher nur noch als Notar fungieren kann. Wir sind der Meinung, ein klarer Rat setzt eine klare Interessenreinheit voraus. Derjenige, der einen Rat bekommt, muß wissen, aus welcher Interessenlage der Rat gegeben wird. Das ist also unsere Einstellung. Wir haben nichts gegen Gewerkschaften, und wir arbeiten mit Gewerkschaften durchaus zusammen; wir sehen uns auch als Vertretung der Unternehmungen. Wir sind allerdings der Meinung, daß das Wohl und Wehe der Unternehmungen auch letzten Endes zum Wohle der Arbeitnehmer, der darin beschäftigten Arbeitnehmer ist. Wir sagen aber nicht, daß wir die Interessen der Arbeitnehmer im direkten Sinne mitvertreten. Dann müßten wir uns der Mitbestimmung unterwerfen.

ZUSAMMENFASSUNG UND SCHLUSSDISKUSSION

1. Zusammenfassung von *Eberhard Naujoks*

Meine Damen und Herren, beim Blick auf unser gedrucktes Tagungsprogramm liegt es nahe, eine einfache Gliederung vorzunehmen und die Vorträge über spätmittelalterliche bzw. frühneuzeitliche Probleme bis zum Ende des Alten Reiches zusammenzufassen und dann das Fazit über die städtischen Wirtschaftsprobleme im 19. Jahrhundert im zweiten Teil folgen zu lassen. Diese Zweiteilung hat uns schon der weitgespannte Festvortrag von Professor *Preß* nahegelegt, als er über Reichsstadt und Revolution von 1789 bis 1795 sprach. Es wurde am Schluß hervorgehoben, daß zumindest in den Reichsstädten, aber auch darüber hinaus, die Stadtverfassungen seit dem 16. Jahrhundert, erst recht seit dem Dreißigjährigen Krieg erstarrten. Immer wieder beobachten wir, daß sich die dortigen wirtschaftlichen Verhältnisse unter dem Einfluß der Führungsgremien aus alten Familien, unterstützt durch Kaiser bzw. Reichshofrat, allzu fest behaupteten. Nur das alte Recht und allein die beharrenden Kräfte der Wirtschaft, selbst das Recht der Zünfte blieben maßgebend. Gegenüber den neuen Lehren aus Westeuropa, dem Gedanken vom Freihandel eines Adam Smith und den Vorzügen des individuellen und ungebundenen Handelns im Wirtschaftsbereich im Sinne der klassischen Schule in England und Frankreich, erwies sich das oligarchische System der alten deutschen Städte als zu echten Reformen meist unfähig, im Vergleich zu den jungen Industriestaaten des Westens sogar als Hemmnis wirtschaftlicher, moderner, mechanisierter Entwicklung.

Um so notwendiger erschien es uns jetzt, zunächst das alte Gegenbild und damit den ersten Vortrag über Formen und Ausmaß gewerblicher Autonomie in den nordwestdeutschen Städten im 14. und 16. Jahrhundert zu betrachten, den Herr Dr. *Remling* aus Münster gehalten hat. Am Beispiel der zum Teil sichtlich anders als hier im Süden gelagerten Verhältnisse in den nordwestdeutschen Städten des Reichs werden die Unterschiede der Verfassung und der Wirtschaftslenkung des Alten Reichs in unserem Raum erkennbar. Die mehr genossenschaftliche Struktur der süddeutschen Städte hat gegenüber dem stärker aristokratisch-oligarchisch bestimmten Stadtregiment im Norden sicherlich eine bedeutsame Rolle gespielt. Hier liegt ein wesentlicher Unterschied, der sich auch auf die Regelung der wirtschaftlichen Verhältnisse bezieht. Ich würde gerne näher auf manches interessante Detail des Vortrags von Herrn Remling eingehen. Er hat uns klargemacht, wie differenziert und für uns im Süden ungewohnt auch die entsprechenden Begriffe sind, wie die Wirtschaft dort stärker durch Beamte und Vertreter des Stadtregiments von oben gesteuert wurde, als man es in gewissen Zeiten wenigstens nach der sogenannten Zunftrevolution im Süden kannte. Hier liegt für die Diskussion ein Ansatzpunkt, um zu fragen, inwieweit gravierende Unterschiede hervortraten.

Dasselbe gilt bis zu einem gewissen Grad auch für den zweiten Vortrag unserer Tagung, den *Georg Schmidt* aus Gießen mit dem Thema: »Frühkapitalismus und Zünfte, Handelsgesellschaften und Gewerbe im 15. und 16. Jahrhundert« hielt. Es wird damit eine Art Metamorphose in neuzeitlichem Sinne der mittelalterlichen Stadt angedeutet. Zweifellos beobachtete man den Rückgang des politischen und sogar wirtschaftlichen Einflusses der Zünfte und vor allem von deren Monopolstellung auf dem jeweiligen örtlichen Markt. Neue Kräfte greifen ein und damit die neue Wirtschaftsgesinnung der Rennaissance; hatten doch etwa im deutschen Südwesten, aber auch darüber hinaus Zunftmeister und Räte bei der sogenannten Zunftrevolution in der Mitte des 14. Jahrhunderts für ihre Gewerbe formell autonom, sogar ohne Rückfragen beim heimischen Rat selbst zu unternehmen, Ordnungen für ihr eigenes Handwerk hier im Süden erlassen und feste Normen sogar für Löhne, Gesellenzahl und Herstellungsweise der Erzeugnisse gesetzt. Es war ein sehr selbständiges Verfahren, gekennzeichnet dadurch, daß die Initiatoren dieser Zunftordnungen nicht etwa der Rat, sondern Zunftmeister und Räte waren, also ein in Urkunden sichtbarer Ausdruck rechtlicher Autonomie. Infolge der zahllosen Rivalitäten der verschiedenen Handwerkerkorporationen und der Erfordernis einer einheitlichen Regelung der disparaten wirtschaftlichen Verhältnisse wurde den Obrigkeiten und damit den Vertretern langjähriger Geschäftserfahrung allmählich die Entscheidungsgewalt nach der Zunftrevolution immer mehr zugespielt. Der städtische Rat, in dem Patrizier und vermögende Herren der sogenannten Zunftaristokratie das Sagen hatten, griffen häufiger in die wirtschaftliche Selbstverwaltung der Gewerbe ein. Teilweise wurde dadurch der Weg für Handelsgesellschaften, schon Ende des 14. Jahrhunderts etwa für die große Ravensburger Handelsgesellschaft, frei oder wenigstens geebnet. Bekannt ist, daß die großen frühkapitalistischen Firmen der Fugger, Welser, Höchstätter und andere in Augsburg, gestützt durch das Kaiserhaus, die antikapitalistischen Kampagnen des Reformationszeitalters einigermaßen überstanden. Dort, wo es kaiserliche Privilegien, wie im Falle Augsburgs, der Stadtverfassung erlaubten, wurde es möglich, die engen Schranken sogenannter zünftischer Gleichheit, also Gleichartigkeit, zu sprengen und dem Tüchtigen und Ehrgeizigen die Möglichkeit der Selbstentfaltung, aber auch zur Mehrung der Gewinne zu geben. Es wäre ein weites Feld für Fragen und Ergänzungen, um hier zu demonstrieren, wieweit der Zunftzwang der mittelalterlich-frühneuzeitlichen Stadt gemildert und der Weg für eine relative Freiheit individueller wirtschaftlicher Entfaltung von den Behörden der Stadt oder sogar des Reichs geebnet wurde. Auf der anderen Seite fehlt es nicht an Exempeln, wie die städtischen Obrigkeiten bei allem Einfluß der Zünfte zeigen, wie sie diese Chancen wirtschaftlicher Selbstverwaltung genutzt haben. Wir sind uns klar, daß in dem Vortrag von Herrn Georg Schmidt auch eine neue These vorgetragen worden ist. Diese zeitweise sehr spektakulär in den Vordergrund geschobenen Gegensätze zwischen Zünften und andererseits Handelsgesellschaften oder großen Firmen, die zur Zeit des Nürnberger Reichstags sozusagen das öffentliche Gespräch waren, haben doch in der Praxis des 16. Jahrhunderts nebeneinander existiert. Wir stellen also fest, daß sich diese Gegensätze in Zünften, im Verlagssystem und in der Gesellschaft eher ausgeglichen haben.

Dann hat Herr Professor *Wunder,* der dritte Redner, uns in »seine« Reichsstadt geführt, die als Stadt der Salzsieder berühmt, aber nicht durch große Handelsgesellschaften und Firmen gekennzeichnet war. Daß hier nicht nur Kleinbürger, sondern auch vermögende Kreise lebten, wirkten und Handel bzw. Geldgeschäfte kannten, zeigte der Redner selbst am Beispiel von Schwäbisch Hall. Es weist in die Richtung der noch gebundenen, mittelalterlichen und frühneuzeitlichen Wirtschaft und damit der Tradition, daß die Stadt die Geldgeschäfte, also Sparen und Kapitalausleihe, noch nicht privaten Leuten und Firmen überließ, sondern diesen Geldverkehr als sogenannte Spar- und Darlehenskasse, wie es modernisierend angesprochen wurde, in eigener Regie behielt. Nur deshalb taucht der schriftliche Niederschlag dieser städtischen Finanzgeschäfte nicht in einem privaten Nachlaß, sondern in den Büchern über die Haller Jahreshaushalte auf. Es läge deshalb nahe zu fragen, und es ist auch gefragt worden, wo ähnliche Beobachtungen angestellt wurden und wo man einen etwas anderen Weg »wirtschaftlicher Selbstverwaltung« eingeschlagen hat. Auf der anderen Seite hat der Redner vornehmlich von den ausgegebenen und eingenommenen Zinsgeldern gesprochen. Wir fragen uns, wie kam es überhaupt zu solchen städtischen Geldgeschäften? Eine Antwort ist von den verschiedenen Seiten bereits gestern gegeben worden, auch hinsichtlich der Art der politischen Finanzierung solcher Dinge. Ich will an dieses Thema, das ja reichlich erörtert wurde, und an die Diskussionen von gestern nur erinnern, ohne auf Einzelheiten weiter einzugehen.

Wir kommen jetzt zu der Lücke unserer Tagung. Nach dem Vortrag von Prof. Wunder über Schwäbisch Hall und vor den Darlegungen von Herrn Dr. Schmihing, Ulm, über die Industrie- und Handelskammer, sollte das Referat von Prof. *Köllmann*/Bochum über die Probleme der Industriestadt des 19. Jahrhunderts am Beispiel rheinischer Städte folgen. Es ist natürlich hier nicht möglich, über einen nicht gehaltenen Vortrag näher zu sprechen. Es ist jedoch für die Gliederung des Programms und dessen Schwerpunkte nicht ganz unwesentlich, auf die Bedeutung Herrn Köllmanns als Forscher für die moderne wirtschafts- und sozialgeschichtlich orientierte Stadtgeschichte wenigstens mit einigen Worten einzugehen; denn Wolfgang Köllmanns »Sozialgeschichte der Stadt Barmen im 19. Jahrhundert« setzte bei ihrem Erscheinen im Jahre 1960 erste neue Zeichen für eine andere städtegeschichtliche Forschung, brachte einen wahrhaften Neubeginn. Schon im Vortrag von Herrn Press über die Reichsstadt und Revolution im Ausgang des Alten Reichs war dieser Epocheneinschnitt zumindest indirekt beleuchtet worden. Köllmanns Heidelberger Lehrer Conze schrieb damals, 1960, in seinem Vorwort zu dieser Sozialgeschichte Barmens seines Schülers ausdrücklich: Wir stehen am Beginn einer Forschung, die die Arbeiten älterer, zeitlich in der vorrevolutionären Verfassung stehenbleibender Stadtgeschichten mit soziologischen Gegenwartsuntersuchungen verbinden könnte. Conze wünschte, daß das Köllmannsche Werk Anstoß und Beispiel für weitere Versuche dieser Art sein sollte. Darin schien ihm nicht zuletzt der Sinn dieses Werks zu liegen. Noch unmittelbarer hat sich Wolfgang Köllmann, den wir also *nicht* gehört haben, vor 23 Jahren, also noch 1960, selbst zur Bedeutung seines Buchs über die Entwicklung einer modernen Industriestadt im 19. Jahrhundert geäußert. Es traf noch für die Zeit nach dem Zweiten Weltkrieg zu, daß diese Phase der Stadtgeschichte bisher von der Geschichtswissenschaft kaum beachtet wurde. Damals hatte Köllmanns Satz noch Berechtigung: Die deutsche Stadtgeschichtsforschung hat bis heute ihren Schwerpunkt im Mittelalter. Schon für die Geschichte der frühen Neuzeit bis zum ausgehenden 18. Jahrhundert bleibt sie lückenhaft, während das Geschehen des 19. und 20. Jahrhunderts weitgehend unbekannt ist. Daß das zum Teil längst überholt ist, brauche ich hier nicht auszuführen. Köllmann sah damals zwar, daß es längst üblich geworden war, an die spätmittelalterliche bzw. frühneuzeitliche Stadtgeschichte nach dem Dreißigjährigen Krieg Überblicke über die Vorgänge seit dem 17. Jahrhundert bis zur Gegenwart anzuhängen. Er meinte aber im Jahre 1960, die üblichen Stadtgeschichten, zumeist von fleißigen Lokalchronisten zusammengetragen, gingen kaum über eine Aufzählung der Ereignisse hinaus, wobei gerade das wirtschaftliche und soziale Geschehen nur selten in Erscheinung tritt. Hierbei weist Köllmann auf ein wesentlich historiographisches Anliegen jeder modernen Stadtgeschichtsschreibung hin: Erst eine »historisch gesättigte Soziologie« ist in der Lage, die geschichtliche Eigenart und Einmaligkeit der einzelnen Stadtpersönlichkeiten wirklich zu erfassen und auch im modernen Bereich darzustellen. Der Autor wies hierbei auf sein Vorbild der englischen Stadt- und Sozialgeschichte hin und betonte, daß es für Barmen, also für sein Buch zugleich, notwendig gewesen sei, auf möglichst breiter Grundlage eine eigene Methode zu entwickelten, die der Aufgabe einer sozialgeschichtlichen Großstadtmonographie gerecht wird und nicht für den Einzelfall Barmen, sondern eben auch für andere Städte geeignet erscheint. Der Inhalt des Buches über Barmen ist durch folgende Grundüberlegungen gekennzeichnet: Am Anfang steht die Untersuchung der Wirtschaft, das wirtschaftliche Geschehen, die Struktur und strukturelle Entwicklung der Industriegroßstadt der Moderne. Köllmann wollte vornehmlich über die statistischen Daten der Ökonomie hinaus den wirtschaftlichen Prozeß in seiner Spannung zwischen Krisen und Konjunkturen in der Verflechtung mit dem deutschen bzw. dem Weltmarkt untersuchen und darstellen. Selbstverständlich wurde auch der Organisation und Institutionalisierung der wirtschaftlichen Kräfte Beachtung geschenkt. Hier, in seinem grundlegenden Barmenwerk wie in späteren bevölkerungsgeschichtlichen Arbeiten, untersuchte Köllmann auch die natürliche Bevölkerungsbewegung, die Wanderung zur oder aus der Stadt oder aus dem Dorf und damit die berufliche und soziale Gliederung. Als Historiker zeichnete Köllmann charakteristische soziale Schichten und versuchte vor allem auch, was besonders historisch schwierig ist, die typischen Wesenszüge und Verhaltensweisen der Bewohner wenigstens generalisierend herauszustellen. Wenn Köllmann über das Thema »Probleme der Industriestadt des 19. Jahrhunderts am Beispiel rheinischer Städte« hätte sprechen können, wäre sicher ein Unterschied im Industrialisierungsprozeß zu süddeutschen Verhältnissen hervorgetreten, etwa das besonders rasche Wachstum nach der Entdeckung bzw. Nutzung der beinahe an der Tagesoberfläche liegenden Kohle im damaligen Ruhrgebiet. Was der Pfarrer Volkart im Jahre 1842 in seiner Chronik über die Stadt Bochum vor gut rund 150 Jahren schrieb, könnte auch für südwestdeutsche Plätze im 19. Jahrhundert zutreffen: Bochum, so meinte Volkart, sei ein zurückgebliebenes Landstädtchen mit 4200 Einwohnern gewesen, von dem noch viele ihr Land auf der Feldmark bestellten und eine Kuh oder Ziege hielten, die sie auf der Gemeindewiese weiden ließen. 100 Kaufleute, 18 Gastwirte und 76 Handwerksmeister befriedigten die Bedürfnisse der Gemeinde und der umliegenden Bauerndörfer. Nur die wenigen Unglücklichen, die ihren Lebensunterhalt nicht anders bestreiten konnten, arbeiteten in der rudimentär vorhandenen städtischen Industrie. Gerade seit 1842 wirkte sich dann das Angebot der Kohle aus, die jetzt als Novum in dieser Gegend aus tieferen Schichten in großer Menge gefördert und angeboten wurde. Auch hier wird infolge des Kohlenreichtums in unmittelbarer Nähe der jetzt aufblühenden rheinischen und westfälischen Industriestädte und mit dem Vorzug der Billigkeit der Energiequelle Kohle das rasche Wachstum dieser Industriemetropolen, wie Bochum oder Dortmund, die in wenigen Jahrzehnten ihre Einwohnerzahlen vervielfachten, begreiflich. Bevor es Kartelle und Verbände gab, waren Fabrikanten und Kaufleute auf sich, zunächst ihr eigenes Vermögen, später, als ihr Unternehmen größer wurde, auf die Hilfe der Banken angewiesen. Aber selbst über die Finanzierung und Orientierung auf technische und konjunkturelle Entwicklung des einzelnen Gewerbezweiges konnte man bei der zunehmenden Kompliziertheit der Verhältnisse und den damit verbundenen juristischen Problemen fachmännischen Rat kaum entbehren; nicht zuletzt sind es Konjunkturen oder Krisen, die eine Übersicht über die allgemeine Geschäftslage erforderlich machten.

Wir kommen damit zum Vortrag von Herrn Dr. *Schmihing*. Wieweit es wesentliche Unterschiede ergäbe, wenn Dr. Schmihing über ein westdeutsches Industriezentrum statt über die süddeutsche wirtschaftlich multifunktionale Stadt Ulm berichtete, wäre vielleicht eine Frage an Herrn Schmihing wert. Im Mittelpunkt unseres Interesses als Historiker stehen bei Schmihings Vortrag das Funktionieren der Industrie- und Handelskammern und auch deren Entstehen selbst. Nachdem die gebundene Wirtschaft der älteren Städte vor allem in der zweiten Hälfte des 19. Jahrhunderts, aber auch zum Teil schon früher zurücktrat und der Gedanke der ursprünglich zünftischen Wirtschaft durch die freie Wirtschaft verdrängt wurde, konnte der einzelne Unternehmer nicht allein seines Glückes Schmied bleiben. Die bessere Ausbildung für seine Branche, sein eigenes Vermögen, seine kaufmännischen Fähigkeiten und seine persönlichen Beziehungen kamen aus den schon genannten Gründen nicht ohne weitere fremde Hilfe aus. Es ist bezeichnend, daß die ersten württembergischen alten Handelskammern Heilbronn, Reutlingen, Stuttgart und eben Ulm im Jahre 1855 in der Zeit der neuen Wende der Wirtschaft in Württemberg gegründet wurden, ursprünglich nicht als staatliche Instanzen, sondern als Schöpfungen des wirtschaftlich selbständig tätigen städtischen Bürgertums. Später, als sich die Industrie- und Handelskammern institutionell festigten und sogar eigene Baulichkeiten für die Industrie- und Handelskammern hinzukamen, sprach man von den »Rathäusern der freien Wirtschaft«, bis im Zuge der Kammergesetze Württembergs von 1874 und 1899 schon flächendeckende Kammerbezirke und die Pflichtmitgliedschaft aller dortigen selbständigen Gewerbetreibenden den stabilen Organisationsgrad dieser Industrie- und Handelskammern deutlich machen. In der frühen Zeit dieser Industrie- und Handelskammern wirken die Kaufleute und Unternehmer noch im kommunalen Bereich ehrenamtlich in der wirtschaftlichen Selbstverwaltung. In den sechziger und siebziger Jahren des vergangenen Jahrhunderts und darüber hinaus war die Selbstverwaltungsidee des Freiherrn von Stein in der Blütezeit des europäischen Liberalismus auch jenseits der Jahrhundertmitte durchaus lebendig. Die Daten der Kammergesetze von 1874 und 1899 deuten an, daß das selbsttätige unternehmerische Wirtschaften im Honoratiorenstil der Jahrhundertmitte durch Organisation und eigene Fachvertreter mit entsprechender gesicherter Ausbildung abgelöst wurde. Es gab in der Diskussion manche interessante Probleme, vor allem über die Interessendifferenzen der einzelnen Branchen und wie diese eventuell auszugleichen wären, auch die Frage, wieweit eine Kammer, eine Industrie- und Handelskammer, das Gesamtinteresse der Gewerbetreibenden im Eigenbezirk – ausgleichend – verwirklichen kann.

Natürlich klingt Ihnen der Vortrag noch in den Ohren, den Herr *Zier* uns gehalten hat[3]. Wir sind für die frische Spritze sehr dankbar gewesen; ich brauche den Inhalt hier im einzelnen nicht zu referieren, zumal da die Unterlagen über das, was wir eben gehört haben, in Ihren Händen sind. Ich würde mich freuen, wenn Sie trotz des größeren Abstands zuerst einmal überdenken, ob Sie noch zu dem Referat von Herrn *Press* und *Remling* selbst noch Fragen hätten über die nordwestdeutschen Städte und – wie ich eben zu betonen versuchte – über die etwas anders gelagerte wirtschaftliche Regie an diesen Plätzen.

2. Schlußdiskussion

Ennen: Mit Recht sind die Beharrungskräfte in den Reichsstädten von Herrn Press stark hervorgehoben worden. Er hat für die rheinische Reichsstadt Aachen ein neues Konzept vorgestellt. In den mittleren und niederen Rheinlanden, wo wir nur die beiden Reichsstädte Aachen und Köln haben, muß man vielleicht doch ergänzend auch einmal die Haltung der übrigen Städte mit in Betracht ziehen. Ich denke dabei an Reformdebatten der Städte, die in der Städtekurie der kurkölnischen Landstände geführt wurden, wo sie 1786, also drei Jahre vor dem Ausbruch der Französischen Revolution, den sogenannten Modus per totum diskutierten, d.h. die Besteuerung *aller* Stände, die Heranziehung des adligen und geistlichen Grundbesitzes zur Steuer.

Der regierende Kurfürst, Max Franz von Habsburg-Lothringen, ein Vertreter des aufgeklärten Absolutismus, war bereit, für die erzstiftischen Domänen das zuzugestehen, wobei man allerdings bedenken muß, daß das Rückgrat der erzstiftischen Finanzen die Rheinzölle und nicht die Domänen waren. Immerhin: Adel und Klerus haben *nicht* mitgemacht. Interessanterweise sind unter französischer Besetzung und dem Einfluß des Generals Lazare Hoche, der ja wieder auf die einheimischen Kräfte stärker zurückgreifen wollte, auch für die Verwaltung der französisch eroberten Gebiete diese Diskussionen noch einmal aufgenommen worden, bis dann die Dinge durch Säkularisation und Wegzug der Adligen von den Ereignissen überrollt wurden. So wie sich ja auch in den Rheinlanden eine Gruppe der Cisrhenanen bildete, d.h. sie wollten nicht den Anschluß an Frankreich, sie wollten aber eine Republik, eine cisrhenanische, linksrheinische Republik. Das waren allerdings sehr kleine Kreise, Kölner und Bonner waren beteiligt. Interessan-

3 Herr Zier konnte den Text dem Herausgeber nicht mehr liefern; der Beitrag von Herrn Becht über Pforzheim ist statt dessen in den Tagungsband aufgenommen worden.

terweise sind die radikalsten Vertreter der Ideen der Französischen Revolution in den kurkölnischen Landen meist ehemalige Priester. Eulogius Schneider, der ›berüchtigte‹ Professor an der Bonner Universität, der dann ja auch gehen mußte, als der Kurfürst sich gegen derartige Auswüchse wehrte, und in Straßburg später hingerichtet wurde, war ein früherer Franziskaner. Einer der relativ bedeutendsten Cisrhenanen mit einer eigenen Zeitungsgründung, »Freund der Freiheit«, Johann Baptist Geich, war ebenfalls ein ehemaliger Priester. Interessant ist, daß diesen literarischen und politischen neuen Gedanken und Ansätzen die Wirtschaft nicht entsprach, zumindest nicht in Bonn, das eine erstarrte Zunftverfassung hatte. Wirtschaftlich gesehen, kann man damals im Rheinland unterscheiden – das hat ja für Köln und Aachen Herr Press auch ausführlich dargelegt – zwischen den Verhältnissen, wo sich gelegentlich der Rat bemüht, die allzu egoistische und unsinnige Wirtschaftspolitik der Zünfte etwas zu korrigieren, also solchen Städten, die im wesentlichen am Alten festhalten, und andererseits den aufsteigenden jungen Industriestädten wie Wuppertal, also Elberfeld und Barmen. Zu nennen sind auch Krefeld und Monschau, dessen Tuch-Industrie schon fabrikmäßig organisiert war und von Napoleon ruiniert wurde. Die Scheiblers aus Monschau haben später die große Tuchindustrie in Lodz in Polen begründet – das gilt für Solingen usw. Es ist interessant, daß die wirtschaftliche Haltung mit der politischen mitunter nicht übereinstimmt.

Press: Es ist natürlich das Problem des Vortrags gewesen, einen riesigen Stoff in Griff zu bekommen. Aber ich möchte doch an das zuletzt Gehörte anknüpfen. Ich glaube, Frau Ennen, daß hier ein Punkt angesprochen ist, der vielleicht auch diesen Kreis zu weiterer Diskussion anregt. Es ist sicher so, daß die wechselseitigen Einflußnahmen von Reichsstädten und Landesstädten in vieler Hinsicht größer gewesen sind, als man vermuten kann. Das hängt mit wirtschaftlichen Beziehungen zusammen. Das klang auch bei dem Vortrag etwas an, daß vielfach die Landesstadt des 18. Jahrhunderts ein Gegenbild dargestellt hat, daß die Einflußnahme der württembergischen Auseinandersetzungen des Reformlandtages von 1797 etwa, mit der weitesten Integration der Wirtschaftsverfassung, hier eine Rolle gespielt hat. Der gravierende Unterschied ist, daß landesfürstliche Kommissionen viel stärker das städtische Gefüge aufbrechen konnten. Und das wäre der Punkt, wo man weiterforschen sollte. Denn das ist weitgehend eine Grauzone geblieben. Der zweite Punkt, der mir generell wichtig erscheint – vor diesem Hintergrund möchte ich auch gerne die Ausführungen gesehen wissen – ist, daß in diesem Jahr, vielleicht schon vor dem Ausbruch der Revolution eine ganze Fülle von Reformversuchen und Reformwellen angelaufen sind und sich Bahn gebrochen haben. Das Rheinland stand unter stärkerem westeuropäischem Einfluß, vor allem Köln und Aachen. Neben rheinischen Städten wie Köln oder Aachen nenne ich ein anderes Beispiel: Der Kurfürst Clemens Wenzel von Trier hat nach 1800 versucht, den Landtag umzuformen, indem er die verlorenen linksrheinischen Stifter – das war die weit überwiegende Mehrzahl – auf dem kurtrierischen Landtag durch die Vertreter der Kirchspiele ersetzt hatte. Das war im Grunde auch ein Stück auf dem Weg zur modernen Verfassung.

Vortrag Remling

Naujoks: Darf ich dann zum Vortrag von Dr. Remling selbst übergehen. Eine Informationsfrage, weil ich das nordwestdeutsche Feld nicht überblicke: Wirken sich die politischen und wirtschaftspolitischen Anstöße der Zunftbewegung, der sogenannten Zunftrevolution, auch im Westen und im Nordwesten aus? Und zweitens, wenn ja, in welcher konkreten Form werden diese Einwirkungen und Ausstrahlungen erkennbar?

Remling: Die Auswirkungen der Zunftrevolution im Westen, Nordwesten: Ich glaube wenigstens, in der Literatur beobachtet zu haben, daß manche dieser sogenannten städtischen Unruhen und Bürgerkämpfe in Zusammenhang gebracht werden mit parallel zur gleichen Zeit ablaufenden Auseinandersetzungen in Süddeutschland. Konkrete Beispiele sind mir dabei nicht bekannt.

Ennen: Was Köln anbetrifft, so sind die Unruhen im 14. Jahrhundert, die zu dem berühmten Verbundbrief von 1396 führen, im Kern Fehden der Geschlechter, von jüngeren aufsteigenden, z.B. den Overstolzen, geführten Geschlechter, die sich gegen ältere wenden. Diese Kölner Geschlechter haben seit alters her, das ist schon im 13. Jahrhundert festzustellen, eine feste Klientel, die man zum Teil sogar topographisch in der Stadt festlegen kann. In dem berühmten Schiedsspruch des Albertus Magnus von 1258 zwischen Konrad von Hochstaden und der Stadtgemeinde wird davon gesprochen, daß die Geschlechter ihre Muntmannen in der Bürgerschaft haben. Es kommt damals vor, daß Patrizier Zunftvorstände sind und im Zunftvorstand sitzen. Das wird moniert, wird aber von Albertus Magnus als zulässig zugegeben. Diese Aufstände sind interne Geschlechterfehden. Es kommt dann zwar dazu, daß der Rat das zentrale Organ wird, daß ein weiterer Rat gebildet wird und daß die ganz neue politische Einteilung der Bürgerschaft in Gaffeln dahintersteht. Aber es stellt sich dann folgendes heraus: Der Rat hat 49 Sitze; 36 werden von den Gaffeln gewählt, und das ›Gebrech‹ von 13 wird kooptiert. Und das ist die Hintertür, wo sich der Köllsche Klüngel ›großartig‹ bewährt und die alten Familien zum Teil wieder hineinkommen, oder auch aufstrebende Kaufleute, also wiederum obere Schichten. Unter den Gaffeln finden wir auch reine Kaufmannsgaffeln. Eher würde ich einen Zusammenhang mit oberdeutschen Ereignissen sehen bei dem Aufruhr, der dem Transfixbrief von 1512/13 vorausgeht. Da könnten aus Oberdeutschland Unruheströmungen bis ins Rheinland gelangt sein. Dieser Transfixbrief, der die Verfassungsurkunde von 1396 ergänzt, ist übrigens deshalb sehr bemerkenswert, weil das, was wir heute Grundrechte nennen, also Unantastbarkeit der Person und der Wohnung, bereits verwirklicht wurde, und zwar *vor* der habeas-corpus-Akte.

Vortrag Schmihing

Remling: Herr Schmihing hat die Interessenreinheit der Industrie- und Handelskammern betont und berichtet, daß aus diesem Grunde damals die Mitbestimmung für die Industrie- und Handelskammern abgelehnt worden sei. Sieht man die Kammern primär als Vertretung der Unternehmerseite, so ist diese Argumentation verständlich und richtig. Es stellt sich aber dann die Frage, wenn wir vom Staat eingerichtete Organe für Industrie und Handwerkschaft haben, wo bleiben eigentlich die Arbeiterkammern, die vom Staat geförderten Organe der Arbeiterschaft? Man kann zwar auf die Gewerkschaften hinweisen, doch bestehen diese eben mit Recht als unabhängige Organisationen, zum anderen sind als deren Gegenstück doch die Arbeitgeberverbände zu betrachten.

Zoche: Man sollte hier vielleicht doch auf die Entstehungsgeschichte der Handelskammern zurückgreifen und besonders auf das Problem ihrer Verstaatlichung eingehen. In dem Vortrag wurde im Zusammenhang mit der Frage, ob die Mitwirkung von Arbeitnehmern in den Handelskammern möglich und wünschenswert sei, vor der Entwicklung vorparlamentarischer Gremien gewarnt. Tatsächlich versuchten gegen Ende des 19. Jahrhunderts Wilhelm II. und die preußische Regierung, im Zuge der Verkammerung der deutschen Wirtschaft einen mit dem Parlament konkurrierenden ständischen Volkswirtschaftsrat zu etablieren. Es erscheint mir nun bemerkenswert, daß die Kammern nach 1945 wieder als öffentlich-rechtliche Einrichtungen mit staatlichen Funktionen eingeführt wurden und nicht, wie offenbar die Amerikaner anregten, als freie Organe der Wirtschaft.

Press: Zunächst zu Herrn Remlings Ausführungen: Es gibt noch eine andere Tradition der Entstehungsgeschichte der Industrie- und Handelskammer. Das hat Brandt für die Handelskammern in Hanau und Kassel gezeigt. Wenn man suchen würde, fände man eine weitere Kontinuität. Parallelen gibt es genug. Denn diese beiden Handelskammern wurzeln in den landesfürstlichen Commerzkollegien des 18. Jahrhunderts, wo man sogar stolz darauf war, nach westeuropäischen französischen Mustern anzufangen, solche Kollegien zu schaffen. Man hat landesfürstliche Beamte in einer Minderzahl mit Kaufleuten zu einem Kommerzkolleg kombiniert. Der Staat zieht schon in der Phase des Absolutismus die Kräfte der Wirtschaft heran in einem Bereich, wo man das Gefühl hat, mit alten bürokratischen Mitteln nicht fertig zu werden. Die Quintessenz ist, daß sich staatliche und andere Elemente aus der »freien Wirtschaft« sehr frühzeitig mischten.

Drollinger: Es ist interessant, daß die Kammern unmittelbar nach dem Krieg wieder gegründet werden. In Stuttgart ist noch in der französischen Besatzungszeit bis zum 8. Juli 1945 die Kammer wiedererstanden. Die Amerikaner hatten eine etwas andere Konzeption aufgegriffen. Es gab im Jahr 1945 ein Zwischenstadium, als von der Stadtverwaltung versucht wurde, auf die Kammer Einfluß zu nehmen. Bald drehte es sich um größere Regionen und den Einfluß von staatlicher Seite. Es kam zumindest im Herbst 1945 zu dem Kuriosum, daß man versuchte, eine gemeinsame Bestellung des ersten Kammerpräsidenten durch die Stadt und den Staat zustandezubringen.

Bischoff: Diese Kommerzienkollegien von Kassel oder von Erlangen sind Ergebnisse der Aushandlung der Privilegien zwischen Vertretern der Refugiés und dem Landesherrn. Es sind also auch andere Gesichtspunkte mit zu berücksichtigen. Man hat oft gesagt, daß die Privilegien einseitige Willensakte des Landesherrn oder seiner Behörden gewesen sind. Das stimmt weitgehend nicht; man kann nachweisen, daß wirklich Verhandlungen stattgefunden haben zwischen Vertretern der Refugiés und den Landesherrn.

de Longueville: Zu den Kommerzkollegien. Wir haben in Baden-Württemberg vor einiger Zeit das 125jährige Jubiläum der Industrie- und Handelskammer Mannheim gefeiert. Bedauerlicherweise fehlt Frau Dr. Corneli, die eine große Geschichte der Handelskammer von Mannheim geschrieben hat. Es ist bezeichnend, daß Mannheim schon früh diese Kommerzkollegien hatte. Denn Mannheim war eine Stadt, die ursprünglich nicht zünftisch war, wo erst auf Bitten der Handwerker Zünfte gegründet wurden. Gleichzeitig hat der Handelsbereich immer versucht, sich freizuhalten. Das Kommerzkollegium war etwas Ähnliches wie ein Kontrastprogramm zu der eng gewordenen gewerblichen Welt. Die heutige Industrie- und Handelskammer Mannheim hat sich nicht als Vertretung des übrigen Gewerbes verstanden, sondern ganz dezidiert als die des Handels; ich glaube, hier sind noch Überschneidungsbereiche, die wir viel zu wenig gesehen haben. Diese eindeutige Festlegung der Industrie- und Handelskammer als Einzelinstitution, aber auch dessen, was heute den deutschen Industrie- und Handelstag ausmacht, auf Freihandel, wie das Herr Schmihing getan hat, ist unzulässig. Ich darf nur daran erinnern, daß auch in der Bismarckzeit der Handelsstand mindestens ebenso gespalten war zwischen Freihändlern und Nicht-Freihändlern. Und es war ja gerade eine Vorläuferorganisation des deutschen Industrie- und Handelstages, die sich gegen Freihandel damals aussprach. Wir haben auch, wenn wir unser heutiges Bundesland ansehen, eine völlig andere Entwicklung zumindest im 19. Jahrhundert in Baden wie dann in Württemberg erlebt.

Press: Zu Herrn Bischoff und Herrn de Longueville. Ich glaube, das stützt sich gegenseitig. Es ist kein Widerspruch, daß man die Refugiés benützt. Ich möchte betonen: Dieses relativ freie Element des Kommerzkollegiums des absolutistischen Staats hat natürlich ständig Schwierigkeiten gemacht. Die Kommerzkollegien hatten deshalb eine Berufung zum raschen Tode in sich. Sie sind häufig gescheitert an Reibungen mit der Bürokratie. Im 19. Jahrhundert fürchtet oder hofft man, je nach Standpunkt, daß sich solche Verbände wie Industrie- und Handelskammern in Richtung eines Ersatzparlamentes verselbständigen. Ich erinnere mich an einen Reisebericht eines preußischen Adeligen nach Polen, der einen polnischen Grundbesitzer besucht und sein Bedauern über die Auflösung des polnischen Landtags durch den Zaren nach 1861 ausdrückte. Da hat der Pole gesagt: »Was wollen Sie, gibt sich weiter polnischen Landtag, heißt nur Verband der Grundbesitzer.«

Leiser: Es läßt sich einigermaßen plausibel zeigen, wie die Industrie- und Handelskammern aus der älteren Wirtschaftsverfassung heraus auf uns gekommen sind. Sehr viel schwieriger ist es, deren Standort in der gegenwärtigen Gesellschaft, der heutigen Staatsordnung, aufzuzeigen. Wir haben die Interessenreinheit, die uns sehr deutlich vorgeführt wird. Das Problem der Mitbestimmung in der Kammer wurde als sehr heißes Eisen angesprochen. Wir haben die Arbeitnehmerkammern in einigen Bundesländern, wir haben mitbestimmende Kammern. Meine Damen und Herrn, beachten Sie bitte folgendes: Wir haben heute noch nicht die Aufgabe gelöst, die Interessenverbände in unsere politische Ordnung wirklich zu integrieren. Wir haben die Kammern als ein bürgerliches Relikt. Wir haben Interessenverbände, die als Tarifparteien auftreten. Aber schauen Sie sich bitte die Rolle der Gewerkschaften in unserer Gesellschaft an! Eine Gewerkschaft kann unwidersprochen Stellung nehmen zu Fragen der Abtreibung und der Raketenstationierung. Überlegen Sie sich, was passieren würde, wenn der Verband der industriellen Arbeitgeber etwas Ähnliches täte. Also hier sind ungelöste aktuelle Probleme. Es ist interessant zu sehen, wie die Vergangenheit auf uns zukommt. Teilweise sind das so aktuelle Entwicklungen, daß es uns als Historiker noch nicht möglich ist, sie in den Griff zu bekommen.

Zum Vortrag Zier

Vorbemerkung des Herausgebers:

Herr Zier konnte seinen Vortragstext nicht mehr einreichen, so daß sein Beitrag in diesem Band fehlt. Die Diskussion über seine Ausführungen zum Thema: »Pforzheim im 19. Jahrhundert. Von der Flößerstadt zur Goldstadt« bedeutet zwar keinen Ersatz für das mündlich Vorgetragene, bringt aber eine aufschlußreiche Durchleuchtung des Ganzen und sogar eine Weiterführung mancher Gedanken.

Leiser: Das war interessant, und man muß jetzt diesen schönen Vortrag über Pforzheim in unser Gesamtthema, wirtschaftliche Selbstverwaltung, einbeziehen: Daß die Flößerei in Pforzheim so lange Bestand hatte, war mir unbekannt. Unsereiner fixiert sich natürlich auf die Murgschifferschaft; das ist ganz klar. Für uns hört die Flößerei in Pforzheim auf im Moment, wo die Fabriken hier entstehen. Die Flößerei ist die Voraussetzung der Rentabilität des Landbesitzes. Unter Markgraf Christoph geht die Forstpolitik in Baden eher planlos vor. Was ist nun das Interessante an dieser Flößerkompanie? Der große Waldbesitzer, der Landesherr, ist nicht in der Lage, die Vermarktung des Holzes selbst zu betreiben. Das Territorium ist so klein, die Städte sind so unbedeutend, daß es ihnen nicht gelingt, von sich aus eine kapitalstarke Korporation zu gründen, die den Waldbesitzer sozusagen unterläuft und ihre eigenen Geschäfte mit Kapitalkraft dem Landesherrn gegenüber durchsetzt. Hier entsteht eine im Grunde etwas schwächliche Einrichtung, die voll der Protektion des Lieferanten – der Landesherr ist ja der Lieferant des Handelsguts – unterliegt und auf der anderen Seite der politischen Interessenvertretung gegenüber Württemberg und den Anrainerstaaten, da man Wasser und Wege braucht.

Dieses Wechselspiel zwischen Lieferant und Händler einerseits, zwischen Landesherrn, Stadt und Flößerkompanie andererseits ist eine interessante Sache. Es scheint mir irgendwie typisch zu sein für den relativ kleinen und bescheidenen Zuschnitt des Landes und seiner Städte. Bei der Murgflößerei beobachten wir einen nicht unwesentlichen Strukturunterschied. Sie, Herr Zier, hatten kritisiert, daß sie selbst ihre Wasserstraße instandhalten mußten und nicht über den Steuersäckel sich das finanzieren ließ wie heute die Autobahn, also das Problem der Infrastruktur. Wie versteht man die Infrastruktur? Ist es eine politische Entscheidung, die in jeder Gesellschaft getroffen werden muß? Darüber jetzt Vergleiche anzustellen, scheint mir wenig sinnvoll. Bei der Fabrik in Pforzheim handelt es sich um eine für die Zeit typische Erscheinung. Die Vereinigung so heterogener Dinge wie Waisenhaus und Zuchthaus unter einem Dach war damals nicht selten. Man entdeckt in dieser Zeit nicht nur den sozialethischen, sondern auch den pädagogischen und therapeutischen Wert der Arbeit. Das ist der übergeordnete Gesichtspunkt, die große Schwierigkeit für diesen doch noch im Vergleich zu heute unterentwickelten Staat besteht darin, Arbeitsmöglichkeiten für diese bedürftigen Gruppen zu finden. Solche Organisationen gibt es in ganz Deutschland. Ich erinnere mich jetzt aus unserem fränkischen Raum an St. Georgen am See, da hat man dasselbe getan und dann auch die Einteilung vorgenommen, z. B. die Zuchthäusler durften etwa schwere Marmorbrocken heranschleifen usw., leisteten also diese ganz harten Arbeiten, und je nachdem, welcher Kategorie der Züchtling angehörte, durfte er angenehmere Arbeiten verrichten. Das war damals durchaus rational, so irrational uns diese Einrichtung überhaupt erscheint. Für uns ist es völlig abstrus, so etwas zu tun. Nur unter dem Gesichtspunkt der Arbeitsverteilung unter den verschiedenen Kategorien läßt sich das halbwegs noch rational in den Griff bekommen. Phänomenal ist für mich der Augenblick, wo auf Schmuck und Stahlwaren umgestellt wird; diese Luxusindustrie paßt in die Zeit, sie war normalerweise auf den Hof als Abnehmerkreis ausgerichtet und meistens am Residenzort errichtet. Die Pforzheimer Fabrik war von Anfang an auf Export orientiert. Um 1800 versucht man in Karlsruhe ähnliche Unternehmungen zu gründen.

Ennen: Dieses Nebeneinander von Zuchthaus und Arbeitshaus ist bekannt. Was hier für mein Empfinden sehr interessant ist: daß man für die Geisteskranken immerhin den Ansatz einer Fürsorge spürt, daß man sie nicht einfach am Rande der Gesellschaft verkommen läßt. Das scheint mir doch eine relativ fortschrittliche, nicht allgemein übliche Einrichtung zu sein. Ich kenne aus dem Rheinland größere Anstalten zur Fürsorge für Geisteskranke erst aus dem 19. Jahrhundert, wo man mit Vorliebe ehemalige Klöster, z.B. die Abtei Siegburg, dafür einsetzte. Gibt es solche Ansätze zu einer Unterbringung oder Bewahrung von Geisteskranken auch noch anderswo in diesem Gebiet? Die weitere Kombination mit Waisenhaus ist auch nicht so allgemein, oder doch? Aber wie steht es mit der Geisteskrankenfürsorge? Kann man da noch etwas sagen?

Zier: Zunächst zur Frage: Erziehung zur Arbeit. Es scheint, daß Karl Friedrich in dieser Erziehung zur Arbeit eine wichtige Rolle spielt. Der Stadtgründer von Karlsruhe, der Gründer der Pforzheimer Anstalt, Karl Wilhelm, entwickelte zwar schon Ansätze, aber in der Waisenhausordnung von 1758 ist das Ziel erst klar angesprochen: Nicht nur, daß die Untertanen durch die Arbeit zu besseren Verhältnissen kommen und daß die besseren Verhältnisse der einzelnen Personen auch bessere Verhältnisse des Staates bringen. Bei Karl Friedrich tritt der Gedanke hervor, was man als Glückseligkeit bezeichnet. Man kann fragen, ob Arbeit glückselig macht. Das ist das eine. Das andere ist die Fürsorge für Geisteskranke. Sie sind hier in Pforzheim in einer Stadt, die bahnbrechend war für die Fürsorge für Geisteskranke in ganz Europa. Zwei Ärzte treten hervor, die die Behandlung vom Geistenkranken auf ganz neue Bahnen gebracht haben und diese Behandlung in einer Anstalt bei Achern forciert haben. Illenau bei Achern war in der zweiten Hälfte des 19. Jahrhunderts ein Mekka des Psychiater für ganz Europa. Wir haben im Generallandesarchiv ein Album aus dieser Anstalt; wenn Sie dieses Album durchblättern, dann lesen Sie die Namen von allen führenden Psychiatern und Fürsorgern in Europa. Durch mein Buch über Pforzheim, das diese Fürsorge für die Geisteskranken erwähnt, scheint die Medizinhistorie diese Sparte plötzlich entdeckt zu haben. Es mehren sich die Anfragen bei uns in Karlsruhe, die sich mit der Fürsorge für Geisteskranke beschäftigen. Es geht nicht nur um das Einsperren in irgendeinen Raum, damit die armen Menschen nicht entweichen können, sondern um die Beschäftigung mit diesen Menschen und deren versuchte Heilung. Das ist eine ganz wichtige Sache. Ich glaube, wir können vielleicht in zehn Jahren Ihre Fragen besser beantworten, denn wir wissen vorläufig noch verhältnismäßig wenig davon.

Leiser: Die Aufgabe, für alle bedürftigen Gruppen eine adäquate Beschäftigung zu finden, wurde in der Pforzheimer »Fabrik« ebenso gelöst wie in den Anstalten von St. Georgen am See bei Bayreuth: Dort betrieb man eine Marmorverarbeitung, und es ergab sich zwanglos, daß die Zuchthäusler die schweren Steine heranzuschleppen hatten und andere Insassen andere Arbeiten, bis hin zu den kaufmännischen, verrichteten.

Zier: Dieser Hinweis ist sehr interessant. Nach der Waisenhausordnung (Tollhausordnung) von 1718 sollte jeder Insasse dieser Anstalt nach seinen Fähigkeiten arbeiten. Es ist aber vorgekommen, daß der Verwalter Unterschlagungen begangen hat und er vom Markgrafen mit lebenslanger Zuchthausstrafe bestraft wurde. Die Zuchthausstrafe mußte er natürlich in dem von ihm verwalteten Pforzheimer Zucht-, Waisen- und Tollhaus verbringen. Er mußte beschäftigt werden nach seinen Fähigkeiten, infolgedessen hat er seine bisherige Tätigkeit weiter ausgeübt, aber er war Gefangener.

VERZEICHNIS DER VERFASSER

Dr. H.-P. Becht, Stadtarchiv Pforzheim, Reuchlinhaus, Jahnstraße 42, 7530 Pforzheim;
Prof. Dr. E. Naujoks, Historisches Seminar Neuere Abt., Wilhelmstraße 36/II, 7400 Tübingen 1;
Stadtarchivar Dr. Ludwig Remling, Stadtarchiv Lingen, 4450 Lingen;
Dr. Georg Schmidt, Klinikstraße 22, 6300 Gießen;
Dr. Alexander Schmihing, Hauptgeschäftsführer der Industrie- und Handelskammer Ulm, Olgastraße 101, 7900 Ulm/Donau;
Prof. Dr. Gerd Wunder, Urbanstraße 1, 7170 Schwäbisch Hall;
Prof. Dr. Volker Press, Authenriethstraße 16, 7400 Tübingen, Historisches Seminar Neuere Abt., Wilhelmstraße 36/II (Hegelbau), 7400 Tübingen.

VERZEICHNIS DER DISKUSSIONSTEILNEHMER

Dr. Wolfram Baer, Stadtarchivdirektor, 8900 Augsburg;
Johannes Bischoff, Stadtarchivar i. R., 8525 Erlangen-Uttenreuth;
Dr. Kuno Drollinger, Oberarchivrat, 7000 Stuttgart;
Raimund Eirich, Dipl.-Ing., 6969 Höpfingen;
Dr. Peter Eitel, Stadtarchivdirektor, 7980 Ravensburg;
Prof. Dr. Edith Ennen, 5300 Bonn;
Prof. Dr. Wolfgang Klötzer, Stadtarchivdirektor, 6000 Frankfurt/Main;
Prof. Dr. Bernhard Kirchgässner, 6800 Mannheim;
Prof. Dr. Wolfgang Leiser, 8524 Neunkirchen b. Erlangen;
Hans-Peter de Longueville, Dipl.-Kaufmann, 7000 Stuttgart-Bad Cannstatt;
Dr. Richard Perger, A-1080 Wien;
Prof. Dr. Hans Eugen Specker, Stadtarchivdirektor, 7900 Ulm;
Dr. Georg Zier, Staatsarchivdirektor, 7500 Karlsruhe;
Dr. Hartmut Zoche, 7808 Waldkirch/Buchhof.

ORTS- UND PERSONENNAMEN

Aachen 21, 23, 38, 50–53, 57, 58, 108, 174, 175
Adam, Philipp 129
Adelberg 117
Albertus Magnus 176
Albrecht I., Kg. 49
Altdorf (b. Nürnberg) 25, 26
Ansbach 24, 25, 28
Antwerpen 161, 164
Augsburg 15, 16, 22, 30–33, 47, 55, 57, 58, 81, 86, 89, 95–98, 104, 111, 128, 157–161, 164, 171
Autran, Jo. Franz 140

Baden s. Christoph, Karl Friedrich, Karl Wilhelm
Baer, Wolfram 158
Barmen 172, 173, 175
Basel 40
Bayreuth 24, 28
Becht, Hans-Peter 7, 8, 132, 174
v. Below, Georg 77
Benckiser, Christoph Eberhard 142, 144
Berding, Helmut 9
Berg 27
Berlin 23, 127, 128
Bernhardt, Walter 15
Besserer, Hans 106
Biberach 37, 96, 104, 127
Bingen 53
Bischoff, Johannes 161, 177
v. Bismarck, Otto 177
Blaubeuren 127
Blum 164
Bochum 172, 173
Bonn 174, 175
Bopfingen 13, 38
Boppard 53
Born, Karl Erich 77
Bößner 30 – Sigmund Georg 29, 30
Bötticher, Jo. August 41
v. Brandt, Franz Karl 36
Braunschweig 64–66, 69, 74, 155
Bremen 43, 44, 46, 47, 55, 64, 67, 72
Breuning, Wolfgang 118
Breunlin, Moritz 118
Buchau 13, 35
Bücher, Karl 77
Buchhorn (Friedrichshafen) 37
Budeck 161
Bürg 117

Calw 101
v. Camerer, Jo. Baptist Bernh. 40, 43
Carl, Horst 21
Christoph I., Mgf. v. Baden 134, 136, 178
Clemens Wenzel (v. Sachsen), Kfst. Trier 175
Conze, Werner 172
Corneli 177
Cotta, Jo. Friedrich 167
Crailsheim 119
Custine, Graf Adam Philippe 20, 48, 49, 52

Danzig 88
Darmstadt 23, 49
Deimling, Karl 144
de Longueville, Hans Peter 164, 167, 177
Diesbach 158
Dinkelsbühl 28, 119, 166
Dittler, Peter 147
v. Dohm, Christian Wilhelm 43, 50
Döllel (Tüllel) 28
Dortmund 43, 64, 65, 74, 153, 173
Drollinger, Kuno 177
Dröscher 35

Eberbach 150
Eberhart, Burkhard 115
Eble, Josef, Nikolaus 36
Eck, Johannes 116
Egen, Sibylla 164
Ehingen 127
Ehrenberg, Richard 92
Eichrodt, Ludwig 144
Eirich, Raimund 157
Eitel, Peter 81, 160
Elberfeld 175
Ellingen 117
Ellwangen 127
Engel, Karl 129
Engelhard, Simon 166
Ennen, Edith 155–157, 159–161, 174, 175, 179
Erlangen 161, 177
Eschenau 118
Esslingen 31–33, 40, 55, 56, 85, 134
Ettlingen 151
v. Eyb, Albrecht Ludwig, Christof Friedrich 117
Eychmüller, Karl 129

v. Fahnenberg, Aegid. Josef Karl, Frhr. 30
Fecht, Ludw. Wilh. 146
Feder, Gottfried 117

Feßlen, Kaspar 31
Fetzer, Jo. Jakob 33
Feuerbach, Jo. Peter 36
Finkenstein, Samuel Ludwig 142
Flad, Heinrich 134
Fleurus 20
Florenz 9
Frankfurt a.M. 13, 16, 18, 47, 48, 55, 88, 105, 108, 154, 160, 161, 164
Franz II., Kaiser 22
Freiburg i.Br. 150, 164
Frey, Theodor 150
Friedberg 15, 48, 154
Friedrich d. Große, Kg. Preußen 21, 40 – I., Hg. Wirtemberg 120
Friedrichshafen 127 (vgl. Buchhorn)
Fröhlich, Sigrid 79
Fugger 98, 102, 157–159, 161, 171 – Jakob 91, 96, 160
Funk 157

Gaildorf 119
Gaismair, Michael 107
Geich, Jo. Baptist 175
Geiselhardt 27
Geislingen a.K. 118 – a.St. 127
Gelnhausen 154
v. Gemmingen, Eberhard 117, 165
Gengenbach 38
Genua 157
Gesell, Silvio 117
Geßner 27
Giengen 38
Gierke, Otto 62
Gießen 9, 171
Gmünd s. Schwäbisch Gmünd
Göldlin 134
Göler v. Ravensburg, Marie Regine 117
Goslar 42, 43, 55, 56, 58, 64, 65, 69, 74
Gothein, Eberhard 136, 137
Gotthard, Axel 34
Göttmann, Frank 154
Gülich 142 – Marie 146
Göttingen 155
Grab, Walter 9
Gräter, Endris 119 (vgl. Widmann)

v. Habsburg-Lothringen s. Max
Hagenau 117
Hall s. Schwäbisch Hall
Hamburg 16, 43–47, 55, 64, 67, 68, 72, 161
Hammerstetter, Kaspar 118
v. Hardenberg, Fst. Karl August 25
Hartmann 184
Heidelberg 117, 150, 151, 165, 172
Heidenheim (Württemberg) 127
Heilbronn 38, 125, 128, 133, 134, 165, 166, 174
Heinrich d. Löwe, Hg. 67
Heitzenröder, Wolfram 154
Heller 164
Hepp, Karl Christian 147
Herolt, Johann 118
Hildesheim 64, 65, 73
Hoche, Lazare 174
v. Hochstaden s. Konrad
Höchstetter 106, 161, 171
v. Hofer, Jo. Baptist 36, 40, 43
v. Hohenlohe, Gf. 162, 163, 166 – Kraft 120 – Ludwig Kasimir 119 – Philipp 120
Holl, Johann Leonhard 31
Honhardt 116
Hoyer, Siegfried 97
Hübner, Alfred 7

Illenau 179
Ilshofen 119
Josef II., Kaiser 21, 22, 57
Josefssohn 43
Irnsinger, Michael 118
Isny 37, 127
Jüngling, Hans Jürgen 34

Karl V., Kaiser 94–96 – Ehg. Österreich 23 – K. Eugen, Hg. Wirtemberg 19 – K. Friedrich, Ghg. Baden 140, 179 – K. Wilhelm, Mgf. Baden 179
Karlsruhe 23, 145, 147–149, 165, 179
Kassel 177
Kaufbeuren 35, 104
v. Kaunitz, Fst. Wenzel Anton 19
Kellenbenz, Hermann 112
Kempten 15, 17
Kirchberg a.Jagst 119, 120
Kirchgässner, Bernhard 8, 31, 153, 155–157, 159, 161, 165, 166, 168
Klein 27
Klötzer, Wolfgang 88, 154, 155, 161, 164
Knorr, Heribert 7
Koblenz 53
Köhl, Karin 9
Kölmann, Wolfgang 172, 173
Köln a.Rhein 16, 21, 23, 50–53, 57, 64, 82, 89, 105, 106, 155, 156, 161, 174–176, s. Kf. Max Franz, Konrad
Komburg (Schwäbisch Hall) 116
v. Königsegg-Aulendorf, Gf. Ernst 32
v. Königsegg-Rothenfels 22
Königseggwald 22

Konrad v. Hochstaden, Ebf. Köln 176
Konstanz 94, 127, 155, 158, 165
Krafft 118
Krauß, Klara 119
Krefeld 156, 175
Kreil, Dieter 115, 119, 163
Küchlin, Matthias Eberhard 118
Kuhn, Axel 9

Lahr 151
Lamprecht, Karl 77
Lauf a.P. 25
Laupheim 127
Laurentzsch, Ursula 34
Leiser, Wolfgang 156, 157, 161–163, 166, 167, 169, 170, 177–179
Lenger, Friedrich 77
Lenz, Wilhelm 147
v. Lenz, Frhr. Konrad 34
Leopold II., Kaiser 19, 22, 56, 57
Leube, Eberhard 129
Leutkirch 37, 127
Limpurg (Schwäbisch Hall) 116
Lindau 38
Lödel, Wilhelm 129
Lodz 175
Lörrach 151
Lübeck 43, 44, 46, 47, 55, 64, 67, 72, 76, 153, 156
Lucca 9, 52
Lüneburg 64, 67, 68, 71, 72, 155
Lütge, F. 161
Luther, Martin 116, 117, 157
Lutterot, Christian Gfr. 41

Magdeburg 64, 65, 68, 69
Magirus, Konrad Dietrich 129
Mainz 20, 52, 53
Mannheim 7, 144, 147, 148, 151, 177
Marstaller, Johann 105
Maschke, Erich 136
Max Franz v. Habsburg-Lothringen, Kf. Köln 174
Maximilian I., Kaiser 93, 94, 97, 160
Medick, Hans 101
Memmingen 37, 104, 157, 158
Meran 107
Meyn, Matthias 108
Mone, Franz Josef 165
Monschau 175
Mörke, Olaf 93
Moser, Baltasar 118, 167 – (von M.), Friedrich 118

Mühlhausen 15, 41, 55
Müller, Hans 119 – Jörg 119 – Klaus 10 – Moritz 144
München 22, 23, 102, 128
Münkheim s. Unter-Münkheim
Münsingen 127
Münster i.W 7, 64, 66, 68, 69, 74, 75, 153, 155, 156, 171
Muntprat 158

Napoleon I. (Bonaparte), Kaiser 19, 44, 125, 141, 175
Naujoks, Eberhard 8, 9, 83, 159, 161, 168–170, 175
Neuhaus 164
Neuss 115
Nordhausen 15, 42, 56, 65, 69
Nördlingen 15, 28, 29, 87, 115, 165, 166
Nürnberg 13, 15, 22, 25–27, 33, 47, 55–58, 89, 95, 97, 98, 105, 118, 157, 159, 160, 172

Oexle, Otto Gerhard 62
Offenburg 37
v. Ortenburg, Gf. 159
Osnabrück 64, 66, 68, 74, 153, 155
v. Österreich s. Karl, Max, Sigmund
Overstolz 176

Paris 19, 27
Peller 120
Peutinger, Konrad 96, 157, 159
Pforzheim 7, 8, 77, 132–152, 174, 178, 179
Pfullendorf 37
Philippi, Johann 48, 49
Pirenne, Henri 77
Pleimayer, Sigmund 118
v. Pöllnitz, Frhr. Götz 160
Popp, Friedrich 25
Press, Volker 9, 77, 153, 154, 159, 163, 166, 170, 172, 174–177
Preßburg 119

v. Ragnitz, Baltasar 118
Ramminger, Malachias 118
Ravensburg 37, 104, 127, 128, 171
Recknagel, Jo. Wolfgang 26
Regensburg 29, 30, 56, 86, 87, 89
Rehlinger 157
Reinhard, Gf. Karl Friedrich 44
Remling, Ludwig 60, 153–156, 160, 167, 171, 174–176
Reuchlin, Johann 138
Reutlingen 31, 33, 40, 55, 56, 125, 127, 128, 174
Richter, Jürgen 9

Riedlingen 127
Rietzsch, Alfred 129
Riga 156
Roberspierre, Maximilien 19, 51
v. Rohrscheidt, Kurt 79
Rot, Heinrich 134
Rothenburg o.d. Tauber 27, 54, 115, 119
Rottweil 15, 36, 40, 42, 43, 55, 58
Rudersdorf, Manfred 77
Rühl, Bruno 7
Rummer, Manfred 7 – J. E. 136, 137
Ruprecht, Kg. 64, 153

v. Sachsen s. Clemens Wenzel
St. Georgen am See (Bayreuth) 178
Seiferheld, Georg Friedrich 164 – Jörg 119
Seng, Eva-Maria 9
Sieber, Jo. Gottlieb 42
Siegburg 179
Siemens, Joachim Georg 42, 43, 56
Sieveking, Georg Heinrich 45
Sigmund, Ehg. Österreich 97
Smith, Adam 43
Soest 64, 66, 67
Solingen 175
Sombart, Werner 77
Sorg 35

Schad 118
Schaffelitzky v. Muckendal, Bernhard 118
Schäffer 43
Scheel, Heinrich 9, 23, 25
Scheibler 175
Schertlin (v. Burtenbach), Jo. Heinrich 118
Schilling 158 – Heinz 108
Schmalkalden 116, 117
Schmidt, Georg 77, 156–161, 171
Schmihing, Alexander 121, 167–170, 172, 173, 176, 177
Schmoller, Gustav 77, 149
Schmolz, Helmut 32
Schneider, Eulogius 175
Schönau 117
Schöntal 117
Schopfheim 151
Schremmer, Eckart 80, 98
Schulte, Aloys 77
Schultheiß 134
Schützinger, Karl 26
Schwäbisch Gmünd 34, 38, 157
Schwäbisch Hall 8, 39, 115–120, 162–166, 172, vgl. Komburg, Limpurg
Schwarz, Ulrich 158
Schweinfurt 26

Späth, Lothar 129
Specker, Hans Eugen 159, 160, 166, 167
Speyer 15, 20, 21, 23, 49, 52, 53, 94, 117, 133, 134, 165, 166
Sprock, Johann 118
Sprandel, Rolf 135
Staader v. Adelstein, Frhr. Josef 22, 23
Stadtamhof 30
vom Stein, Frhr. Karl 129
v. Steinbeis, Ferdinand 125, 167
Stoob, Heinz 7
Straßburg 86, 87, 89, 154, 175
Strieder, Jakob 92
Stuttgart 23, 106, 125, 149, 174, 177

Tauberscheckenbach 27
Tauch, P. 147
v. Themar, Adam Werner 118
v. Thugut, Frhr. Franz Maria 62
Toppler, Heinrich 115
Treue, Wilhelm 78
Trier 20, 94, 96, 175, s. Kf. Clemens Wenzel
Tröltsch, Georg Christian 28
Tübingen 8, 9, 21, 77
Tüllel s. Döllel

Überlingen 34
Ulm a.d. Donau 13, 15, 31, 33, 38, 55, 56, 83, 105, 106, 117, 118, 121–131, 159, 160, 166, 172–174
Ungerer, August 146
Untermünkheim 120
Urach 101, 102

Vellberg 116, 117, 162
Viatis, Bartholomäus 118, 120
Vogel, Georg August 42
Volkart 173

Wackernagel, Rudolf 165
Wangen i. Allgäu 37
Watt 158
Weber, Max 80, 91
Weil der Stadt 13, 34, 35, 40, 55, 57
v. Weiler, Dietrich 117
Weimar 170
Weis, Eberhard 106
Weißenburg a.S. 15, 26, 56
Weißenhorn 98, 102
Wekhrlin, Wilhelm Ludwig 287
Welser 106, 161, 171
Westheim (b. Schwäbisch Hall) 120, 162
Wetzlar 16, 17, 22, 49, 50, 154
Widmann, Madalene (verh. Gräter) 119

Wien 13, 17, 19, 22, 23, 26, 27, 30, 33–35, 40–42, 44, 46, 48, 49, 55, 57, 58
Wiener Neustadt 157
Wiesbaden 161
Wiest, Ekkehard 100
Wild 30
Wilde 42
Wilhelm II., Kaiser 176 – I., Kg. v. Württemberg 167
Wilhelmsdorf 161
Wimpfen (Bad) 39
Windsheim (Bad) 15, 26, 56
Winkelmeyer, Leopold 26
v. Wirtemberg, Hg. 162, 163 – s. Friedrich, Karl Eugen, vgl. Württemberg
Wismar 72
Wolf, Thomas 36
Worms 15, 20, 21, 23, 52, 53, 94
Wörner, Ludwig Eberhard 118
Wunder, Gerd 8, 115, 161–164, 166, 172
Wurster, Fritz 7
Württemberg s. Wilhelm I., vgl. Wirtemberg
Würzburg 89
Wysocki, Josef 164

Zell a. Harmersbach 38
Zerrenner, Karl 145, 146
Zier, Georg 8, 174, 178, 179
Zoche, Hartmut 176
Zürich 134

STADT IN DER GESCHICHTE

Veröffentlichungen des Südwestdeutschen Arbeitskreises für Stadtgeschichtsforschung

Begründet von Erich Maschke und Jürgen Sydow. Jeder Band 15 × 23 cm. Kartoniert.

Jürgen Sydow (Hrsg.)

7 Bürgerschaft und Kirche

17. Arbeitstagung in Kempten 1978. 199 Seiten

J. Sydow: Bürgerschaft und Kirche im Mittelalter – Probleme und Aufgaben der Forschung; A. Czacharowski: Die Bruderschaften der mittelalterlichen Städte in der gegenwärtigen polnischen Forschung; E. Naujoks: Vorstufen der Parität in der Verfassungsgeschichte der schwäbischen Reichsstädte (1555–1648). Das Beispiel Augsburgs; A. Schindling: Die Reformation in den Reichsstädten und die Kirchengüter. Straßburg, Nürnberg und Frankfurt im Vergleich; P. Lang: Die katholische Minderheit in der protestantischen Reichsstadt Ulm; W. Katzinger: Die Bruderschaften in den Städten Oberösterreichs als Hilfsmittel der Gegenreformation und Ausdruck barocker Frömmigkeit; D. Blaufuß: Bürgerschaft und Kirche im Pietismus; P. Fried: Kirche und Arbeiterschaft in Augsburg im 19. Jahrhundert; P. Faßl: Kirche und Arbeiterschaft in Augsburg während des 19. Jahrhunderts; Beiträge aus der Diskussion; Register.

Jürgen Sydow (Hrsg.)

8 Städtische Versorgung und Entsorgung im Wandel der Geschichte

18. Arbeitstagung in Villingen 1979. 214 Seiten. 3 Textabbildungen. 4 Bildtafeln

G. Stuber: Die Energie- und Wasserversorgung als Voraussetzung für die moderne Stadtentwicklung – eine Aufgabe kommunaler Selbstverwaltung; J. Fuchs: Stadtbäche und Wasserversorgung in mittelalterlichen Städten Südwestdeutschlands; M. Akermann: Heinrich Schickhardts Wasserleitung zum Schloß Hellenstein über Heidenheim aus dem Jahr 1605; H. Dopsch: Der Almkanal in Salzburg; Rudolf Kieß: Bemerkungen zur Holzversorgung von Städten; Št. Kazimír: Die Versorgung der Städte in der Slowakei in der Vergangenheit; U. Dirlmeier: Die kommunalpolitischen Zuständigkeiten und Leistungen süddeutscher Städte im Spätmittelalter; W. Lehnert: Entsorgungsprobleme der Reichsstadt Nürnberg; U. J. Wandel: Umweltfragen in der altwürttembergischen Gesetzgebung; A. Kubinyi: Städtische Wasserversorgungsprobleme im mittelalterlichen Ungarn; Beiträge aus der Diskussion; Register.

Bernhard Kirchgässner und Jürgen Sydow (Hrsg.)

9 Stadt und Gesundheitspflege

19. Arbeitstagung in Bad Mergentheim 1980. 132 Seiten mit 3 Abbildungen

R. Schmitz: Stadtarzt – Stadtapotheker im Mittelalter; K. Ulshöfer: Mergentheim: Vom Deutschordenssitz zur Badestadt. Ein Überblick; K. Leipner: Das Katharinen-Hospital in Stuttgart. Zur Geschichte der Stuttgarter Krankenanstalten bis zu seiner Gründung; H. Martini: Zur Gründung einer medizinischen Fakultät der Universität Heidelberg in Mannheim; A. Stettler: Gesundheitspolitische Maßnahmen der Stadt Bern im 17. und beginnenden 18. Jahrhundert; H.-P. Becht: Medizinische Implikationen der historischen Pestforschung am Beispiel des »Schwarzen Todes« von 1347/51; A. Kubinyi: Fragen der städtischen Gesundheitspflege in den mittelalterlichen Städten Ungarns; W. Sàlat: Der Kurarzt oder Badearzt. Vom Wandel eines Berufsbildes; Register.